DUMONT
Reise-Taschenbuch

W0069595

boston & neuengland

Ole Helmhausen

Senkrechtstarter

In Neuenglands Städten, zumal in den Shopping Malls, verfallen wir allzu gern dem Kaufrausch. Doch wenn die Natur dem Farbenrausch verfällt, ist das alles völlig vergessen. Das Aufglühen der Wälder im Indian Summer ist unglaublich schön, aber es berührt uns tiefer, mitten im Herz. Denn wir wissen, es ist das letzte Feuer vor dem Ende, dem eisigen Ende. Aber, um schnell wieder sachlich zu werden: Diese Farbenpracht zeigen die Wälder, weil sie gut gemischter Urwald sind. Viele Arten stehen zusammen, jede gibt ihren Teil zum Ganzen. Und das ist auch ein schönes Symbol für Neuengland insgesamt: Alle Farben zusammen!

Überflieger

Neuengland — Vom Atlantik umspült und von den Appalachen bewacht! Mal eben drüberfliegen, von Nord nach Süd, von Ost nach West. Viel Küste, viel Hinterland und viele, viele schöne Städte!

Elche und Schwarzbären

Wandern auf Messers Schneide
• Mt. Kathadin

Wildnis mit Elchen
• Moosehead Lake

Wale blasen vorm Bug

Adrenalinausschüttung beim Rafting
• Kennebec

Ein Berg nur für Schwindelfreie

Neuenglands Westküste
• Lake Champlain

• Bar Harbor
• Acadia National Park
Vertikale Herausforderungen

Im Reich der Buckelwale

Moderne Kunst begeistert

Hexengrusel

Sandstrand, Inselchen und tolle Brandung

Bath

Kunst, Kaffee und ein Schuss San Francisco

Portland

Kopfsteinpflaster und krumme Straßen

Portsmouth

Wunderwanderland

Freeport

Outlets im Dorf-Kostüm

Salem

Boston

Regen-bogen-Stadt

Provincetown

Dösen, Schwimmen, Sonnenbaden

Martha's Vineyard

Insel der Wal-fänger

Nantucket

Dorfidylle mit General Store und Facebook-Account

Das liberale Amerika

Auf dem Strich durch die Geschichte

Fischkantine oder Lobster Shack?

Providence

Newport

Amerikas erste Milliardäre

Mad River Valley

Zum Verrückt-werden schön

Lyme

Route 100

Brattleboro

Grafton

Dörfer wie gemalt

Newfane

Einfach himm-lisch, diese Straße

Mass MoCa: Kunst? Und ob!

North Adams

Hancock Shaker Village

Bei den sanften Fundis

Tanglewood & Jacob's Pillow

Sinfonisch beim Picknick

Litchfield Hills

No High Heels, please!

Hartford

Hier lästerte Mark Twain

New London

Indianer-museum mit Casino

New Haven

Yale und die Apizza

Querfeldein

Fundstücke — Atlantik und Appalachen, Großstadttrubel und Dorfidylle, Hochkultur und echte Wildnis. Neuengland ist klein, aber dafür ganz schön oho. Umso mehr Raum für neue Erfahrungen gibt es deshalb!

Viel Meer, viel Strand

Felsenküste, Dutzende Inseln und Strände. Die Neuengländer lieben ihre Strände. Weil sie für die langen Winter belohnen und weil sie einfach schön sind. Man denke an Cape Cod mit seinen Endlosstränden und die feinsandigen Gestade von Martha's Vineyard. Und Maine mit seinen Felsenbuchten, in denen sich immer wieder hübsche Strände verstecken. Nur tropisch-warmes Badewasser darf man nicht erwarten: Die Wassertemperaturen schaffen es nur selten über 20 Grad.

VIEL DRAUSSEN

Neuengland ist ein Outdoorspielplatz mit Schwierigkeitsgraden von eins bis zehn. Rafting in Maine, Hiking und Trekking in den White und Green Mountains von New Hampshire und Vermont, Seakayaking vor Cape Cod. Und Radwandern eigentlich überall, wo Landstraßen sind. Bewegungsfreaks kommen hier voll auf ihre Kosten.

Viel Ursprünglichkeit

Sobald die Ballungsräume im Rückspiegel verschwinden, fragt man sich, ob die Ansichtskarte gerade hier erfunden wurde. An der Küste die ältesten Städte der USA, gut erhaltene Schmuckstücke und liebevoll gepflegt, landeinwärts die kolonialen Dorfidyllen mit Green und spitzem weißem Kirchturm. Und last but not least die selbstverständlich romantischen überdachten Brücken, alten Mühlen und Bauernhöfe mit den roten Silos und weißen Lattenzäunen.

Unabhängig, begrenzter Jahresausstoß, kreativ, nur natürliche Zutaten: Neuenglands Mikrobrauereien boomen. Dies ist Craftbeer-Land! Sieht man von Franken ab, ist Neuengland die Region mit der höchsten Dichte an kleinen Brauereien – weltweit!

Viel Herbst

Neuengland hat den farbenprächtigsten Indian Summer. Der Dichter Carl Zuckmayer erlebte den neuenglischen Herbst in Vermont: »Noch nie, in keinem der Laubwälder Europas, hatte ich solche Herbstfarben gesehen. Der Höhepunkt liegt in der ersten Oktoberwoche, wenn es nachts schon friert und die Sonne durch Frühnebel bricht, dann schreien Zuckerahorn und Roteiche in einer wahnsinnigen, verzückten Leuchtkraft […].« Angeblich ist der Herbst im ›Green Mountain State‹ am schönsten. Im übrigen Neuengland würde man das jedoch mit Nachdruck bestreiten!

Viel Kultur

Nicht nur Clambakes (im Erdofen zubereitete Schalentiere), Whoopie Pies (cremegefüllte Doppelkekse) und Moxie (Amerikas erster Soft Drink) sind neuenglisches Kulturgut. Hier gibt es auch Museen, Bühnen, Galerien und Festivals in einer Dichte wie in kaum einer anderen Region in den USA.

Schon Mark Twain empfahl: »Wenn Sie das Wetter in Neuengland nicht mögen, warten Sie nur eine Minute.«

Viele Aha-Erlebnisse

Boston wirkt europäisch, ist aber in vielerlei Hinsicht amerikanischer als Texas. Neuengländer sind eher freundlich-distanziert als schulterklopfend-jovial. Und dass sie ein College oder gar Yale oder Harvard im Rücken haben, werden sie höchstens beiläufig einflechten. Lieber reden sie übers Reisen und kennen sich auf der Weltkarte gut aus. Die uramerikanische Gewissheit, dass jeder seines Glückes Schmied ist, stammt von den Puritanern, die Muffins-Kette Dunkin' Donuts stammt aus Massachusetts und der Hamburger aus Connecticut. Und während im übrigen Amerika die Entfernungen gewaltig sind, bleiben sie in Neuengland überschaubar – auf den ersten Blick. Das kurvenreiche Hinterland belehrt einen bald eines Besseren.

Inhalt

Vor Ort

Boston und Umgebung 14

*Boston, Institute of Contemporary
Art, geheime Momente: Die einen
bestaunen moderne Kunst, die
anderen machen sie selbst. Wenn
auch nicht ganz legal.*

Massachusetts 68

Rhode Island 110

Connecticut 130

Vermont 148

New Hampshire 174

Maine 200

Das Kleingedruckte

Das Magazin

Vor

Ort

Die Blätter glühen, der Strand strandet, der Leuchtturm trotzt Wind und Wetter immerfort. Cape Ann lässt kein Klischee aus – und ist dennoch so schön, dass man es kaum fassen kann.

Boston ⭐ und Umgebung

Hochhaus-Skyline und alte Häuser — Boston ist amerikanisch und europäisch zugleich. Atmet das IT-Zeitalter und beschwört die kolonialen Anfänge, vom hexischen Salem bis zur Hightech-Denkfabrik MIT in Cambridge.

Eintauchen

Freedom Trail, Boston

Dichter, Denker, Patrioten – und Kampf um Unabhängigkeit. Der rote Strich auf dem Bürgersteig führt durch Downtown zu den Anfängen der USA.

Hat Boston die schönsten Brücken der USA?

Black Heritage Trail, Boston

Der 2,5 km lange Spaziergang durch das Stadtviertel Beacon Hill führt zu oft übersehenen Plätzen der afroamerikanischen Geschichte in Boston: dramatische Kämpfe für die Freiheit.

New England Aquarium

Zu viel Historie in Boston? Hier ist der beste Vorwand, um vom Freedom Trail im wohl schönsten Aquarium der Ostküste zu pausieren. Oder vollends zu desertieren und auch noch zum Whale Watching auf den Atlantik hinauszuschippern.

Back Bay und South End

Hier sind Sie mittendrin im studentischen Boston zwischen ehrwürdig-herrschaftlichen Ziegelsteinhäusern. Newbury oder Union Park Street bleiben als nachhaltigste Erinnerungen an Bostons Way of Life.

Radtour am Charles River

Großartiges Stadtpanorama zwischen North End und Fenway Park. Wer will, kann auch weiter bis Harvard radeln.

Cambridge

Hier steht sie, die weltberühmte Harvard University.

Peabody Essex Museum

Wie abenteuerlich die Globalisierung früher war, zeigt in Salem dieses Museum zum China-Handel.

Concord

Der Ort, wo an der Old North Bridge Kolonisten zu Amerikanern wurden. Ein magischer Platz voller Geschichte(n) über Blut und Mut.

Gloucester

Mehr echte Fischereiatmo so nah bei Boston geht nicht. Möwengeschrei und Hummerbrötchen natürlich inklusive.

&

Lowell

In dieser Stadt können Sie die spannende Industriegeschichte aus den Gründerjahren der USA entdecken.

Moral als Hexenjagd

Wie und warum wurden die Frauen von Salem zu Hexen?

Die imposante Skyline sehen Sie nur, wenn Sie die Stadt verlassen!

Sieht groß aus, aber keine Sorge: Das touristisch interessante Boston ist gut zu Ihren Füßen. Und für etwas weiter entfernte Attraktionen gibt es die Subway.

erleben

Ganz schön fit, die alte Dame

S

So steht es auf allen Bostoner Nummernschildern: »Massachusetts. The Spirit of America«. Kurz und bündig, O-Ton Boston. Ganz schön selbstbewusst, diese Stadt. Und verdammt erfolgreich. Dahinter steckt jedoch weniger Arroganz (obgleich nicht wenige das anders sehen), sondern Substanz. Und die Erfahrung des Alters natürlich, denn Boston ist schließlich 400 Jahre alt. Da darf man so sein. Apropos Substanz: 2019 gewannen die New England Patriots zum sechsten Mal den Super Bowl. Damit hat die alte Dame bereits in diesem jungen Jahrhundert mehr Meisterschaftstitel (10!) in den vier großen Profisportarten geholt als jede andere amerikanische Stadt.

Warum fangen wir so an und nicht mit den üblichen Puritanern? Ganz einfach! Weil auch der Erfolg im Sport, die seit Generationen bestehenden Fan-Clubs mit dem Wesen der Stadt zu tun haben. Mit der Vorliebe der Bostoner für Tradition UND Innovation. Denn eins fällt beim Besuch schnell auf: das ruhige Selbstverständnis der Bostoner. Das Festverwurzelt-Sein, das seit Generationen Da-Sein. Und natürlich fallen auch die alten Häuser ins Auge. Die krummen Straßen, die schönen Parks,

---

ORIENTIERUNG **O**

Internet:
www.bostonusa.com: Reiseinfos mit Hotel- und Restaurantverzeichnis, Planungshilfen; auch deutsch
www.bostonmagazine.com: Online-Plattform mit angesagten Restaurants, Fashiontrends und Veranstaltungskalender
www.bostonglobe.com: Online-Ausgabe der größten Tageszeitung
Verkehr: Subway tgl. 5.15–0.30 Uhr, www.mbta.com. Das Ticket gilt auch für MBTA-Busse. Die max. 7 Tage gültige **CharlieCard** für verbilligte Tickets ist bei der Visitor Information erhältlich. Taxen stoppt man an der Straße, pro Meile 3 $.

---

das Kopfsteinpflaster, auf dem so viele Schlüsselszenen der USA stattfanden.

Trockene Geschichte muss aber keiner befürchten. Dafür sorgen allein schon die vielen munteren Seafood-Restaurants mit dem Hummer im Logo. Und die zig Konzertbühnen, Restaurants, Lounges, Bars. Nicht umsonst war Ally McBeal in Boston konfus. Den letzten Tag füllt man ohnehin mit einem Trip vor die Tore der Stadt. Zu, das muss eben doch sein, Puritanern, Revolutionären, Philosophen. Und Hexen.

Boston  D 9, Karte 3

Nein, amerikanisch sieht Boston nicht aus. Zumindest nicht im Zentrum. Besucher vom alten Kontinent nehmen die Stadt mit den alten Ziegelhäusern unter Glastürmen ohnehin als die europäischste der USA wahr. Vielleicht war es auch das, was einen republikanischen Politiker einst zu der Aussage bewog, wäre er Demokrat, würde er sich in Boston wohler fühlen als in Amerika. Was hat diese Stadt in ihren fast 400 Jahren nicht auch alles erlebt! Die theokratischen Puritaner und ihre Intoleranz, die amerikanische Unabhängigkeit, dramatische Talfahrten, Blütezeiten. Am härtesten traf sie die Weltwirtschaftskrise. Die Innenstadt verfiel, die weiße Mittelschicht zog in die Vororte.

Die Sanierung der City begann in den 1960er-Jahren, unterbrochen von den Rassenkrawallen in den 1970ern. Dann kam der Dot.com-Boom, und selbst als die Blase platzte, ging die von den Dot-Commies angeschobene Revitalisierung weiter.

Inzwischen hat sich die Grande Dame der Ostküste sogar von den Schrecken des unsäglichen Big Dig erholt (Merken: Mit diesem Stichwort kommen Sie mit Einheimischen sofort ins Gespräch!). Als ›Das große Graben‹ nur leidlich übersetzt, war der Big Dig ein städtebauliches Großprojekt, das die Stadtautobahn unter die Downtown und den Charles River verlegte und dabei nicht nur die Downtown für über ein Jahrzehnt in ein Schlachtfeld verwandelte, sondern auch so manche politische Karriere vorzeitig beendete. Am Ende hatte es der Big Dig mit 22 Milliarden Dollar zur teuersten Baustelle der USA gebracht, doch das Ziel war erreicht. Bostons legendäres Verkehrschaos ist Vergangenheit, die Straßen sind sicherer.

Boston by night – ein Blick für moderne Romantiker. Glaskästen am Wasser, der Steg will, dass wir uns setzen und sie bestaunen: eine alte Dame der US-Geschichte, aber frischer als manches Neugewächs.

Auf dem Freedom Trail durch Boston Downtown

Auf dem Strich gehen

Amerikaner sind geschichtsvernarrt. Überall, wo ein Cowboy sein Pferd erschossen hat, wird geflaggt, beschildert und Eintritt erhoben. Faszinierend dabei ist die Fülle penibel recherchierter Details, die aus trockenen Stichwörtern zweifellos unterhaltsames Kopfkino machen. Insofern keine Angst vor dem **Freedom Trail** (s. S. 21), so einfach und spannend geht Geschichte nämlich selten. Sie folgen einfach dem Strich. Mal in roter Farbe, mal aus roten Pflastersteinen führt er über 4,8 km vom Common im Zentrum bis zum Bunker Hill Monument drüben in Charlestown. Dabei passiert er über ein Dutzend historische Stätten. Sie können sich aber auch einer 90-minütigen, von kostümierten Guides geführten Tour anschließen.

Treffpunkt: Boston Common Visitors Information Center, 139 Tremont St., Mo–Fr 8.30–17, Sa–So 9–17 Uhr, www.thefreedomtrail.org

Die alte Kuhweide

Seit 1634 dient der **Common Park ❶** der Allgemeinheit – erst als kuhfladen-bekleckerte Wiese und Richtstätte, dann als Exerzierplatz, heute als grüne Lunge. Sie können zu Teichen und Denkmälern spazieren, Studenten beim Schmusen und Familien beim Picknicken zusehen und abends sogar, noch so eine Bostoner Tradition, Kunst gratis genießen, wenn Bostons Shakespeare-Ensemble im Juli auf dem Bandstand Stücke des Dichterfürsten zum Besten gibt.

www.commshakes.org/free-shakespeare-on-the-common

Kämpfe um Anerkennung

Wenn Sie den Film »Glory« (1989) mit Denzel Washington und Morgan Freeman gesehen haben, sollten Sie dem zu Ehren des hier rekrutierten 54th Massachusetts Colored Regiment errichteten **Robert Gould Shaw and 54th Regiment Memorial ❷** die Ehre erweisen. Während des Sezessionskriegs als Kanonenfutter eingesetzt, ertrotzte sich dieses erste schwarze Infanterieregiment unter dem jungen Bostonian Robert Gould Shaw den Respekt der Nachwelt.

Noch mehr zu Bostons afroamerikanischer Geschichte liefert die fotogene **Park Street Church ❸** am Nordrand des Common. Am 4. Juli 1829 hielt William Lloyd Garrison (1805–1879) hier die erste seiner Brandreden gegen

---

FAKTENCHECK **F**

Einwohner: 695 000 Einwohner (Metropolitain: 2 Mio. Ew.)
Bedeutung: Hauptstadt von Massachusetts, inoffizielle Hauptstadt Neuenglands
Stimmung auf den ersten Blick: vornehm, wohlhabend, hochgeschlossen
Stimmung auf den zweiten Blick: locker, kultiviert, weltoffen, zukunftsorientiert
Besonderheiten: unter den zehn leistungsstärksten Wirtschaftsregionen der USA; 32 Hochschulen, darunter Harvard und MIT; Gesundheitswesen, Tourismus mit Finanzsektor, v.a. mit Versicherungsbereich und Druck- und Verlagswesen (The Boston Globe) sowie HighTech- und IT-Bereich unter den größten Arbeitgebern

Lieblingsort

Mehr als nur ein Park!

In Boston beginnt jede Stadtbesichtigung am **Boston Common** ❶. Das ist
einfach so. Der älteste öffentliche Park der USA ist nämlich nicht nur einfach
schön. Bänke zum Ausruhen und Leutegucken, Teiche mit Bötchen darauf
und dicke alte Bäume und Blätterdächer, die so grün sind, dass sie wunder-
bar beruhigen, ohne zu ermüden – all das ist auf dem Boston Common zwar
besonders nett, aber nicht einmalig. Es ist noch mehr. Ich vergleiche die
Anziehungskraft dieses Ortes gern mit der Ausstrahlung eines Hauses: Man
spürt einfach, dass hier viel passiert ist. Manches Schlimme, aber auch viel
Gutes. Wie die Antikriegsdemos der sechziger und siebziger Jahre, zuletzt die
Bildung von Peace-Zeichen durch bis 1700 besorgte Bostoner 2017 und Installationen zu aktuellen Zeitthemen wie Freiheit und Immigration in den Jahren
darauf. Denn der Boston Common ist auch ein Symbol für Frieden und freie
Meinungsäußerung. Vielleicht tragen viele hier flanierende Bostoner ja auch
deshalb ein Perma-Lächeln im Gesicht.

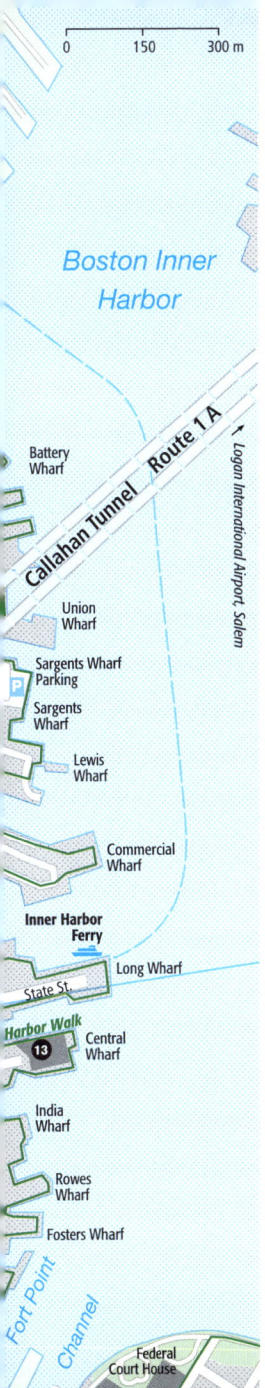

Boston Downtown und North End

Ansehen
1. Boston Common
2. Robert Gould Shaw and 54th Regiment Memorial
3. Park Street Church
4. Massachusetts State House
5. Granary Burying Ground
6. King's Chapel
7. Omni Parker House
8. Old Corner Bookstore
9. Old South Meeting House
10. Boston Tea Party Ships & Museum
11. Old State House
12. Faneuil Hall (Great Hall)
13. New England Aquarium
14. Boston Sports Museum
15. Union Oyster House
16. All Saints Way
17. Paul Revere House
18. Paul Revere Mall
19. Old North Church
20. Copp's Hill Burial Ground
21. Warren Tavern
22. Bunker Hill Monument und Museum
23. USS Constitution Museum
24. – 27. s. S. 29
28. – 37. s. S. 36

Schlafen
1. Harborside Inn
2. Hilton Boston Downtown
3. Kimpton Nine Zero

4. – 5. s. S. 29
6. – 8. s. S. 36

Essen
1. Parla
2. Mamma Maria
3. Bricco
4. Sakurabana
5. Quincy Market Food Colonnade
6. – 7. s. S. 29
8. – 13. s. S. 36

Einkaufen
1. Faneuil Hall Marketplace
2. s. S. 29
3. – 5. s. S. 36

Bewegen
1. Urban AdvenTours

Ausgehen
1. Boston Beer Works
2. Royale Nightclub
3. The Black Rose
4. Tunnel
5. Howl at the Moon
6. The Bell in Hand Tavern
7. – 9. s. S. 36

Alle Einträge, die außerhalb des Cityplans liegen, finden Sie in 📍 Karte 3 der Reisekarte

die Sklaverei im Süden. Der streitbare Herausgeber der Zeitschrift »The Liberator« und zeitweise meistgehasste Mann in den Südstaaten kämpfte auch für die Gleichberechtigung der Frauen und eckte einmal derart an, dass ihn ein Mob von mehreren Tausend Menschen mit einem Strick um den Leib durch Bostons Straßen trieb.

1 Park St., Führungen Juli/Aug. Di–Sa 9–16 Uhr, So Messe 8.30, 11, 16 Uhr

Patriotismus und Frauenhelden

Das unübersehbare **Massachusetts State House** ❹ werden Sie inzwischen durch das Geäst der alten Bäume des Common geortet haben. Der von einer 46 m hohen goldenen Kuppel (23-Karat-Blattgold) gekrönte, von Charles Bulfinch 1798 vollendete Regierungssitz sah Bürgerrechtler, Abtreibungsgegner und Präsidenten auf seiner Freitreppe. Drinnen lassen patriotische Gemälde und die Hall of Flags mit ihrer Sammlung zerfledderter Kriegsflaggen innerlich strammstehen.

Zwei der vier Statuen vor dem State House erinnern an couragierte Frauen: Anne Hutchinson rebellierte gegen die untergeordnete Rolle von Frauen in der von Männern dominierten Puritanerwelt und wurde 1638 aus der Kolonie ins wilde Indianerland verbannt. Und die Quäkerin Mary Dyer wurde 1660 auf Basis der puritanischen Anti-Quäker-Gesetze auf dem Common gehängt.

24 Beacon St., Führungen Mo–Fr 10–15.30 Uhr, 45 Min.

Keine Zombies hier

Nach dem schön grünen Common ist die lärmende, sich durch eine dustere Großstadtschlucht quetschende **Tremont Street** gewöhnungsbedürftig. Zu allem Überfluss liegen hier zwei Friedhöfe. Die nach Puritanerart mit Totenkopfsymbolen verzierten Grabsteine auf dem 1660 eingeweihten **Granary**

Burying Ground ❺ (95 Tremont St.) sorgen für zusätzliche Beklemmung.

Hier ruhen einige der Führer der amerikanischen Unabhängigkeitsbewegung, darunter Samuel Adams und John Hancock. Ersterer war im richtigen Leben Braumeister und lebt als Namenszug auf den Bierflaschen der hiesigen Brauerei fort. Letzterer war ein Mitunterzeichner der Unabhängigkeitserklärung und wurde – »put your John Hancock here!« – dank seiner übergroßen Signatur zum Synonym für Unterschrift.

Händel bei den Anglikanern

Über die die wuseligen Kreuzungsbereich von Tremont und School Street bewachende **King's Chapel** ❻ haben die Puritaner womöglich die Nase gerümpft. Die 1749 erbaute Kirche mit Portikus war die steinerne Fortsetzung der ersten, aus Holz errichteten anglikanischen Kirche, mit der die Church of England 1688 in der Puritanerbastion erstmals Flagge zeigte. Ihr Inneres ist überraschend hell und freundlich – der ideale Ort für Händels »Messias«, der hier 1786 seine Amerika-Premiere erlebte.

Gleich daneben befindet sich der kleine **King's Chapel Burying Ground** von 1631, Bostons ältester Friedhof und noch düsterer als der vorige. Hier liegen u. a. John Winthrop, Massachusetts' erster Gouverneur, und Mary Chilton, die erste Frau, die nach der Landung der ›Mayflower‹ an Land ging.

58 Tremont St., Mai bis Okt. Mo, Do–Sa 10–16 Uhr, sonst nur Sa, Friedhof: tgl. 9–17 Uhr

Weltverbesserer mit süßem Zahn

Ob sich die symbolisch aufgeladene Umgebung auf die späteren Revolutionäre Malcolm X und Ho Chi Minh ausgewirkt hat, darüber können Sie schräg gegenüber im 1855 eröffneten **Omni Parker House** ❼ (60 School St.) bei einem Stück der hier erfundenen Boston Cream Pie, dem Bostoner Kuchenklassiker aus

Nur als Rest aus alter Zeit hat Boston sein Old State House verkehrsumtost zwischen Hochhäusern stehen gelassen. Gelegenheit, sich eine Zeitreise zu wünschen?

zwei Lagen Teig mit Vanillecremefüllung und Schokoladenglasur, spekulieren. Ho und X kellnerten hier während ihrer Studienzeit.

Im 19. Jh. trafen sich an gleicher Stelle die Intellektuellen Holmes, Emerson & Co. – vermutlich ebenfalls zum Sahnekuchen, denn der Literatentreff damals war der **Old Corner Bookstore** ❽ (283 Washington St.) ein paar Gehminuten weiter. In dem heute mitten im Shopping District liegenden Haus von 1718 residierten die Verleger und Buchhändler Ticknor & Fields, Magneten für Neuenglands Geistesgrößen, die sich hier mit den Buchmachern gutstellten. Jamie Fields war übrigens der erste Verleger, der die Autoren prozentual am Umsatz ihrer Werke beteiligte. Alles Vergangenheit, leider. Heute gibt's hier Tapas statt Bücher.

Demokratie und Widerstand

»A Proud History of Democracy and Dissent« – so lautet das auch heutzutage allzu aktuelle Thema der Ausstellung im **Old South Meeting House** ❾. Die ziegelrote Kirche mit dem weißen Turm war damals der größte Versammlungsraum Bostons und sah die meisten der Proteste gegen Londons Steuern. Auch jene am 16. Dezember 1773: Nach seiner Rede gegen die neuen Teesteuern zog Samuel Adams mit 5000 aufgepeitschten Bürgern zum Hafen hinunter und veranstaltete dort jene Boston Tea Party, die an deutschen Gymnasien in keinem Englischbuch fehlt. Die Ausstellung hat diese turbulente Zeit gut aufbereitet.

Mit Schauspielern, nachgebauten englischen Teeseglern und Lagerhäusern werden die Ereignisse auch im Schatten der **Congress Bridge** tagtäglich nachgestellt. Bis dorthin sind es 20 Minuten zu Fuß, aber wie die Kolonisten damals Teesäcke über Bord warfen, dabei Hurra brüllten und Seine Majestät zum Teufel wünschten, macht einfach Spaß. Todernst nehmen sollte man das ›Re-Enactment‹ im **Boston Tea Party Ships & Museum** ❿ dagegen nicht.

Meeting House: 310 Washington Rd., April bis Okt. tgl. 9.30–17, sonst 10–16 Uhr, 6 $; Boston Tea Party Museum: 306 Congress St., tgl. 9–18 Uhr, 30 $, Touren alle 15 Min.

First Blood: Jetzt fließt Blut

Und nun will man natürlich wissen, wie es weiterging damals. Also zurück in die City, zurück auf den Freedom Trail. Die britische Krone verweigerte den Kolonisten – »no taxation without representation« – ein Mitspracherecht im Parlament. Es brodelte in Boston. Der 1713 erbaute Sitz der verhassten Kolonialregierung befindet sich im Kreuzungsbereich von Washington und State Street. Von modernen Bürotürmen buchstäblich umzingelt, erlebte das **Old State House** ⓫ das Boston Massacre.

An der Ostseite markiert ein Kreuz aus Pflastersteinen im Bürgersteig die Stelle, wo 1770 fünf Bostoner von nervösen Soldaten erschossen wurden. Sechs Jahre später, am 18. Juli 1776, wurde vom Balkon an der Vorderseite aus die Unabhängigkeitserklärung der Vereinigten Staaten verlesen. Im zweiten Stock betreibt die Boston Society ein kleines Museum mit Artefakten aus den ersten Tagen des Unabhängigkeitskrieges.

206 Washington St., tgl. 9–18, sonst tgl. 9–17 Uhr, 10 $

Zukunftsträume und Feinkost

Auf der Congress Street geht es weiter zur ›Cradle of Liberty‹: Die **Faneuil Hall** ⓬, 1806 von Bostons damaligem Stararchitekt Charles Bulfinch zu einem

So nah kommt man sonst nie an die großen Fische heran. Doch Wale gibt es im New England Aquarium natürlich nicht zu sehen, die wären wirklich zu groß. Dafür gibt es ja Touren hinaus auf hohe See.

Prachtstück des Federal Style erweitert, trägt den Titel ›Wiege der Freiheit‹ wohl mit Recht. Nicht nur die Wortführer der Unabhängigkeit brachten in und vor der ›Great Hall‹ die Volksseele zum Kochen, auch Sklavereigegner William L. Garrison, die Frauenrechtlerin Susan B. Anthony und John F. Kennedy verkündeten hier ihre Visionen einer besseren Welt. Heute ziert ein Who's who aus Rebellenzeiten als riesiges Wandgemälde die Rückwand des Auditoriums.

Dahinter liegt die seit der Revitalisierung in den 1970er-Jahren meistbesuchte Attraktion Bostons. Der 1825 erbaute griechische Tempel ist das Epizentrum des **Faneuil Hall Marketplace** 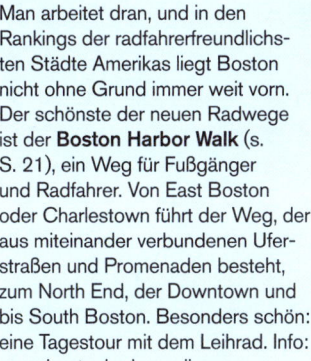 mit dem **Quincy Market** 5 und wird versuchen, Sie mit Feinkostständen und Coffee Shops vom Freedom Trail abzubringen (s. S. 42).

Great Hall: Faneuil Hall Sq., tgl. 9–17 Uhr

Fische und Wale gucken
An dieser Stelle bieten sich Ihnen tatsächlich zwei Gelegenheiten, vom Freedom Trail zu desertieren. Das **New England Aquarium** 13 an der Central Wharf ist von hier aus in zehn Minuten erreichbar. Es zeigt nicht nur Wasserbewohner aller Farben und Größen in einem mehrere Stockwerke hohen Glaszylinder, sondern bietet auch hervorragende Walbeobachtungstouren vor Cape Cod an.

1 Central Wharf, www.neaq.org, Juli–Sept. So–Do 9–18, Fr–Sa 9–19, sonst Mo–Fr 9–17, Sa–So 9–18 Uhr, 28 $; Walbeobachtungstouren 55 $

Sportstadt Boston
Ein paar Minuten mehr sind es auf der begrünten John F. Fitzgerald Surface Road zum **Boston Sports Museum** 14. Dort werden in vier Abteilungen die Chroniken der vier populärsten (und ungemein erfolgreichen) Zuschauersportarten der Stadt aufbereitet: Eisho-

RADELN IN BOSTON

Man arbeitet dran, und in den Rankings der radfahrerfreundlichsten Städte Amerikas liegt Boston nicht ohne Grund immer weit vorn. Der schönste der neuen Radwege ist der **Boston Harbor Walk** (s. S. 21), ein Weg für Fußgänger und Radfahrer. Von East Boston oder Charlestown führt der Weg, der aus miteinander verbundenen Uferstraßen und Promenaden besteht, zum North End, der Downtown und bis South Boston. Besonders schön: eine Tagestour mit dem Leihrad. Info: www.bostonharborwalk.com.

ckey, Basketball, Football, Baseball. Der Weg führt über den teuersten Abschnitt der einst teuersten Baustelle der USA.

Zum North End ging es nämlich vom 1826 eröffneten Restaurant **Union Oyster House** 15 (41 Union St.) unter dem Expressway hindurch. Rund 22 Mrd. $ kostete der 1991 begonnene Big Dig. 2006 war die Stadtautobahn endlich durch einen achtspurigen Tunnel ersetzt und das ›Central Artery/Tunnel Project‹ fertiggestellt. Seitdem rollen hier täglich gut 400 000 Autos unter einem schönen, Rose Fitzgerald Kennedy Greenway genannten Park – und Ihren Füßen – hindurch!

100 Legends Way, www.sportsmuseum.org, Mo–Fr 10–17, Sa–So 11–17 Uhr

North End

Und dann das North End. Na endlich, denken Sie vielleicht. Mit der modernen Skyline der Downtown im Rücken wäre das verständlich. Denn vor Ihnen liegt, kleinstädtisch, menschlich, Bostons altes

So still und friedlich es heute auch scheint, aber am Bunker Hill, dem Endpunkt des Freedom Trail, starben 1500 Menschen in der ersten Schlacht des Unabhängigkeitskrieges.

Wohnviertel. Jedenfalls war es das bis zur Unabhängigkeit. Hier lebten Kaufleute, Handwerker, Seeleute. Dann kam die Unabhängigkeit. Königstreue verließen das Viertel Richtung England oder Kanada, mittellose Einwanderer aus Irland drängten nach. Um 1850 war die Hälfte der Bostoner irischstämmig. Die Irish Connection machte das elegante Boston erst möglich, indem sie niedrigste Arbeiten verrichtete. Back Bay und Beacon Hill blühten, doch das North End verkam zum Elendsviertel.

Espresso-Bars und Italo-Flair
Die in der Green Street geborene Rose Kennedy, Patriarchin des Kennedy-Clans und Amerikas Übermutter, gehörte zu den letzten Irischstämmigen, die dem Viertel den Rücken kehrten. Seit den 1930er-Jahren ist North End in italienischer Hand. Hanover und Salem Street sind die belebtesten Straßen. Espresso-Bars, über 90 italienische Restaurants und dann und wann knorrige Senioren auf Klappstühlen in Hauseingängen: Das schicke Boston ist weit weg. Bis jetzt, denn die Gentrifizierung droht auch hier.

Wie lange Sie also noch echten Originalen wie dem auf die 80 zugehenden Peter Baldassari begegnen können, ist ungewiss. An der Kreuzung von Hanover und Battery Streets hat der krege Rentner mit seinem **All Saints Way** 🔟 die Wände zwischen zwei Ziegelhäusern mit Hunderten Bildern katholischer Heiligen verziert. Sie können Baldassari dort durchaus treffen, meist ist er am späten Vormittag da.

Held des ersten Gefechts
North End riecht nach Kleinstadt. Nach Fleisch, Fisch und frischem Brot. Auf der **Hanover Street** geht es an Risto-

ranti und Salumerias vorbei zunächst zum gepflasterten **North Square.** Nur zu, bummeln Sie.

Das **Paul Revere House** ⓱ von 1680 am Südende des kleinen Platzes ist das älteste noch stehende Haus der Stadt. Paul Revere lebte hier bis 1800. Amerikas Dichterfürst Longfellow machte den Silberschmied 1861 in dem Gedicht »Paul Revere's Ride« zum Nationalhelden. Nicht ganz verdient, denn der warnte die Rebellenführer in Lexington nicht allein vor den anrückenden Briten: Auch drei Dutzend weitere durch die Düsternis galoppierende Reiter erwiesen sich in der Nacht des 18. April 1775 als gute Amerikaner. Man erinnere sich: Tags darauf kam es in Lexington zum ersten Gefecht des Unabhängigkeitskrieges (s. S. 61).

19 North Square, 15. April bis 31. Okt. tgl. 9.30–17.15, sonst tgl. bis 16.15 Uhr, 5 $

Das Pathos von Lexington

Und es kommt noch mehr Revere, und zwar auf der schönen **Paul Revere Mall** ⓲ als heroisches Reiterstandbild und vor der fotogenen **Old North Church** ⓳ gleich dahinter. Dort soll der Küster in jener folgenreichen Nacht mit zwei Laternen (»one if by land, two if by sea«) im Kirchturm den Rebellen drüben in Charlestown signalisiert haben, dass die Soldaten den Charles River nach Lexington genommen hatten.

193 Salem St., 1. April bis 31. Okt. tgl. 9–18, sonst 10–16 Uhr, gef. Touren, 8 $

Mal Luft schnappen

Etwas betäubt von so viel Hossa für Siegertypen kraxeln Sie danach zum Luftschnappen auf der Hull Street den Copp's Hill hinauf. Auf der höchsten Erhebung des Viertels liegt **Copp's Hill Burial Ground** ⓴. 1660 eingerichtet, birgt er so viele Gebeine, dass er sich weit über das Niveau des Bürgersteigs wölbt. Neben etwa 1000 in einer Ecke

verscharrten Sklaven wurde hier Puritaner-Prominenz verbuddelt, z. B. der üble Hexenrichter Cotton Mather.

Charlestown

»Schießt erst, wenn Ihr das Weiß ihrer Augen seht!«, soll ein gewisser Colonel William Prescott seinen Männern in der Schlacht von Bunker Hill zugerufen haben. Besagten Hügel können Sie von Copp's Hill aus leicht erkennen. Er liegt drüben in Charlestown. Ein unübersehbarer Obelisk markiert die Stelle im Häusermeer, wo das Gemetzel am blutigsten war. Der Freedom Trail dorthin nimmt nun die Charlestown Bridge über den Charles River und passiert dabei die elegante Zakim Bunker Hill Bridge zur

MUSEUM ODER KNEIPE   **F**

Wo beenden Sie den langen Tag auf dem Freedom Trail stilecht? In der **Warren Tavern** ㉑ in Charlestown! Die Kneipe ist mit ihren niedrigen Decken und der Bar aus altersdunklem Mahagoni ein Wohlfühlbiotop. Sie wurde kurz nach der Schlacht von Bunker Hill eröffnet und nach Dr. Joseph Warren benannt. Der Arzt und Patriot, der Paul Revere auf seinen berühmten Mitternachtsritt (s. S. 61) schickte, war Witwer mit drei kleinen Kindern, mochte dunkles Ale, kämpfte und starb am Bunker Hill in vorderster Linie, und, und, und… Ach ja, und George Washington hob hier auch gern einen. Steht alles auf der Speisekarte. Nett, so viel Geschichte mit menschlicher Note. Vor allem wie damals bei gebratenem Schellfisch mit grünen Bohnen.

MIT DER FÄHRE ZURÜCK **F**

Anstatt von Charlestown das Taxi zurück nach Downtown zu nehmen, springen Sie am besten auf die **Inner Harbor Ferry** (www.boston harborcruises.com). Die kleine Fähre für Bostons Pendler verkehrt täglich und stündlich zwischen Navy Yards (nahe USS Constitution Museum) und Long Wharf auf der anderen Seite. Während Sie auf einer Bank im Oberdeck die Beine strecken, zeigt Ihnen die Grande Dame der Ostküste ihre Schokoladenseite. Nicht schlecht für 3,50 $!

Linken und die tolle Skyline von Boston zur Rechten.

Der beste Stadtblick

Das 64 m hohe **Bunker Hill Monument 22** wurde 1843 eingeweiht und lohnt allein der Aussicht wegen. Auf den 294 Stufen zur Plattform haben Sie reichlich Zeit, das amerikanische Talent, selbst aus Niederlagen Siege zu machen, zu bewundern. Denn eine solche feiert der Obelisk: Am 17. Juni 1775 versuchten die belagerten Briten den Hügel einzunehmen. Gut gedrillten Berufssoldaten standen 2000 schlecht bewaffnete Kolonisten gegenüber, die königlichen Offiziere wähnten leichtes Spiel.

Doch erst die dritte Angriffswelle durchbrach die Stellungen. 500 Kolonisten, aber über 1000 Rotröcke kamen bei diesem Pyrrhussieg der Engländer ums Leben. Die Kunde vom Hergang der Schlacht lädierte das Image der bis dahin als unbesiegbar geltenden Armee des Empire nachhaltig.

Das **Bunker Hill Museum** zu Füßen des Obelisk erinnert an diesen ersten großen Waffengang des Unabhängigkeitskrieges mit einem dramatisch ausgeleuchteten 360-Grad-Cyclorama, spannend inszenierten Ausstellungen und einer Diashow (alle halbe Std.).
43 Monument Sq., tgl. 10–17 Uhr, Eintritt frei

Holzschiff mit Eisenplanken

Nur 22 Jahre später baute der Staat, an den die Kolonisten auf dem Hügel noch gar nicht zu denken gewagt hatten, hier übrigens das modernste Kriegsschiff seiner Zeit. Ihrer spannenden Karriere widmet sich das **USS Constitution Museum 23**. Die mit 54 Kanonen bestückte ›USS Constitution‹, eine schnelle Fregatte mit einem Rumpf aus härtester Eiche, verließ 1797 den Charlestown Navy Yard, um im Mittelmeer amerikanische Kaufleute vor nordafrikanischen Piraten zu schützen. In 42 Seegefechten siegreich, erhielt sie im Krieg von 1812 ihren Spitznamen ›Old Ironsides‹, als die Geschosse der englischen ›HMS Guerrière‹ wirkungslos an ihren Planken abprallten.

Periodisch renoviert, hat die ›USS Constitution‹ alle Versuche, sie einzumotten, dank engagierten Bürgern überstanden und ist heute das älteste noch schwimmende Kriegsschiff der Welt. Jährlich am 4. Juli schippert sie einmal feierlich durch den Hafen.
Charlestown Navy Yard, www.ussconstitution museum.org, Mai bis 8. Okt. Di–So 10–18, Rest Okt. nur bis 17, sonst Mi–So 10–16 Uhr; Museum: April bis Okt. tgl. 9–18, sonst 10–17 Uhr, Eintritt für beide: Spende

---

Beacon Hill

Wenn es in der Autofahrernation ein Paradies für Spaziergänger gibt, dann hier im Dreieck zwischen Boston Common, Beacon und Charles Streets. Dabei wirkt Beacon Hill zunächst wie ein Fremdkörper im Stadtbild. Vor der Kulisse der glatten Bürotürme von Downtown liegt es da, rotbraun an den Südhang des

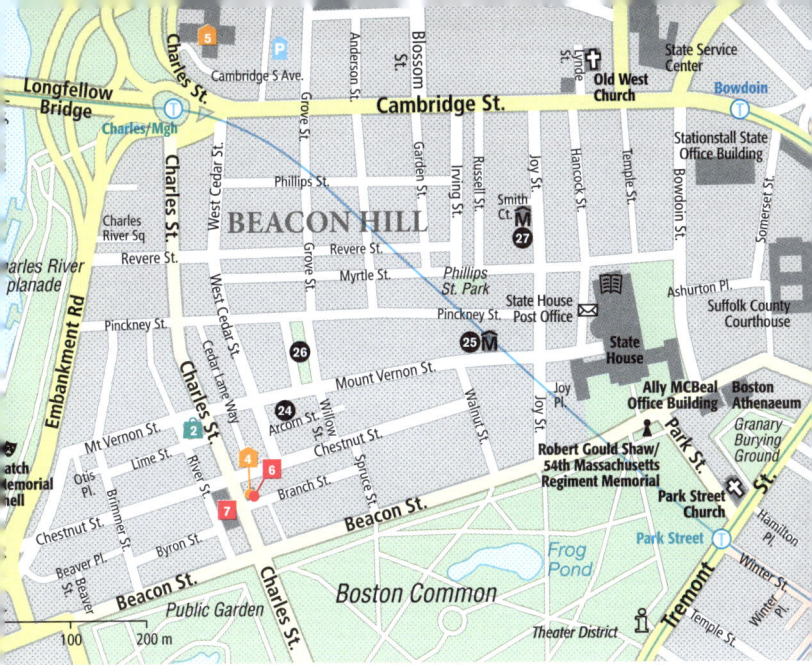

Beacon Hill

Beacon Hill geschmiegt, verschachtelt, dennoch planvoll und inmitten der täglichen Rushhour in aller Ruhe im Abendlicht badend. Das Viertel, dem der Hügel seinen Namen gab, ist eine Stadt in der Stadt, eine friedvolle Oase im hektischen Alltag – und seit über 200 Jahren Bostons vornehmstes Wohnviertel.

Bostons Postkarten-Boston

In Beacon Hill ist das alte Amerika eingefroren, die Welt der zylindertragenden Gentlemen und ihrer in Europa einkaufenden Gattinnen, der Kutschen, Butler, französischen Privatlehrer und Gouvernanten. Wer Boston sagt, pflegt zuerst Beacon Hill auf Postkarten gesehen zu haben, sein Kopfsteinpflaster und seine Alleen, die schwarz schimmernden Zäune und Gitter aus Gusseisen, die über die Privatsphäre hinter gepflegtem Backstein wachen. Dabei besteht Beacon Hill vornehmlich aus Reihenhäusern. Der Geldadel akzeptierte den bemerkenswerten Mangel an viktorianischer Grandeur wegen Charles Bulfinch. Der war dazumal der angesagteste Architekt und hatte, nebenan das State House bauend und ein gutes Geschäft witternd, die ganze Südseite des Hügels gekauft.

Die Elite im Reihenhaus

Sein Plan, in ein standesgemäßes Viertel für Bostons Elite zu investieren, ging auf: Die Reichen kamen, angezogen vom neuen Zentrum der Macht und einem prestigeträchtigen Architekten. Seitdem ist Beacon Hill identisch mit Namen wie Cabot, Lowell und Vanderbilt. Der Dichter und Boston-Chronist Oliver Wendell Holmes wohnte hier, ebenso wie Louisa May Alcott, Henry James und John F. Kerry, der glücklose Herausforderer George W. Bushs bei den Präsidentschaftswahlen 2004. Auf keiner anderen Straße in den USA – den Rodeo Drive in Los Angeles ausgenommen – werden heute so viele europäische Luxuskarossen bewegt und so viele teure Rassehunde Gassi geführt wie auf der **Beacon Street.**

Die Immobilienpreise sind entsprechend. Falls Sie am Haus 86 Chestnut Street vorbeikommen, erinnern Sie sich daran, dass es Ende 2018 – 280 qm, 4 Zimmer, Bad/WC, winziges Gärtchen – für 3,7 Mio. Dollar ausgeschrieben war. Dabei lag es noch 200 000 Dollar unter dem mittleren Preis für ein Einfamilienhaus. Der durchschnittliche Mietpreis für ein ›Condo‹, eine Wohnung, lag übrigens bei 3300 $ monatlich. Was es aktuell kostet, wenn man dazugehören will, zeigen die Schaukästen der Makler an der Charles Street.

Versteckte Dienerschaft

Die dienstbaren Geister, die alles in Gang hielten, wurden in der zweiten Reihe versteckt. Hinter den Häuserreihen der Reichen lagen an engen Gassen die winzigen Mietwohnungen der Köche, Kutscher und Stubenmädchen. **Branch Street** und die oft fotografierte **Acorn Street** ❷❹ waren solche speziell für die Dienerschaft konzipierten Wohnbereiche.

Patrizierhäuser

Die **Mount Vernon Street** gilt als schönste Straße auf Beacon Hill. Zwei der Patrizierhäuser entwarf Bulfinch höchstpersönlich, 1802 die Nr. 85 für seinen Freund Harrison Gray Otis und 1804 die Nr. 55. Letzteres ist heute das **Nichols House Museum** ❷❺, das einzige auch von innen zu besichtigende Haus auf dem Beacon Hill.

55 Mount Vernon St., nur geführte Touren, April bis Okt. Di–Sa 11–16, sonst Do–Sa 11–16 Uhr, 10 $

Der schönste Platz

Interessanter ist freilich der **Louisburg Square** ❷❻, einst gesellschaftlicher Brennpunkt Beacon Hills und bis heute Bostons heißeste Immobilie. Bulfinch zitierte die mit Rasen und Brunnen versehenen Plätze feiner Gegenden in London, und wie ein Stück viktorianisches Good ol' England wirkt der vornehme Platz mit seinen prachtvollen Greek-Revival-Häusern noch heute. Ein ganz besonderes Vergnügen erwartet Sie übrigens, wenn Sie im Mai in Boston sind: Am dritten Donnerstag öffnen zwölf der im – gleichermaßen – vornehmen Beacon Hill Garden Club organisierten Anlieger ihre Gärten für einen Tag der Öffentlichkeit – eine seltene Gelegenheit für einen Blick hinter die alten Backsteinmauern!

www.beaconhillgardenclub.org

Das andere Beacon Hill

Wie man unter sich blieb, zeigt die parallel zur Mount Vernon Street verlaufende **Pinckney Street**: Als einzige Straße auf dem Hügel ohne Querverbindungen angelegt, garantiert sie die gewünschte Exklusivität. Nördlich dieser Straße, über den Hügelgipfel hinweg, begann nämlich

Das alte, vornehme Boston versteckte seine Dienerschaft in der Acorn Street, die so rumpelig geblieben ist, wie sie immer war. Heute ist jeder froh, der hier eine der sündhaft teuren Wohnungen ergattert.

das Boston der Mietskasernen, dort lebten Handwerker und freie Schwarze. Bis zum Sezessionskrieg war dies auch ein Knotenpunkt der ›Underground Railroad‹, eines von Louisiana bis Kanada gespannten Fluchthelfernetzwerks aus geheimen Pfaden und Unterkünften, das geflohenen Sklaven den Weg in die Freiheit wies.

Die **Joy Street** zwischen Pinckney und Cambridge Streets war das Zentrum des schwarzen Boston. Über den Alltag der Schwarzen in einem Staat, der die Sklaverei zwar schon 1783 abgeschafft hatte, seine schwarzen Mitbürger de facto aber weiterhin segregierte, informiert das **Museum of African American History** ㉗. Hier beginnt auch der 2,6 km lange Black Heritage Trail (s. Tour S. 32).

DOWN TO THE RIVER   **R**

Charles River Esplanade unweit Beacon und Arlington Streets ist ein weitläufiger Park am Fluss, eine schöne Spielwiese für Jogger, Radfahrer, Freizeitsegler und Paddler. An der Esplanade finden im Sommer im **Hatch Memorial Shell** Konzerte statt. Die Freiluftbühne in Form einer überdimensionalen Muschel ist zudem Austragungsort einer echten Neuengland-Tradition namens ›Free Friday Flicks‹. Dann strömen Familien hierher und genießen beim Picknick die neuesten, ab 20 Uhr auf einen Giant Screen projizierten Familienfilme.

TOUR
Schwarze Flecken auf weißer Weste

Der Black Heritage Trail

Infos

Dauer:
3 Std., 2,6 km

Start:
Robert Gould Shaw
and 54th Regiment
Memorial (S. 18)

Reisekarte:
Boston, 📍 Karte 3, J 5

**Museum of
African American
History** ㉗: 46 Joy
St., www.maah.org,
Mo–Sa 10–16 Uhr

Dass der Black Heritage Trail in **Beacon Hill** bloß durch ein längst der Vergangenheit angehörendes Kapitel der Stadtgeschichte führt, davon will die Dame im **Museum of African American History** ㉗ nichts wissen. Zuhören und hinschauen solle man, sagt sie streng, erst dann verstehe man die Gegenwart wirklich. Und drückt mir die Broschüre für die Self Guided Tour in die Hand. Die selbst geführte Tour beginnt im kleinen, aber feinen Museum in der Joy Street.

Ich lerne: Die ersten der heute über 400 000 Afroamerikaner Neuenglands treffen 1638 in Boston ein. Anders als im Süden steht ihr rechtlicher Status hier nicht von vornherein fest. Ende des 18. Jh. wird die Sklaverei zwar verboten, aber deshalb normalisiert sich das Verhältnis zwischen Weiß und Schwarz noch lange nicht. Immer wenn das politische Klima rauer wird, kippt in Boston die öffentliche Meinung zuungunsten der schwarzen Einwohner. Wie im frühen 19. Jh., als Bostons schwarze Gemeinde eine Drehscheibe der **Underground Railroad** ist: Schwarze Familien und weiße Sympathisanten verstecken Sklaven auf der Flucht und weisen ihnen den Weg nach Kanada. Als der Kongress 1850 den Fugitive Slave Act verabschiedet, der Plantagenbesitzern erlaubt, ihre entflohenen Sklaven auch außerhalb ihres Heimatstaates zu verfolgen, rasen weiße Mobs auf der Suche nach Sklavereigegnern durch die Straßen von Boston. Die Gegensätze bleiben bis weit ins 20. Jh. Als 1974 ein Richter die Integration an Bostons Schulen forcieren will, kommt es zu schweren Ausschreitungen. Der Plan, Kids aus weißen Neighborhoods auf Schulen

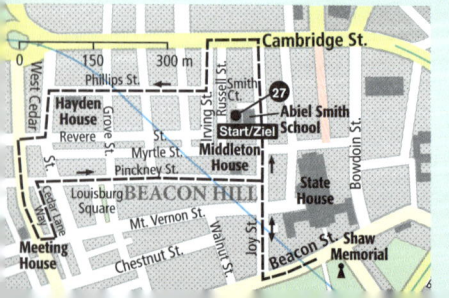

Caution!! Um 1850 noch wurde Bostons Bevölkerung vor Schwarzen gewarnt. Frederick Douglass (1818–1895), geboren als Sklave und Sohn seines Besitzers, war der einflussreichste Aktivist gegen die Sklaverei im 19. Jh.

in schwarzen Vierteln zu schicken und umgekehrt, stößt auf heftigen Widerstand und entlädt sich in Steinwürfen auf Busse mit schwarzen Schülern. Erst 1997 erklärt die Bostoner Schulbehörde die Integration für erfolgreich.

Wer weiß das schon? Ich ziehe los. Heute leben die meisten Schwarzen im Stadtteil Roxbury. Zwischen 1800 und 1900 konzentrierte sich das Gros der schwarzen Bostoner jedoch auf den **Beacon Hill,** auf ein von Pinckney, Cambridge, Joy und Charles Street begrenztes Areal. Der Heritage Trail führt hier zu 14 Gebäuden (meist nicht öffentlich zugänglich), Meilensteine im Kampf für ein besseres Amerika. Jedes erinnert an Mut und Zivilcourage unter oft lebensgefährlichen Umständen. Die Broschüre sorgt dafür, dass ich verstehe, was ich sehe, und mit jedem Schritt in den engen Straßen am Nordhang des Beacon Hill entferne ich mich ein bisschen mehr vom offiziellen Boston ohne Fehl und Tadel. Ich komme am **George Middleton House** (5–7 Pinckney St.) vorbei, dem ältesten von schwarzen Bostonern gebauten Haus (1797). Es trägt den Namen eines schwarzen Kämpfers für die amerikanische Unabhängigkeit, der später sein Recht, das Ende der Sklaverei auf dem Common zu feiern, mit der Waffe in der Hand verteidigte.

In dem nach ihnen benannten **Lewis and Harriet Hayden House** (66 Phillips St.) versteckte ein Ehepaar geflohene Sklaven. Und empfing Kopfgeldjäger mit brennenden Kerzen – und dem Hinweis auf die beiden Pulverfässer unter dem Türrahmen, die sie in die Luft jagen würden, falls die Häscher einen Schritt über die Schwelle setzten. Und so geht es weiter, ein anrührendes Beispiel nach dem anderen. Am Ende meiner dreistündigen Tour stehe ich vor dem roten Backsteinbau der **Abiel Smith School** (46 Joy St.). Dies war, finanziert von einem weißen Philantropisten, 1835 die erste nur für schwarze Kinder gebaute Schule der USA. Heute gehört sie zum Museum of African American History. Die Dame von vorhin lächelt, als ich mich für die Broschüre bedanke. Auch das ist Boston, sagt sie.

Back Bay

Begonnen hat das Viertel westlich der Downtown am Charles River als übel stinkende Bucht. Bostons weise Stadtväter beschlossen deshalb, durch Aufschüttung des Feuchtgebiets das Gesundheitsrisiko zu beseitigen und neuen Wohnraum zu schaffen. 1857 begannen die Erdarbeiten. Sie dauerten über 30 Jahre und vergrößerten das Stadtgebiet um zwei Quadratkilometer. Im Jahr zuvor hatte man den Entwurf des Architekten Arthur Gilman abgenickt. Der war ein Fan jenes Architekten Baron Haussmann, der gerade Paris mit breiten Avenuen, Boulevards und Second-Empire-Häusern überzog.

In Boston verbinden seither fünf mit dem Lineal gezogene Ost-West-Achsen Public Garden und Boston Common mit dem Kenmore Square. Die breiten Prachtstraßen kamen gut an: Sie standen im diametralen Gegensatz zu dem bis dahin mittelalterlich-verwinkelten Boston und gaben der damaligen Aufbruchstimmung eine Gestalt. Back Bay wurde das ›Nouveau Quartier‹ der Oberschicht. Prächtige vier- bis fünfgeschossige Häuserzeilen im Second-Empire-Stil säumen Avenuen mit edel klingenden Namen.

Bostons beste Adresse

Das Aushängeschild ist die **Commonwealth Avenue.** Sie ist 80 m breit und hat baumbestandene Grünanlagen statt Mittelstreifen. Bis heute zieht sie die Reichen und Wichtigen magnetisch an: Ein Townhouse an der im Back-Bay-Sprech kurz Comm Ave genannten Straße kostet locker über 10 Mio. $. Dafür hat der Besitzer dann nicht nur beim Name-Dropping auf dem Cocktailempfang einen Trumpf im Ärmel, sondern auch einige der besten Restaurants, Museen, Konzertveranstaltungen und Shoppingadressen der Stadt vor der Haustür.

Die Flaniermeile zum Shoppen

Die **Newbury Street** war mit Nobelboutiquen wie Tiffany, Dolce & Gabbana und Chanel jahrzehntelang Boston's Rodeo Drive. Doch angesichts des veränderten Konsumentenverhaltens änderte die anderthalb Kilometer lange Einkaufsmeile inzwischen radikal ihre Strategie.

Autofreie Sonntage verwandeln die Straße im Sommer in eine munter menschelnde Fußgängerzone, mobile Rastinseln mit Bänken und Blumenkästen wurden zwecks Leutegucken aufgestellt, Cafés und Restaurants dürfen nun auch die Bürgersteige nutzen. Das Resultat: Back Bay ist nicht mehr ganz so exklusiv und Newbury Street die beliebteste Einkaufsstraße der Stadt.

Glasturm als Wahrzeichen

Jede alte Stadt hat ein Zentrum, ein Herz. Das ist in Neuengland nicht anders als im alten Europa. **Copley Square** ㉘ ist das Herz von Back Bay. Der alles dominierende Hingucker ist der Büroturm **200 Clarendon Tower** ㉙ (vormals: John Hancock Tower). Der sieht mal schlank und so zerbrechlich aus, als würde er beim nächsten Windstoß umkippen, und dann wieder so robust wie ein Eisbrecher, wenn die Spiegelbilder vorbeifliegender Wolken seine gläsernen Umrisse mit dem Himmel zu verschmelzen scheinen. Das ist durchaus so gewollt.

Der aus Boston stammende Stararchitekt I. M. Pei stellte den 1976 eröffneten Büroturm auf den Grundriss eines Parallelogramms und benutzte 10 344 Glasplatten als Fassade, um diesen Effekt zu erreichen. Kritikern, denen der 241 m hohe Tower ein Dorn im Auge war, hörten die Bostoner nur anfangs zu, als viele der Fenster auf die Straße fielen. Bis das Problem gefunden war, wurden sämtliche Glas- durch Sperrholzplatten ersetzt. Kurzzeitig, spottete die Lokalpresse damals, war der Monolith das höchste Sperrholzgebäude der Welt.

Eher als der seine Umgebung förmlich aufsaugende Tower befremdet dabei die 1877 vollendete und von romanischen Vorbildern im Mittelmeerraum inspirierte **Trinity Church** schräg gegenüber. Als Henry H. Richardsons Meisterwerk gefeiert, macht sie dennoch einen zusammengewürfelten Eindruck, und ihr Inneres wirkt so leer und düster wie ein deutscher Provinzbahnhof nach Mitternacht.

Büchertempel mit Café
Die monumentale, gleich zwei Blocks der Südseite des Copley Square besetzende **Boston Public Library** ist da wesentlich interessanter. 1848 eröffnet, war sie die erste öffentliche Bibliothek des Landes und die erste, die Bücher nicht nur aufbewahrte, sondern tatsächlich auch auslieh. Heute besitzt die BPL über 6 Mio. Bände und registriert 2 Mio. Nutzer jährlich. Sehenswert sind der oasenartige, italienisch inspirierte Innenhof, die Wandgemälde in den oberen Etagen und Bates Hall, der 72 m lange, 15 m hohe und von 15 herrlichen Bogenfenstern illuminierte Lesesaal. Nicht schlecht, oder je nachdem, wo die Prioritäten liegen, noch besser ist das nette **Map Room Café** für Frühstück und Lunch.
www.bpl.org, Mo–Do 9–21, Fr–Sa 9–17, So 13–17 Uhr, tgl. gef. Touren

Shopping mit Skywalk
Wer allerdings lieber Preisschilder liest, ist im Einkaufszentrum **Copley Place** gut aufgehoben. Zu den 75 oft noblen Geschäften geht es auf Rolltreppen an einem Wasserfall vorbei. Von hier aus gelangt man durch eine gläserne, über die Huntington Avenue führende Passage ins ›Pru‹. Bei seiner Einweihung 1964 war der 221 m hohe **Prudential Tower** das höchste Bauwerk der USA außerhalb Manhattans. Das hässlichste Gebäude der Stadt ist er noch immer,

aber immerhin versöhnt der **Skywalk,** eine Aussichtsplattform im 50. Stock, mit seiner trostlos grauen Fassade. Hier oben liegt einem Boston zu Füßen. Neigt sich der Tag dem Ende zu, ist das lichtdurchflutete Restaurant **Top of the Hub** der ideale Ort fürs romantische Dinner.
Copley Place: Mo–Sa 10–20, So 12–18 Uhr; Skywalk: Nov. bis Feb. tgl. 10–20, März bis Okt. tgl. 10–22 Uhr, 20 $
Top of the Hub: Mo–Sa 11.30–14, 17–22 Uhr, www.topofthehub.net

Christlicher Bombasmus
Ein paar Schritte südwestlich vom Pru wird es bombastisch. Das Gefühl sagt, das muss nicht sein, aber die Neugier siegt. Die monumentale Kuppel gehört zur 1906 geweihten **Mother Church Extension** , die um die 1894 errichtete Mother Church herumgebaut wurde.

Auf der Newbury Street sitzen die Damen gern auch noch nach dem ausgiebigen Shopping-Bummel.

Back Bay und South End

Ansehen

- **28** Copley Square
- **29** 200 Clarendon Tower
- **30** Trinity Church
- **31** Boston Public Library
- **32** Prudential Tower
- **33** Christian Science Church/ Mother Church Extension
- **34** Fenway Park Stadium
- **35** Museum of Fine Arts
- **36** Isabella Stewart Gardner Museum
- **37** Boston Center for the Arts

Schlafen

- **6** Gryphon House
- **7** Newbury Guest House
- **8** Hotel 140

Essen

- **8** Fleming's
- **9** Sonsie
- **10** Summer Shack
- **11** The Beehive
- **12** Charlie's Sandwich Shoppe
- **13** South End Buttery

Einkaufen

- **3** Copley Place
- **4** Newbury Street
- **5** Lord & Taylor

Ausgehen

- **7** Bill's Bar
- **8** Symphony Hall
- **9** Citi Performing Arts Center

Zusammen mit den in den 1970er-Jahren von I. M. Pei entworfenen Bürogebäuden bildet sie das Hauptquartier der Christian Science Church von Mary Baker Eddy (1821–1910). Die Dame litt lange unter chronischen Schmerzen und erfuhr irgendwann Heilung durch die Heilkraft der Bibel. 1879 gründete sie deshalb die auf ›Spiritual Healing‹ basierende Glaubensgemeinschaft. Heute hat sie über 400 000 Mitglieder in 60 Ländern und betreibt neben einer Tageszeitung auch TV- und Radiostationen.

Nicht schön, aber allein der wuchtigen Größe wegen sehenswert sind das im Center stehende Colonnade Building, der 220 m lange Reflecting Pool, dessen Wasser über abgerundete Ränder aus rotem Granit fließt, und das **Mapparium** in der Mary Baker Eddy Library. Die begehbare, zehn Meter durchmessende Weltkugel wurde aus über 600 bunten Glasplatten gefertigt und ist auch für ihre hervorragende Akustik berühmt.

Mapparium: nur gef. Touren tgl. 10–17 Uhr, 6 $

Fenway

Weiter westlich geht Back Bay in das Viertel **Fenway** mit Musikschulen, kleinen Bühnen und Kneipen über. Es reicht vom Charles River über die Parks der Back Bay Fens bis zur Huntington Avenue. Fenway erinnert an New Yorks Brooklyn und ist von jeher das Revier der an der nahen Boston University eingeschriebenen Studenten.

Studentenviertel mit Park

Das Herz des Viertels ist **Kenmore Square,** eine zu jeder Tageszeit lebhafte und mit Studentenkneipen, billigen Supermärkten und Fastfood-Joints gespickte Straßenkreuzung.

Zum **Fenway Park Stadium 34** (s. S. 47), dem legendären Baseball-Stadion der kultisch verehrten Boston Red Sox weiter südlich, sind es nur ein paar Gehminuten. Ca. 20 Minuten gehen Sie zum **Museum of Fine Arts 35** (s. S. 38) und dem **Isabella Stewart**

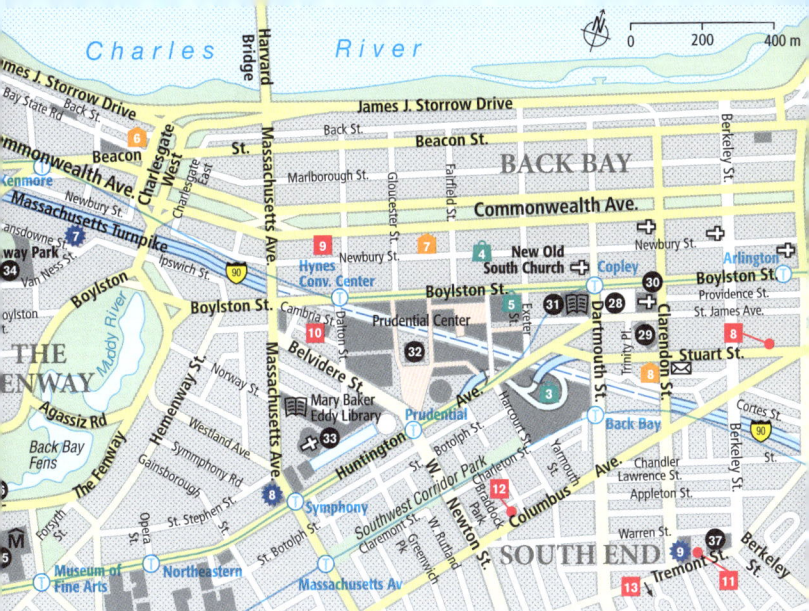

Gardner Museum 36 (s. S. 38), den beiden besten Kunstmuseen der Stadt. Wie die Universitäten liegen sie südlich des langen Grünzugs der **Back Bay Fens** mit Rosengarten, Arealen fürs Urban Gardening und wunderbaren Jogging-Strecken.

South End

Ein bisschen Beacon Hill, ein Schuss Back Bay. Alleen mit alten Bäumen, durch deren dichtes Blätterdach hier und da elegante Backsteinarchitektur lugt, dazu ein gutes Dutzend schöner kleiner Plätze mit Bänken und Springbrunnen sowie Kreuzungsbereiche mit Bistros, Bäckereien, Galerien … Dies ist das South End, doch eher fühlt man sich wie in ›Merry old England‹.

Tatsächlich orientierten sich die Bostoner Architekten in den 1850er-Jahren vor allem an London, um ihren wohlhabenden Auftraggebern zu gefallen. Heute ist das von Massachusetts Avenue, Berkeley Street, Columbus und Harrison Avenue begrenzte Viertel besonders bei jungen Familien und der LGBTQ-Gemeinde beliebt.

Kultur und Kreativszene

Bester Ausgangspunkt für einen Bummel ist das **Boston Center for the Arts** 37 an der Tremont Street. Das selbsternannte Urban Cultural Village beherbergt in einer ehemaligen Orgelfabrik u. a. die renommierte Mills Gallery, das Community Music Center of Boston, die Boston Ballet School, ein Theater, das Beehive Restaurant (s. u.) und rund 50 Künstlerateliers. Vor allem die **Mills Gallery,** die sich auf zeitgenössische Künstler aus Neuengland spezialisiert hat, präsentiert ein starkes und künstlerisch oft mutiges Stück der Bostoner Kreativszene.

539 Tremont St., www.bcaonline.org, T 617 426 5000, Mo–Fr 9–17 Uhr, Eintritt frei
Mills Gallery: Mi 12–17, Do–Sa 12–21, So 12–17 Uhr

Street Art

Danach erreichen Sie bald eine der schönsten Straßen Bostons: Die schattige **Union Park Street** mit ihrem einen Block langen Park samt Springbrunnen und Mahnmal in der Fahrbahnmitte ist das beste Beispiel der für das South End typischen Residential Parks.

Wenn Sie danach links auf die Harrison Avenue abbiegen, erwartet Sie zehn Minuten später ein regelrechter Kulturschock: das **Mural Project,** auf neun Wände gemalte und gesprayte Street Art. Zwischen den Betonträgern der über Ihnen verlaufenden Interstate haben Amerikas beste Street Artists auf 14 000 Quadratmetern Beton eine bunte, pychedelische Welt erschaffen. Es ist das Herz des **Underground at Ink Block,** zu dem auch schöne Spazierwege und sogar ein Hundepark gehören.

90 Traveler St., www.undergroundinkblock.com

Museen

Neuenglands Top-Museum

㉟ Museum of Fine Arts: Zwei Tage reichen gerade, um alles zu sehen! Ob Sie dann auch alles genossen haben, ist bei diesem irrsinnigen Tempo allerdings fraglich. Bostons MFA ist das fünftgrößte Museum der USA. Mit anderen Worten: Sie sollten vorher überlegen, wen und was Sie sehen wollen. Die schönsten der 500 000 Werke werden in acht permanenten Sammlungen präsentiert, u. a. Art of the Americas, Art of Europe, Art of Asia, Oceania and Africa, Art of the Ancient World und Classical Art. Die besondere Stärke des Museums liegt in europäischer Kunst – hier sind z. B. die meisten Monets außerhalb Frankreichs zu Hause.

Der absolute Star ist jedoch der vierstöckige Flügel der **Art of the Americas.** Er wurde 2010 fertig und verlieh dem im strengen Klassizismus gebauten Kulturtempel einen zeitgemäßen Touch. Seine über 50 Galerien zeigen Kunstschaffen aus Latein- und Nordamerika. Für Boston-Besucher besonders interessant sind die Sammlungen amerikanischer Maler. Vor allem die American Collection ordnet all jenen Namen, denen man bis dahin begegnet ist, endlich Gesichter zu. Zu bewundern sind u. a. Copleys Porträts von John Hancock, Paul Revere und Joseph Warren sowie Gilbert Stuarts unvollendeter George Washington – dieses Bild ziert heute die 1-Dollar-Note.

465 Huntington Ave., www.mfa.org, Mo–Di, Sa–So 10–17, Mi–Fr 10–22 Uhr, 25 $

Palazzo der Skandal-Lady

㊱ Isabella Stewart Gardner Museum: Kunst auch gegenüber. In Fenway Court dient sie jedoch ausschließlich dem Plaisir. So wollte es die Dame, die hier über 2500 Gemälde, Drucke, Zeichnungen und Skulpturen anhäufte, wobei sie sich von nichts anderem leiten ließ als ihrem Geschmack. Isabella Stewart Gardner (1840–1926), reich, verwitwet – mit Jack Lowell Gardner hatte sie in die alte Bostoner Elite geheiratet – und unkonventionell, war das Enfant terrible der Bostoner Gesellschaft. Zwar sind viele der ihr zugeschriebenen Skandale unwahr oder übertrieben, doch trank sie schon lieber Bier als Tee, rumpelte im Ochsenkarren durch Boston und trug bei Besuchen der Boston Symphony ein Stirnband mit der Aufschrift »Oh, You Red Sox«.

Ihre 1899 errichtete Villa Fenway Court, von Bostoner Zeitungen einst als ›Belle's Folly‹ betitelt, ähnelt einem italienischen Palazzo und gruppiert sich um ein venezianisches Atrium, in das man von umlaufenden Galerien aus hinabblickt und in dem es sich herrlich den Lunch aus dem **Café G** verzehren lässt. Zu sehen sind u. a. Werke von Rembrandt, Vermeer, Matisse, Degas und John Singer Sargent. Tizians »Raub der Europa«, eines der wichtigsten Werke der Renaissance, ist einer der Höhepunkte.

Was lässt sich alles durch Street Art verschönern? Antwort: Alles, jedenfalls im Underground at Ink Block.

25 Evans Way, www.gardnermuseum.org, Mi–Mo 11–17 Uhr, Do bis 21, Di geschl., 15 $, erm. 10–12 €

Glaskasten für Kreative

The Institute of Contemporary Art: Mit diesem Museum für moderne Kunst im Viertel Seaport (**♥** Karte 3, L6) hat Boston mit dem berühmten Museum of Modern Art in New York gleichgezogen. Boston ist inzwischen selbst ein Hotspot junger amerikanischer Kreativer. Bereits das Gebäude ist ein Kunstwerk: ein gewaltiger, nachts angestrahlter Glaskasten mit Freitreppe am Wasser. Jetzt beherbergt das ICA auch eine permanente Ausstellung mit kreativen Multimediashows und Installationen von zeitgenössischen Künstlern, u. a. Tara Donovan, Louise Bourgeois, Nick Cave und Shepard Fairey.

25 Harbor Shore Dr., www.icaboston, Di–Mi, Sa–So 10–17, Do–Fr 10–21 Uhr, Mo geschl., 15 $, erm. 10–13 $

Jeden Tag Attentat

John F. Kennedy Presidential Library: Jeder US-Präsident bekommt nach seinem Amtsende seine Bibliothek, das ist Tradition in den USA. Die für JFK, Bostons noch immer beliebtesten Sohn, liegt in Dorchester im Südosten der Stadt, auf dem Campus der University of Massachusetts-Boston mit Blick aufs Wasser (**♥** Karte 3, J7). Mit ihren klaren Linien – Architekt war der große I. M. Pei – sich kühn gegen die Silhouette des Hafens absetzend, beherbergt die John F. Kennedy Library nicht nur die Papiere der Regierungszeit des 35. Präsidenten der USA, sondern erinnert mit Videos, Schautafeln und Audio-Beispielen an seine Lebensstationen. Nachgebaut wurden u. a. sein Schreibtisch im Oval Office sowie das Fernsehstudio, in dem er sich 1960 mit Richard M. Nixon zur ersten Fernsehdebatte der Geschichte traf. Ein Highlight ist die Darstellung der Raketenkrise auf Kuba. Eine zeitkritische Wiedergabe darf man nicht erwarten, unterhaltsames Politkino dagegen schon. Deshalb gibt es natürlich auch eine seiner Frau Jacqueline und ihrer Garderobe gewidmete Ausstellung. Nüchterner Schlusspunkt ist das in Endlosschleife abgespielte Video von Kennedys Ermordung 1963.

Columbia Point, University of Massachusetts, www.jfklibrary.org, Di–Mi, Sa–So 10–17, Do–Fr 10–21 Uhr, 15 $, erm. 10–13 $

Schlafen

Boston ist notorisch teuer. Das gilt vor allem für Unterkünfte im Zentrum. Klare Preisunterschiede zwischen Haupt- und Nebensaison sind, abgesehen von den Wintermonaten, nicht mehr auszumachen. Was tun? Weichen Sie in Außenbezirke wie Braintree, Revere oder Jamaica Plain aus und nutzen Sie das ausgezeichnete Nahverkehrssystem. Allerdings: Alle hier vorgestellten Hotels liegen in Fußgängernähe zu den Sehenswürdigkeiten.

Nett am Wasser

1 Harborside Inn: Preiswerter als die meisten anderen Hotels an der Waterfront, bietet das modifizierte Kaufmannshaus aus dem 19. Jh. individuell eingerichtete Zimmer mit einem durchgehend maritimen Thema. Viele Gäste fühlen sich wie auf einem Kreuzfahrtschiff.

185 State St., nahe Freedom Trail, T 617 723 7500, www.harborsideinnboston.com, DZ ab 140 $ (NS), ab 265 $ (HS)

Zentral und bombastisch

2 Hilton Boston Downtown: Guter Service. Faneuil Hall und Freedom Trail um die Ecke, 10 Min. zum Flughafen. Restaurants und Kneipen rundherum. Bei vergleichsweise niedrigen Zimmerpreisen wiegen die Vorteile den Nachteil des etwas abgewohnten Interieurs auf.

89 Broad St., T 617 556 0006, www3.hilton.com, DZ ab 190 $ (NS), ab 390 $ (HS)

Location, Location!

3 Kimpton Nine Zero: Näher dran geht nicht: Beacon Hill, Boston Common und

---

PREISWERTER WOHNEN

Den ›best price‹ erhalten Sie meist bei Online-Buchung – auf der Website des Hotels oder bei einem Reservierungssystem wie z. B. **www.booking.com.** Preislich interessante B&Bs und auch möblierte Apartments für längere Aufenthalte listet **www.boston-bnbagency.com** auf: ca. 150 Unterkünfte mit Preisen ab 100 $. Richtig billige ›Absteigen‹ bis runter auf 60 $ kann man natürlich auch auf **www.airbnb.com** finden.

Downtown liegen um die Ecke. In den Zimmern des schicken Boutique-Hotels ist traditionell Urban in Braun, Beige und Schwarz angesagt. Und Zeitgeist. Zu jedem Zimmer gibt's eine Yogamatte.

90 Tremont St., T 617 772 5800, www.nine-zero.com, DZ ab 220 $ (NS), ab 480 $ (HS)

Sorry, kein Fitnessraum

4 Beacon Hill Hotel: Die Zimmer sind klein, aber gemütlich, und sowohl der gute Service als auch die Begrüßungsschachtel Pralinen werden immer wieder gelobt. Angesichts der astronomischen Preise ringsumher nimmt man da den Mangel an Ellbogenfreiheit gern in Kauf. Und macht sich eine mentale Notiz: So weit wie möglich im Voraus buchen!

25 Charles St., Beacon Hill, T 617 723 7525, www.beaconhill.com, DZ ab 230 $ (NS), ab 350 $ (HS)

Im Knast schlafen

5 The Liberty Hotel: 150 Mio. $ machten aus dem alten Charles Street Prison das ungewöhnlichste Luxushotel der Stadt. Von dem Knast, in dem auch mal der berühmte Fälscher Frank Abagnale jr. einsaß (im Film »Catch me if you can« dargestellt von Leonardo di Caprio), ist eine 27 m hohe Rotunde mit großen runden Fenstern geblieben, die heute als Lobby fungiert, und mehrere Galerien drumherum, die zu den durchgestylten Zellen … oh: Zimmern führen. Das Liberty hat seinen Preis, liegt aber ideal für Streifzüge durch Beacon Hill und morgendliches Jogging am Charles River.

215 Charles St., Beacon Hill, T 617 224 4000, www.libertyhotel.com, DZ ab 380 $ (NS), ab 520 $ (HS)

Back Bay's beste Basis

6 Gryphon House: Offene Arme und ein Lächeln beim Empfang, zwanglose Atmosphäre und Unterbringung fast wie daheim: So stellt man sich ein B&B vor. Das Gryphon House ist ein viktorianisches Wohlfühlquartier, steht am Nordrand von Back Bay und kommt dieser Vorstellung nahe. Es gibt acht tolle Suiten, einen herrschaftlichen Salon und eine lichte Eingangshalle mit elegant geschwungener Treppe. Alle Attraktionen von Back Bay, inklusive die Weltklasse-Museen, sind leicht zu Fuß erreichbar.

9 Bay State Rd., Back Bay, T 617 375 9003, www.innboston.com, DZ ab 200 $ (NS), ab 320 $ (HS)

Auf Boston's Rodeo Drive
7 Newbury Guest House: Manchmal stolpert man über Unterkünfte, die es eigentlich gar nicht geben dürfte. Denn gerade mal 200 $ für ein Zimmer an einer der besten Adressen Bostons ist, gelinde gesagt, ein Schnäppchen. Auch wenn's nur in der Nebensaison ist. Das in drei viktorianischen Häusern untergebrachte B&B bietet nicht nur charmante Besonderheiten wie Kamine in den Zimmern und Stuckarbeiten an der Decke, sondern auch WiFi und prima Frühstück.

261 Newbury St., Back Bay, T 617 670−60 00, www.newburyguesthouse.com, DZ ab 180 $ (NS), ab 340 $ (HS)

Einfache Zimmer, Top-Lage
8 Hotel 140 : Das Onehundredfourty liegt zwischen zwei der angesagtesten Viertel Bostons, ist aber nur so teuer wie ein Hotel in den Außenbezirken. Die günstige Lage macht die etwas kleinen, einfach möblierten Zimmer mehr als wett. Schöne Lobby, Continental Breakfast inbegriffen.

140 Clarendon St., Back Bay, T 617 585 5600, www.hotel140.com, DZ ab 120 $ (NS), ab 220 $ (HS)

Essen

Bostons Food-Szene wird immer besser. An die Stelle jeder Restaurantlegende, die zumacht, treten gleich mehrere neue, hervorragende – den astronomischen Mieten und unverschämt teuren Alkohollizenzen zum Trotz.

On the red brick road
1 Parla: Gerade wenn man überzeugt ist, das North End sei reines Pizzaland, stößt man auf diese kleine Kneipe mit schummriger Speakeasy-Atmosphäre. Die Küche ist italienisch, aber stark neuenglisch angehaucht. Gute Cocktails, bezahlbare Preise, Brunch am WE. Unbedingt probieren: alle Pastagerichte (19 $)!

230 Hanover St., North End, T 617 367 2824, www.parlaboston.com, 16.30−23 Uhr

La lista, per favore
2 Mamma Maria: Dass man hier wenigstens einmal einkehrt, ist so klar wie das Ende von »Der Pate 3«. Mamma Maria ist mit blütenweißen Tischdecken zwar bewusst altmodisch, aber mit seinem Beef Carpaccio mit Aragula und Kapern gekonnt zeitgemäß (Pasta u. Secondi ab 29 $).

3 North Sq., Freedom Trail/North End, T 617 523 0077, www.mammamaria.com, So−Do 17−22, Fr−Sa 17−23 Uhr

California meets Italy
3 Bricco: Guter Mix aus zeitgemäßer, saisonaler und traditioneller italienischer Küche (Pasta ab 23 $). Urbanes Ambiente, mittels Kitchen-Cam kann man dem Chef in der Küche bei der Arbeit zuschauen. Die Lounge Enoteca Bricco ist ein beliebter Hangout von Bostons Nachtschwärmern.

241 Hanover St., Freedom Trail, T 617 248 6800, www.bricco.com, Dinner tgl. 16−23 Uhr

Alles Sushi
4 Sakurabana: Mittags scheint es, als leerten sich alle Büros von Downtown in diese kleine Sushi-Kantine. Trotzdem gelangen Sushi, Maki und Nigiri, zubereitet wie in Japan, in 15 Min. auf den Tisch.

57 Broad St., Financial District, T 617 542 4311, www.sakurabanaboston.com, Mo−Do 11.30−21.30, Fr 11.30−22, Sa 17−21.30 Uhr

Auch im Stehen lecker

5 **Quincy Market Food Colonnade:** Die größte Esshalle in Neuengland am Faneuil Hall Marketplace (s. S. 25) ist für Freedom-Trail-Walker der natürliche Stopover zum Auftanken. 30 Gourmettheken bieten Leckeres aus aller Welt, es duftet aus Töpfen und Öfen, und die Palette reicht von der Lobsterbar bis zur authentischen Küche Nordindiens. Die wenigen Tische in der Mitte sind meist besetzt, aber im Sommer ist es draußen auf den Stufen sowieso schöner.
206 S. Market St., www.quincy-market.com, tgl. 10–21 Uhr

Einen Toast!

6 **Beacon Hill Bistro:** Wenn es im feinen Beacon Hill so etwas wie ein Nachbarschaftsrestaurant gibt, dann dieses. Weiße Tischtücher sind eine Referenz an die französische Bistrotradition, ansonsten ist die Einrichtung – lange Sitzbänke, große Spiegel – denkbar einfach. Leichte französische Küche mit kalifornischem Einschlag (um 25 $), alle Zutaten sind saisonal und kommen aus der Region.
25 Charles St., Beacon Hill, T 617 723 7575, www.beaconhillhotel.com/boston-bistro, Mo–Fr 11.30–21, Sa–So 9–15, 16–21 Uhr

Traumhaft

7 **Bin 26 Enoteca:** Diese sparsam elegant eingerichtete Wein-Bar führt über 200 Weine aus aller Welt und kombiniert sie mit den dazugehörigen italienisch inspirierten Gerichten (ab 13 $) so vorzüglich, dass sie allein fürs ›Pairing‹ schon viele Preise gewonnen hat. Schön zu wissen: Die Kellner bleiben in Sachen Wein keine Antwort schuldig.
26 Charles St., Beacon Hill, T 617 723 5939, www.bin26.com, Mo–Do 12–22, Fr–Sa 12–23, So 17.30–22 Uhr

Best Steaks in Town

8 **Fleming's:** Steaks brutzelnd zu servieren setzt dieses Restaurant zwischen Back Bay und South End von der Konkurrenz ab. Und natürlich, dass nur bestes argentinisches Rind auf den Tisch kommt (26–58 $). Lamm, Huhn und Hummer mit eleganten, fein abgestimmten Garnierungen wie Gorgonzola sowie das Mascarpone Brulée sind allerdings auch nicht zu verachten. 100 Weine im Glas.
217 Stuart St., Back Bay, T 617 292 0808, fbcom/FlemingsPrimeSteakhouse.Boston, Mo–Do 17–22, Fr–Sa 17–23, So 16–21 Uhr

Kulinarische Weltreise

9 **Sonsie:** Was für ein Kunststück! Der Treffpunkt Bostoner Gourmets ist schon 20 Jahre alt und immer noch Trip Advisors Liebling. ›Schuld‹ daran ist die Respektierung der ehernen Regeln der Gastronomie: Der Service ist hervorragend, die Martinis sind die besten der Stadt und die eklektische World Cuisine einfach unwiderstehlich. Zu empfehlen: Entenbrust, alle Steinofen-Pizzen und gegrillter Schwertfisch (17–28 $). Nette Cocktail-Lounge.
327 Newbury St., Back Bay, T 617 351 2500, www.sonsieboston.com, ganztägig, Dinner So–Do 17.30 – 22, Fr–Sa 17.30–23 Uhr

Groß, laut, lecker

10 **Summer Shack:** Seafood! In diesem jovialen Family Restaurant krempelt man am besten die Ärmel hoch und geht an die ›Arbeit‹. Fisch, Seafood und Steaks sind über etwaige Zweifel, die man angesichts der Kantinen-Atmo haben mag, erhaben (19–38 $). Am ehesten lässt sich das Summer Shack als muskulöse Version der in Neuengland beliebten Lobster Shacks bezeichnen. Ein Lieblingsrestaurant der Boston-Red-Sox-Fans übrigens.
50 Dalton St., Back Bay, T 617 867 9955, www.summershackrestaurant.com, Mo–Do 16–22, Fr bis 23, Sa 11.30–23, So bis 22 Uhr

Hier brummt es

11 **The Beehive:** ›Cool‹ oder ›hip‹ sind inzwischen derart abgenudelt, dass man darauf lieber verzichten würde. Und dennoch: Die beiden Ebenen drinnen sind cool, die Speakeasy-ähnlichen Separés total hip und die täglich servierte Livemusik junger Bands einfach toll. Ach ja, die Küche. Die kennt keine Berührungsängste und stibitzt bei Kochtraditionen aus aller Welt (19–31 $).

541 Tremont St., Back Bay, T 617 423 0069, www.beehiveboston.com, Mo–Mi 17–24, Do 17–1, Fr 17–2, Sa 9.30–2, So 9.30–24 Uhr

Die Frühstückslegende
12 Charlie's Sandwich Shoppe: Als Bostons Hotels noch segregiert waren, war Charlie's der einzige Joint, wo schwarze Musiker nach ihrem Gig noch etwas zu essen bekamen. Historische Fotos erinnern an diese Zeit. An der Theke: Omelettes, French Toast und Waffeln (um 10 $, Diner um 20 $). Und lauter Originale aus der Nachbarschaft.

429 Columbus Ave., South End, T 617 536 7669, www.charliesboston.com, tgl. 7–15 Uhr

Leute gucken, Atmo genießen
13 South End Buttery: Bäckerei und Café an der Ecke Union Park Street. Immer frische Croissants, Bagels und Sandwiches (ab 7 $), im Bistro gibt's Burger um 18 $. Und Leutegucken ganz umsonst.

314 Shawmut Ave., South End, T 617 482 1015, www.southendbuttery.com, tgl. 6–22 Uhr, Bistro tgl. 17–22, Sa/So Brunch 9–15 Uhr

Einkaufen

Die beste Gelegenheit zum Shoppen auf dem Freedom Trail bietet der **Faneuil Hall Marketplace** (**1**, S. 25, www.faneuilhall-marketplace.com). In vier alten Gebäuden untergebracht und halb Mall, halb Unterhaltungszentrum, gibt es hier über 100 Läden, Restaurants und Pubs.

An der **Charles Street 2** am Rand von Beacon Hill liegen auf einem halben Kilometer über 40 Antiquitätengeschäfte.

Sieht aus wie ein antiker Tempel – und ist sogar einer: ein Fresstempel der feinsten Art. Wer im Quincy Market nicht war, hat ganz eindeutig etwas falsch gemacht.

Die besten Einkaufszonen Bostons gibt es in Back Bay: **Copley Place** 🔳, die Läden im **Prudential Center** ㉜ und an der **Newbury Street** 🔳 mit ihren autofreien Sonntagen, Buchläden und Antiquariaten, einheimischen Designern, globalen Logos und Edelmarken wie Saks Fifth Avenue.

Dazu liegen an der **Boylston Street** über 100 Läden, meist Bekleidungsgeschäfte wie Talbot's und Eddie Bauer. Das Kaufhaus **Lord & Taylor** 🔳 (760 Boylston St.), Filiale der ältesten Nobelkaufhauskette der USA, wartet mit Designerfashion für Sie und Ihn auf.

Bewegen

Biking Boston

Eine Radtour durch Boston mit einheimischen Guides ist eine ziemlich feine Sache. **Urban AdvenTours** ① gegenüber vom Rose Kennedy Garden verleiht nicht nur bequeme City Bikes, sondern bietet auch sechs geführte Radtouren quer durch die Stadt (s. Tour S. 46).
103 Atlantic Ave., T 617 670-06 37, www. urbanadventours.com

Laufen im Park

Die schönste Jogging-Strecke ist die **Charles River Esplanade,** 27 km Auslauf am Fluss entlang (s. S. 31) – aber auch bei Bikern beliebt. Ruhiger läuft man am Südrand des **The Fens Park** in Fenway, auf dem Emerald Necklace.

Boston vom Wasser aus

Geführte oder individuelle Touren auf dem Charles River organisiert **Paddle Boston.** So erleben Sie Boston und Cambridge von einer selten fotografierten Seite. Vor allem abendliche Paddeltouren in den Sonnenuntergang sind ein schönes Erlebnis.
1071 Soldier's Field Rd., Allston/Brighton, T 617 965 51 10, www.paddleboston.com

Sport-Legenden

Die eher reservierte Bostoner Psyche gibt sich am ehesten am Spielfeldrand eine Blöße. Sie haben die Wahl zwischen vier Teams der jeweiligen Top-US-League.
Boston Red Sox: Nach einer 86-jährigen Durststrecke (Fragen Sie mal nach dem ›Curse of the Bambino‹!) zählen sie wieder zu den Spitzenmannschaften im Baseball (April bis Sept. in Fenway Park, www.red sox.mlb.com).
New England Patriots: Das Footballteam spielt in der NFL ganz vorne mit (1 Patriot Pl., Foxboro, www.patriots.com).
Boston Bruins: Die Bruins gehören zu den besten Eishockey-Teams der National Hockey League, ihre Spiele sind Kult (100 Legends Way, www.bruins.nhl.com).
Boston Celtics: NBA-Basketball der Extraklasse im TD Banknorth Garden (100 Legends Way, www.nba.com/celtics).

Ausgehen

Seit die konfuse TV-Anwältin Ally McBeal vorführte, wie und wo Bostons hippe Crowd den Arbeitstag beschließt, hat Bostons Nachtleben die verdiente Anerkennung bekommen. Nach Einbruch der Dunkelheit ist an der **Boylston Street,** rund um **Kenmore Square** und im **North End** am meisten los. Die Bars in **Back Bay** und im **South End** sind besonders bei Yuppies beliebt. Aber wenn Ihnen nur nach einem Bier ist, googeln Sie einfach »Boston's Best Craft Beer Bars«!

Doch insgesamt könnte der Zapfenstreich eigentlich gern etwas später sein. **Last Call** pflegt nämlich schon zwischen Mitternacht und 2 Uhr morgens zu sein.

Fidele Fans

✹ **Boston Beer Works:** Wer das letzte Spiel der Celtics oder Bruins verpasst hat, kann es sich hier auf einem der 14 Bildschirme anschauen und mit Fans in

Trikots fachsimpeln. Bei einer Kanne Fenway Pale aus der eigenen Brauerei und Riesen-Hamburgern geht das natürlich noch besser.

112 Canal St., 5 Min. vom TD Garden, T 617 896 2337, www.beerworks.net, So–Do 11.30–24, Fr–Sa 11.30–1 Uhr

Mit Live-Konzerten
Royale Nightclub: Vor Jahren noch entschleunigten dort eher die Anwaltstypen. Der elegante Club im Tremont Boston Hotel residiert in einem alten Ballsaal mit Bühne und Balkon und spielt eine schräge Mischung aus Electro, Swing und Salsa. Oft Live-Konzerte, kein Dress Code.

279 Tremont St., T 617 338 7699, www.royaleboston.com, Fr/Sa 20–2 Uhr

Zu den Jacks
The Black Rose: Der Pub ist Bostoner Urgestein. Die Schwarze Rose ist so irisch, dass die Frage nach der Toilette mit »to the jacks this way« beantwortet wird. Auch in Sachen Livemusik (tendenziell keltisch) ist auf diese Bierkneipe Verlass, und zwar täglich. Gegessen wird solides Pub Grub (ab 16 $).

160 State St., T 617 742 2286, www.blackroseboston.com, tgl. 9–2 Uhr

Cool & Hot
Tunnel: Bostoner aller Stämme rocken hier tief unter Bostons Straßen bis zum Umfallen. Die DJs gelten als die besten der Stadt – die mit 3600 LEDs angefachte psychedelische Lightshow ist jedoch nichts für Migräne-Kandidaten.

100 Stuart St., (im W Hotel), T 617 357 5005, www.tunnelboston.com, Fr, Sa 22–2, Di, Do 23–2 Uhr

Jede Nacht
Howl at the Moon: Die hauseigene Band rockt jede Nacht, nimmt Wünsche

Die Türme glitzern und beweisen, dass die Stadt – also ihre Anwälte und Broker – nie schläft. Die Kanus wollen uns aber zwingen, morgen ausgeruht durch den Hafen zu paddeln. Schwierige Entscheidung!

TOUR

Nachmittags im Fahrradsattel

Mit dem Rad am Charles River nach Fenway Park

Infos

Dauer:
4 Std. mit Pausen;
ca. 8 km ein Weg

Start:
Caffe Paradiso, 255
Hanover St., North
End

Reisekarte:
Boston, 📍 Karte
3, K 4

Leihräder:
Urban AdvenTours
❶ (s. S. 44)

Liebe Radfahrer, eines vorweg: Vertraut man den Statistiken, boomt die Radler-Kultur in Boston. Das Radwegenetz legt sich unaufhaltsam über immer mehr Stadtteile, die Zahl der radelnden Bostoner verdoppelt, verdreifacht, vervierfacht sich jährlich. Doch Vorsicht: Der legendäre, stets die Pole Position anvisierende ›Boston Driver‹ treibt nach wie vor sein Unwesen! Nach der Statistik bauen Bostoner Autofahrer alle fünf Jahre einen Unfall. Im Landesvergleich siedelt sie das ganz, ganz oben an.

Für Sie bedeutet das: Augen offen, auf alles gefasst sein und auf Radweg-Buddhist umschalten. Beginnen Sie Ihren Radeltag im **North End** mit einem Frühstück in einem der Cafés an der Hanover Street. Wenn Sie meinen, göttliche Hilfe zu brauchen, erweisen Sie noch kurz dem **All Saints Way** ⓰ (s. S. 26) an der Battery Street die Ehre. Danach noch ein Fototermin am **Skinny House** (44 Hull St.), einem vierstöckigen, aber gerade 3 m breiten Schmalspurhaus, dann geht's los.

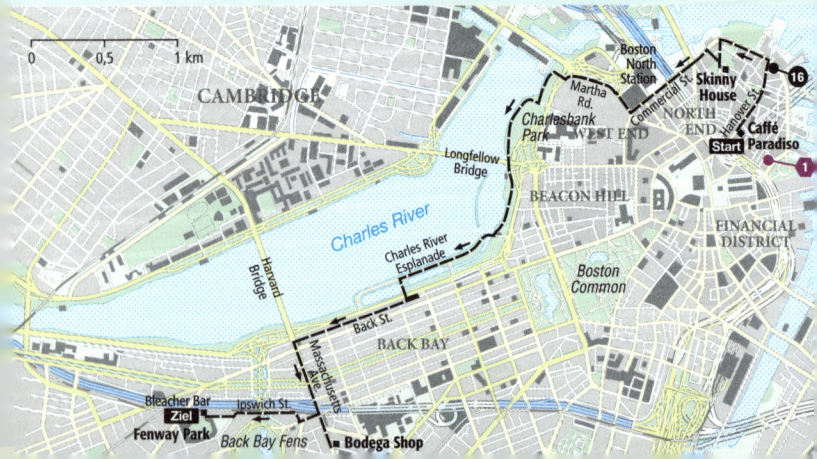

Kann das wahr sein? In Boston? Ja, an der Charles River Esplanade vergisst nicht nur der Radler, dass er in einer Boomtown ist.

Während der nächsten Stunden gilt: Radwege am Wasser und in Parks sind breit und auf den Straßen schmal und an durchgehenden weißen Streifen erkennbar. Über die **Commercial Street** geht es, den Charles River zur Rechten und den Bahnhof **Boston North Station** vor dem Lenker, nach Westen. Nach dem Gewusel versöhnt die dem Flussufer folgende **Charles River Esplanade** das Auge wieder, der Blick auf Cambridge lässt sich von vielen schönen Aussichtspunkten genießen. Die Bostoner sind übrigens widerlich fit: Sie joggen, walken mit Gewichten an Hand- und Fußgelenken, skaten und treteln mit bonbonfarbenen City-Rollern über die Radwege – mit der allen Amerikanern eigenen Über-Begeisterung für alles Neue perfekt behelmt und gekleidet, mit Schritt- und Pulsmessern an den Gliedern und schicken Gürteln mit Trinkflaschen um den Bauch.

Auf der **Massachusetts Avenue** – die Bostoner nennen die breite Durchgangsstraße kurz Mass Ave – geht es dann ein paar Hundert Meter ›landeinwärts‹ zum nächsten Etappenziel. Der **Bodega Shop** (6 Clearway St., www.bdgastore.com) ist, so heißt es, der angesagteste Laden für Urban Outfits in Boston. Sneakers, Sweatshirts, Baseballkappen, alles da und natürlich von den hipsten Marken. Wesentlichen Anteil am Coolness-Faktor hat der Umstand, dass sich der Laden versteckt. Sie müssen nämlich erst in einen schäbigen Convenience Store und dort zum alten Snapple-Automaten – der jedoch keiner ist, sondern die (Schiebe-) Tür zum Outfit-Paradies!

Ahnen Sie's? Bevor längst vergessene Muskeln sich wieder in Erinnerung bringen und Sie die letzten Meter am liebsten zu Fuß eiernd zurücklegen würden, erreichen Sie **Fenway Park**. Sie können die Bostoner Baseballkirche der Red Sox (s. S. 44) nämlich auch außerhalb der ›Messe‹ betreten und von der hauseigenen **Bleacher Bar** aus einen Blick ins Allheiligste werfen. Bei Burger & Fries natürlich, doch nach dieser Tour extrem reuelos, und einem Sam Adams Lager dazu.

entgegen und dreht vor allem an den Wochenenden so richtig auf. Wer mag, tanzt dann auf der Bühne ab. Oder verschwindet in der Down Ultra Lounge im Keller, wo DJs auflegen.

184 High St., Downtown, T 617 292 4695, www.howlatthemoon.com, Mi–Fr 16–2, Sa 17–2, So 19–2 Uhr

Seit 1795

⚙ **The Bell in Hand Tavern:** Je oller, desto … Der Pub unweit Faneuil Hall zählt zwar zu den ältesten Kneipen des Landes, denkt aber noch lange nicht an die Rente. Nachts verwandelt sich die Kneipe in einen Tanzboden. Wem es hier zu eng wird, kann auch auf der Etage darüber tanzen. In etwas zivilisierterer Atmosphäre.

45 Union St., T 617 855 0061, www.bellin hand.com, tgl. 11–2 Uhr

Fels in der Brandung

✿ **Bill's Bar:** Wie viele andere Clubs und Restaurants hat Bill's schon kommen und gehen gesehen? Eine Menge vermutlich, denn hier geben sich gestandene Alt-Rocker, junge Indie-Bands und hoffnungsvolle Stand-up-Comedians seit fünf Jahrzehnten die Klinke in die Hand. Laut, klebrige Tische, tolle Atmosphäre.

5 Lansdowne St., Back Bay, T 617 247 1222, www.billsbarboston.com, tgl. 17–2 Uhr

Hochkultur

Und was ist mit den ›höheren‹ Kulturleistungen? Kaum ein Tag in der Grand Old Lady ohne Weltklasse-Darbietungen.

Boston Symphony Orchestra: Während ihrer Spielzeit in Boston von Oktober bis April führen die 1881 gegründeten Symphoniker sowohl Klassik als auch leichte Kost auf. Spieltage: Di, Do, Sa.

Boston Pops Orchestra: Das 1885 zur Aufführung leichter klassischer Musik gegründete Orchester spielt von Mai bis Juli (Di–So, bso.org/bostonpops).

Handel and Haydn Society: Das bereits 1815 gegründete Ensemble benutzt bei seinen Auftritten zeitgenössische Instrumente für Barock- und klassische Konzerte (www.handelandhaydn.org).

Spielorte:

Symphony Hall 🔟: 301 Massachusetts Ave., www.bso.org.

Citi Performing Arts Center 🔟: 270 Tremont St., www.citicenter.org

Tickets: gibt es online, am Spielort oder bei BosTix (www.bostix.org) mit Schaltern am Copley Square (Boylston und Dartmouth Sts) und am Faneuil Hall Marketplace; beide Di–Sa 10–18, So 11–16 Uhr. Am Tag der Aufführung verkauft BosTix die Tickets zum halben Preis.

Feiern

- **Komplette Übersicht:** www.bostonusa.com/events
- **St. Patrick's Day:** große Parade am 17. März (auch Feiertag zum Abzug der Briten aus Boston 1776)
- **Boston Marathon:** der älteste Marathonlauf, 15. April, www.baa.org
- **Boston Harborfest:** Trubel, Re-enactments, Feuerwerk zum Independence Day, 4. Juli
- **Art Week:** junge Kreative, Ende April/Anfang Mai, www.artweekma.org
- **Boston Calling:** Musikfestival im Harvard Athletic Complex, Allston, 24. bis 26. Mai, www.bostoncalling.com
- **Head of the Charles Regatta:** Ruderwettkämpfe, 3. WE im Okt., www.hocr.org

Infos

- **Boston Common Visitors Center:** 148 Tremont St., Mo–Sa 8.30–17, So 10–18 Uhr. Reiseinfos zu Zielen in ganz Neuengland. Startpunkt der geführten Touren auf dem Freedom Trail.
- **Flughafen:** Logan International Airport (www.massport.com/logan-airport). In die Downtown mit der Subway (frei bis South

Station oder Tagesticket für 2,75 $ unbegrenzt im Raum Boston), s. a. S. 233
● **Parken:** Gehen Sie zu Fuß, benutzen Sie öffentliche Verkehrsmittel! Wer trotzdem mit dem Auto kommt, nutzt die Parkhäuser am Boston Common und am Prudential Center: 7/24 geöffnet, Preise von 6–10 $/Std. bis 45 $ pro Tag.
● **Stadtverkehr:** s. S. 16

Cambridge ♀ Karte 3, D 3

Im März 2019 ging es wie ein Paukenschlag durch die Presse: Zahlreiche Prominente wurden beschuldigt, ihre Kinder mittels Bestechung an Amerikas Eliteschulen eingekauft zu haben. Die Harvard University in Cambridge, der ganze Stolz von Bostons Nachbarn jenseits des Charles River, war dieses Mal zwar nicht gemeint. Doch dass reiche Eltern auch hier gewaltige Summen für die Zulassung ihrer Kinder zahlen, ist nicht neu. Bereits 2001 verriet die Tageszeitung Boston Globe »Harvard's dirty little secret«: Selbst durchschnittliche Studenten erhielten inflationär vergebene Spitzennoten. Tatsächlich schlossen in jenem Jahr mehr als 90 % der Harvard-Studenten mindestens ›cum laude‹ ab. Dagegen gelang dies in Yale und anderen Elite-Unis allenfalls der Hälfte.

Stadt der schlauen Kinder

Die weltberühmte **Harvard University** – ein Schatten ihrer selbst? Klischees sterben nur langsam, und für die Bostoner ist es noch immer so klar wie vor 60 Jahren: Jenseits des Charles River ist »where the smart kids are«.

Schon 1636 gründeten die Puritaner dort ein College für Geistliche, um den Fortbestand ihrer Theokratie zu si-

Die Kiddies von Harvard scheinen ganz normal – sind aber bereits jetzt globale Elite. So lief auch mal Mark Zuckerberg hier herum.

Schief ist schick. Das Stata Center vom MIT war aber so schick, dass nichts wirklich passte. Kann man verstehen!

chern. 1640 erhielt Cambridge die erste Druckerpresse Nordamerikas und gab danach den Ruf als Lehrzentrum nicht mehr ab. Bald kamen Fakultäten für Medizin und Jura hinzu; Frauen dürfen seit 1879 hier studieren. Bis heute hat Harvard acht US-Präsidenten und über 30 Nobelpreisträger produziert.

Ein Spaziergang über den riesigen Campus ist spannend: altehrwürdige Akademien mit ausgedehnten Parks, wo die zukünftige Elite aussieht wie die Kids vor Karstadt (s. Tour S. 52).

Harvard Information Center: Smith Campus Center, 30 Dunster St., www.harvard.edu/on-campus

Kaderschmiede für Startups

Die zweite Eliteschule der Stadt, das **Massachusetts Institute of Technology** (MIT), wurde 1861 gegründet. Das bemerkenswerte Ensemble moderner Architektur, allen voran Frank Gehry's ›Stata Center‹, liegt am Kendall Square im Arbeiterviertel East Cambridge. Während des Vietnamkriegs machte sich die traditionell den Liberalen zuneigende Stadt, in der die Hälfte der Einwohnerschaft dem Lehrbetrieb verbunden ist, einen Ruf als ›Moscow on the Charles‹: MIT-Professoren gaben ihren Studenten bessere Noten, damit diese nicht nach Vietnam mussten.

MIT Information Center: 77 Massachusetts Ave., www.institute-events.mit.edu/information-center

Kritisches Denken

Für den unvoreingenommenen Besucher sind es deshalb am ehesten die vielen unabhängigen Bücherläden im Dunstkreis des Harvard Square, die für die lange Tradition des kritischen Denkens beiderseits des Charles River stehen. Also Bookshops wie der **Grolier Poetry Book Shop** (6 Plympton St.), **Raven Used Books** (23 Church St.) und **The Million Year Picnic** (99 Mt. Auburn St.).

Museen

Von Piano überdacht

Harvard Art Museums: Die erstklassigen Kunstmuseen der Universität sind unter einem Dach zusammengefasst. Verantwortlich für die geniale, mit dem Tageslicht spielende Konstruktion zeichnet der Stararchitekt Renzo Piano.

Das **Busch-Reisinger Museum** ist als einziges der USA auf deutschsprachige Expressionisten spezialisiert. Die Joseph-Beuys-Sammlung gilt als eine der umfangreichsten der Welt. Das **Fogg Art Museum** dokumentiert die Entwicklung der europäischen Kunst seit dem Mittelalter. Gleich daneben konzentriert sich das **Arthur M. Sackler Museum** auf die Antike sowie auf asiatische Kunst.

32 Quincy St., www.harvardartmuseums.org, tgl. 10–17 Uhr, 20 $

Ethnologie und Naturgeschichte
Harvard Museums of Science & Culture: Zwei Blocks weiter nördlich beherbergt das 1866 gegründete **Peabody Museum of Archeology and Ethnology** eine schöne Sammlung mesoamerikanischer Kunst. Im **Harvard Museum of Natural History** sind die von den Dresdner Brüdern Blaschka zwischen 1877 und 1936 geschaffenen Blashka Glass Flowers sehenswert, detaillierte Blumennachbildungen aus mundgeblasenem Glas.
11 Divinity Ave., www.hmsc.harvard.edu, www.peabody.harvard.edu, tgl. 9–17 Uhr, 15 $

Schlafen

Very lovely indeed
Mary Prentiss Inn: Das historische 20-Zimmer-Inn liegt 15 Gehminuten vom Harvard Square entfernt in einer ruhigen Wohngegend. Es wurde 1843 im Greek Revival Style gebaut und überzeugt mit stilsicher eingesetzten Antiquitäten. Die alten Pfostenbetten sind mit zeitgemäßen orthopädischen Matratzen ausgerüstet, zwei Zimmer besitzen Kamin und Hot Tub.
6 Prentiss St., T 617 661 2929, www.mary prentissinn.com, DZ 170–260 $

Essen

Einfach schön
Toscano: Nur einen Katzensprung von der Uni entfernt, riecht das Restaurant schon beim Eintreten nach den Aromen der Toskana. Die Küche verarbeitet nur saisonale Produkte und scheint auf alle Kunden vorbereitet: Für Vegetarier gibt's Pasta und Risotto, für den großen Hunger Fleisch und Kartoffeln, und wer vor der nächtlichen Trebe nur vorglühen möchte, bestellt Snacks oder Pizza (um 16 $).
52 Brattle St., Harvard Square, T 617 354 5250, www.toscanoboston.com, tgl. 11.30–22 Uhr

Trendy
Aceituna Grill: In dem hauptsächlich von Studenten frequentierten, mediterran-biodynamisches Gesundfutter führenden Restaurant stellt man seine Mahlzeit einfach selbst zusammen. Also: erst der Salat, dann die Proteine, etwa Shawarma (mariniertes Rindfleisch) oder die vegetarischen Falafel (frittierte Bohnenbällchen) – komplett um 11 $. Schmeckt. Und wie!
605 W. Kendall St., T 617 252 0707, www.aceitunagrill.com, Mo–Fr 11–20, Sa 11.30–20, So geschl.

Ausgehen

Abends ist um den **Harvard Square** am meisten los. In den alten georgianischen Gebäuden stecken Dutzende kleiner Kneipen und Innenhöfe mit Bars und Lounges.

Hemdsärmelig
Grendel's Den: Lauter Studi-Treff mit dem Motto: Resisting the Tide of Corporate Homogenization since 1971. Livemusik, Pubgerichte ab 10 $.
89 Winthrop St., T 617 491 1160, www.grendelsden.com, tgl. 11.30–0 Uhr

Entschieden irisch
The Plough & Stars: Diese Kneipe füllt bereits die dritte Generation Akademiker ab, versorgt sie jede Nacht mit irischer Folk Music und legendär guten Burgern (ab 10 $) und ist auch sonst ihr zweites Zuhause.
912 Mass. Ave., T 617 576 0032, www.ploughandstars.com, tgl. 11.30–1 Uhr

Infos

- **Cambridge Office for Tourism:** 4 Brattle St., www.cambridge-usa.org
- **Verkehr:** Mit der Red Line der Subway (www.mbta.com) von Downtown Boston bis Harvard Yard, Cambridge.

TOUR
Lügen, Bücher, Nichtschwimmer

Geführte Tour auf dem Harvard Campus

Die Subway aus Boston spuckt mich genau vor dem umzäunten Old Yard aus, in Cambridge. Noch während ich überlege, ob ich am besten allein über den Campus wandere oder mich doch lieber einer geführten Tour anschließe, treibe ich unversehens in Pulks junger Menschen aus aller Herren Länder Richtung **Harvard Square**.

Der Platz ist das Herz der 110 000-Einwohner-Stadt, liegt am Westrand des Campus und ist vor allem im Sommer ein wuseliges Kaleidoskop aus Coffeeshops, Bars, Bücher- und Andenkenläden. Am Ende beschließe ich, meine Wahrnehmungskanäle zu öffnen, und entscheide mich im **Smith Campus Center** für die von der Harvard University gratis angebotene Tour – gemäß dem schlauen Satz des alten Goethe, wonach man nur sieht, was man weiß.

Die von Studenten geführte **Historical Tour** dauert ca. 1 Std., ist gratis und beginnt zwischen 10 und 15 Uhr jede volle Stunde.

Der Guide meiner Gruppe heißt Tim. »You can't paak your caa in Havaad Yaad«, empfängt er uns und demonstriert damit zunächst den breiten Bostoner Dialekt. Als eingeschriebener Student kennt Tim natürliche jede Menge Anekdoten. Wie die über die ›Statue of three lies‹ im **Old Yard** vor der University Hall. Denn die Statue zu Ehren von John Harvard, ›founder 1638‹ stellt erstens nicht den por-

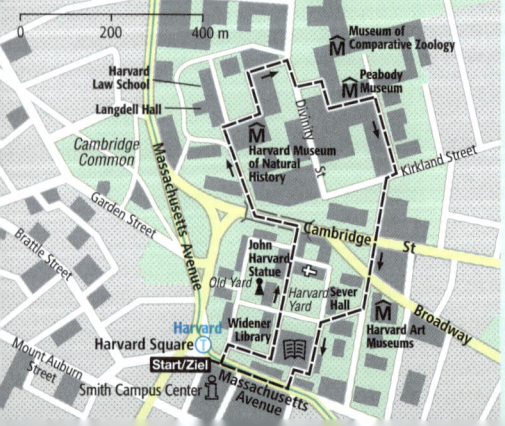

Ab und zu brauchen auch die Studenten in Harvard mal eine Pause.

trätlos gestorbenen Wohltäter dar, sondern einen Studenten, der Modell saß. Zweitens verjüngt sie die Universität um zwei Jahre und macht drittens den Mäzen fälschlicherweise zum Gründer. Die Studenten haben ›ol' John‹ jedenfalls ins Herz geschlossen. Vor Prüfungen reiben sie seine Schuhspitzen (das bringt Glück), oder sie erleichtern sich hier (das bringt Prestigegewinn).

Danach wird besichtigt, was gerade nicht renoviert wird, geöffnet hat oder nicht von lesenden Studenten benutzt wird. Wir schlendern über den weitläufigen Campus mit Wohnheimen, Mensen und Vorlesungsgebäuden aus Backstein und Granit. Werfen zwei Blicke in die von einem imposanten Säulenwald bewachte **Widener Memorial Library,** die mit 3,5 Mio. Bänden die größte private Bücherei der Welt sein soll, und hören die Geschichte von Harry Elkins Widener.

Angeblich starb Widener beim Untergang der ›Titanic‹, weil er die knapp 50 m zum Rettungsboot nicht schaffte. Worauf seine Mutter der Bücherei zwei Millionen Dollar spendete unter der Bedingung, dass jeder Student fortan beweisen müsse, besagte Strecke schwimmen zu können.

Irgendwann, zwischen der schönen **Memorial Hall** aus dem Jahr 1931 und der hässlichen **Sever Hall,** begehe ich dann doch Fahnenflucht und wende mich den **Harvard Art Museums** zu (s. S. 50). Die drei Kunsttempel erwarten mich mit über 250 000 ›Artefakten‹, wie das so schön heißt. Diese imposante Hausnummer kann mich jedoch nicht wirklich einschüchtern. Ich weiß ja schon, wo am Harvard Square ich am Ende des Tages einkehren werde und mich dann dort sehr angenehm erholen kann.

Infos

Dauer:
1 Std., 1,5 km

Start:
Harvard Information Center im Smith Campus Center, 1350 Mass Ave.
Karte 3, D 4

Info:
www.harvard.edu/on-campus/visit-harvard/tours

Greater Boston

D

Die Großstadt ist genossen und Harvard bewundert – somit nichts wie weg und rein nach Neuengland! Doch halt! Auch wenn dies nicht die ›Car City‹ Los Angeles ist: So schnell kommen Sie nicht raus aus dieser Stadt!

Greater Boston ist das elftgrößte Ballungsgebiet der USA, hier leben 4,8 Mio. Menschen. Der Verkehr hinaus ist zwar flüssig, doch so dicht wie anderswo zur Rushhour. Und deshalb werden Sie genügend Muße zum Lesen von Firmennamen haben. An den strahlenförmig ins Hinterland strebenden Interstates und Highways, vor allem an der Rte. 128, liegen die Hauptquartiere wegweisender Hightech-Unternehmen, darunter AMD, Bose, Dell EMC, Akamai, Intel, und dahinter zahllose ›kleinere‹ Tech-Unternehmen und Startups wie HubSpot, Deloitte, Kronos, Formlabs und CarGurus.

Seit die Puritaner, eifernd und selbstgewiss, mit Boston ein »moralisches Leuchtfeuer für die ganze Welt« gründeten, haben viele weltweit bedeutende Entwicklungen dort ihren Ausgang genommen: der Unabhängigkeitskrieg, die Verfassung, die amerikanische Literatur und das amerikanische

ORIENTIERUNG

Info: s. bei den jeweiligen Orten
Verkehr: Die schnellere Strecke nach **Salem** ist die Rte. 107, schöner die Küstenstraße Rte. 1A (26 km). Weiter nach **Gloucester** bleiben wir an der Küste mit der Rte. 127 (27 km). Dann geht es über den Yankee Division Hwy. (Interstate 95) nach **Lexington/Concord** (70 km, ab Boston über I-93, I-95, 65 km). **Lowell** weiter nördlich erreicht man ab Lexington über Rte. 3 (27 km), ab Boston über I-93 (55 km).

Industriezeitalter. Nach dem Zweiten Weltkrieg schaffte die Region, dank ihrer Hochschulen, nicht nur den Anschluss ans Informationszeitalter, sondern setzte sich als Global Leader auch an dessen Spitze.

Es gibt hier ein paar Orte, die Ihnen helfen werden, Amerika zu verstehen. Wie Lexington und Concord, wo aus Kolonisten Amerikaner wurden, oder Salem, dessen berüchtigte Hexenjagd ein Synonym für die Verfolgung Unschuldiger wurde. Und Lowell, die erste geplante Industriestadt, die später einen Vater der amerikanischen Gegenkultur zu ihren berühmtesten Söhnen zählte.

Salem 📍 Karte 2, A 1

Nüchtern betrachtet ist das etwas nördlich liegende Mittelschichtsstädtchen eine Schlafstadt Bostons mit Meeresblick. Touristisch setzt Salem voll auf Monokultur. Besucher aus aller Welt wollen nämlich nur das eine: Hexen! Von US-Schriftsteller Arthur Miller literarisch verewigt, ist der Hexenhammer, der 1692 hier zuschlug, seit – gefühlten – Ewigkeiten die Hauptattraktion der Stadt. Sie werden also nicht am hexigen Salem vorbeikommen.

Dabei hat der ›Salem bewitched‹-Zirkus die goldene Zeit der Stadt während des China-Handels in den Hintergrund gedrängt. Das ist schade, denn damals, im frühen 19. Jh., bildeten allein Salems Steuereinnahmen auf Importwaren 15 % der Staatseinkünfte der USA, hielten die chinesischen Handelspartner Salem für ein märchenhaft reiches Land – so viele Schiffe nur aus dieser Stadt warfen damals vor Chinas Küsten ihre Anker.

Den Opfern gedenken

Die Geschichte hat die hingerichteten ›Hexen‹ und ihren berüchtigtsten Richter wieder vereint: Auf dem Old Burying Point Cemetery, wo auch Hexenrichter Hathorne begraben wurde, erinnert das **Witch Trials Memorial** ❶ – eine Reihe rauer Blöcke mit den Namen der 20 Opfer – an Salems schwarze Tage. Unter den Namen stehen ihre letzten Worte. So sagte Elizabeth Howe: »If it was the last moment I was to live, God knows I am innocent!«

Museen

Folterungen mehrmals täglich

❷ **Salem Witch Museum:** In diesem Museum werden die Ereignisse des Jah-

Halloween ist in den USA immer eine gefährliche Sache. Besonders aber in Salem: Manche Hexen können wirklich zaubern.

res 1692 mit lebensgroßen Wachspuppen und qualvollem Stöhnen vom Band blutrünstig, aber detailgenau rekonstruiert. Das Ganze dauert etwa 30 Min. und gibt die Chronik der Ereignisse wieder, wobei die audiovisuelle Präsentation von Szene zu Szene wandert und besonders bei der Folterung eines Mannes verharrt, dem der Brustkorb mit Steinen eingedrückt wird – nice! Ausstellungen werfen ein Licht auf den neuesten Stand der Hexenforschung.

Washington Sq., Salem, www.salemwitch museum.com, Juli/Aug. tgl. 10–19, sonst tgl. 10–17 Uhr, 13 $

Hübsch hässlich

❸ **Witch Dungeon Museum:** Während ihres Prozesses wurden die Beschuldigten angeblich an diesem Ort verwahrt. Professionelle Schauspieler spielen hier Schlüsselszenen der Hexenhysterie nach, u. a. auch Szenen aus dem Prozess um Sarah Good. In die Jahre gekommene Wachspuppen bilden die Jury. Haarsträubend in jeder Hinsicht.

16 Lynde St., Salem, April bis Nov. tgl. 10–17 Uhr, 10 $

So düster wie die Puritanerzeit

❹ **House of the Seven Gables:** Aufs Wasser hinaus blickt das Haus mit den sieben Giebeln, 1668 erbaut. Es diente dem Schriftsteller Nathaniel Hawthorne als Inspiration für seinen gleichnamigen Romanerfolg (1851). Kostümierte Guides veranstalten Führungen, erschröckliche Anekdoten und Geheimtreppe inklusive. Im Garten steht das hier wieder aufgebaute Geburtshaus des Autors. Hawthorne, der seinem Namen ein ›w‹ beifügte, um sich von seinem Vorfahren, dem berüchtigten Hexenrichter John Hathorne, zu distanzieren, verarbeitete in seinem Buch das finstere Kapitel seiner Familiengeschichte.

115 Derby St., Salem, www.7gables.org, Jan. bis Juni tgl. 10–17, Juli bis Okt. tgl. 10–19, Nov./Dez. tgl. 10–17 Uhr, 6 $

Wow-Faktor 10

❺ **Peabody Essex Museum:** In der Sorge um ihre verödende Stadtmitte – allen Hexen zum Trotz liegt die City nach 18 Uhr wie ausgestorben da – haben sich die Stadtväter ihrer ›Merchant Princes‹ erinnert. So wurden um 1800 die erfolgreichsten Handelsherren genannt. Ihnen widmet sich dieses großartige Museum.

Über 30 Ausstellungsräume zeigen, was die ersten Millionäre der USA zu Hause anhäuften: chinesisches Porzellan und eigens für die ›Langnasen‹ hergestellte Haushaltswaren, ihre von chinesischen Auftragsmalern angefertigten Porträts, Sänften aus Mahagoni und Schnitzereien aus Elfenbein. Eine Sammlung zeigt die Porträts kühn blickender Kapitäne und Reeder, eine andere die Galeonsfiguren ihrer Schiffe. Selbst das komplette Haus der Kaufmannsfamilie Huang aus der Zeit vor 200 Jahren ist zu bewundern.

East India Sq., 161 Essex St., Salem, www. pem.org, Di–So 10–17 Uhr, 20 $

Schlafen

Denkmalschutz mit WiFi

❶ **The Salem Inn:** Dieses herrliche viktorianische Inn besteht aus drei unter Denkmalschutz stehenden Häusern mit Namen Captain West, Peabody und Curwen. Die 42 Zimmer im Stil jener Zeit verfügen dennoch über WiFi und andere Annehmlichkeiten der Gegenwart. Einige der Zimmer sind mit Kitchenette, die meisten mit Kamin ausgerüstet.

7 Summer St., Salem, T 978 741 0680, www.saleminnma.com, ab 140 $ (NS), 250 $ (HS)

Very charming indeed

❷ **The Coach House Inn:** Das von einem Kapitän 1879 erbaute, schöne alte Haus liegt in einer stillen Allee und nur zwei Blocks vom Wasser entfernt. Die elf

Salem

Ansehen
1 Witch Trials Memorial
2 Salem Witch Museum
3 Witch Dungeon
   Museum
4 House of the
   Seven Gables
5 Peabody Essex
   Museum

Schlafen
1 The Salem Inn
2 The Coach House Inn

Essen
1 Bella Verona
2 Tavern on the Green

Einkaufen
1 Artist's Row
2 Crow Haven Corner
3 HEX Old World
   Witchery

überraschend geräumigen Zimmer sind hell und freundlich und mit gutem Auge für viktorianische Details eingerichtet.
284 Lafayette St., Salem, T 978 219 7514, www.coachhousesalem.com, DZ ab 185 $, Suiten (4 Pers.) ab 265 €

Essen

Einfach gute italienische Küche
1 **Bella Verona:** Nach so viel ›Salem bewitched‹ ist solide norditalienische Küche willkommen. Hier im Zentrum der Stadt gibt es in familiärer Atmosphäre Pasta alla Matriciana, Piccata di Pollo und andere todsichere Gaumenfreuden (ab 15 $).
107 Essex St., Salem, T 978 825 9911, www.bellaverona.com, Mo–Sa 16–22, So 16–21 Uhr

So viel schönes Holz hier
2 **Tavern on the Green:** Wenn Sie einmal einen der Barhocker erklommen und Wein oder Craftbier bestellt haben, werden Sie in diesem Pub im Hawthorne Hotel leicht Wurzeln schlagen. Holzvertäfelungen und Lederpolster, gedämpftes Licht und freundliches Personal lassen Sie nach der Reise in die düstere Vergangenheit im Hier und Jetzt ankommen. Essen geht natürlich auch, es gibt solides Pubfood (ab 9 $).
18 Washington Sq. (Common), Salem, T 978 825 4342, www.natsrestaurant.com, tgl. 11–23 Uhr

Einkaufen

Shoppen in Salem kann auch ein Vergnügen sein. Fangen Sie in der **Artist's Row** 1 (24 New Derby St., www.artistsrowsalem.com) im historischen Stadtzentrum an. Wo früher der Marktplatz war, bieten heute lokale Künstler von März bis Oktober ihre kreativen Eingebungen zum Verkauf.

Und ja, weil dies nun mal Salem ist, können Sie sich hier auch mit allem eindecken, was Hexen so an Zubehör benötigen. Die Standardausrüstung – Besen, Hut und Zaubergetränke – bekommen Sie im **Crow Haven Corner** 🄳 (125 Essex St., tgl. 11–19 Uhr). Oder aber Sie wenden sich vertrauensvoll an die Fachhexen im **HEX Old World Witchery** 🄴 (246 Essex St., www.hexwitch. com). Dort werden Sie sicher den Zauberspruch finden, der Ihren Chef in ein Kaninchen verwandelt.

Infos

- **Salem Haunted Happenings:** www. hauntedhappenings.org
- **Destination Salem:** 81 Washington St., T 978 741 3252, www.salem.org

Gloucester und Cape Ann ♥ Karte 2, B 1

Vor 400 Jahren von englischen Fischern gegründet und riecht noch immer nach Fisch: Die Hafenstadt auf Cape Ann definiert sich trotz aller Veränderungen bis heute über das Meer. Hungrige Seemöwen surfen auf Windböen, Fischkutter kommen und gehen, stämmige Hafenarbeiter wuchten Hummerkäfige. Und der enge Ortskern mit seinen krummen Straßen und windschiefen, Lobster Shacks genannten Hummerbuden inspiriert nicht nur Besucher.

Im Gloucester Visitors' Center erinnert man sich noch immer gern an die Filmcrew aus Hollywood, die hier »Der Sturm« (2000) nach dem Buch von Sebastian Junger produzierte. Die letzte Szene spielte in St. Peter, wo die Schauspielerin Mary Elizabeth Mastran-tonio eine Gedenkrede für Käpt'n Billy Tyne (George Clooney) und seine Crew von der ›Andrea Gail‹ hielt. Sie waren im schlimmsten Sturm seit Menschengedenken, dem Halloween Nor'Easter von 1991, untergegangen. Es sei, erinnern sich die älteren Ortsansässigen, die gleiche Rede gewesen, die man im Jahr des Unglücks an gleicher Stelle gehört habe.

Das Meer ist grausam

Geschichten wie diese hört man oft am Cape. Im 19. Jh. war Gloucester der produktivste Fischerhafen der Welt. Bis zur Krise der 1990er-Jahre war Fischfang und -verarbeitung der einzige Erwerbszweig. Doch der raue Nordatlantik gab nicht nur, er nahm auch. Es heißt, fast jede Familie in der 31 000-Einwohner-Stadt habe jemanden an die See verloren.

An jene, die auf See blieben, erinnert das Denkmal des **Gloucester Fisherman** (Western Blvd. und Stacy Ave.). Zehn Granitplatten nennen die Namen von 5000 der mehr als 10 000 Fischer, die nie zurückkehrten. Im Hafen dahinter sind heute noch gut 200 Kutter registriert. Manche Fischer haben umgesattelt und bieten Bootstouren und Walbeobachtung an. Die Freizeitkapitäne sind jedoch klar in der Überzahl.

Cape Ann

Lebenskünstler …

Abseits der Route 127A von Gloucester nach Rockport liegt das **Sleeper-Mc-Cann House,** das unkonventionelle Anwesen von Henry Davis Sleeper (1873–1934). Der zu seiner Zeit berühmteste Innenarchitekt der Nation tobte sich hier aus, indem er jedes der 40 Zimmer nach einem anderen historischen Thema einrichtete – absolut sehenswert!

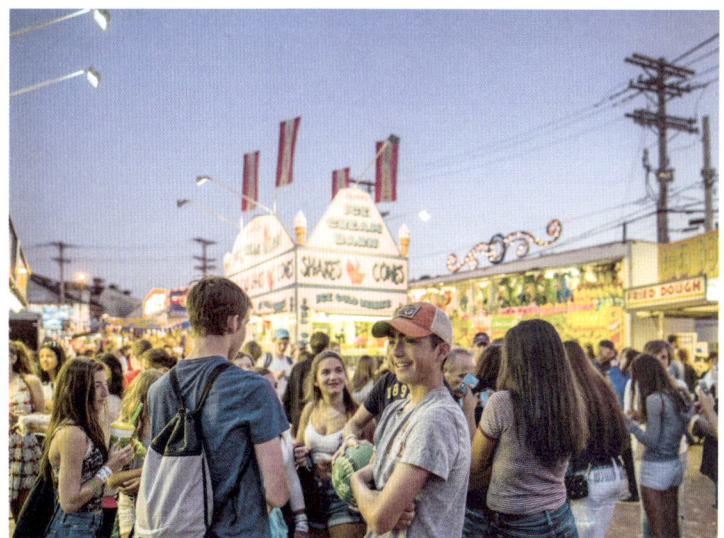

Bei der Saint Peter's Fiesta lässt es die italienische Gemeinde von Gloucester ordentlich krachen. Und nicht nur die Jugend ist aus dem Häuschen.

75 Eastern Point Blvd., Gloucester, Juni bis Okt. Di–Sa 10–17, geführte Touren 15 $

… und Künstler

Der von windschiefen Lager- und Bootshäusern umgebene Fischerhafen von **Rockport** beförderte das Städtchen zwar in den 1920er-Jahren zur Künstlerkolonie, lockt heute aber auch Heerscharen von Tagesausflüglern mit Selfie-Sticks aus Boston herbei. Geboten werden vom Publikumsgeschmack diktierte maritime Themen. ›Perlentaucher‹ werden noch am ehesten in den Ausstellungen der **Rockport Art Association** fündig.

12 Main St., Rockport, Mo–Mi 10–17, Do–Sa 10–20, So 12–17 Uhr, Eintritt frei

Picknick mit Aussicht

Nördlich von Rockport führt die Küstenstraße Rte. 127 nach Norden zum **Halibut Point State Park** (Mai bis Okt. tgl. 8–21 Uhr). Früher ein Granit-Steinbruch, schützt der Park heute ein 5 km langes Stück Felsenküste mit tollen Blicken von hohen Klippen, v. a. vom Scenic Overlook. Im Park führen Trails durch kniehohes Blaubeergestrüpp zu Picknickstellen mit prima Aussicht.

Museen

Licht, Wind und Wogen

Cape Ann Historical Museum: Die Bilder der maritimen Vergangenheit der Küste verwahrt dieses wunderbare Museum. Hier hängen die Bilder schiffs- und meeresbegeisterter Maler, allen voran der selbst aus Gloucester stammende Fitz Henry Lane mit über 40 Gemälden, Lithografien und Bleistiftzeichnungen.

27 Pleasant St., Gloucester, www.capeann museum.org, Di–Sa 10–17, So 13–16 Uhr, 12 $

Schlafen

Am schönen Sandstrand

Cape Ann Motor Inn: Das etwas in die Jahre gekommene Motel liegt am schönen, sandigen Long Beach, der von Gloucester bis nach Rockport reicht. Der lange Sandstrand ist ideal für Kinder. Die Zimmer sind hell und einfach, aber man ist ja nicht hier, um die Zeit drinnen zu verbringen!
33 Rockport Rd., Gloucester, T 1 800 464 8439, www.capeannmotorinn.com, ab 110 $ (NS), ab 200 $ (HS)

Für faule Ferien

Atlantis Oceanfront Inn: Vor sich ein herzhaftes Frühstück, draußen der endlos blaue Atlantik: Schon allein das Restaurant dieses modernen Hotels stimmt auf faule Strandferien ein. Alle Zimmer sind funktional eingerichtet, machen die fehlende Atmo aber mit herrlichem Meeresblick mehr als wett.
175 Atlantic Rd., Gloucester, T 978 283 0014, www.atlantisoceanfrontinn.com, ab 130 $ (NS), ab 180 $ (HS)

Essen

Alles aus dem Meer

The Gloucester House: Sämige Muschelsuppe. Fish 'n' Chips. Shrimps. Jakobsmuscheln. Und Hummer, als Pie, Roll, Supreme, Special oder einfach nur gekocht. Das einfache, seit über 50 Jahren in Familienbesitz befindliche Restaurant an der Seven Sea Wharf macht alles richtig (ab 15 $).

Die Legende lebt weiter. Am Patriots' Day müssen Freiwillige in Lexington die britischen Rotröcke als Kanonenfutter spielen. Siegen werden wie immer die Minutemen von Captain Parker.

63 Rogers St., Gloucester, T 888 283 1812,
www.thegloucesterhouse.com, So, Mi, Do
11.30–20.30, Fr–Sa 11.30–22 Uhr

Bewegen

Raus zu den Walen!

Whale Watching: Gloucester ist ein
guter Ausgangspunkt für Walbeobachtungstouren. Sie haben die Wahl zwischen einem Dutzend Veranstalter, die
Sie zu den Fressgründen der nördlichen
Stellwagen Bank bringen, darunter **Cape
Ann Whale Watch.**

415 Main St., Rose's Wharf, T 1 800 877
5110, www.seethewhales.com, ab 50 $

Feiern

● **St. Peter's Fiesta:** Mit Prozessionen und
Musikveranstaltungen der italienischen
Gemeinde von Gloucester. Am letzten Tag
erfolgt die Segnung der Fischereiflotte.
26.–29. Juni, www.stpetersfiesta.org

Infos

● **Gloucester Tourism:** 9 Dale Ave., www.
gloucester-ma.gov

Lexington und Concord ♀D9

Touristenbusse kreisen um die Village
Greens, Parkplätze sind rar. Kleine Kinder maulen, die Großen simsen, und
nur ein paar Hundert Meter vom alten
Stadtzentrum sieht es schon genauso
aus wie in allen anderen … Stop! Dies
sind zwei Städtchen, die man in Amerika nicht umsonst stets in einem Atemzug nennt! In Lexington, heute eine von
Bostons Schlafstädten, fiel am 19. April
1775 der erste Schuss gegen die Briten.
Und im nahen Concord gewannen die
Kolonisten noch am gleichen Tag das
erste Gefecht gegen die königlichen
Rotröcke!

In dieser Nacht waren 700 britische
Soldaten von Boston aus aufgebrochen,
um in Concord ein Munitionslager der
Rebellen auszuheben. Bostoner Reiter,
allen voran Paul Revere, konnten die in
Lexington wartenden Rebellenführer
Sam Adams und John Hancock jedoch
warnen. Am nächsten Morgen empfin-
gen 77 Minutemen – so genannt, weil
sie in Minutenschnelle einsatzbereit
zu sein hatten – die Rotröcke auf dem
Lexington Green. Nach kurzem Schie-
ßen waren acht Kolonisten tot, und die
Soldaten setzten ihren Weg auf der heute
Battle Road genannten Route 2A fort.

In Concord war ihr Marsch jedoch
zu Ende. Auf der anderen Seite der Old
North Bridge warteten 500 weitere Minutemen. Unter schweren Verlusten
zogen sich die Soldaten nach Boston
zurück. Der Rest ist Geschichte.

Patriotismus an jeder Ecke

Selbstverständlich profitiert der Tourismus davon, dass Lexington und Concord
zum Mythos hochgeschrieben wurden.
An den alten Häusern hängen Tafeln,
die an denkwürdige Taten und Daten
erinnern. Beide Städtchen bezeichnen
sich stolz als »Birthplace of America«.

Über **Lexingtons** sorgfältig gepflegten **Battle Green** weht zwar ein riesiges
Sternenbanner, doch die 1900 enthüllte
Statue »The Minute Man« zeigt keinen
grimmen Kämpen, sondern den – blen-
dend aussehenden – Captain Parker,
Anführer der Minutemen, mit tatkräf-
tig hochgekrempelten Ärmeln. Rings
herum sorgen hübsch hergerichtete
Kolonialhäuser für liebenswerte Neuengland-Idylle.

KOSTÜMIERTE DRAMEN **D**

Historisches pflegen die statistik-verrückten Amerikaner auf Stunde und Minute genau zu dokumentie-ren. Allein schon deshalb lohnt sich die Teilnahme am **Liberty Ride.** Der knallrote Trolleybus fährt mehr-mals täglich vom einen Ende der Battle Road zum anderen, während ein kostümierter Guide historisch verbürgte Dramen – wie das vom Bloody Angle, wo gleich 30 Soldaten gemeuchelt wurden – zum Besten gibt (ab Lexington Visitors Center, Juni bis Okt. tgl. jeweils ab 10, 11.30, 13 u. 14.30 Uhr.)

In der 1709 eröffneten **Buckman Tavern** (tgl. 9.30–16 Uhr) wurden die verletzten Minutemen behandelt. Und das Loch in einer der Türen soll ein englischer Querschläger hinterlassen haben.

Ein paar Gehminuten entfernt steht das **Hancock-Clarke House** (36 Han-cock St., Juni bis Okt. tgl. 10–16, Nov.–Juni Sa–So 10–16 Uhr), eine schlichte braune ›Saltbox‹, in der Adams und Hancock in besagter Nacht die Schick-salsnachricht erreichte. Zu sehen ist ne-ben kolonialem Mobiliar die Trommel, die während der Salven der Kolonisten gerührt wurde.

Schüsse am Fluss

Mehr noch als Lexington hat sich **Concord** seinen ländlichen Charme erhalten. Weiße Kirchlein und schöne Kolonialhäuser, allesamt vom Grün alter Eichen und Ahornbäume einge-rahmt – dass hier überhaupt jemals Blut vergossen wurde, scheint schier unmög-lich. Zudem ist die Old North Bridge (Monument St.) – es handelt sich um eine Replik von 1956 – nichts weiter als ein Brücklein über ein unaufgeregt vor sich hin plätscherndes Flüsschen. Wer wo auf wen schoss, erfahren Sie, wenn Sie wollen, im **North Bridge Visitor Center.**
174 Liberty St., tgl. 9.30–17 Uhr

Amerikas erste Influencer

Dass Amerikas Geistesgrößen hier Ins-piration fanden, ist viel verständlicher. Kaum 60 Jahre später war Concord so etwas wie das Weimar Amerikas. Die Ge-burtshelfer der amerikanischen Literatur lebten hier nur Steinwürfe voneinander entfernt.

Nathaniel Hawthorne (s. S. 56) wohnte 1842–1845 im **Old Manse** (269 Monument St., Juni bis Okt. tgl. 12–17 Uhr, 10 $), einem grauen Holzhaus in Sichtweite der Old North Bridge, das er von den Emersons gemietet hatte. 1852 kaufte er **Wayside** (455 Lexington Rd., April bis Okt. Di–So 10–17.30 Uhr, 7 $), wo er bis 1870 lebte. Das schöne Anwe-sen mit der umlaufenden Terrasse war zuvor das Elternhaus der Frühfeminis-tin Louisa May Alcott gewesen. Beide Häuser sind noch mit Originalmöbeln ausgestattet.

Gleich daneben steht **Orchard House** (Mo–Sa 10–16.30, So 13–16.30, 10 $), wo Alcott »Little Women« schrieb und ihre Familie 1858–1877 wohnte. Und, last but not least, im **Emerson House** (28 Cambridge Turnpike, April bis Okt. Do–Sa 10, So 13–16.30 Uhr, 10 $) residierte 1835–1882 Ralph Waldo Emerson, der Vordenker des Transzendentalismus (s. S. 272). Bei ihm trafen sich Neuenglands intellek-tuelle Schwergewichte.

Das **Concord Museum** (200 Lexing-ton Rd., tgl. 9–17 Uhr, 5 $) zeigt auch Emersons Schreibstube und Henry David Thoreaus Habseligkeiten, mit denen der eigenwillige Schriftsteller und Philosoph sein Einsiedlerdasein drüben am Walden Pond erträglich machte.

Einmal Wildnis und zurück

Der kleine See südlich von Concord an der SR 126 ist heute als **Walden Pond State Reservation** geschützt. Thoreaus Statue und eine Rekonstruktion der Hütte (915 Walden St.), in der er jene Werke schrieb, die Bürgerrechtler, Sozialisten, Umweltschützer, Wehrdienstverweigerer und die Hippiebewegung inspirierten, versetzt bis heute Thoreau-Jünger aus aller Welt in Ekstase. Sollten Sie weniger vorbelastet sein, werden Sie sich auf jeden Fall über den hübschen Badestrand freuen (s. Tour S. 64).

Schlafen

Einfach schnuckelig

Hawthorne Inn: Das von alten Bäumen umstellte B&B ist ein neuenglisches Holz- haus aus den 1860er-Jahren und punktet zuallererst mit zeitgenössischem, mit Sinn für Farben und Stilmittel in die Gegenwart geführten Interieur. Dann wären da noch wohlgefüllte Bücherregale, dicke Teppiche und Zimmer mit Himmelbetten. Und richtig nette Gastgeber.
462 Lexington Rd., Concord, T 978 369 5610, www.hawthorneinnconcord.com, ab 160 $ (NS), ab 260 $ (HS)

Zeitreise

Samuel Fitch House: Holzdielen knarren, Türen fallen schwer ins Schloss: In diesem Farmhaus aus dem frühen 18. Jh. warten drei urgemütliche Zimmer und eine Zwei-Zimmer-Suite im angeschlossenen Carriage House auf erholungsbedürftige Gäste. Was man hier vermisst? Nichts, außer den eigenen Pantoffeln!
91 Powers Rd., Concord/Westford, T 978

Still und starr ruht die Kirche von Concord im bunten Blätterwald des Indian Summer: Doch wer schoss hier auf wen? Die Stadt erzählt es gern an jeder ihrer Ecken.

TOUR
Spaziergang mit Querdenker

Einmal rund um den Walden Pond

Infos

Dauer:
1,5 Std., 3 km

Start
Walden Pond State
Reservation,
915 Walden St.,
Concord, www.
mass.gov/locations/
walden-pond-state-
reservation, 7–19.30
Uhr

Reisekarte:
Concord, 📍 C 8

Auf den ersten Blick ist er bloß ein großer Teich, dessen Wasser vom Phosphor aus Agrardünger grün und trüb erscheint. Trotzdem ist der **Walden Pond** in aller Welt ein Begriff. Vöglein singen, in den Baumwipfeln jagen Eichhörnchen einander. Vom Parkplatz dringt das Zuschlagen einer Autotür herüber. Ob der Knall ihm einen Schrecken eingejagt hätte? **Henry David Thoreau** (1817–1862) war Amerikas wohl berühmtester Querdenker (»Über die Pflicht zum Ungehorsam«). Heute ist er nicht nur eine Ikone der linken Szene, sondern gilt auch als Pate der Naturschützer der USA. Von 1845 bis 1847 lebte er hier allein in einer kleinen **Hütte** (Thoreau Cabin Site), deren einstiger Standort durch einen Steinhügel markiert ist.

Schön ist es hier! Bäume werfen ihre Schatten, Ameisen und Baumwurzeln kreuzen den Weg. Hier sammelte Thoreau jene Fragen, die er später in dem Klassiker »Walden oder Leben in den Wäldern« verarbeitete. Was braucht man für ein gutes Leben? Wie viel Geld? Wie viel Kleidung, Nahrung, wie viel Zivilisation und wie viel Wildnis? Und vor allem, wie erlangt man wirkliche **Freiheit?** Indem man alle Bindungen aufgibt und Geld und Ruhm gleichgültig werden? Besitzt man sie dann, die Freiheit?

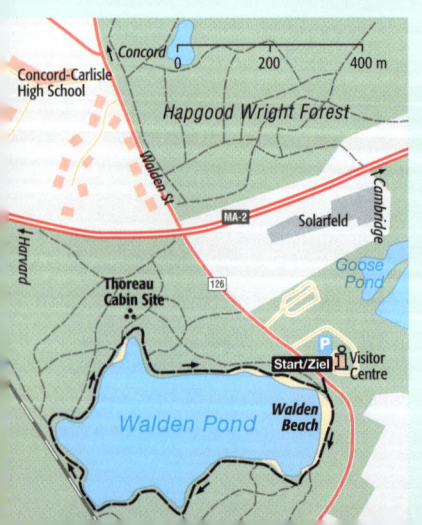

Der einfach zu gehende, 3 km lange Weg rund um den See inspiriert zur Suche nach Antworten, auch für einen selbst. Ein gutes Gefühl auch, den gleichen, leicht federnden Waldboden unter den Füßen zu haben, auf dem auch der Prophet des leiseren und für viele Bürger wahren Amerika einst wandelte.

952 6888, www.samuelfitchhouse.com,
165–225 $

Essen

Langeweile unbekannt

Via Lago: Das lebhafte Café mit Bäckerei
und Takeout doubelt abends auch noch
als italienisches Restaurant – und das,
angesichts der Scharen anstrengender
Bustouristen tagsüber, gar nicht schlecht.
Die verwendeten Zutaten sind frisch und
am liebsten aus der Umgebung, die Stimmung immer gut (ab 10 $). Zu empfehlen:
Dave's Käse-Ravioli!
1845 Massachusetts Ave., Lexington, www.
vialagocatering.com, T 781–861–6174, Mo–
Mi 7–21, Do–Sa 7–21.30 Uhr

Zwei unter einem Dach

Colonial Inn: Die beiden Restaurants
im größten Hotel von Concord bedienen
jedes Budget und jeden Geschmack.
Im feineren Merchant's Row (Dinner tgl.
17–21 Uhr) gibt es verfeinerte neuenglische Spezialitäten ab 19 $, im etwas
preiswerteren und nicht so feinen Liberty Restaurant dagegen Sandwiches und
Burger ab 10 $.
48 Monument Sq., Concord, T 978 369
9200, www.concordscolonialinn.com

Feiern

● **Lexington Patriots' Day:** kostümierte
Darstellung des berühmten Gefechts,
am 3. Mo im April, www.lexingtonma.
gov/patriotsday

Infos

● **Lexington:** 1875 Massachusetts Ave.,
www.lexingtonchamber.org
● **Concord:** 15 Walden St., www.concord
chamberofcommerce.org

Lowell ♀ D 8

»… und niemand, niemand weiß, was
einem beschieden ist, außer den trostlosen Fetzen des Alterns …« Jack Kerouac,
der mit so wehmütigen Gedanken sein
berühmtestes Buch »Unterwegs« (On
the Road) schloss, war ein Sohn Lowells.
Wer heute durch die Stadt fährt, ahnt,
warum er damals abgehauen ist – auch
wenn die einst trostlosen Textilfabriken
und Mietskasernen inzwischen schöngereinigt und in Museen und Apartmentblocks verwandelt wurden.

In Lowell nahm die industrielle
Revolution Amerikas Fahrt auf, hier
erlebten die Amerikaner erstmals den
Übergang vom Landleben zur Industriegesellschaft, in der die Arbeit immer
gleich war und Werkssirenen statt Jahreszeiten den Lebensrhythmus bestimmten. 1813 rekonstruierte der Bostoner
Kaufmann Francis Cabot Lowell hier,
was er in englischen Textilfabriken gesehen hatte. Um seinen mechanischen
Webstuhl baute er 1822 am Merrimack
River gleich eine ganze Fabrikstadt, mit
Arbeiterunterkünften, Kirchen, Schulen
und Kanälen, und benannte sie nach
sich. Lowell wurde zum größten Textilproduzenten des Landes.

Für drei Dollar die Woche

Allerdings auf Kosten der Arbeiter.
Niedriglöhne und 70-Stunden-Woche
führten zu den ersten Streiks des Landes,
die oft von den ›Mill Girls‹ unter Lebensgefahr angeführt wurden. Als Teenager
mit Jahresverträgen nach Lowell gelockt,
saßen diese bis zu 15 Std. täglich an den
Webstühlen. Kaum zeigten die Arbeitskämpfe Wirkung, begann der Exodus der
Textilfabriken in den billigeren Süden.
Auch Lowell siechte dahin. Noch lange
nach dem Zweiten Weltkrieg schien der
Exitus unabwendbar.

Industrieruinen als Attraktion

Erst seit den späten 1970er-Jahren geht es dank der Ansiedlung von Hightech-Branchen wieder aufwärts. Man besann sich auch auf den Tourismus und bereitete die Stadtgeschichte im **Lowell National Historical Park** auf. Industrieruinen wurden in Ausstellungsräume verwandelt, durch die Kanalschluchten werden Bootstouren organisiert. Höhepunkte sind die 1876 gebauten **Boott Cotton Mills** (115 John St., tgl. 9.30–17 Uhr, 6 $), wo der ohrenbetäubende Lärm von 88 funktionstüchtigen Webstühlen die damaligen Arbeitsbedingungen vorführt.

Lowell National Historical Park: 246 Market St., tgl. 9–17 Uhr, Eintritt frei, Kanaltouren 12 $

Kerouacs Welt

Im **Patrick J. Mogan Cultural Center** (40 French St., tgl. 13.30–16.30 Uhr) erzählt die Ausstellung ›The Mill Girl & Immigrant Exhibit‹ die oft dramatische Geschichte. Hier wird auch Jack Kerouac mit einer Ausstellung gewürdigt. Ti-Jean, wie seine Freunde ihn nannten, war, wie damals 30 000 der rund 100 000 Einwohner, franko-kanadischer Abstammung. Zu sehen sind u. a. seine alte Underwood-Schreibmaschine, ein Korkenzieher, sein Rucksack, Aspirin und andere Requisiten eines unsteten Lebens. Die Gemüter bewegt er noch immer: An seinem Grab auf dem **Edson Cemetery** (375 Gorham St.) hinterlassen Fans leere Bierflaschen mit Gedichten »for Jack« darin.

Lowell hat nach langem Zögern – der berühmteste Alkoholiker der Stadt schien nicht gerade werbewirksam – auch einen **Kerouac Trail** kreiert und feiert ihn heute mit einem Festival.

Broschüre im Visitor Center des Historical Park, geführte Touren: www.merrimackvalley. org, Suche: Jack Kerouac

Feiern

- **Jack Kerouac Festival:** im Oktober, www.merrimackvalley.org, Suche: Lowell Celebrates Kerouac

In Gips ist er immer noch da: Mister Lowell gründete ein globales Wirtschaftsimperium – und eine ganze Stadt gleich mit.

Zugabe
Amerikas Lust auf Moral

Wie kam Salem an seine Hexen?

Im Sommer 1692 begannen die Töchter des Reverend Samuel Parris, sich absonderlich zu verhalten. Als die besorgten Bürger, strenggläubige Puritaner allesamt, die Mädchen verhörten, fielen weitere Namen. Bald brach eine Flut von Denunziationen über Salem herein. Über 400 Menschen wurden der Hexerei angeklagt. 150 landeten im Gefängnis, 20 wurden als Hexen gehängt. Die Vernehmungsprotokolle lassen das Blut in den Adern gefrieren: »Sarah Good, mit welchem bösen Geist hast Du Umgang?« »Mit keinem.« »Hast Du keinen Vertrag mit dem Teufel gemacht?« »Nein.« »Welche Kreatur ist Dir zu Diensten?« »Keine Kreatur, sondern ich bin zu Unrecht angeklagt.« Die Richter hatten kein Erbarmen. Sarah Good, eine Bettlerin, wurde am 16. Juli 1692 gehängt. Erst als sogar die Frau des Gouverneurs von Massachusetts ins Visier der Hexenjäger geriet, war der Albtraum plötzlich – wundersamerweise – zu Ende.

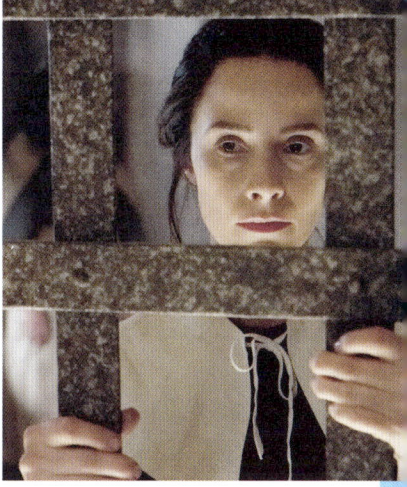

Bedrückend, wenn nicht gar entsetzlich: Wenn die Protokolle der Verhöre verlesen werden, stockt der Atem.

Die Suche nach den Gründen für diese Hexenjagd hält dagegen an. Soziologen haben sich daran versucht, Feministinnen und Psychologen. Letztere sehen die Ereignisse im Kontext des Zeitgeschehens. Indianer und Franzosen terrorisierten die Dörfer im Norden. 1676 und 1690 fiel einer von zehn Siedlern in Neuengland ihren Angriffen zum Opfer. Viele Angeklagte seien junge Mädchen gewesen, von Indianerangriffen traumatisiert – behaupteten sie doch in Salem, den Teufel in Gestalt eines Indianers gesehen zu haben. Für die gottesfürchtigen Siedler klangen die Aussagen plausibel – die Führer der Kolonie Massachusetts ihrerseits hätten die Aussagen instrumentalisiert: Nur weil die Indianer mit dem Teufel im Bunde gewesen wären, sei man in die Flucht geschlagen worden.

Natürlich ist auch diese These bereits verrissen worden, man darf schon auf die nächste gespannt sein. Bis dahin mag man sich Gedanken über ein typisch amerikanisches Phänomen machen: die öffentliche Erörterung der Moral eines Menschen. In der McCarthy-Ära in den 1950er-Jahren bezeichnete man dies als Hexenjagd. Im heutigen Amerika nennt man es Wahlkampf. In diesen Zeiten schrumpft das USA genannte Riesenland zu einem winzigen Dorf zusammen, und der Kandidat wird, wie einst in Salem, vor ein Tribunal gezerrt, wo jeder öffentlich seinen Hass verbreiten darf. ∎

Massachusetts

Kunst, Kultur, Geschichte — Massachusetts trieft geradezu davon. Doch keine Bange: Sie können jederzeit entweichen. Richtung Cape Cod zu Stränden und Beach Life. Und landeinwärts zum Waldbaden in den Berkshires.

Seite 71
Plymouth

Die erste Stadt der Kolonisierung, noch heute gefeiert. Das Palisadendorf der ›Plimoth Plantation‹ ist eine Zeitreise ins Jahr 1627. Die Darsteller historischer Personen weichen keine Sekunde von ihrer Rolle ab.

Ist Hummer hier ein Volksgericht?

Seite 84
Martha's Vineyard

Warum wollen alle hier hin? Das muss einen Grund haben! Doch eine Radtour über die Insel führt durch die schönsten Gegenden – und weit weg von den Touristenzentren.

Seite 78
Provincetown

Morgens in P-Town. Möwen surfen im Wind, Sand weht über die Straße. Es riecht nach Tang und Salz. Ein paar Drag Queens wanken nach Hause, Radwanderer brechen Richtung Dünen auf … Das schönste Versteck am Ende einer Straße.

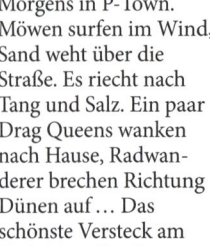

Seite 90
Nantucket Whaling Museum

Manchmal ist eine wahre Geschichte fast noch spannender als der Klassiker, den sie inspiriert hat. In diesem kleinen Museum auf der Walfängerinsel Nantucket finden Sie den Schlüssel zu »Moby Dick«.

Eintauchen

Seite 103

Red Lion Inn, Stockbridge

Ach, die einfachen Freuden! Auf der Veranda zu sitzen und das Ende des Tages in den Berkshire Hills mit einem handfesten Bloody Mary als Sundowner zu begießen gehört auf jeden Fall dazu!

Seite 104

Tanglewood Music Festival

Sogar die Boston-Symphoniker und auch Pop, Rock, Jazz: Das Örtchen Lenox bei Stockbridge ist im Sommer die allerbeste Adresse für Openair-Musik im Grünen.

Seite 105

Hancock Shaker Village, Pittsfield

Der Himmel auf Erden: Diese Siedlung der Shaker ist die schönste Neuenglands.

Seite 106

Mass MoCA

Provokant, gegen den Strom – das Museum of Contemporary Arts in North Adams erweitert die Grenzen der Wahrnehmung.

Seite 109

Trauern am Feiertag

Thanksgiving ist der höchste Feiertag der USA. Am Massoit-Denkmal in Plymouth trauern dann die Opfer der Kolonisierung.

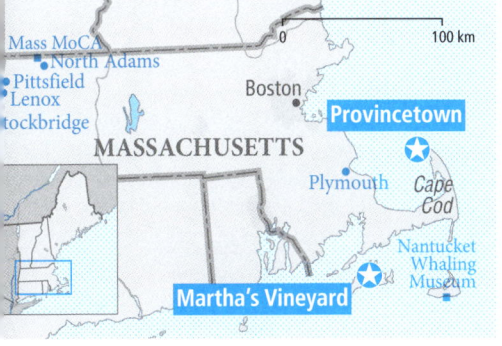

Mass MoCA
North Adams
Pittsfield
Lenox
Stockbridge
MASSACHUSETTS
Boston
Provincetown
Plymouth
Cape Cod
Nantucket Whaling Museum
Martha's Vineyard
0   100 km

Geben Sie's ruhig zu: Sie chillen auch mal gern und gucken Leute!

Klar: Boston ist der Nabel Neuenglands. Halten Sie sich dort aber nicht zu lange auf. Und setzen Sie auch Cape Cod und die Berkshire Mountains ganz oben auf die Do-List!

erleben

Zwischen Atlantikstrand und Hiker-Trails

E

Es klingt wie eine leere Phrase, aber wie soll man es sonst sagen: Massachusetts ist viel mehr als nur Boston! Mehr als ein selbst für amerikanische Verhältnisse dickes Geschichtsbuch, mehr als Harvard, MIT und Elite-Colleges und die Skandalgeschichten drum herum, mehr als ein Dorado für Kunstadepten. Und mehr als die Schnulze von den Bee Gees (»And the lights all went down in …«) sowieso.

Massachusetts *ist* Neuengland, allein schon geografisch. Dieses sonderbare Rechteck mit dem weit in den Atlantik ragenden Haken repräsentiert alle Naturräume Neuenglands quasi im Alleingang, von den Sandstränden im Südosten bis zu den Felsengestaden im Nordosten und von den fruchtbaren Tälern im Connecticut Valley bis zu den dicht bewaldeten Berkshire Hills im Westen. Wie viel Zeit könnte man allein für diese 27 000 Quadratkilometer wohl brauchen?

Für Cape Cod mit seiner fast 500 Kilometer langen, mit netten Nestern, Stränden und Inseln wie Nantucket und Martha's Vineyard gespickten Küstenlinie. Für die Berkshire Hills, nicht nur noble Sommerfrische, sondern mit

ORIENTIERUNG O

Massachusetts Office of Travel & Tourism: www.massvacation.com (auch auf Deutsch)
Verkehr: Von Boston bis **Cape Cod** sind es nur 120 km. Der Verkehr auf dem Cape fließt eher langsam, einzige Ausnahme: die Rte. 6.
Ins **Pioneer Valley** gelangen Sie von Boston aus am schnellsten auf der Interstate 90. Im Valley lernt man die schöne Landschaft besser auf der langsameren Rte. 5 kennen.
Die Anreise in die **Berkshires** erfolgt entweder von Norden über den Mohawk Trail oder von Süden über die Interstate 90.

schweißtreibenden Trails auch Hikerdorado für Fitte. Und, last but not least, für das Pioneer Valley, mit seinen pulsierenden College-Städtchen, in denen ›Redneck America‹ weit weg ist und Weltoffenheit Alltag.

Dass Massachusetts nicht nur den ›Spirit of America‹ für sich reklamiert, erfährt man quasi en passant. Wie zum Beispiel, dass die Donutkette Dunkin's Donuts von hier stammt, dass Basketball hier erfunden wurde und ebenso Volleyball. Kein Zweifel: Massachusetts ist ein ganz starkes Stück Amerika.

Plymouth ♀ Karte 2, B 3

Zunächst also geht es nach Plymouth – ein Städtchen des Fahnen schwingenden Patriotismus. Eigentlich hatten die Pilgerväter viel weiter südlich landen wollen. Herbststürme trieben ihre ›Mayflower‹ jedoch vom Kurs ab – das Ergebnis liegt links vom Highway: ein ansonsten gesichtsloses Einkaufszentrum für den Südosten von Massachusetts, dem der grelle Pilgerväter-Tourismus den markigen Beinamen ›America's Hometown‹ verpasst hat.

Alles Pilgrim-Relevante liegt unübersehbar ausgeschildert am Wasser. Bei allem Rummel: Der Zwischenstopp lohnt. Denn Plymouth ist in Amerika ein Symbol für Religionsfreiheit und die Suche nach einem besseren Leben.

Amerikanische Erinnerungsorte

Das hätte William Bradford sich nie im Leben träumen lassen! Rund um den Felsklumpen, wo er 1620 als einer der ersten Pilgerväter an Land ging – seekrank vielleicht und mit verdorbenem Magen, auf jeden Fall aber tief bewegt – wurde später ein kleines Tempelchen mit Säulen gebaut, das **Plymouth Rock Monument** (79 Water St.). Ob der regelmäßig einer Grundreinigung unterzogene Felsbrocken wirklich derjenige welcher ist oder ob die Mayflower-Passagiere nicht doch eher gemütlich im Ruderboot heranpaddelten, ganz profan im Schlick stecken blieben und die letzten Meter mit vollgesogenen Kleidern durch knietiefes Wasser wateten – niemand weiß es. Ist auch nicht so wichtig.

Wichtig ist nur die Symbolik. Hier fing Amerika vor 400 Jahren an. Eine naturgetreue Replik ihres Schiffs, die 1957

Hier soll's gewesen sein. Ein Tempelchen feiert den Plymouth Rock, an dem die Pilgrim People einst an Land gingen und eine Legende schufen.

in London gebaute **Mayflower II,** liegt in Sichtweite. Wie winzig sie war! Kaum zu glauben, dass die 102 Pilgerväter und -mütter auf dieser gerade mal 32 m langen Nussschale zwei Monate lang unter Deck eingepfercht in Schmutz und Gestank aushielten. Dicht an dicht drängeln sich auch die Besucher, während ›echte‹ Pilgerväter in der ersten Person und im altenglischen Dialekt erschröckliche Anekdoten von der Überfahrt zum Besten geben.

7 Water St., Ende März bis Ende Nov. tgl. 9–17 Uhr, 10 $

Was von den Pilgern blieb

Ein paar Gehminuten landeinwärts stellt das **Pilgrim Hall Museum** die persönlichen Gegenstände der Mayflower-Passagiere aus – darunter einen vom Plymouth Rock abgebrochenen Felsbrocken und die Wiege des ersten in der Kolonie geborenen Kindes. Das Museum sieht aus wie ein griechischer Tempel und hat als ältestes durchgängig betriebenes Museum des Landes seit 1824 geöffnet.

Der anderen Seite wird – nicht viel, aber immerhin – auch gedacht: mit der lebensgroßen Statue des Wampanoag-Sachem **Massasoit** (s. S. 109, 261).

75 Court St., tgl. 9.30–16.30 Uhr, 12 $

Für Zeitreisende

Weniger Pathos, dafür wissenschaftlich fundierte Erkenntnisse über den Kolonistenalltag und vor allem über die Ureinwohner bietet das hervorragende Museumsdorf **Plimoth Plantation** 3 km weiter südlich. Hinter dem spannend inszenierten Visitor Center steht ein Nachbau der palisadenbewehrten ersten Siedlung Plimoth. Sie zeigt das Gemeinwesen im Jahr 1627. Der Qualm der Kochstellen hängt süßlich in der Luft, die kostümierten ›Bewohner‹, historisch belegte Charaktere darstellend, hacken Brennholz, jäten, juxen, tratschen – und

nehmen so den Besucher mit auf eine veritable Zeitreise. So gründlich haben sie ihre Rollen studiert, dass Schulklassen zum Geschichtsunterricht hierherkommen.

Ein hübscher Spaziergang führt von hier aus zu einer Wampanoag-Siedlung, wo Nachkommen der Native Americans ein für jene Zeit typisches Lager rekonstruiert haben und die Mayflower-Geschichte aus ihrer Sicht erzählen.

137 Warren Ave., www.plimoth.org, Ende März bis Ende Nov., tgl. 9–17 Uhr, 30 $

Schlafen

Immerhin am Wasser!

Bradford Inn & Suites: Das Inn ist eigentlich bloß ein Motel, doch dafür ist es Plymouths einzige Unterkunft am Wasser. Die knapp 100 Zimmer sind funktional und nicht für länger eingerichtet, doch man schläft hier sowieso nur einmal.

98 Water St., Plymouth, T 508 746 6200, www.bradfordinnsuites.com, DZ ab 130 $

Essen

Jovial

Tavern on the Wharf: Hier essen amerikanische Familien on tour, entsprechend wuselig geht es im großen Speiseraum zu Stoßzeiten zu. Geboten werden die Family-Food-Klassiker: Hamburger in mehreren Varianten (ab 12 $), Pizza & Pasta, Sandwiches, Fish 'n' Chips und Steaks mit Salat und/oder Fritten (Fisch- und Fleischgerichte ab 17 $). Für den Hunger zwischendurch okay.

6 Town Wharf, Plymouth, T 508 927 4961, www.tavernonthewharf.com, Mo–Do 11–23, Fr–Sa 11–1, So 10–23 Uhr

Fünfe gerade sein lassen

The Cabby Shack: An heißen Sommertagen wähnt man sich hier in der

Karibik: Veranden auf zwei Etagen, Meer und Yachthafen in Sichtweite, Steaks und frischer Hummer und Kalypso-Musik. Ein schöner Abschluss nach all dem Mayflower-Pathos (ab 14 $).

30 Town Wharf, Plymouth, T 508 746 5354, www.cabbyshack.com, tgl. 11–1, Sa/So ab 8 Uhr

Einkaufen

Bei so viel Pathos ist Nepp in Plymouth unvermeidbar, vor allem im Stadtzentrum um Main St., Middle St. und Court St. Zwischen all den Colonial-Souvenirläden gibt es jedoch auch ein paar Schmuckstücke.

Die in einer Saltbox von 1640 residierende **Sparrow House Pottery** (42 Summer St., tgl. 10–17 Uhr, Mi geschl.) bietet hochwertige Keramik. Und im **Main Street Marketplace** (46–58 Main St., tgl. 10–17, So 12–17 Uhr) bieten gut 100 Antiquitätenhändler ihre Ware an.

Bewegen

Ausfahrt zum Hummerfang

Plymouth Cruises: Die Ärmel hochgekrempelt und die Hummerfallen an Bord gezogen: An Deck der ›**Lobster Tales**‹, einem Schiffchen für 70 Passagiere in Plymouth, lernen Sie nicht nur, wie die gepanzerten Rambos gefangen und gehalten werden, sondern sehen dieses Stück Amerika auch aus der Perspektive der Pilgerväter.

Plymouth Cruises/Lobster Tales, 9 Town Wharf, www.plymouthcruises.com

Infos

• **Destination Plymouth:** Visitor Center, 130 Water St., T 508 747 7525, www.seeplymouth.com

Cape Cod ♀ Karte 2, CD 3

Es stimmt, was man hier sagt: Sobald die Sagamore Bridge über den 160 m breiten Cape Cod Canal in Sicht kommt, ändert sich die Wahrnehmung. Man freut sich, lächelt, pfeift sich eins. Ist es, weil dies die Brücke in das berühmteste Ferienparadies der Ostküste ist?

Einziges Haar in der Suppe: Im Sommer wird's eng. Ohne Reservierung läuft dann nichts, vor allem nicht auf den Inseln Martha's Vineyard und Nantucket.

Sandwich ♀ Karte 2, C 3

Das relaxte Cape-Feeling stellt sich ein, sobald Sie in Sandwich einlaufen. Die kleine Gemeinde liegt gleich hinter der Sagamore Bridge und ist die vielleicht schönste des Cape. 1637 von Quäkern gegründet, denen die Puritaner in Plymouth so fanatisch waren, ist sie auf jeden Fall die älteste auf der Landzunge. Verschlafen räkelt sie sich unter einer dichten Walddecke. Es gibt einen Dorf-

ALLES FÜR JEDEN DA

Die sandige Cape-Region wird oft das amerikanische Sylt genannt, doch wie so viele Vergleiche hinkt auch dieser, denn das Kabeljau-Kap hat natürlich noch mehr Asse im Ärmel! Eine flamboyante Schwulenszene in Provincetown zum Beispiel. Exklusive Sommerfrischen, wo der Ostküstenadel schon immer Urlaub gemacht hat. Städtchen, in denen das alte Geld nie ein Bein an die Erde bekommen hat. Cape Cod ist eben unerhört vielfältig.

Flüsse, Seen, Wiesen, Auen – die Halbinsel von Cape Cod hat ursprüngliche Natur ohne Ende. Und sie ist dazu noch flach genug zum frohen Radfahren.

teich mit Enten und der Replik einer Mühle von 1654, alte Kapitänshäuser, das neuenglandtypische Ensemble von Green und Kirche sowie urige Inns und eine Bäckerei mit Kaffeestube.

Verschlafene Quäkeridylle
Um 1675 wurde das **Hoxie House** (18 Water St.) für einen Priester namens John Smith, seine Frau und 13 Kinder gebaut. Die kleine, nüchterne ›Saltbox‹ posiert in einem kleinen Park mitten im Dorf.

Nicht minder unaufgeregt und mit pensionierten Freiwilligen als Kartenabreißer präsentiert sich das **Heritage Museum & Gardens** mit sehenswerten Americana wie dem zitronengelben 1930er-Duesenberg von Gary Cooper, einer kleinen Galerie mit maritimer Volkskunst und einem Adventure Park mit Seilrutschen und Kletternetzen.

Das **Sandwich Glass Museum** verwahrt die schönsten Stücke des berühmten, bis 1888 hier produzierten Sandwich-Glases.

Heritage Museum: 67 Grove St., April bis Okt. tgl. 10–17 Uhr, 20 $
Glass Museum: 129 Main St., Feb./März Mi–So 9.30–16, April bis Dez. tgl. 9.30–17 Uhr, 10 $

Spaziergang am Meer
Und nach dem Dinner im Bistro des Belfry Inn (6 Jarves St.) sollten Sie den Tag auf dem **Sandwich Boardwalk** zum schönen Town Beach ausklingen lassen. Der Spaziergang auf dem 330 m langen Plankenweg aus dem Ort ans Meer gehört zu den abendlichen Ritualen der Hiesigen. Fragen Sie sie ruhig mal, wie es war, als Hurricane Bob 1991 den Vorgänger hinwegfegte (Beginn: Ende Jarves St.).

Yarmouthport ⚲ Karte 2, C 3

An einem milden Sommertag die im Schatten alter Bäume liegende **Route 6A** zu fahren, mit den blauen Buchten der Cape Cod Bay zur Linken und schönen alten Häusern hinter weißen Zäunen zur Rechten, ist sicher eines der schönsten Fahrerlebnisse in Neuengland. Erfreulich auch das Fehlen von Gebrauchtwagenhändlern und Fastfood-Ketten. Es ist die Old King's Highway Historical Commission, die dafür sorgt, dass der Mainstream hier zumindest von den Straßenrändern die Klauen lässt. Entsprechend altmodisch und gemütlich sind die Hingucker am Wegesrand.

Ab in die gute alte Zeit
Wie **Hallet's Store** (139 Main St./Rte. 6A) in Yarmouthport, ein stilgerechter Ort für den Snack zwischendurch. Der Laden, der schon 1889 als Apotheke öffnete, ist mit seiner schweren Eichentheke und – angeblich ist dies der älteste in den USA – dem nostalgischen Sprudelspender darauf (Geschmacksrichtungen: Ingwer, Birke, Sarsaparilla, Kirsche, Orange) seit Generationen ein Treffpunkt der Einheimischen.

Dennis ⚲ Karte 2, C 3

Dennis wiederum lässt weit blicken: Von der Spitze des auf einen Hügel gebauten **Scargo Tower** reicht die Sicht über die Bay bis hinüber nach Provincetown. Auch das hiesige **Cape Playhouse** lohnt einen Besuch. Viele Hollywood-Stars, darunter Gregory Peck und Lana Turner, begannen in dem 1927 gegründeten Sommertheater ihre Karriere. Bis heute gastieren hier Broadway-Stars.
Rte. 6A, 820 Main St., Dennis, Juni bis Sept., Tickets: www.capeplayhouse.com

Kunst am Kap
Zudem befindet sich in Dennis auch das renommierte **Cape Cod Museum of Art.** Seine über 900 Bilder zeigen den Einfluss des Cape auf lokale, international erfolgreiche amerikanische Künstler wie den Impressionisten Childe Hassam und Robert Motherwell, einen der Hauptvertreter des Surrealismus und abstrakten Expressionismus.
60 Hope Lane, Dennis, www.ccmoa.org, Mai bis Okt. Di–Sa 10–17, So 12–17 Uhr

Brewster ⚲ Karte 2, C 3

Wetterfahnen in Form von Walen, Seemannsgarn kilometerweise: Brewster ist nicht nur für seine guten Restaurants und schönen Kapitänshäuser bekannt, sondern auch für spannende, von der christlichen Seefahrt gewobene Geschichten. Die spannendste ist die von Kapitän David Nickerson. Eine verschleierte Frau, so heißt es, habe ihm während der Französischen Revolution in Paris ein Baby überreicht mit der Bitte, es in Amerika großzuziehen. Historiker glauben bewiesen zu haben, dass es sich dabei um den verschollenen Sohn von Marie Antoinette und Ludwig XVI. gehandelt habe. Auch René Rousseau – so nannte Nickerson seinen Ziehsohn – wurde Kapitän. 26-jährig blieb er auf See.

Gedacht wird seiner auf dem Friedhof der neogotischen **First Parish Church** (1969 Rte. 6A): Sein Name befindet sich auf der Rückseite von Kapitän Nickersons Grabstein.

Natur am Cape
Ist Ihnen ein Friedhofsbesuch im Urlaub zu morbid, sollten Sie auf jeden Fall das **Cape Cod Museum of Natural History** besuchen. Neben dem Museum mit den üblichen Ausstellungen zu ökologischen Zusammenhängen gibt es schöne, kom-

mentierte Spazierwege zu Teichen und Prielen.

Rte. 6A, 869 Main St., Juni bis Ende Sept., tgl. 9.30–16, sonst Mi–So 11–15 Uhr, 15 $

Eastham

📍 Karte 2, D 3

Spätestens hinter **Orleans** stößt man auf John F. Kennedy. 1961 stellte Massachusetts' liebster Sohn die 70 km bis dahin ungestörte, bis nach Provincetown reichende Atlantikküste des Cape unter Schutz – gerade rechtzeitig vor einem drohenden Immobilienboom. Die Rte. 6A hat sich inzwischen der vierspurigen Rte. 6 angeschlossen, nun geht es durch lichte, auf Sand wachsende Wäldchen geradewegs nach Norden. Alte Motels und Imbisse für Angler und Strandurlauber begleiten die Straße.

Nationalpark mit Strand
In **Eastham** informiert das **Salt Pond Visitor Center** (Rte. 6, tgl. 9–16.30 Uhr) über die Cape Cod National Seashore.

LUNCH IN WELLFLEET

Die Bestellung nimmt man am ersten Fenster vor, gewartet wird am Strand, und schließlich holt man sein Hummer-Sandwich am zweiten Fenster ab: **Mac's Seafood** auf der Town Pier von Wellfleet ist eine Institution (265 Commercial St., Wellfleet, www.macsseafood. com). Und wer Weißwein oder eine Bloody Mary zu Austern möchte, der gehe einfach zum 3 Min. entfernten **Bookstore Restaurant** um die Ecke (50 Kendrick Ave., Wellfleet, www.wellfleetoyster.com). Im angeschlossenen Buchladen hat schon so mancher die Zeit vergessen …

Besucher können den Nationalpark, ein Ensemble aus hohen Dünen, Feuchtgebieten und windgebeugten Wäldchen, bis nach Provincetown zu Fuß oder per Fahrrad erkunden (s. Tour S. 77). Badegäste dürfen sich an endlosen Sandstränden aalen. Lifeguards sind hier von Ende Juni bis Ende August stationiert.

Schlafen

Koloniale Schönheit mit Wellness
The Dan'l Webster Inn & Spa: Dieser schön rote ›Motor Inn‹ ist als koloniale Schönheit verkleidet, aber das mag man ihm nicht übelnehmen. Die gut 50 Zimmer bringen altmodische Pfostenbetten und Flachbildschirme unter einen Hut, es gibt einen Pool mit Spa, einen Garten und gleich vier Restaurants verschiedener Preisklassen.

149 Main St., Sandwich, T 508 888 3622, 1 800 444 3566, www.danlwebsterinn.com, DZ ab 145 $

Hübsch heimelig im Grünen
The Earl of Sandwich Motel: Das fürsorgliche Personal, die heimeligen Zimmer und die Lage im Grünen lassen eher an ein B&B als an ein Motel denken. Und einen Pool gibt's auch.

378 Rte. 6A, Sandwich, T 508 888 1415, www.earlofsandwich.com, DZ/F ab 75 $

Kolonialflair mit Spa
Lamb and Lion Inn: Man stelle sich die zarten Pastellfarben des Himmels über dem Cape an einem lauen Sommerabend vor. Genauso schimmern die Farben der freundlichen Zimmer, die alle um einen schönen Pool gruppieren. Mit Spa. Die von den Besitzern verfassten Broschüren mit tollen Insidertipps für die Umgebung sind Gold wert!

2504 Rte. 6A, Barnstable, T 508 362 6823, 1 800 909 6923, www.lambandlion.com, DZ/F ab 250 $

TOUR
Locker radeln
von Strand zu Strand

Auf dem Cape Cod Rail Trail von South Dennis nach Wellfleet

Infos

Dauer:
1 Tag, ca. 35 km

Start:
South Dennis,
📍 Karte 2, C 3

Radverleih:
Idle Times Bike
Shop, 4550 Rte. 6,
Eastham, T 508 255
8281, www.idletimes
bikes.com (bringt die
Räder nach Dennis)

Nein, dies ist kein schwieriges Terrain. Es gibt keine heimtückisch herumliegenden Glasscherben auf dem Asphalt, keine Schlaglöcher und keine Bordsteine, vor denen sich der Radweg plötzlich in Luft auflöst. Und schön breit und fern der Straßen ist er auch noch, der **Cape Cod Rail Trail.**

Der Radweg folgt einer stillgelegten Bahnlinie von South Dennis bis nach Wellfleet – eine hübsche Tagestour und immer angenehm flach, ganz so wie holländische Polder. Ab **South Dennis** geht es zunächst durch Feuchtgebiete mit schönem Mischwald und fotogenen kleinen Teichen. Dann wird der **Nickerson State Park** berührt, und kurz darauf überquert der Trail den alten Highway 6A. Wenn Sie unweit des Kreuzungsbereichs der verschlafenen Crosby Lane folgen, erreichen Sie nach wenigen Hundert Metern einen schönen Strand an der **Cape Cod Bay.** Animierter und etwas wilder präsentiert sich der Atlantik später beim Abstecher auf der Main Street von Orleans Center zum **Nauset Beach.**

Wer ohnehin eher Dünen und wilde Brandung bevorzugt, sollte mehr Zeit für die National Seashore einplanen. Hier zweigt der Nauset Bike Trail vom Rail Trail ab und endet am herrlichen, nie überlaufenen **Coast Guard Beach.** Kurz vor Wellfleet führt dann noch ein interessanter Abstecher in **Mass Audubon's Wellfleet Bay Wildlife Sanctuary,** ein geschütztes Feuchtgebiet mit zahlreichen Vogel- und Amphibienarten.

Essen

Auf höherem Niveau

The Pheasant: In dem 200 Jahre alten roten Farmhaus am Nordrand von Dennis werden mit saisonalen Produkten aus der Region kreative, aromatisch starke Gerichte kreiert (ab 22 €). Besonders denkwürdig: in Kokosmilch geschmorte Ziege. 905 Rte. 6A, Dennis, T 508 385 2133 (unbedingt reservieren!), Mi–Sa ab 17 Uhr

Kleines Lokal, immer voll

Brewster Fish House: Der Name klingt eher nach Kantine, doch das täuscht. Das Fish House hat sich zu einem von der Kritik gefeierten Seafood-Restaurant mit fein abgestimmter Weinkarte und gestärkten weißen Tischdecken hochgearbeitet (ab 30 $). Hervorragend: die Chowder-Suppe mit Hummer, Muscheln und Phytoplankton, dazu Hühnchen-Küken, Elch und viel Fisch. Rte. 6A, 2208 Main St., Brewster, T 508 896 7867 (reservieren!), www.brewsterfishhouse capecod.com, Mi–Mo 11.30–15 u. ab 17 Uhr

Bewegen

Pack die Badehose ein

In Dennis lockt der **Corporation Beach** (Corporation Rd.) mit sauberem Sand und ruhigem Wasser – bayside ist das Meer generell ruhiger. Rauer ist es an den sechs Strandabschnitten des **Cape Cod National Seashore.** Alle Strände haben Parkplätze, Umkleiden, Duschen – und Rettungsschwimmer!

Feiern

• **Mashpee Wampanoag Powwow:** Bei dem Drei-Tage-Event auf dem Cape Cod Fairgrounds wird mit traditionellen Trommel- und Tanzwettbewerben die Kultur und Geschichte des Wampanoag-Stammes gefeiert (Anfang Juli in East Falmouth, www.mashpeewampanoagtribe-nsn.gov).

Infos

• **Cape Cod Chamber of Commerce:** 5 Patti Page Way, Centerville, T 508 362 3225, www.capecodchamber.org

Provincetown

📍 Karte 2, C 2

Am Ende wird das Cape immer schmaler und das Ende-der-Welt-Gefühl immer stärker. Wie bei allen Orten am Ende der Straße ist auch hier eine unwiderstehliche Anziehungskraft spürbar. Die Rte. 6 windet sich durch die Dünen, begleitet von Reihen aufgegebener Motels. Sand weht über den Asphalt. Dann ist Schluss, und Provincetown (3200 Einwohner) hat seinen Auftritt.

Alt und verwinkelt, liegt es am allernördlichsten Punkt des Cape und wirkt durch die Dünenlandschaft wie vom Rest der Welt getrennt. Und nicht nur durch sie: Das liebevoll ›P-Town‹ genannte Städtchen ist die angesagteste, flamboyanteste LGBT-Destination nördlich von Key West. Das erste Kapitel der Stadtgeschichte schrieben dagegen die sittenstrengen Pilgerväter. 1620 erholten sie sich hier von den Strapazen der Überfahrt. Im 18. Jh. besuchten Piraten und Freibeuter hier ihre Bräute, und im frühen 19. Jh. erlebte man dank des Walfangs die Blütezeit: Sage und schreibe 40 Piers – heute sind es nur noch drei – streckten sich weit in die Bay hinein.

Nach dem Ende des Walfangs erinnerte sich die Stadt der Fischerei, dieses Mal betrieben von portugiesischen

Fischern, die mit ›Radio Globo‹ lange sogar eine eigene Radiostation hatten. Um 1900 dann machten Licht, Meer und das Lebensgefühl am Ende der Straße aus Provincetown die Künstler-Kolonie P-Town. Edward Hopper, Jackson Pollock, Mark Rothko, sie alle malten hier, ihre Partys sind Legende. Auch Theater wurde gespielt. Eugene O'Neill und Tennessee Williams arbeiteten mit den Provincetown Players, die Brandos, Pacinos und Geres begannen hier ihre Karrieren.

Heute gilt P-Town als liberalste Stadt östlich von San Francisco. Über 80 % der Häuser, so Immobilienhändler, gehören inzwischen homosexuellen ›Wash-Ashores‹, P-Town ist einer der teuersten Immobilienmärkte der USA. Strengste Bauvorschriften halten Spekulanten bislang in Schach – und lenken den Tourismus in gemütliche, allerdings teure B&Bs, Inns, Restaurants und in ein vielfältiges Freizeitangebot, das vom Badeurlaub über Shopping bis Bar-Hopping reicht.

Leben und leben lassen

Auf der **Commercial Street** sehen Sie P-Towns lange Tradition der Gastfreundlichkeit gegenüber Künstlern, Lebenskünstlern und sonstigen Randfiguren in Aktion. Sie und die parallel verlaufende **Bradford Street** sind die beiden Hauptstraßen, gut 40 kurze Querstraßen verbinden die beiden wie Sprossen einer Leiter. Für Bürgersteige ist auf der Commercial Street kaum Platz, wenn ein Auto kommt, drückt man sich in einen Hauseingang. Hinter den südlichen Häusern beginnt der Strand, dort liegen Boote, Bojenbündel, Hummerkäfige.

Die Straße ist zudem die Shopping-Meile der Stadt. Die Öffnungszeiten

P-Towns Commercial Street ist cool, obercool. Hier ist jeder willkommen, egal wie anders oder divers er ist. Drag Queens haben den größten Erfolg.

Lieblingsort

Alle willkommen in P-Town! Alle!

Amerika ist heute gespaltener als je zuvor. Umso besser tut da ein Ort wie **Provincetown** (♥ Karte 2, C 2). Die kleine Gemeinde an der Nordspitze von Cape Cod akzeptiert von jeher Menschen von den Rändern der amerikanischen Gesellschaft und ganz gleich welcher sexuellen Orientierung. P-Town toleriert Außenseiter nicht nur, sondern lässt sie hochleben. Ich wandere am liebsten die **Commercial Street** auf und ab. Dabei passiere ich in nicht mal einer Minute Menschen aller Hautfarben, Stämme und sonstiger Präferenzen. Und früher oder später verquatsche ich mich auf einer Bank mit einer Zufallsbekanntschaft in Leder oder Fair-Trade-Klamotten und staune irgendwann, dass es plötzlich Abend ist. Provincetown ist alles für alle. Es kommt auf einen selbst an. Schafft man es, das Handy auszumachen und einen Tag lang den Augenblick zu genießen? An der Commercial Street soll's nicht liegen …

variieren, viele Ladenbesitzer machen mittags den Laden zu, haben dann aber so lange geöffnet, wie Kunden Interesse zeigen. Elegante Boutiquen, Lederläden, Drag-Ausstatter und überdachte Gerümpelhalden, brillante Kunstgalerien und natürlich die promenierenden ›Wash-Ashores‹, von denen sich ebenfalls nicht wenige schrill in Szene setzen, machen den Bummel zum Vergnügen.

Museen

Hoch hinaus
Pilgrim Monument & Provincetown Museum: Kurios: ein 77 m hoher Campanile. Wer damals die Idee hatte, der Mayflower-Passagiere mit dem Nachbau eines im italienischen Siena stehenden Glockenturms zu gedenken, weiß heute niemand mehr so genau. Die grandiose Rundumaussicht lohnt die anstrengenden 116 Stufen und 60 Rampen allemal. Die Artefakte im netten Museum zu ebener Erde haben alle mit der Stadt zu tun. Irgendwie. Da reicht die Palette von Werkzeugen der Wampanoag bis zu der alten Feuerspritze der Stadt.

1 High Pole Rd., Provincetown, Mai bis Sept. 9–19, sonst 9–17 Uhr, 12 $

Internationales Kaliber
Provincetown Art Association & Museum: Was für Farben! Nach dem Morgenspaziergang auf der MacMillan Wharf findet man sie in dieser herrlichen Museumsgalerie wieder. 1914 von führenden Mitgliedern der blühenden Künstlerkolonie gegründet, werden hier, unabhängig von Genres und Stilrichtungen, die Arbeiten von über hundert Kreativen gezeigt, die bis heute in und um P-town ihre Inspiration finden.

460 Commercial St., Provincetown, Juni tgl. 11–17, Juli/Aug. Mo–Do 11–20, Fr bis 22, Sa bis 18, So bis 17, Sept. tgl. 11–17, sonst Do–So 12–17 Uhr, 12 $

Unter dem Jolly Roger
Expedition Whydah Sea Lab: Auf der MacMillan Pier steht eines der ungewöhnlichsten Museen Neuenglands. Es dokumentiert die hartnäckige Suche nach dem Piratenschiff ›Whydah‹, das 1717 vor dem Cape sank und 1984 gefunden wurde. Zu sehen sind Goldmünzen, Juwelen, Waffen und die Schiffsglocke der ›Whydah‹, die unter dem berüchtigten Piraten ›Black Sam‹ Bellamy u. a. auch in der Karibik aktiv war. Gut und ohne falsche Romantik dokumentiert ist auch das goldene Zeitalter der Piraterie im 17. und 18. Jh.

16 MacMillan Wharf, Provincetown, T 508 534 9571, www.discoverpirates.com/why dah-provincetown, 10 $

Für Leuchtturm-Fans
Cape Cod Highland Light: Der höchste und älteste Leuchtturm auf dem Kap liegt in der Cape Cod National Seashore und ist von Mai bis Oktober zugänglich. Es gibt ein Video zu sehen und einen kleinen Andenkenladen, aber am besten ist die enge Wendeltreppe hinauf zum Leuchtfeuer. Der Blick von hier über die endlose Küstenlinie ist einfach grandios.

27 Highland Rd., North Truro, www.highland lighthouse.org, tgl. 10–17.30 Uhr, 5 $

Schlafen

Hotel mitten im Nightlife
Crown & Anchor: Das über 150 Jahre alte Hotel mit den Säulen und dem schönen Portikus gehört zu den bekanntesten Ansichten in Provincetown. Die Zimmer – viele mit Meeresblick – sind eher nüchtern. Bedeutend ist das zur Waterfront ausladende Haus auch als Unterhaltungszentrum: Im Cabaret laufen gewagte Shows, es gibt verschiedene Clubs und The Vault, eine Leder-Bar für die Gay-Szene.

247 Commercial St., Provincetown, T 508 487 1430, www.onlyatthecrown.com, DZ/F ab 135 $

DURCH DIE DÜNEN

Möwen und Gräser, die sich nach oben recken, große Dünen mit flüchtigen, vom Wind geriffelten Sandkunstwerken, und zwischen diesen haushohen Haufen kleine und große Wäldchen: Die Dünen-landschaft in P-Towns Hinterland ist weit und wild und einfach schön. Von den vielen Trails durch die Dünen sind die zu den drei Leucht-türmen wohl die attraktivsten. Am leichtesten erreichbar ist das in ein B&B verwandelte **Race Point Lighthouse**. Gut zu Fuß sollte man für die beiden anderen sein: **Wood End Light** und **Long Point Light** liegen, von der Stadt aus fingernagelgroß zu sehen, am Ende des Hakens am Kap. Ein schönes Radwegenetz durch die Dünen und zu den Strän-den deckt den gesamten Nordzipfel ab. Räder können bei einem halben Dutzend Verleiher gemietet werden.

Altes Kapitänshaus
Revere Guest House: Acht ge-schmackvoll durchdesignte Zimmer, schnuckeliger Innenhof mit Veranda und schöner Feuerstelle. Drinnen eine wun-derbare Lounge mit Sofas, Sesseln, Bü-chern – der erste Besitzer würde staunen.
14 Court St., Provincetown, T 508 487 2292, 1 800 487 2292, www.reverehouse.com, DZ/F ab 140 $

Essen

Die Wonne liegt im Detail
Front Street: Es ist selten geworden, dass die Restaurantbesitzer als Chefkö-che allabendlich für 90 % der Gerichte verantwortlich sind. Im Front Street steht Donna Aliperti jeden Abend in der Küche.

Donna wuchs im Restaurant ihrer Eltern auf, hat das Handwerk von der Pike auf gelernt und auf Reisen durch Frankreich und Italien in die Kochtöpfe geschaut. Die Resultate, italienische Klassiker aus sai-sonalen neuenglischen Produkten, durch Donnas Kreativität verfeinert, werden von Food-Kritikern bejubelt (ab 22 $).
230 Commercial St., Provincetown, T 508 487 9715, Mai bis Okt. tgl. 18–22.30 Uhr, sonst geschl.

Mal so richtig hummern
Lobster Bot: Wenn es ihn nicht mehr gäbe, würde etwas fehlen! Seit 40 Jahren geht es in dem einfachen Restaurant an der Ecke zur MacMillan Pier nur um das eine: Hummer. Und Seafood. Aber vor allem um Hummer, und zwar gekocht, ge-braten, gefüllt, als Pie, Roll und Burger (ab 22 $). Gehört zu Provincetown wie das Crown & Anchor!
321 Commercial St., Provincetown, T 508 487 0842, Juni bis Sept. 11.30–22.30 Uhr, sonst unterschiedlich

Bom dia, Provincetown!
Portuguese Bakery: Linoleumböden, Sitzbänke aus Sperrholz, Neonlicht. Ge-mütlich ist es hier nicht. Muss es auch nicht: Nach mehr als 100 Jahren Erfahrung im Bäckerhandwerk ist dieser Nachbar-schaftstreff mit den großen Fenstern zum Leutegucken auf der Commercial Street über alle Zweifel erhaben. Zu empfehlen: der Brotpudding zum Frühstück und die Pasteis de nata (Vanillecremetörtchen) zum Nachmittagskaffee!
299 Commercial St., Provincetown, T 508 487 1803, tgl. 8–17 Uhr

Einkaufen

Kunst und mehr
Einen guten ersten Einblick in das Schaf-fen junger Talente und etablierter Kreativer bietet die moderne **Impulse Art Gallery**

(188 Commercial St.). Auch die **Bower-sock Fine Art Gallery** (373 Commercial St.) präsentiert mehrere Dutzend junger Talente aus Cape Cod und dem Rest Neuenglands.

Ein Einkaufserlebnis der besonderen Art erwartet Sie bei **Adam's** (252 Commercial St.), dem ältesten Gemischt-warenladen der Stadt.

Bewegen

Badefreuden

Für die Erkundung der Strände ringsum leihen Sie sich am besten ein Rad, so sind die schnell erreicht. Reichlich Sand und eine herrliche Abendstimmung charakterisieren die schönsten: **Herring Cove Beach** ist der Bay zugewandt und hat daher ruhigeres Wasser. **Race Point Beach** bietet 13 km gelben Sand, kräftige Wellen und das interessante, sich der Ökologie der Dünenlandschaft widmende **Province Lands Visitor Center.** Im Sommer verkehren Shuttles zwischen der MacMillan Wharf und den beiden Stränden.

Einmal Wale sehen

Whale Watch: Dreimal täglich fahren die Boote der Whale Watch Dolphin Fleet im Sommer hinaus zur Stellwagen Bank. MacMillan Wharf, Provincetown, T 508 240 3636, www.whalewatch.com, April bis Okt., Erw. 53 $

Ausgehen

Schon ewig da

Governor Bradford: Dieses Restaurant ist seit Jahren *der* Hetero-Treff, an Wochenenden Austragungsort der munteren Drag-Karaoke-Abende und mittwochs der Pool-Turniere. Coole Livemusik gibt's auch.
312 Commercial St., Provincetown, T 508 487 9618

Feiern

• **Blessing of the Fleet:** Die Segnung der Fischerboote ist der Höhepunkt des dreitägigen Portuguese Festival, das mit Paraden, Tanz und Musik gefeiert wird (Ende Juni, www.ptownevents.com).
• **Fantasia Fair:** Während der einwöchigen Veranstaltung darf sich jeder der LGBT-Gemeinde zeigen, wie er/sie/es will. Neben Partys und Musik gibt es Workshops und Lesungen (Ende Oktober, www.fanfair.info).

Infos

• **Visitors Center:** 307 Commercial St., www.ptownchamber.com

New Bedford

📍 **Karte 2, B 4**

Warum Sie nach dem durch und durch gefälligen Cape Cod noch nach New Bedford sollen, wird Ihnen beim Einlaufen in diese Stadt zunächst nicht einleuchten: Nichts zu sehen, außer einem tristen braunen Häusermeer mit Kränen, Schiffen, Containern dazwischen. Nichts deutet von der I-195 aus darauf hin, dass dies einmal das Zentrum der neuenglischen Walfangindustrie war.

Denn als um 1840 der Hafen von Nantucket versandete, ging die Führung an New Bedford über. Bis 1860 kreuzten von hier aus über 700 neuenglische Schiffe mit 20 000 Mann an Bord auf den Weltmeeren und erlegten 20 000 Pottwale jährlich. Weitere 50 000 Menschen beschäftigte die Verarbeitung an Land. 400 der gedrungenen Walfangschiffe waren im Hafen registriert, Seeleute aus aller Herren Länder versoffen hier ihre Heuer. Die Stadt, über der der Gestank aus den Trankochereien hing, gelangte zu märchenhaftem Reichtum. Das Ende der Walfang-Ära konnte sie dank ihrer großen Fischfangflotte und rechtzeitiger Diversifizierung abfedern.

Erst die durch Überfischung in den 1990er-Jahren ausgelöste Krise veränderte die Situation dramatisch, seitdem sucht die 100 000-Einwohner-Stadt ihr Heil auch im Tourismus. Der Bevölkerungsspiegel reflektiert das maritime Erbe jedoch noch immer: Über 60 % sind portugiesischer Herkunft, der Rest Frankokanadier, Deutsche, Iren, Norweger. Ansonsten ist von Moby Dick & Co. im Stadtbild fast nichts mehr zu sehen.

Alles über den Walfang

Aber der **New Bedford Whaling National Historic Park** in der Altstadt am Hafen dokumentiert anhand von 13 Häuserblocks die rauen Walfängerzeiten und bietet dreimal täglich am Besucherzentrum beginnende geführte Touren an.

Die beiden Stars des Parks, das **New Bedford Whaling Museum** (s. u.) und die 1832 geweihte Kapelle **Seaman's Bethel** gegenüber, setzen das Thema gebührend in Szene. In dieser Kapelle holten sich, wie von Melville beschrieben, die Walfänger ihren Segen, bevor sie für oft mehrere Jahre in See stachen. 31 Tafeln an den Wänden erinnern an die Unglücklichen, die auf See blieben. Park Visitor Center: 33 William St., New Bedford, www.nps.gov/nebe, tgl. 9–17 Uhr Kapelle: 15 Johnny Cake Hill, Mai bis Okt. Mo–Sa 10–17, So 12–16

Museen

Walfang natürlich

Whaling Museum: Dies ist das beste Museum zum Thema. Beiboote, Harpunen, das komplette Skelett eines 22 m langen Blauwals, Logbücher, eine Herman-Melville-Ausstellung und ein 27 m langes, begehbares Modell des Walfängers ›Lagoda‹: Nur zu gern folgt man den rauen Kerlen auf ihren oft jahrelangen Zügen über die sieben Weltmeere. 18 Johnny Cake Hill, New Bedford, www. whalingmuseum.org, April bis Dez. tgl. 9–17, sonst Di–Sa 9–16, So 11–16 Uhr, Erw. 17 $

Essen

Sehr gehobene Hausmannskost

Freestone's City Grill: Nur einen Block vom Whaling Museum entfernt, bietet dieses Restaurant in einer ehemaligen Bank nicht nur bestes Seafood, darunter eine preisgekrönte Fischsuppe, sondern auch Black Angus Steaks und portugiesisches Surf & Turf (ab 15 $). Livemusik! 41 William St., New Bedford, T 508 993 7477, www.freestonescitygrill.com, Mo–Do 11.30–22.30, Fr/Sa bis 23, So 11–21 Uhr

---

Infos

• **Destination New Bedford:** 133 William St., www.destinationnewbedford.org

Martha's Vineyard ✪ ♥ Karte 2, B/C 4/5

Zum Sommeranfang, so heißt es hier, verabschieden sich die Taxifahrer von ihren Familien, um bis zum Herbst genug Geld mit den Touristen für den Winter zu verdienen. Es bleibt ihnen auch nichts anderes übrig: 8 km vor der Südküste von Cape Cod ist das Leben nicht ganz billig. Die Lebenshaltungskosten liegen 60 %, die Immobilienpreise gar 90 % über dem nationalen Durchschnitt.

Ein Häuschen auf Martha's Vineyard, der Promi-Insel der USA, gibt's nur für zweistellige Millionenbeträge. Auch die Obamas wohnen jetzt auf dem Sylt Amerikas.

Die Insel mit dem hübschen Namen gehört zu den populärsten Urlaubszielen der Ostküste und ist dank ihrer Flachwasserstrände, Wälder und Eichenalleen auch bei amerikanischen Promis beliebt, die hier, anders als in anderen Promi-Laufstegen, fünfe gerade sein lassen und sich ungekämmt in der Öffentlichkeit zeigen. Im Sommer lassen Tagesausflügler die Bevölkerung von 15 000 auf 100 000 anschwellen.

Die wichtigsten Orte sind Vineyard Haven und Edgartown, beide haben als Walfängerhäfen angefangen. Einige der schönsten Strände umrahmen die abends meist laute Party-Town Oak Bluffs. Die Hauptattraktionen der Insel sind jedoch die herrlichen Küstenstraßen und die grandiose Abwesenheit hässlicher Werbeflächen, Fastfood-Ketten und Nullachtfünfzehn-Motels.

Plätze für die Do-List

Unwiderstehlich lockt die Inselromantik, doch es wäre schade, sich sofort auf die Strände zu stürzen. Sie werden ohnehin etwas Zeit in Vineyard Haven verbringen, weil dort die Autofähre aus Woods Hole anlegt, und in Edgartown ohnehin, einfach weil dies das schönste Städtchen der Insel ist.

In **Vineyard Haven** lohnen vor allem das historische Viertel rund um die William Street und das **Martha's Vineyard Museum** (s. S. 86) mit seinen Logbüchern alter Walfängerschiffe und vergilbten Fotos knorriger Kapitäne.

Und **Edgartown,** mit seinen schmalen, krummen Straßen, den mit roten Ziegelsteinen gepflasterten Bürgersteigen und schönen alten Häusern an der Main Street eine neuenglische Bilderbuchschönheit, hat, was will man mehr, auch noch die besten Restaurants und eine muntere Kneipenszene.

Last but not least wäre da auch noch **Oak Bluffs** mit seiner Cottage City, einer reizenden Ansammlung von 300 filigranen ›Lebkuchenhäuschen‹. Sie ersetzten Ende des 19. Jh. eine Zeltstadt, in der sich Methodisten aus dem ganzen Land zu den jährlichen Methodist Camp Meetings trafen, und steht heute unter Denkmalschutz.

Museen

Logbücher und Schiffsmodelle
Martha's Vineyard Museum: Für alle mit Sinn für die Abenteuer der christlichen Seefahrt ist dieses Museum eine echte Fundgrube. Man kann in den vergilbten, vielfach leserlich transkribierten Logbüchern der Walfängerschiffe schmökern, die herrlichen, detailgetreuen Schiffsmodelle bewundern und bei Schiffbrüchen im 19. Jh. rund um die Insel gerettete Artefakte studieren.
151 Lagoon Pond Rd., Vineyard Haven, www.mvmuseum.org, 18 $

Schlafen

Urlaub total
Vineyard Square: Falls das Urlaubsgefühl sich immer noch nicht so recht einstellen will, spätestens hier wird es übernehmen. Die wunderbare Terrasse mit den Schaukelstühlen, der Blick auf den Yachthafen und natürlich die Lage mitten in Edgartown helfen dabei.
38 N. Water St., Edgartown, T 508 627 4711, www.vineyardsquarehotel.com, DZ/F ab 170 $

Ganz romantisch
The Christopher: Träumen in Himmelbetten, frühstücken mit Stil in einem historischen Kapitänshaus, und danach in die verschachtelte Altstadt gleich vor der Haustür: Herz, was willst du mehr?
24 S. Water St., Edgartown, T 508 627 4784, www.thechristophermv.com, DZ/F ab 280 $

Essen

Angesagter Dauerläufer
Atria: Seit Jahren schon gehört dieses schöne Restaurant in Edgartown zu den It-Restaurants auf Martha's Vineyard. Wer die hypersensible Foodbranche kennt, weiß das zu würdigen. Es wartet: einfühlsame Fusion Cuisine mit frischen, hier angebauten Zutaten (Pizza um 25 $, Hauptgerichte ab 34 $). Tische auch auf der Veranda. Besonders: ›Cod is great‹, in Prosciutto gewickelter Kabeljau.
137 Main St., Edgartown, T 508 627 5850, www.atriamv.com, Juni bis Aug. tgl. 17.30–22 Uhr

Seafood im Familienbetrieb
Square Rigger: Hier essen die Locals – warum, ist schnell klar. Handfest und hausgemacht ist angesagt, im Dekor aus schwerem Holz wie in der Küche. Gereicht wird, was schmeckt, und das ist vor allem frisches Seafood nach bewährten Rezepten und qualitativ hochwertiges Fleisch vom Holzkohlengrill. Pasta ab 23 $.
225 Edgartown-Vineyard Haven Rd., Edgartown, T 508 627 9968, www.squarerigger restaurant.com, tgl. 11–15, 17–22 Uhr

Bewegen

Natürlich: Beachen
Die rund 200 km lange Küstenlinie von Martha's Vineyard bietet viele sehenswerte Strände. Am **Joseph Sylvia State Beach** drehte Steven Spielberg »Der Weiße Hai«. Dabei ist das Wasser des von Dünen und wilden Rosen umgebenen Strandes alles andere als gefährlich. **Katama Beach** ist der größte

öffentliche Strand der Insel und wegen seiner gleichmäßig brechenden Wellen bei Surfern beliebt. Der **Menemsha Public Beach** neben dem Eingang zum Dutcher's Dock ist windgeschützt und selten voll. Der Weg zum 8 km langen **Aquinnah Beach** (s. Tour S. 88) führt durch dichtes Johannisbeergestrüpp und endet an einem ruhigen Sandstreifen.

Insel-Walking

Die schönsten Spazierwege auf Martha's Vineyard liegen in den Naturschutzgebieten. Versuchen Sie die im **Felix Neck Wildlife Sanctuary** (Felix Neck Drive, Mo–Sa 9–16, So 10–15 Uhr) auf einer Halbinsel zwischen Edgartown und Oak Bluffs. Sie führen durch Wald und Salzwassermarschen zu hübschen Stränden und Vogelbrutgebieten.

Über 1000 einheimische und eingeführte Pflanzenarten können Sie auf idyllischen Trails durch das **Polly Hill Arboretum** (809 State Rd., tgl., Erw. 5 $) in West Tisbury bewundern.

Ausgehen

Feiern mit Live-Konzerten

The Ritz Café: Strenge Alkoholgesetze haben Martha's Vineyard fast trockengelegt. Fast: Im Ritz Café geht seit 1944 die Post ab! An der Wänden dokumentieren Bilder von Live-Konzerten mehrere Jahrzehnte Action auf der kleinen Bühne. Solides Pubfood und Bier von hier sorgen für das für lange Nächte nötige Unterfutter.
4 Circuit Ave., Oak Bluffs, T 508 693 9851, www.theritzmv.com, tgl. 11.30–1 Uhr

Infos

- **Visitors Information:** Vineyard Haven, 24 Beach St., www.mvy.com
- **Fähren:** starten von fünf Orten aus. Die einzige **Autofähre** geht ab Woods Hole

(Steamship Authority, tgl. Mo–Fr 7.30–21, Sa–So 8–17 Uhr) und sollte reserviert werden (T 508 477 8600).

Reine **Passagierfähren** gehen ab Falmouth (nach Oak Bluffs, T 508 548 4800), Hyannis (nach Oak Bluffs, T 508 778 2600), New Bedford (nach Vineyard Haven, T 1 866 683 3779) und Nantucket (nach Oak Bluffs, T 508 778 2600, nur im Sommer).

Nantucket ♀ Karte 2, D 5

Für einen Besuch auf Nantucket lassen Sie das Auto am besten in Hyannis oder Harwich Port zurück: Auf dem 50 km vor der Südküste von Cape Cod liegenden Eiland kommen Sie besser zu Fuß und mit Fahrrad voran. Für Herman Melville war Nantucket einst nichts weiter als ein Haufen Sand mit ein paar Tausend Insulanern darauf. Deren Nachfahren nennen ihre Insel »Little grey lady in the sea«, nach den typischen grauen, von roten Kletterrosen umrankten Schindelhäusern, und leben im gleichnamigen Hauptort der Insel.

Der weist inzwischen die teuersten Quadratmeterpreise des Staates Massachusetts auf. Immerhin fühlt sich Nantucket-Stadt auch weiterhin an wie vor 150 Jahren: Gut 800 der Häuser der zweieinhalb Quadratkilometer großen historischen Altstadt wurden weit vor 1850 gebaut, das Tempo blieb schläfrig und Insel-Feeling ist jederzeit und überall spürbar.

Trendziel mit Weit-weg-Gefühl

Nach Verlassen der Fähre passieren Sie zunächst ein paar Radverleiher und stehen einen Lidschlag später auf dem Kopfsteinpflaster der alten, landeinwärts sanft ansteigenden Main Street. Mit ihren Restaurants und Geschäften ist sie

TOUR
Die andere Seite der Promi-Insel

Martha's Vineyard per Rad

In Menemsha erinnert man sich gern an Fred Croft, den alten Fährmann. Vor allem, weil er nur schief zu lächeln brauchte, um die Frauen zu entzücken. Fred war eine echte Type! Im Februar 2018 erlag er dem Krebs, seither betreibt das Outermost Inn die Fähre.

Der Leuchtturm ist das Ziel. Aber es ist selten, dass er so verlassen ist.

Die **Bike Ferry** allein ist ein Erlebnis: Wer per Zweirad die Bostoner Promi-Insel erkundet, kommt aus dem Staunen kaum heraus. Im Fischernest Menemsha schippert das Pontonboot bis zu sechs Radfahrer über die Einfahrt der Lagune in das Indianerreservat Aquinnah auf der anderen Seite. Wer wieder zurück will, muss die Glocke am Steg läuten. Wenn der Wind günstig ist, wird sie auf der anderen Seite gehört. Falls nicht, muss man winken. Und hoffen, gesehen zu werden.

Radfahren ist der Schlüssel zur Seele von Neuenglands größter Insel. Phil Hughes von Wheel Happy in **Edgartown** sucht uns bequeme Tourenräder aus. Martha's Vineyard platzt im Sommer aus allen Nähten. Das kann ja heiter werden, oder? »Ach was«, sagt Phil und faltet eine Karte auseinander, »wart ihr schon mal im Yosemite-Nationalpark? Da bleiben fast alle im Tal.« Auf Martha's Vineyard sei das nicht anders. Alle wollten nur Strände und Action. »Fahrt rüber nach Menemsha«, empfiehlt Phil. »Nehmt die Music Road. Danach wollt ihr nirgendwo anders radeln!« Music Road – ein schöner Name für eine Landstraße. 27 km, und wenn wir schon mal dort sind, sollen wir auch gleich zum Gay-Head-Leuchtturm durchradeln.

Der Radweg entlang der West Tisbury Road ist eine Wucht. Auf der Insel gibt es über 80 km Radwege dieser Klasse. Bald kommen wir in dem hügeligen Terrain ins Schwitzen. In **West Tisbury** humpeln wir in Alley's General Store zu den kalten Getränken. Alley's versorgt die Umgebung seit 1858 mit Angelhaken und Nahrungsmitteln und dient auch als Postamt. Am Schalter geben Oldtimer ihre Briefe nach dem Festland auf. »To America«, wie sie sagen.

Infos

Dauer:
ca. 7 Std. (1 Tag),
ca. 60 km

Start/Ziel:
Edgartown,
📍 Karte 2, C 4

Radverleih:
Wheel Happy, Edgartown, 18 S. Water
St., T 508 627 5928,
www.wheelhappy-bicycles.com

Die **Music Road** ist Radlergenuss pur. Hüfthohe überwachsene Steinmauern begleiten die Straße, dahinter liegen Farmen auf grünen Matten. Später geht es auf der Middle Road abwärts nach **Menemsha**, so steil zuletzt, dass wir Gummi riechen, als wir im Ort einrollen. Mittags ist **Larsen's Fish Market** an der Pier bei den Einheimischen *die* Adresse für Lobster Rolls. Für ein Erinnerungsfoto mit Hummern hat Besitzerin Betsy Larsen trotzdem Zeit.

Nach der Fähre über die **Lobsterville Road** auf der anderen Seite der Lagune – das ist der schönste Abschnitt der Tour. Rechts die Weite des Atlantiks, links die Marsch und die verstreut im mannshohen Gebüsch liegenden Häuser der Wampanoag-Indianer von Aquinnah, dahinter die Klippen von Gay Head mit dem berühmten Leuchtturm: Ebenso gut könnten wir einen Strand in der Karibik entlangradeln. Aber hier ist es besser, weil weniger heiß.

Am Ende müssen wir uns auf der **Lighthouse Road** noch einmal richtig ins Zeug legen, dann sind wir am **Gay Head**. Und leider auch zurück im übertouristischen Martha's Vineyard, weil die State Road Tourbusse aus Edgartown herbeischaufelt. Wir inspizieren den Leuchtturm, machen die obligatorischen Erinnerungsselfies und schwingen uns wieder auf die Sättel. Als wir die Glocke läuten, steht der Wind gut. Der Skipper hört uns und setzt unverzüglich über. Wir erzählen von unserer Begegnung mit der anderen Seite der Insel. »War damals für Fred der Grund, diese Fähre einzurichten. Der Verkehr auf der State Road nervte gewaltig. Mit der Fähre können wir zumindest die Biker auf die schönere Strecke lotsen!« Wir danken und radeln im warmen Licht der untergehenden Sonne nach Edgartown zurück.

das natürliche Gravitationszentrum der Insel. Zu Beginn des 19. Jh. lag hier ein Zentrum des neuenglischen Walfangs. Schiffe aus Nantucket kreuzten auf allen Weltmeeren, ihre Harpuniere galten als die besten. Die Ehefrauen wurden während der langen Abwesenheit ihrer Männer erfolgreiche Unternehmerinnen: Die Main Street hieß in dieser Zeit auch Petticoat Row – wegen der von Frauen geführten Läden dort.

Seit dem Ende des Walfangs lebt das Eiland vom Tourismus. Wer heute hier an Land geht, kommt der insgesamt 80 km langen Sandstrände, wo man stets ein ruhiges Plätzchen findet, und der erholsamen Spaziergänge oder Radtouren zu den Leuchttürmen wegen. Die schönsten Strände sind Dionis Beach, Jetties Beach, Madaket Beach und Surfside Beach.

Walfanggeschichte

Auf keinen Fall versäumen sollten Sie bei Ihrem Besuch das hervorragende und spannend inszenierte **Nantucket Whaling Museum** (s. u.).

Wie gut damals der Handel mit dem Walöl lief, erfahren Sie auch im **Hadwen House,** der spektakulären Greek-Revival-Residenz eines erfolgreichen Unternehmers der Walfangindustrie.

96 Main St., Nantucket, Ende Mai bis Mitte Okt., tgl. 9–17 Uhr, 15 $, schließt weitere historische Häuser ein

Museen

Wie Melville auf Moby Dick kam

Nantucket Whaling Museum: Harpunen und harte Taue, Walskelette, Schiffsmodelle und Porträts erfolgreicher Kapitäne, abenteuerliche Gestalten mit goldenen Ohrringen und schwarzen Augenklappen: Ein Museum wie ein Filmset! In der Whale Hunt Gallery beleuchtet es eine Geschichte besonders liebevoll: die von der schicksalhaften Fahrt des Walfängers ›Essex‹ und wie diese Herman Melville zu seinem Welterfolg »Moby Dick« inspirierte!

13 Broad St., Ende Mai bis Mitte Okt. tgl. 10–17, Nov. 11–16 Uhr, Access Pass 25 $, gilt auch für Eintritt Hadwen House und weitere Hausmuseen

Schlafen

Grandesse des 19. Jahrhunderts

The Roberts House: Ansehnliches Greek-Revival-Haus mit Veranda und Schaukelstühlen zum Leutegucken. 25 freundliche Zimmer im viktorianischen, die maritimen Traditionen der Insel zitierendem Dekor. Viele mit Himmelbett, alle mit WiFi.

11 India St., Nantucket, T 866 270 4757, www.therobertscollection.com, DZ ab 170 $

Sympathische Basis

Periwinkle Inn: Die charmante Bleibe wurde im in den 1830er-Jahren angesagten Greek Revival Style gebaut und liegt in Fußgängerentfernung zu allen Attraktionen im Ort. Mit Himmelbetten, nur wenige Meter vom Whaling Museum entfernt. Die von schönen Himmelbetten dominierten Zimmer blicken entweder auf den Hafen oder in den Garten.

9 N. Water St., Nantucket, T 508 322 4837, www.periwinklenantucket.com, DZ/F ab 230 $

Essen

Die Nummer 1

Brant Point Grill: Angesichts der Tatsache, dass in Neuengland jedes Restaurant, das auf sich hält, sich der organischen, saisonalen Küche verschrieben hat, überrascht es selbst 50 km vor der Küste nicht, dass auch in diesem eleganten, im White Elephant Hotel untergebrachten

*Nantucket, alte Walfängerstadt –
aber auch hier kann man, dem
Smartphone verfallen, am
Laternenmast scheitern.*

Restaurant alle Zutaten von glücklichen Tieren und aus nachhaltigem Anbau stammen. Das Team in der Küche ehrt die alten Kochtraditionen der Insel – und gibt ihnen mit globalen Rezepturen den zeitgemäßen Spin (ab 29 $).
50 Easton St., Nantucket, T 508 325 1320, www.whiteelephantnantucket.com, April bis Dez. tgl. 17.30–22 Uhr

Auf Susanne ist Verlass
Black-Eyed Susan's: Die Schlange auf dem Bürgersteig signalisiert gutes Essen: Leichte, bekömmliche Küche, ideenreich zubereitet (um 20 $). Besonders gut sind die Linguini.
10 India St., Nantucket, T 508 325 0308, www.black-eyedsusans.com, tgl. 7–13, 18–22 Uhr

Bewegen

Immer am Meer entlang
Young's Bicycle Shop: Rad- und Spazierwege ziehen sich kreuz und quer über die Insel. Fahrradverleiher finden sich am Fähranleger, wie Young's Bicycle Shop.
6 Broad St., Nantucket, T 508 228 1151, www.youngsbicycleshop.com, tgl. 8.30–18 Uhr

Ausgehen

Heißt wirklich so!
Brotherhood of Thieves: Nantucket's Institution für gesellige Abende mit Cocktails namens Painkiller und Moscow Mule, solidem Pubfood und Livemusik.
23 Broad St., Nantucket, T 508 228 2551, www.brotherhoodofthieves.com, tgl. 11.30–23 Uhr

Hühner und Hähne
The Chicken Box: Hemdsärmelig und um einiges lauter als bei den ›Dieben‹ geht es im ›Hühnerstall‹, Nantuckets Rockpalast, zu. Wenn keine Bands vom Festland spielen, ist Disco.
16 Dave St., Nantucket, T 508 228 9717, www.thechickenbox.com, tgl. 12–1 Uhr

Feiern

● **Nantucket Daffodil Festival:** Während des dreitägigen Festivals blühen 3 Mio. Narzissen (Ende April, www.daffodilfestival.com).

Infos

● **Fähren:** Die **Steamship Authority** (www.steamshipauthority.com, T 508 771 4000) betreibt von Hyannis aus eine Autofähre nach Nantucket. Die **Hy-Line**

Cruises High Speed Ferry (T 1 800 492 8082), ebenfalls in Hyannis, halbiert die Reisedauer mit ihrem Katamaran auf eine Stunde, was aber erheblich mehr kostet. Die Gesellschaft unterhält Juni bis Sept. auch eine Passagierverbindung zwischen Nantucket und Martha's Vineyard.
● **Chamber of Commerce:** 0 Main St., www.nantucketchamber.org

ton gedeiht die größte alternative Szene Neuenglands. Eine weitere Besonderheit: Es gibt hier mehr unabhängige Buchläden als in Boston. Fast jedes Nest besitzt mindestens eines dieser gemütlichen, mit Büchern vollgestopften Refugien, in denen man nicht nur lesen, sondern die Zeit auch mit gutem Espresso und netten Begegnungen verbringen kann.

Das Pioneer Valley ♀B9

Das historische Pioneer Valley ist ein Abschnitt des in Nord-Süd-Richtung verlaufenden Connecticut Valley und reicht von Springfield bis Vermont. Kosmopolitisch und liberal wie Boston und mit idyllischen Dörfern ›New England‹ im besten Dickinson'schen Sinne!

Im Süden ist das Tal städtisch und von Zuwanderung aus Südostasien und Lateinamerika geprägt. Nach Norden übernimmt mit grünen Hügeln zwischen bestem Ackerland – die Farmer hier schwören, im Sommer das Korn wachsen zu hören – und ehrwürdigen College Towns das klassische Neuengland. Bis weit ins 18. Jh. war dies Amerikas ›Frontier‹. Indianer- und Franzosenüberfälle, Entführungen inklusive, waren gang und gäbe. Sichere Zeiten brachen erst mit den Textil- und Papierfabriken im frühen 19. Jh. an. Sie brachten Geld genug, um moderne Lehrbetriebe und die Künste zu finanzieren.

Heute studieren über 60 000 junge Amerikaner im Valley. Es gibt insgesamt 14 Colleges und Hochschulen, speziell in Amherst und Northampton. Nicht umsonst heißt dieser Abschnitt auch ›Knowledge Corridor‹!

Die LGBT-Community nennt das Tal lieber ›Happy Valley‹: In Northamp-

Springfield ♀B9

Western-Fans braucht man es nicht zu sagen: Gary Cooper jagte seine Bösewichte mit einer Springfield Rifle. Im 19. Jh. war die Stadt am Connecticut River die Waffenschmiede Amerikas, heute dienen die Anlagen der **Springfield Armory** als Museum. Dann kamen Krisen und Arbeitslosigkeit, doch stets, zuletzt 2018 mit 3000 Arbeitsplätzen durch das MGM Springfield Resort Casino, konnte sich die Stadt im Fadenkreuz der Interstates 90 und 91 wieder erholen. Nicht ohne Grund nennt sie sich deshalb heute ›Comeback City of America‹. Attraktiver wurde sie deshalb nicht, nur nützlicher: Springfield ist wohl das Einkaufszentrum der Region, doch nach 18 Uhr sind die Straßen in Downtown verlassen.

Basketball-Fans wird es dennoch magisch nach Springfield ziehen. Und zwar in die moderne, mit Multi-Media-Gadgets vollgestopfte **Naismith Memorial Basketball Hall of Fame** (s. u.).

Museen

Entwaffnend attraktiv
Springfield Armory National Historic Site: Nachdem George Washington 1794 die strategisch günstige Stelle höchstpersönlich ausgesucht hatte, entstand hier Amerikas größte Feuerwaffenfabrik. Bis 1968 wurden in dem viktorianischen

*Weiß ja jeder: Basketball ist etwas für Leute mit irrer Kondition.
Also bewundernswert. In der Naismith Hall of Fame in Springfield
werden all die Stars gefeiert.*

Gebäudekomplex die meisten Gewehre für die US-Armee hergestellt und entwickelt. Heute sind die wichtigsten Gebäude restauriert und unterstehen als Museum dem Innenministerium. Zu sehen gibt es die größte Sammlung an Feuerwaffen der USA, darunter Colts, Remingtons und andere aus amerikanischen Filmen bekannte Schießeisen. Die von so viel morbider Faszination ausgelöste Beklommenheit mag von der ›Organ of Muskets‹ etwas gelindert werden: Bei dieser Orgel dienen die Läufe von 645 Springfield-Musketen als Orgelpfeifen.

1 Armory Sq., Springfield, tgl. 9–17 Uhr, Eintritt frei

Airball, Dunking und Turnover

Naismith Memorial Basketball Hall of Fame: … und Triple-Double, Crunchtime, Alley-oop! Den Fans des schnellen Spiels läuft bei diesen Fachausdrücken natürlich das Wasser im Munde zusammen. Die multimedialen Ausstellungen in diesem supermodernen Museum dokumentieren den Weg des von James Naismith 1891 erfundenen Spiels – vom ersten Match in einem YMCA in Springfield zum von 300 Mio. Menschen gespielten Massensport. Nicht-Fans werden vielleicht die seelenlosen Jubelstürme vom Tonband stören, aber was soll's!

1000 Hall of Fame Ave., Springfield, April bis Juni So–Fr 10–16, Sa bis 17, Juli bis Sept. tgl. 10–17, sonst So–Fr 10–16, Sa bis 17 Uhr, 25 $

Essen

Brezeln groß wie Kinderköpfe

The Student Prince Café: Auch Amerikaner mögen's deftig. Doch die hier gebotene deutsche Küche kann noch mehr

als nur ›Snitzels‹ und ›Wursts‹ (ab 18 $). Allein die – neuenglischen – Vorgerichte sind ein Gedicht! Unbedingt auch probieren: die hausgemachten Desserts!
8 Fort St., Springfield T 413 734 7475, Mo–Mi 11–21, Do–Sa 11–22, So 12–20 Uhr

Bewegen

Für Rollercoaster-Fans

Six Flags: Hier können Sie – es müssen ja nicht immer nur Kultur und Natur sein – Ihren Lastern frönen und ein Dutzend verrückter Achterbahnen ausprobieren oder Hurricane Harbor, Neuenglands größten Wasserpark.
Rte. 159, 1623 Main St., Springfield, www.sixflags.com/newengland, April bis Okt., variierende Öffnungszeiten, Tagesticket online um 45 $, regulär um 70 $

Einkaufen

Als größte Stadt der Region bietet Springfield alle Einkaufsmöglichkeiten. Das Einkaufszentrum **Tower Square** verfügt über 60 gute Geschäfte, darunter den Preisbrecher US Factory Outlets.
1500 Main St., Springfield, www.visittowersquare.com

Infos

• **Explore Western Mass:** 1441 Main St., Springfield, www.explorewesternmass.com.

South Hadley   📍 B9

Nahezu vom Lehrbetrieb aufgesogen wird die mit 17 600 Einwohnern kleinste der College Towns im Valley. Das 1836 für Mädchen gegründete **Mount**

Holyoke College (Campustouren: www.mtholyoke.edu/admission/visit) präsentiert sich als vornehme, mit alten Ahornbäumen dekorierte Campus-Uni. Derzeit studieren hier rund 2000 junge Frauen aus 70 Ländern. Doch so steif und weltfern die rotziegeligen Gebäude von außen auch wirken mögen: Hinter den Mauern weht moderner Zeitgeist durch die Seminare. So heftig mitunter, dass Collegepersonal, das ›chauvinistische‹ Posts re-tweetet, nach Beschwerden entweder beurlaubt oder gleich entlassen wird.

Auf jeden Fall sehenswert ist das 14 000 Bilder und Skulpturen beherbergende **Mount Holyoke College Art Museum** (s. u.). 2019 wurde es unter die 35 Best College Art Museums gewählt.

Den Kopf frei bekommt man danach auf einer Tour durch den **Allen Skinner State Park** (Rte. 47, April bis Nov.). Von dem 600 m über South Hadley ragenden, bequem auch im Auto erreichbaren Summit House aus liegt einem das weitläufige Connecticut Valley fotogen zu Füßen: Der 360-Grad-Rundumblick von der Gipfelterrasse ist atemberaubend!

Museen

Wow-Faktor

Mount Hoyoke College Art Museum: Ein Werk allein lohnt den Besuch der heiligen Hallen: Die Darstellung des in allen Goldtönen schimmernden Tageslichts im Hetch Hetchy Canyon im Yosemite National Park betört und bezaubert. Es gehört zu den Meisterwerken des Deutsch-Amerikaners Albert Bierstadt, nur einem von vielen großen Namen, die in diesen für Studenten konzipierten Räumen ausgestellt sind.
50 College St., South Hadley, www.artmuseum.mtholyoke.edu, Di–Fr 11–17, Sa–So 13–17 Uhr, Eintritt frei

Ein deutscher Maler, ein Tal in Kalifornien – das College Art Museum in South Hadley macht's möglich.

Northampton ⚲ B 9

Northampton ist cool. Oder ›übercool‹, wie Studenten mit Auslandserfahrung hier sagen. Damit meinen sie vor allem die Tatsache, dass ihr nettes 28 000-Einwohner-Städtchen mit seinen Buchläden, Bäckereien, Coffeeshops, Nationalitätenrestaurants, Kunstgalerien, Musikkneipen wie dem Iron Horse und dem Sprachenmix auf den Bürgersteigen ebenso gut am Harvard Square liegen könnte. Und nicht nur das. Übercool ist vor allem, dass man, anders als in Cambridge/Boston, in zehn Minuten draußen auf dem Land ist – in einer Landschaft noch immer so schön, wie sie einst die Maler der Hudson River School inspirierte.

Nach schwierigen Prüfungen besonders beliebt, um den Kopf wieder frei zu bekommen, ist die nur ein paar Autominuten nordwestlich liegende **Chesterfield Gorge,** ein wildromantisches Stillleben aus 20 m hohen, schroffen Felswänden, die sich im klaren Westfield River spiegeln, und wunderbaren Wanderwegen.

Dass das von prüden Puritanern 1654 gegründete Northampton heute so liberal ist, hat nicht nur mit diesen Malern zu tun. Das 1875 von Sophia Smith eingerichtete **Smith College,** eine Campus-Uni in mutig vermischter Neogotik und Postmoderne, vertrieb den fundamentalistischen Mief endgültig. Smith kostet die Studenten-Eltern übrigens leicht 35 000 $ pro Jahr, entsprechend anspruchsvoll, so heißt es, sei der Lehrplan. Normalverbrauchende Besucher können sich davon überzeugen, dass dies zumindest auf das **Smith College Museum of Art** zutrifft.

Museen

So schön kann Plastik sein
Smith College Museum of Art: Der Wahlspruch dieser zu den besten College-Kunstmuseen der USA gehörenden Einrichtung könnte leicht »Immer was los!« lauten. Denn außer Picasso, Monet, Degas, O'Keefe & Co. bietet das Smith auch zeitgemäße Events zu Themen wie

MAL STRAMPELN

Gleise zu Radwegen: Der asphaltierte **Norwottuck Rail Trail** (www. mass.gov/locations) führt von Northampton bis zum 18 km entfernten Belchertown. Dabei passiert dieser schöne Radweg nicht nur Hadley und Amherst, sondern auch schönes Farmland und geschützte Feuchtgebiete.

Müll, Erderwärmung oder der Plastikkatastrophe. Von den Galerien im 3. Stock genießen Sie den schönsten Blick über Campus und Stadt.

Elm St., Northampton, www.smith.edu/art museum, Di–Sa 10–16, So 12–16 Uhr, 5 $

Schlafen

Grande Dame, beste Lage

Hotel Northampton: Selbst wer nur kurz in Northampton ist, wird es sehen. Das 1927 eröffnete Hotel ankert mitten in der Stadt an der King Street, mit schöner Terrasse und feiner, mit Antiquitäten und alten Fotos ausstaffierten Lobby. 106 elegante Zimmer und Suiten, WiFi, Café und Wiggins Tavern.

36 King St., Northampton, T 413 584 3100, www.hotelnorthampton.com, DZ ab 160 $

Man möchte länger bleiben

The Ellery: Bekanntlich ruht das Auge an glatten Flächen in warmen Farben bestens aus. Bei der Einrichtung der 32 hellen Zimmer hat man sich daran gehalten. Das Ergebnis sind behutsame Annehmlichkeit vermittelnde, durchweg sympathische Biotope in College-Nähe. Gutes Frühstück, gute Restaurants in Fußgängernähe.

259 Elm St., Northampton, T 413 584 7660, www.elleryhotel.com, DZ ab 130 $

Essen

Peace. Love. Beer.

Northampton Brewery: Bands und Solisten spielen auf Augenhöhe, das Pubfood ist das beste der Stadt (Hauptgerichte ab 15 $) und die Ales und Lagers sind so süffig wie der Zaubertrank aus Asterix und Obelik.

11 Brewster Court, Northampton, T 413 584 9903, www.northamptonbrewery.com, Mo–Sa 11.30–1, So 12–1 Uhr

Cocktail zu Austern

Eastside Grill: An lauen Sommerabenden draußen zu essen ist nach einem langen Unterwegs-Tag einfach schön. Und der Eastside Grill liefert! Die Terrasse ist ein Wohlfühl-Biotop, die Seafood- und Cajungerichte schmecken einfach – gut! Hauptgerichte ab 19 $.

19 Strong Ave., Northampton, T 413 586 3347, www.eastsidegrill.com, Mo–Fr 16.30–22, Sa 16–22.30, So 16–21, Sa 16–22.30, So 16–21 Uhr

Einkaufen

Shopping dreht sich vor allem um die Main Street. Studenten, Uni-Angestellte und Menschen mit schrill gefärbten Haaren kaufen hier ein – in Läden wie **Ten Thousand Villages** (Nr. 82) für Dritte-Welt-Kunsthandwerk, in der **Don Muller Gallery** (Nr. 40) für Schmuck und in **Thornes Marketplace** (Nr. 150), einer hübschen Mall mit kleinen Boutiquen, Studi-Cafés und Restaurants.

Ausgehen

Laut und gut

Iron Horse Music Hall: Die Hall ist Northamptons beste Adresse für Livemusik, die fast jeden Abend gespielt wird. Neben beliebten Lokalmatadoren treten hier auch internationale Rockstars auf.

20 Center St., Northampton, T 413 584 0610, Tickets: T 586 8686, www.iheg.com

Unterschwellig

The Tunnel Bar: Zum Absacker in einen Untergrund. Allerdings in einen mit tiefen Ledersesseln und XL-Martinis. Die entsprechende Martini-Bar befindet sich in einem 30 m langen Tunnel unter dem Union Station Restaurant in Northampton.

125A Pleasant St., Northampton, T 413 586 5366, www.thetunnelbar.com, tgl. 17–2 Uhr

Das Leben der Emily Dickinson war wohl nicht sehr glücklich, ihre Welt, so scheint es, aber doch schön.

Bewegen

Vögel gucken im Feuchtgebiet

Arcadia Wildlife Sanctuary: Das von der renommierten Massachusetts Audubon Society betriebene Arcadia-Naturreservat ermöglicht hübsche Spaziergänge durch ein geschütztes Feuchtgebiet, das von vielen Watvogelarten bewohnt wird.
Rte. 10, Northampton, Richtung Easthampton, T 413 584 3009, www.massaudubon.org, Mo–Do 9–12, Fr/Sa 9–15.30 Uhr

Amherst　　　📍B 9

Textende Studentenschwärme gehören hier zum Stadtbild: Gleich drei renommierte Hochschulen sind in dem 39 000-Einwohner-Städtchen zu Hause, das ruhmreiche **Amherst College** am von alten Ahornbäumen gesäumten Common, die moderne **University of Massachusetts** und das private, für seine alternativen Lehrpläne berühmte **Hampshire College** am Stadtrand. Bücher- und Musikläden, Coffeeshops und Kunstgalerien und die von munteren Hochschülern erzeugte Heiterkeit auf den Bürgersteigen spielen dem Trio in brillanter Weise zu. In dieser schönen Atmosphäre werden Sie früher oder später auch am **Emily Dickinson Museum** (s. Museen) vorbei treiben.

Museen

Der Charme des 19. Jahrhunderts

Emily Dickinson Museum: Am Amherst Common erstrahlt das von dichtem Grün umgebene Museum, einst das Wohnhaus jener Dichterin, die so ›New Englandly‹ schrieb wie niemand sonst. Geführte Touren durch die nahezu unverändert gebliebenen Räumlichkeiten vermitteln nicht nur einen Eindruck vom Leben und Werk der exzentrischen Lyrikerin, sondern auch vom Alltag der amerikanischen Oberschicht um 1850. Doch ihre über 1800 Gedichte, die sie posthum in das amerikanische Dichterpantheon hievten, schrieb Emily Dickinson in einem nur spärlich möblierten Hinterzimmer – wo der Sekretär noch immer dort steht, wo sie ihn einst hinrückte.
280 Main St., Amherst, www.emilydickinson museum.org, Mai bis Aug. Mi–So 10–17, sonst außer Jan./Feb. Mi–So 11–16 Uhr, 15 $

Kulturschaffen der Welt

Mead Art Museum: Die Sammlung des Amherst College zeigt von tibetanischen Gemälden über die Maler der Hudson Valley School bis hin zu den russischen Modernisten so ziemlich alles, das den Intellekt wachkitzelt.

Amherst College Campus, Di–Do, So 9–24,
Fr 9–20, Sa 9–17 Uhr, Eintritt frei

Essen

Lustig ist das Studentenleben
The High Horse: Abends treffen sich
hier die Studis zum Burger und einem
Craftbier, danach steigen sie hoch in
den Billardraum, anstatt zu lernen. Wer
da nicht mitmachen will, bleibt einfach auf
der Terrasse bei Desserts und Cocktails
hängen.
24 N. Pleasant St., Amherst, T 413 230 3034,
www.highhorseamherst.com, tgl. 11–1 Uhr

Deerfield   📍B9

Animierte Freilichtmuseen heißen in
Nordamerika Living History Museum:
Zwischen nachgebauten Häusern gehen
kostümierte Schauspieler ihrem fiktiven
Tagwerk nach, beantworten Fragen in
altertümlichem Englisch und sehen auch
sonst ziemlich echt aus. In Deerfield, einem 5000-Seelen-Idyll an der Mündung
des Deerfield in den Connecticut River
ist so einiges anders.

Alles blieb, wie es war
Im **Old Deerfield Historic District**
stehen alle Häuser an der alten Main
Street noch immer dort, wo sie im 17.
und 18. Jh. gebaut wurden. Einige sind
bewohnt, andere Museen, Restaurants
und Forschungseinrichtungen der an-
gesehenen Deerfield Academy. Über
ein Dutzend der rund 80 Häuser sind
begehbare Hausmuseen mit weitgehend
intaktem Interieur. Sie bilden den bis
heute von gut 250 Menschen bewohnten
Stadtkern Old Deerfield.
Info: Hall Tavern Information Center, www.
historic-deerfield.org, tgl. 9.30–16.30 Uhr,
18 $, erm. 5 $, auch geführte Touren

Aus wilden Anfangsjahren
Sehenswert in dieser Zeitkapsel ist vor
allem das bereits 1880 eröffnete **Memorial Hall Museum** mit seiner volks-
kundlichen Sammlung aus wilden Tagen, darunter ein 1704 von Tomahawks
ramponierte Tür – Erinnerung an die
rauen Anfangstage. Denn 1669 begann
Deerfield als Vorposten der englischen
Zivilisation und erlebte diverse Indianer-
überfälle. Zweimal wurde die Siedlung
komplett ausgelöscht, zuletzt während
des Deerfield Massacre im Winter 1704,
bei dem verbündete Indianer und Franzosen 56 Siedler töteten und die restlichen 109 Menschen ins 480 km entfernte
Montréal verschleppten.
8 Memorial St., Deerfield, Mai bis Nov. tgl.
11–16.30 Uhr, 6 $

Schlafen

Draußen ist 1780
Deerfield Inn: Dieses schöne alte Hotel
an der Main Street ist 200 Jahre jünger
als viele seiner Nachbarn. In Amerika ist
das so gut wie prähistorisch, aber keine
Angst: Auf Flachbildfernseher braucht
man in den 24 mit Originalmöbeln eingerichteten Zimmern nicht zu verzichten.
81 Old Main St., Deerfield, T 1 800 926
3865, www.deerfieldinn.com, DZ ab 170 $

Die Berkshire Hills   📍A/B9

Über einem Patchwork aus bunten Wild-
blumen tanzen Schmetterlinge im ho-
nigfarbenen Spätsommerlicht. Mit Gras
bewachsene Mauern, fotogen verfallend,
und weiße Zäune ziehen kreuz und quer
durch die Täler. Die Matten sind noch

Die Nebelbänke über den herbstlichen Berkshire Hills werden sich bald lichten. Dann werden die Farben hell und golden, dann strahlt alles im Indian Summer.

tiefgrün, doch die Kronen der Bäume an den Hängen tragen schon golden schimmernde Hüte. Und die Luft erst, sie ist klar und knackig, man atmet tief ein und aus …

Die Berkshires im Sommer und Herbst sind Genuss pur. Seit vielen Generationen steht diese Hügellandschaft für Natur *und* Kultur, beides vom Feinsten! Sie können in alten Country Inns den Tag auf der Veranda verbringen und hin und wieder eine gemütliche Autotour einschieben. Und abends genießen Sie Künstler von Weltrang bei der Arbeit. Die hiesigen Veranstaltungskalender würden nämlich auch New York City gut anstehen. Dieser Teil der Green Mountains war nämlich um 1900 die Sommerfrische von Dichtern, Künstlern und ihren reichen Bewunderern von der Ostküste, die sich dort vom Geldverdienen erholten.

Doch keine Sorge: Sie können hier auch wildromantische Wasserfälle inspizieren. Oder schweißtreibende Trails zu grandiosen Panoramablicken unter die Füße nehmen. Und trotzdem abends in Tanglewood den Tag krönen mit einem Picknick, zu dem die Bostoner Symphoniker aufspielen!

Der schönste Weg von Deerfield Richtung Westen ist der **Mohawk Trail.** Einem alten Indianerweg folgend, arbeitet sich die Straße in engen Kurven durch eine zusehends rauere Berglandschaft bis nach Williamstown (s. Tour S. 100).

Stockbridge 📍 A9

Makellos, perfekt, idyllisch: Stockbridge provoziert diese Adjektive am laufenden Band. Allerdings mischen sich in den

TOUR
Slowfood
für Roadtripper

Auf dem Mohawk Trail durch die Berkshire Hills

Infos

Dauer:
1 Tag mit Stopps,
49 km zw. Shelburne
u. North Adams;
2 Tage, 76 km zw.
Greenfield
u. Williamstown

Reisekarte:
📍 B 9

Info:
www.mohawktrail.
com

Verdammt eng, die Haarnadelkurve vor der Haube! Der Motor verschluckt sich, kommt ins Stottern. Im zweiten Gang ist sie nicht zu schaffen. Rein in den ersten also, zurück aufs Gas und weiter bergan. Das sieht und hört man selten in Neuengland: Der **Highway 2** ist eine echte Überraschung! Solche Serpentinen habe ich selten unter den Reifen gehabt. »Yeah, Leute von außerhalb rechnen einfach nicht mit dieser Kurverei«, lächelt der Kellner im **Golden Eagle.** Das Restaurant klebt im Fels oberhalb des Hairpin Turn und ist bekannt für seinen Blick ins Hoosac Valley und die Berkshire Hills. Und diese eine Haarnadelkurve eben.

Eigentlich bin ich ein riesengroßer Roadtrip-Fan. Aber bis jetzt habe ich Massachusetts nie mit diesem ura-merikanischen Kulturelement in Verbindung gebracht. Dabei hat der Bundesstaat, der Amerika Jack Kerouac schenkte, auch den Hwy. 7 gebaut, über den der **Mohawk Trail** weiter nach Norden führt. Benannt ist er nach einem uralten Indianertrail, der von Williamstown bis Greenfield mit der Furt über den Connecticut River und weiter westwärts bis Westminster führt – 111 Kilometer voller Kurven und verlockender Nebenstraßen durch den

Spitzer geht die Kurve kaum. Auf dem Highway 2 grinsen die Einheimischen gern über unsichere Fahrer.

entlegensten Abschnitt der Berkshire Hills. Schneller als 80 km/h geht nicht. Der Mohawk Trail ist Slowfood für kilometerhungrige Roadtripper.

Am schönsten ist es auf den 49 km zwischen North Adams und Shelburne. Kurz vor **Florida,** 700 Seelen, Palmen auf dem Ortsschild, führt der kurze, unübersehbar ausgeschilderte ›Sunset Rock Trail‹ zu schönen Aussichtspunkten nach Westen.

Das bekannteste Fotomotiv auf dem Trail ist im **Mohawk Park,** kurz nachdem die Straße dem Deerfield River folgt. Es heißt ›Hail to the Sunrise‹ und zeigt einen die Arme zur Sonne streckenden Mohawk-Krieger – einzige Erinnerung an die Zeit, als dies ein von den Mokassins vieler Generationen ausgetretener Handelsweg zwischen dem Inland und der Küste war.

In **Charlemont,** 1200 Menschen und nach alter Sitte auf den traditionellen Town Meetings regiert, residiert **Zoar Outdoor.** Der Veranstalter ist auf Rafting Kajaking auf dem Deerfield River und ›Waldbaden‹ mit Eichhörnchenperspektive spezialisiert – mittels elf Seilrutschen, zwei Hängebrücken und einem fantastischen Blätterdachspaziergang hoch über dem Waldboden.

Inzwischen habe ich ein Permalächeln im Gesicht. So viel Grün entspannt. Da werden die Shelburnes die Krönung. Kunst und Künstler prägen **Shelburne Falls,** ein unwiderstehliches altes Städtchen mit Galerien, drei unabhängigen Buchläden, einer Bowlingbahn von 1906 – und der **Bridge of Flowers** über den Deerfield River. Die Fußgängerbrücke wurde 1929 vom Frauenverein übernommen und in einen blühenden Gemeindegarten verwandelt. Ein paar Minuten weiter, vor dem Weiler Shelburne, bezaubert das in einem Garten liegende **Little Big House,** ein Werk des hiesigen Künstlers Glenn Ridler. Auf den ersten Blick wirkt es wie aus einem Bilderbuch für kleine Kinder. Erst bei näherem Hinsehen offenbart es seine zehn Meter Höhe. Alles eben Slowfood für Genießer. Und Roadtripper.

The Golden Eagle: Mi–Fr 16–21, Sa/So ab 12 Uhr, www. thegoldeneagle restaurant.com
Mohawk Park Campsite: www.mohawkpark. net
Zoar Outdoor: www.zoaroutdoor. com
Little Big House: www.littlebighouse gallery.com
Shelburne Falls: www.shelburne falls.com

Lobgesang auch andere Töne: Zu schön, um wahr zu sein, urteilen manche. Und klinisch tot, glauben andere, weil zu viele Bustouristen und zu wenig Lokalkolorit.

Das schönste Amerika

Die Popularität des 2500-Einwohner-Städtchens, das 1734 als Missionsstation für die Indianer anfing, beweist eine Sehnsucht nach der heilen Welt, und Stockbridge vermittelt das umso leichter, als es mit dem beliebtesten Künstler Amerikas in einem Atemzug genannt zu werden pflegt. Viele der Postkartenmotive in den Gift Shops stammen nämlich von Norman Rockwell: die schöne Häuserzeile an der Main Street, das Postamt, die Alltagsszenen mit ihren liebevoll gepinselten Charakteren.

Und so mag man den Hochbetrieb auf der **Main Street** verdammen oder bei einem Drink entspannt genießen – je nach Plaisir. Und man besucht das kleine, vom ersten Missionar am Ort bewohnte **Mission House** – oder auch nicht.

Vielleicht pilgern Sie auch nach **Chesterwood**, zum Sommersitz von Daniel Chester French. Der Bildhauer schuf amerikanische Monumente, darunter Abraham Lincoln im Lincoln Memorial von Washington D.C.

Mission House: 19 Main St., Stockbridge, Mai bis Okt. 10–16, im Sommer gef. Touren tgl. 10 u. 11 Uhr, 5 $
Chesterwood: 4 Williamsville Rd., Ende Mai bis Okt. tgl. 10–17 Uhr, 20 $

Museen

Er malte Amerika

Norman Rockwell Museum: Rockwell (1894–1978) wird gern als »America's most beloved artist« bezeichnet. Geboren in New York, lebte und arbeitete er von 1953 an in Stockbridge. Zu diesem Zeitpunkt war er bereits eine Institution: Hob die »Saturday Evening Post« eines seiner Bilder auf die Titelseite, schoss die Auflage in die Höhe. Zeit seines Lebens zeigte er den Amerikanern eine heile, von traditionellen Werten geprägte Welt. Erst spät wandte er sich ernsteren Themen wie Rassismus und Segregation zu. Das ausgezeichnete Museum zeigt auch diese »dunkleren« Werke.

9 Glendale Rd., Stockbridge, Mai bis Okt. tgl. 10–17 Uhr, www.nrm.org, sonst Mo–Fr 10–16, Sa–So 10–17 Uhr, 20 $

Schlafen

Übernachten als Event

Red Lion Inn: Die Webseite ist Social-Media-mäßig auf dem allerneuesten Stand – nicht schlecht für ein Etablissement, das bereits 1773 als Postkutschenstopp begann und heute 111 viktorianisch eingerichtete Zimmer in Haupthaus und separaten Guest Houses, einen uralten Aufzug und gemütliche Leseecken in der Lobby sowie drei Restaurants hat.

30 Main St., Stockbridge, T 413 298 5545, www.redlioninn.com, DZ ab 160 $

Nur für das eine

Pleasant Valley Motel: Kabelfernsehen, Pool, WiFi, budgetschonend. Dass diese Bleibe kein historisches Inn, sondern nur ein ganz ordinäres Motel ist, lässt sich verschmerzen. Ist ja nur für eine Nacht. 16 Zimmer, Tanglewood und Stockbridge sind bequem zu erreichen.

42 Stockbridge Rd., West Stockbridge, T 413 232 8511, www.magnusonhotels.com, ab 60 $

Essen

Qual der Wahl

Red Lion Inn: Das Inn (s. o.) führt drei Restaurants unterschiedlicher Preisklassen. Im **Main Dining Room** (tgl. ab 7 Uhr

Lieblingsort

Bloody Mary im Schaukelstuhl

Ich sitze gern, ich geb's ja zu. Am liebsten auf einer schönen Veranda. Und wenn es auch noch Schaukelstühle gibt, verbringe ich dort leicht ein paar Stunden. Die Veranda des alten **Red Lion Inn** (s. S. 102) an der Main Street in **Stockbridge** (♥ A 9) ist für Menschen wie mich gemacht. Mit einem Drink in der Hand – die Spezialität des Red Lion Inn ist der Bloody Mary – das Treiben auf der Straße und das Kommen und Gehen im Inn zu beobachten hat Unterhaltungswert und ist erstaunlich erholsam. Mit etwas Glück kommen sogar ein paar Schauspieler von der Berkshire Theatre Group vorbei, um auf den Brettern der Veranda eine Szene zu proben!

Frühstück, Lunch, um 18 $, u. Dinner, um 40 $) wird moderne, mit Rezepten aus aller Welt verfeinerte amerikanische Küche geboten. Relaxter geht es in der **Widow Bingham's Tavern** zu (tgl. Lunch u. Dinner, ab 15 $). Hier gibt es Sandwiches, Steaks, Burger & Co. Im **Lion's Den** (Mo–Fr ab 16 Uhr, Sa/So auch Lunch, ab 15 $) im Keller sind Pasta- und Pizzagerichte angesagt. Und Livemusik jede Nacht.

Einkaufen

In Stockbridge tun die Stadtväter anscheinend alles, um das Stadtbild zu konservieren. Die charmant-harmlosen Antiquitätenläden und Gift Shops an der **Main Street** sind Teil dieser Bemühungen.

Bewegen

Soweit die Sandalen tragen
Südlich von Stockbridge liegt der **Bash Bish Falls State Park.** Den nur 30-minütigen Hike durch den dichten Tann bis zu der Stelle, wo das Wasser 20 m tief in einen zum Schwimmen einladenden Felsenpool stürzt, zählen Outdoorfreunde zu den schönsten Neuenglands (10 km südl. von South Egremont, Falls Rd.).

Ein anderes Hiking-Revier ist der **October Mountain State Forest** nördlich von Stockbridge bei Lee. Der Appalachian Trail (s. S. 280) zieht durch den Wald, ein anderer führt zur **Schermerhorn Gorge,** einem tiefen Riss in der Bergflanke.

Feiern

Stockbridge ist im Sommer die ideale Basis für den Besuch dreier berühmter Festivals. Das **Berkshire Theatre Festival** (www.berkshiretheatregroup.org, Juni bis Ende Aug.) präsentiert in einer umgebauten Scheune an der Main Street alte und neue Produktionen, dargeboten auch von Broadway-Stars.

Im Ort Becket, eine halbe Autostunde nordöstlich von Stockbridge an der Rte. 8 findet alljährlich das **Jacob's Pillow Dance Festival** (www.jacobspillow.org, Juli/Aug.) statt: International angesehene Truppen wie das Dance Theatre of Harlem präsentieren ihre neuen Produktionen.

20 Autominuten nördlich von Stockbridge liegt Lenox, landesweit bekannt für das **Tanglewood Music Festival** (www.bso.org, Juli/Aug.). Neben den Bostoner Symphonikern als Dauergäste spielen hier auch international berühmte Solisten der Sparten Pop, Rock und Klassik.

Pittsfield   📍A 9

Zu Moby und Herman
Pittsfield schien lange alles daranzusetzen, Besucher schnell wieder loszuwerden. Im 19. Jh. eine blühende Papierfabrikstadt mit multinationaler Arbeiterschaft, hatte es auf dem Weg in

die Gegenwart irgendwann die Runder-neuerung verpasst. Inzwischen empfiehlt es sich jedoch unter Hinweis auf seine jungen, coolen Hotels und Restaurants selbstbewusst als ›Brooklyn der Berk-shires‹. Und erwähnt auch gern, dass Moby-Dick-Erfinder Herman Melville und Hollywood-Actrice Elizabeth Banks von hier stammen und Robin Williams hier mal ein Sommerhaus besaß.

Melvilles Welt

Melville schrieb seinen »Moby Dick« in einer muffigen Kammer im Ober-geschoss seines bis heute persönliche Gegenstände bewahrenden Hauses **Arrowhead** am Südrand der Stadt.

Fast noch interessanter, weil vollge-stopft mit Melville-Memorabilia, ist der Herman Melville Memorial Room im **Berkshire Athenaeum,** der Stadtbüche-rei. Darunter ist auch der Tisch, an dem er »Billy Budd« schrieb.

Melville House: 780 Holmes Rd., Pittsfield, www.mobydick.org, im Sommer tgl. 9.30–17 Uhr, sonst nur Sa/So, 15 $
Memorial Room: 1 Wendell Ave., Mo–Sa 9–17, Mo–Do auch bis 21 Uhr

Shaker damals und heute

Der schönste Grund für eine Reise nach Pittsfield führt allerdings wieder aus der Stadt hinaus. 8,5 km westlich liegt das **Hancock Shaker Village.** Die Glaubens-gemeinschaft der Shaker, einst in ganz Neuengland verbreitet, erlebte ihre Blü-tezeit im frühen 19. Jh. (s. S. 255). Han-cock war von 1790 bis 1960 bewohnt. Die 21 Steinhäuser des Museumsdorfes sind noch mit Originalmöbeln eingerichtet, die Besucher erhalten anrührende Ein-blicke in den Alltag dieser nach urchrist-lichen Prinzipien lebenden Menschen.

Sehenswert sind besonders das gro-ße Brick Dwelling und die Round Stone Barn genannte Rundscheune – sie ist so intelligent angelegt, dass ein einzi-ger Mann 54 Kühe gleichzeitig füttern

konnte. Die einstige ›City of Peace‹ der Gemeinschaft – rund 100 Believer lebten und arbeiteten einst unter einem Dach – ist heute jedoch gehörig kommerziali-siert: mit Shaker Dinners, Hochzeiten und Kinder-Events.

1843 West Housatonic St., Pittsfield, www.hancockshakervillage.org, Juli bis Okt. 10–17 Uhr, April bis Juni bis 16 Uhr, 20 $, erm. 8 $

Schlafen

Kein Zimmer wie das andere

Hotel on North: Die 45 Zimmer in die-sem ehemaligen Kaufhaus scheinen mit allem eingerichtet, was im Schlussverkauf gefunden wurde. Dabei herausgekommen ist ein aufregender, immer geschmackvol-ler Stilmix mit einem besonderen Augen-merk auf Details.

297 North St., Pittsfield, T 413 358 4741, www.hotelonnorth.com, DZ ab 170 $

Tanglewood ist Klassik-Performance der besten Art, selbst für verwöhnte New Yorker.

Essen

Worauf habt ihr Hunger?

District Kitchen & Bar: Derart direkt kommt die Speisekarte in diesem gemütlichen Mittelding aus Pub und Brasserie selbstbewusst zur Sache. Charakter und Aromen der nur saisonalen Produkte werden ebenso respektiert wie der Appetit der Gäste. Und zwar mit Kreationen wie gebratenem Kabeljau mit Tortillastreifen und Brathühnchen mit Limonen-Gnocchi (ab 18 $). Craftbier gibt's ebenfalls!
40 West St., Pittsfield, T 413 442 0303, www.district.kitchen, tgl. ab 16 Uhr

Infos

• **Berkshire Visitors Bureau:** 66 Allen St., Pittsfield, www.berkshires.org

Williamstown 📍A9

Nördlich von Hancock werden die Berkshire Hills steiler und die Täler enger. Das College-Städtchen Williamstown liegt zu Füßen 1000 m hoher Bergketten im Herzen des ›Purple Valley‹ – so genannt, weil sich bei Dämmerung oft ein lavendelfarbener Schleier über die Berge legt.

Kunst im Purple Valley

Mit gerade mal 9000 Einwohnern, einer prestigeträchtigen Privat-Uni und gleich zwei Kulturtempeln von Weltruf – drei, wenn man das MassMoCA im nahen North Adam mitrechnet – ist Williamstown ganz auf Bildung eingestellt. Die über 50 noblen Gebäude im Georgian und Federal Style im übersichtlichen Zentrum gehören zum ehrwürdigen **Williams College.** Unter alten Bäumen schleppen ordentlich angezogene Studenten ihre Taschen oder sitzen in gepflegten Grünanlagen – der Club der toten Dichter lässt grüßen – auf dem Rasen.

Ein abendliches Gravitationszentrum gibt's auch: Wenn die Sonne hinter den Bergen verschwunden ist, findet Williamstown in den Restaurants und Kneipen an der **Spring Street** statt.

Museen

Höchstkultur im Grünen

The Clark Art Institute: Die Sammelleidenschaft der Erben des Singer-Nähmaschinen-Imperiums mündete in eine der besten Kunstgalerien des Landes: Alte Meister, moderne Kreative sowie Schlüsselwerke amerikanischen Kunstschaffens lassen die Zeit in dem klassizistischen Marmorbau im Grünen schnell vergehen. Besonders sehenswert: mehr als 30 Renoirs, italienische Renaissance-Meister und Raritäten von Toulouse-Lautrec.
225 South St., Williamstown, www.clarkart. edu, Di–So 10–17, Juli/Aug. tgl., 20 $

Bewusstseinserweiternd

Williams College Museum of Art: Die aus rund 15 000 Kunst-Stücken bestehenden Sammlungen des College-Museums am Campus stehen kaum hinter denen im Clark zurück. Von Mesopotamien bis zur Moderne reicht der Längsschnitt, untergebracht in sehenswerter Museumsarchitektur. Die Top Four: Werke von Edward Hopper, Louise Bourgeois, Robert Maplethorpe und Ansel Adams.
76 Spring St., Williamstown, www.wcma.willi ams.edu, tgl. 10–17, Do bis 22 Uhr, Eintritt frei

Provokant und gegen den Strom

MassMoCA: Wie Kunst und Spendengelder eine ganze Stadt wiederbeleben können, zeigt sich in **North Adams,** einem lange siechenden Fabrikstädtchen. Hier präsentiert das 1999 eröffnete Massachusetts Museum of Contemporary Arts

Die bunte Riesenwelle durch den ganzen Saal ist noch längst nicht das größte Kunststück im MassMoCa-Museum in North Adams.

(MassMoCA) in 26 ehemaligen Fabrikhallen modernste Kunst als Work in Progress: Man schaut amerikanischen und internationalen Künstlern bei der Arbeit zu und wandert durch Collagen aus den eigentümlichsten Materialien.
1040 MassMoCa Way, North Adams, ♥ A8 Mitte Juni bis Mitte Okt. tgl. 10–18, sonst Mi–Mo ab 11 Uhr, 20 $, auch geführte Touren

Schlafen

Auf den zweiten Blick
The Orchards Hotel: Außen pfui, innen hui zu sagen wäre etwas überspitzt. Das Orchards am Stadtrand wirkt zwar etwas nüchtern, dreht drinnen aber mit geschmackvoll eingerichteten Zimmern, einem auf regionale Küche spezialisierten Restaurant, Pool und einem schönen Innenhof so richtig auf. Bevorzugte Bleibe von Hollywood-Crews.

222 Adams Rd., Williamstown, T 413 458 9611, www.orchardshotel.com, DZ ab 170 $

College Campus gegenüber
Northside Motel: Wie heißt es immer so schön? Gute Basis für die Erkundung der Umgebung? Genauer lässt es sich auch hier nicht sagen. Außer vielleicht, dass es von diesem netten Motel in Familienbesitz auch zu den Campus-Museen nur ein paar Meter sind. Und dass die Zimmer erstaunlich viel Motel für wenig Geld bieten.
45 North St. (gegenüber vom Campus), Williamstown, T 413 458 8107, ab 80 $

Funky in North Adams
The Porches Inn: Früher hausten in diesen kleinen Reihenhäusern die Arbeiter der Textilfabriken. Heute beherbergen sie ein ungewöhnliches Hotel, das den Spagat zwischen gestern und heute mit einer genialen Mischung aus industrieller

MAL RICHTIG ABHÄNGEN

Ein letztes Mal tief durchatmen. Der Abgrund gähnt, der Puls rast. Dann abspringen und losfliegen. Und wie ein Adler mit 80 km/h über die Täler und endlos schönen Wälder der Berkshires fliegen. Gleich drei coole **Zipline-Strecken** mit Adrenalinrausch-Garantie bietet das **Berkshire East Mountain Resort** in Charlemont am Mohawk Trail, darunter mit der Valley Jump Tour den längsten und schnellsten ›Flug‹ in den USA (66 Thunder Mountain Rd., www.berkshireeast. com).

Retro-Architektur, zeitgenössischen Stilelementen und souveräner Farbenwahl mit Bravour schafft. Von den Balkons sieht man das MassMoCA, es gibt eine Bar und einen Pool.
231 River St., North Adams, T 413 664 0400, www.porches.com, ab 160 $

Essen

Indisch am Campus
Spice Root: Abends trifft sich Williamstown zu Chicken Tandoori und Birjani. Vielleicht auch zu veganischen Spezialitäten wie Kadhai Bhini Aloo oder Chana Masala (ab 16 $). Alles im geräumigen, hellen Spice Root schmeckt gut, schont das Budget und sorgt für gute Laune.
23 Spring St., Williamstown, T 413 458 5200, www.spiceroot.com, tgl. 11.30–22 Uhr

Ideal nach der Kunst
Gramercy Bistro: Organisch, regional und saisonal – alle verwendeten Produkte stammen von Höfen und Gärten aus der Umgebung von North Adams. Neue amerikanische Küche im klassischen Bistro-Ambiente (ab 20 $).
87 Marshall St. (gegenüber Mass MoCA), North Adams, T 413 663 5300, www. gramercybistro.com, Mi–Mo ab 17, So auch Brunch ab 11 Uhr

Einkaufen

An der **Spring Street** in Williamstown erwarten Kunstgalerien und Antiquitätenläden vor allem die auf Besuch weilenden – wohlhabenden – Studenteneltern. Besonders schön: **Amy's Cottage** (39 Spring St.) mit Schmuck, Freizeitklamotten und aus den Workshops der hiesigen Kreativen stammenden Geschenkartikeln.

Mehr Shoppingideen: www.scenic shopping.com -> Destinations.

Bewegen

Over the hills and far away
Der Rundblick vom Gipfel des gut 1000 m hohen **Mount Greylock** über die grünen Höhen der Region ist der schönste in Massachusetts: bis zu 150 km bei klarem Wetter. Autofahrer können den Berg auf der Parkroad (zwischen Williamstown und North Adams ausgeschildert) ›bezwingen‹.

Durch die Gipfelregion zieht ein rund 120 km langes Trailsystem für Hiker und Mountainbiker. Ein schöner Weg ist der an der Hopper Road in Williamstown beginnende **Money Brook Trail.** Der rund 16 km lange Loop führt auf den Gipfel und passiert unterwegs einen Wasserfall.

Feiern

Das **Williamstown Theatre Festival** (www.wtfestival.org, Juli/Aug.) zeigt Klassiker und zeitgenössische Stücke, oft von Broadway-Regisseuren inszeniert und mit Hollywood-Größen besetzt.

Zugabe
Kein Grund zum Feiern

Zu Thanksgiving trauern die Native Americans

In Plymouth erinnert ein Denkmal in 35 Carver Street an den Wampanoag-Sachem Ousamequin, auch Massasoit genannt. Häuptling ›Gelbe Feder‹ ließ die in der Wildnis völlig ahnungslosen Engländer während der ersten Winter durchfüttern und rettete so die Kolonie, in der bereits Kannibalismus ausgebrochen war, vor dem frühzeitigen Aus.

Hätte er gewusst, dass von seinen 100 000 Stammesbrüdern zwischen Cape Cod und Narragansett Bay 50 Jahre später nur noch wenige Hundert Leute übrig sein würden, er wäre wohl kaum so hilfsbereit gewesen. Krankheiten, Massaker und der von den Kolonisten provozierte King Philip's War unter seinem Sohn Philip löschten nicht nur sein, sondern auch die benachbarten Völker fast vollständig aus (s. S. 261). Zwangs-läufig sind die heutigen Wampanoag zu Thanksgiving nicht in Feierlaune.

Während das weiße Amerika in Plymouth alljährlich mit Pauken, Trompeten und patriotischem Pathos des ersten Thanksgiving in Amerika gedenkt, versammeln sich Massasoits Nachfahren an ihrem ›Day of National Mourning‹ um seine Statue. Seit 1970 erinnert die Organisation United American Indians of New England (UAINE) daran, dass die ›Pilgrims‹ ihr Land mit Gewalt besetzten und dabei europäische ›Errungenschaften‹ wie Rassismus, Sexismus, antihomosexuelle Bigotterie, Gefängnisse und brutale kapitalistische Ausbeutung der Natur mitbrachten. Und sie erinnern daran, dass Philips gevierteilte Leiche hier einst 27 Jahre lang zur Schau ausgestellt war. ∎

Rhode Island

Ist das noch Europa oder schon die USA? — In ›Little Rhody‹ haben Freidenker und Künstler keine Probleme. Und ganz im Süden, im South County, dreht sich alles nur um Meer und Strand – zum Verlieben schön!

John Brown House, Providence

Der Besitzer des prächtigen Hauses war Sklavenhändler – und Staatsmann und Wohltäter. Damals kein Widerspruch. Zumal sein Geld auch in die renommierte Brown University floss.

RISD Museum, Providence

Das Museum der Rhode Island School of Design zeigt, was kreative Geister aus aller Welt und zu jeder Zeit zustande gebracht haben. Ein tolles Kunstmuseum in einer Stadt mit Bohèmeflair.

Gibt es hier nur Häuser für Milliardäre?

Eintauchen

Bristol

Schöne Stadt, von Meer umgeben, rote Ziegelsteinhäuser strahlen in der Abendsonne. Und im Herreshoff Marine Museum bestaunen Sie Segelschiffe, wie es schöner kaum geht: schnelle Clipper, herrliche historische Yachten.

Newport ⭐

Winklige Gassen, alte Häuser: Newports Altstadt gilt heute als eines der am besten erhaltenen kolonialen Stadtviertel in den USA, unverändert seit fast 400 Jahren. Mittendrin die Touro Synagogue, die älteste der USA.

Die Villen von Newport

Amerikas erste Milliardäre bauten sich am Ocean Drive Paläste aus Gold und Marmor, die Europas Monarchen vor Neid hätten erblassen lassen. Dem heutigen Besucher erscheint ihr Leben unwirklich, ja surreal.

Narragansett

Glaubt man der allgemeinen Meinung, ist dies das beste Strandstädtchen Neuenglands. Wir wollen da nicht widersprechen!

Gooseberry Beach

Ein Sandstrand, von Felsen windgeschützt und von Brandung verschont: Einen solchen Rückzugsort wünscht man sich wohl gerne öfter.

Galilee

Das urigste Fischerdorf an der langen Küste mit einer Fähre ins vergessene Niemandsland von Block Island.

Sunset-Kayaking

In der Narragansett Bay über Atlantikwellen in die Abenddämmerung zu paddeln – das gehört zu den geheimen Highlights in Rhode Island.

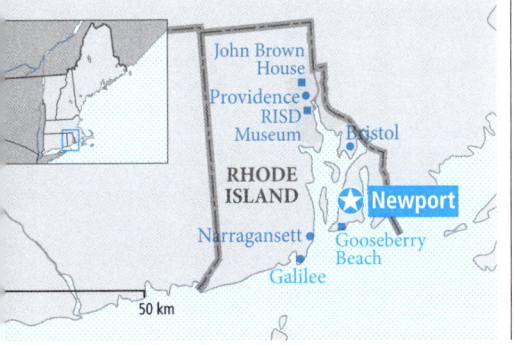

John Brown House
Providence
RISD Museum
Bristol
RHODE ISLAND
Newport
Narragansett
Gooseberry Beach
Galilee
50 km

Wer war Roger Williams? Warum wurde er von Puritanern gehasst, von Querdenkern geliebt?

Etwa so groß wie das Saarland und mit einer 800 Kilometer langen Küstenlinie gesegnet: In Rhode Island bleiben Ihnen lange Autofahrten erspart!

erleben

Amerikas Mini-Staat

E igentlich ist die Sache doch klar: Rhode Island ist viel zu klein, um das Amerikagefühl zu kriegen. Keine endlosen Straßen durch großartige Leere, keine Roadtrips in den Sonnenuntergang. Wenn da nicht eine andere, kaum weniger verführerische Vision wäre. Mit weißen Segeln gesprenkeltes Meeresblau nämlich, und dieses Entspannt-im-Hier-und-Jetzt-Feeling verbreitende Yachthäfen, deren Treiben man von Cafés am Wasser aus zuschaut: Das ist Rhode Island.

›Little Rhody‹, der kleinste der US-Bundesstaaten und seit jeher Auffangbecken für Andersdenkende, ist ausgesprochen geschichtsträchtig. Doch keine Sorge: Das Meer bleibt stets in Sicht- oder Reichweite, und damit auch die Strände. Von denen wählt die Tageszeitung Boston Globe jedes Jahr eine Handvoll unter die besten Neuenglands!

Den Namen soll der Staat dem holländischen Abenteurer Adrian Block verdanken. 1614 nannte Block eine der Inseln in der Narragansett Bay wegen ihres roten Lehmbodens »roode eylandt«. Die ersten Siedler kamen oft gezwungenermaße. Wegen seiner ›gefährlichen‹ Ansichten zur Trennung von Staat und Kirche aus Salem verbannt, gründete Ro-

ORIENTIERUNG

Rhode Island Tourism Division: www.visitrhodeisland.com
Verkehr: Von Boston aus am schnellsten auf der I-95 nach Providence. Von Cape Cod aus auf der I-195 nach Newport. Achtung: Den Mini-Staat haben Sie auf der Interstate in 20 Min. durchquert.

ger Williams 1636 die Stadt Providence. Sie machte mit der viel beschworenen Glaubensfreiheit Ernst und hieß Juden, Quäker und Hugenotten gleichermaßen willkommen. Im King Philip's War (1675/76) entledigte man sich allerdings auch hier der Ureinwohner mit der damals üblichen Blutrünstigkeit.

Das 18. Jh. brachte dank Überseehandel Wohlstand. 1793 begann hier Amerikas Zukunft: In Pawtucket gaben erstmals von Wasserkraft betriebene Webstühle das Startzeichen für die Industrialisierung. Zugleich erhellte Walöl aus Newport weltweit die guten Stuben. Dann machten Vanderbilt & Co. Rhode Island zum Darling der Ostküsten-Schickeria. Das 20. Jh. brachte eher Probleme. Doch alle Krisen konnten dank einer rechtzeitigen Diversifizierung der verarbeitenden Industrie halbwegs abgefedert werden.

Providence ⚲ CD 10

Noch vor gut 30 Jahren war die Innenstadt von Providence so gut wie tot. Ein Drittel der Einwohner war fortgezogen, die City ausgestorben. Jetzt nennt die Hauptstadt von Rhode Island ihre Downtown selbstbewusst ›Downcity‹ und wurde für ihre Kunst- und Restaurantszene von amerikanischen Lifestyle-Magazinen zur coolsten Stadt des Landes erklärt.

Viele Städte in einer

Die urbane Runderneuerung ist u.a. auch Vincent ›Buddy‹ Cianci zu verdanken. Der flamboyante Bürgermeister wanderte 2002 zwar wegen seiner Verbindungen zur Mafia ins Gefängnis, stand seiner Stadt aber auch über 20 Jahre vor und brachte in dieser Zeit viele Projekte ins Rollen. So ist das lange verlotterte Art-déco-Biltmore heute wieder ein 5-Sterne-Hotel, aus einem der maroden Kaufhäuser wurde Lupo's Heartbreak Hotel (seit 2017: The Strand), eine der besten Live-Rock-Bühnen der Ostküste, und das abgeblätterte Loews-Kino mutierte zum Providence Performing Arts Center.

Hausbesitzer erhielten Steuernachlässe, wenn sie ihre leer stehenden Immobilien in Wohnraum umwandelten, Künstler wurden steuerlich begünstigt, ihre Arbeit subventioniert. Heute wirkt Providence wie viele Städte in einer. Der Besucher wandert durch Viertel mit Westcoast Vibe, mit Gitarrenspielern an den Ecken, Kunststudenten mit Bildern unterm Arm, tätowierten Baristas in den Coffeeshops und Skateboardern auf den Bürgersteigen. Thayer Street ist

Providence kam zurück wie Phönix aus Ruinen. Am schönsten ist die Stadt an den Flüssen, die Downcity einrahmen, am allerschönsten bei den Waterfire Events, wenn Straßenkünstler im Fackelschein performen.

heute Neuenglands Greenwich Village, jeder Besuch ist anders und Downcity so sauber wie kaum eine an der Ostküste. Ihre Renaissance feiert die Innenstadt übrigens jeden Sommer mit dem Waterfire Festival: Die beiden Flüsse der Stadt werden dann von Fackeln erleuchtet, und die Straßenkünstler verwandeln Neuenglands drittgrößte Stadt in ein großes, munteres Dorf.

Downcity zwischen Flüssen

Der Providence River trennt die Downcity vom Wohn- und Universitätsviertel College Hill auf dem gleichnamigen Hügel. Den typischen Common mit Kirche sucht man vergebens: Roger Williams setzte die Trennung von Staat und Kirche auch im Stadtbild durch. Das **Roger Williams National Memorial ❶** (North Main und Smith Sts.), ein schöner Park an der Stelle der ersten Siedlung, erinnert an den Freidenker.

In Sichtweite erhebt sich unübersehbar das auf den Smith Hill gesetzte **Rhode Island State House ❷** (Mo–Fr 8.30–16.30 Uhr, gef. Touren zu jeder vollen Stunde) über der City. Gekrönt von der zweitgrößten selbsttragenden Kuppel der Welt, beherbergen die heiligen Hallen des 1901 bezogenen Regierungssitzes u. a. das königliche Toleranzedikt und Respekt einflößende Gemälde mit vaterländischen Themen und verdienten Polit-Promis.

Von den Stufen des State House reicht der Blick über den schönen, mit Lagunen und Kanälen geliſteten **Waterplace Park** am Woonasquatucket River und die **Providence Place Mall ❶** bis zur baulich eklektischen und noch viel bewohnten Innenstadt. Sehenswert sind hier die 1898 im Beaux-Arts-Stil gebaute **Union Station ❸**, der ehemalige Bahnhof, und die 1828 eröffnete **Arcade ❹**, Amerikas älteste Shopping Mall im Stil des Greek Revival.

200 der weit über 600 Restaurants der Stadt wurden während der letzten 15 Jahre eröffnet, viele davon am Waterplace Park, aber auch rund um die sehr italienische **DePasquale Plaza** auf dem Federal Hill im Westen, dem Little Italy der Stadt.

F

FAKTENCHECK PROVIDENCE

Einwohner: 180 000 Ew. (Metropolitain: 1,6 Mio. Ew.)
Bedeutung: Hauptstadt von Rhode Island; drittgröße Neuenglands
Stimmung auf den ersten Blick: unübersichtlich, wuselig
Stimmung auf den zweiten Blick: vielseitig, sympathisch, kunstsinnig und zukunftsorientiert
Besonderheiten: zweitgrößter Tiefseehafen Neuenglands, die meisten Restaurants, Coffee- und Doughnutshops pro Kopf der Bevölkerung, eine politisch hochaktive Gay-Szene

---

Die schicke Seite der Stadt

Auch an der South Main Street am Fuß von **College Hill** gibt es neue Essstuben en masse. Bei einem Cappuccino tankt man hier am besten zwischen der Besichtigung der **First Baptist Church ❺** (75 North Main St., Mo–Fr 10–16 Uhr), der ältesten Baptistenkirche der USA, und der Erstürmung des in die Waden gehenden Hügels auf.

College Hill ist das älteste Wohnviertel der Stadt und begann rund um die **Benefit Street.** Wohlhabende Kaufleute hinterließen hier genug Prachtbauten, sodass sie heute als ›Mile of History‹ gefeiert wird.

Sehenswert sind vor allem das **Old State House Museum ❻** (Nr. 150, www.bostonhistory.org, Mo–Fr 8.30–16.30 Uhr), wo dem englischen Monarchen

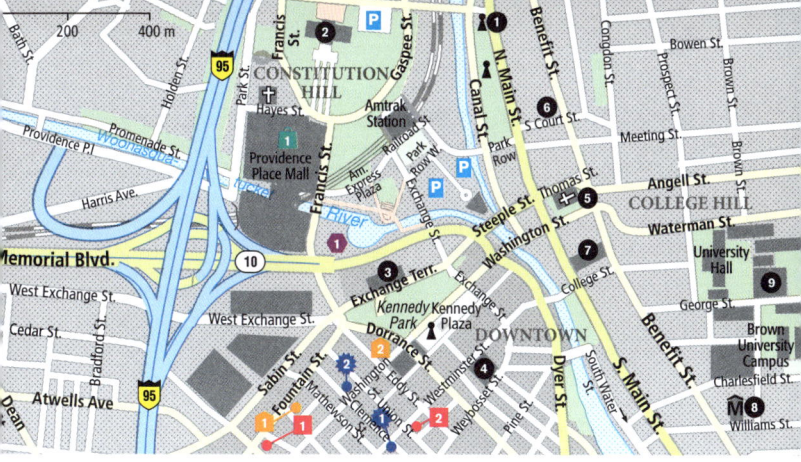

Providence

Ansehen
1. Roger Williams Memorial
2. Rhode Island State House
3. Union Station
4. The Arcade
5. First Baptist Church
6. Old State House Museum
7. RISD Museum
8. John Brown House
9. John Carter Brown Library

Schlafen
1. The Dean
2. Graduate Providence
3. Dolce Villa

Essen
1. Birch
2. Oberlin

Einkaufen
1. Providence Place Mall

2. Costantino's Venda Ravioli

Bewegen
1. Providence Kayak

Ausgehen
1. Providence Performing Arts Center
2. The Strand Ballroom

bereits zwei Monate vor der Unabhängigkeitserklärung die Gefolgschaft aufgekündigt wurde, und das angesehene **Rhode Island School of Design Museum 7** (RISD, s. S. 116).

Das georgianische **John Brown House 8** (Ecke Power St., Führungen April bis Nov. Di–Fr 13.30 und 15, Sa 10.30, 12, 13.30 und 15 Uhr) mit seinem herrlichen Mobiliar gehörte einem besonders umtriebigen Mitglied der hier allgegenwärtigen Brown-Familie, die im 18. und 19. Jh. viele Prominente hervorbrachte: John Brown machte sein Geld im China- und Sklavenhandel und war zugleich amerikanischer Patriot und Staatsmann der ersten Stunde. Sein im Jahr 1788 erbautes Haus galt bei Fertigstellung als das prächtigste des Landes.

Hipper Hügel der Studenten
Die Namensgeberin des Hügels liegt noch weiter oben. 1764 in Warren gegründet und 1804 nach Providence überführt, ist die **Brown University** die drittälteste Hochschule Neuenglands und eine der prestigeträchtigsten der USA. Ihren von alten Bäumen bestandenen Campus betritt man durch die mittelalterlichen Van Winckle Gates.

MURDER BURGER

Wann er *open for business* ist und wo genau in Providence er gerade steht, erfährt man auf der Website: www.havenbrothersmobile.com. Da steht auch, was es gibt: Hot Dogs, Chicken Wings – und den legendären Murder Burger, eine obszön-schöne Kalorienbombe mit allem, was den Cholesterinspiegel in die Höhe treibt. Warum steht das jetzt hier? Naja, weil's, gute Vorsätze hin und her, halt schmeckt. Und zweitens weil das **Haven Brothers Diner,** seit 1893 in Betrieb, einer der ältesten Food Trucks der USA ist – und ein Treffpunkt von ›locals‹ jeder Couleur.

Bücherwürmer sollten auf dem College Green unbedingt einen Blick in die Bibliothek, die **John Carter Brown Library ❾**, werfen (George und Brown Sts., Mo–Fr 8.30–17, Sa 9–12 Uhr). Das Beaux-Arts-Gebäude beherbergt eine wunderbare Sammlung amerikanischer Bücher ab dem 18. Jh.

Danach hat man sie sich verdient, die Belohnung. **Thayer, Hope und Wickenden Street** warten mit der ganzen Palette, von billigen Studi-Restaurants bis zu hippen Gourmet-Tempeln!

Museen

Wow-Faktor, oh yeah

❼ **RISD Museum:** Die Rhode Island School of Design wird oft eine der bedeutendsten Kunstakademien der USA genannt. Fest steht zumindest, dass das ›Rizdee‹ zur relaxten Bohème-Atmosphäre in College Hill beiträgt. Und dass die Sammlungen im Museum jedem größeren Kunstschrein locker das Wasser reichen. Was

kreative Geister in aller Welt je zustande gebracht haben – von einer ägyptischen Mumie über die Malerei der Renaissance bis zu den modernen amerikanischen Künstlern, 100 000 Werke insgesamt – ist hier zu sehen.

20 N. Main St., www.risdmuseum.org, Di–So 10–17, jeder 3. Do bis 21 Uhr, 15 $, erm. 12 $

Schlafen

Bordell 2.0

❶ **The Dean:** Eine gut sortierte Bar, eine Karaoke Lounge, ein deutsches Restaurant und ein Coffeeshop in einer Lobby mit samtbezogenen Sofas und Kunstwerken von RISD-Absolventen … Das Dean, 2014 in einem ehemaligen Freudenhaus mit Stripclub eröffnet, bietet den Kreativen der Stadt jede Menge Raum. Die Zimmer, gefällig im urbanen Look, sind erstaunlich preiswert: Einige haben sogar Etagenbetten, für weniger liquide Gäste.

122 Fountain St., Providence, T 401 455 3326, www.thedeanhotel.com, DZ ab 130 $

Schön und schön alt

❷ **Graduate Providence:** An die alten Zeiten erinnert nur das Neonzeichen ›Biltmore‹. Providence' ganzer Stolz, vor fast 100 Jahren eröffnet und durch alle Höhen und Tiefen gegangen, wurde im April 2019 umbenannt. Die alte Noblesse ist glücklicherweise geblieben. Die sehenswerte Freitreppe in der Lobby ist noch da, der gläserne Außenlift – und natürlich die 292 großen, nostalgisch an die golden 20er- und 30er-Jahre erinnernden Zimmer.

11 Dorrance St., Providence, T 401 421 0700, 1 800 294 7709, www.providence biltmore.com/graduate, ab 150 $

Molto italiano

❸ **Hotel Dolce Villa:** Das All-Suites-Hotel liegt mitten in Little Italy auf dem Federal Hill und bietet – über Geschmack lässt sich bekanntlich streiten – geräumige, meist schneeweiß gehaltene Zimmer mit Kitchenettes. Cafés, Gelaterias und Ristoranti warten gleich vor der Haustür.

63 DePasquale Square, Providence, T 401 383 7031, www.dolcevillari.com, ab 100 $

Essen

In den Top 50 landesweit

1 Birch: Die Speisekarte reflektiert Neuengland. Alle Produkte stammen aus der Region, kommen frisch in die Küche und kreativ zubereitet auf den Tisch. Die nur 18 Plätze befinden sich an der U-förmigen Bar, wo der Sommelier/Barkeeper/Chef alle etwaigen Fragen gern beantwortet. Vier-Gänge-Dinner 60 $, mit fein abgestimmten Weinen 100 $.

200 Washington St., Providence, T 401 272 3105, www.birchrestaurant.com, Do–Mo 17–22 Uhr

Frischer geht italienisch nicht

2 Oberlin: Allein der Blaubarsch, geschnitten wie Sashimi und mit Olivenöl und eingelegten Knoblauch- und Schnittlauchknospen gesprenkelt, zeigt die hervorragende Beziehung der Küche zu den Fischern an der Küste. Ebenso sorgfältig ist die ideenreiche Zubereitung der Pasta und vegetarischen Gerichte mit Saisonprodukten aus dem Hinterland (ab 16 $). Daher steht das Oberlin regelmäßig unter den besten Restaurants der USA!

186 Union St., Providence, T 401 588 8755, www.oberlinrestaurant.com, Do–Mo 17–23.30 Uhr

Einkaufen

Buchläden und schrille **Boutiquen** finden Sie an der Thayer Street auf dem College Hill sowie auf Wickenden und Hill Streets ein paar Gehminuten weiter.

Oh ja – so seufzen Bibliophile in der John Carter Brown Library. Der 1904 gebaute Büchertempel verwahrt die größte Sammlung an Büchern und Bildern aus dem 19. Jh. und früher der USA.

Hier gibt es alles

1 Providence Place Mall: Rund 200 Läden, darunter Nordstrom, Sony und Tiffany, und viele trendige Restaurants.
1 Providence Place, Mo–Sa 10–21, So 12–18 Uhr

Essen, Essen, Essen

2 Costantino's Venda Ravioli: Ein kulinarisches Erlebnis in Little Italy. Unter den Köstlichkeiten biegen sich Theken und Auslagen, es gibt auch ein Eat Café.
265 Atwells Ave., T 401 421 9105, Mo–Sa 8.30–18, So 8.30–16 Uhr

Bewegen

Stadtbesichtigung mit Paddel

1 Providence Kajak: Der kleine Veranstalter in der Nähe des Convention Centers vermietet Kajaks und bietet geführte Paddeltouren auf dem Providence und dem Woonasquatucket an.
www.providencekayak.com

Ausgehen

In Providence ist die hinter der Uni verlaufende **Thayer Street** die Bistro- und Kneipenmeile. Noch mehr Action gibt es entlang **Hope** und **Wickenden Streets.**

Kultur pur

1 Providence Performing Arts Center: Das Theater mit seinen 3200 Plätzen ist die Heimat der Rhode-Island-Philharmoniker und wurde 1928 eröffnet. Es bringt nicht nur den »Nussknacker«, sondern auch Leute wie Van Morrison und Liza Minelli auf die Bühne.
220 Weybosset St., T 401 421 2787, www.ppacri.org

Rock, Pop, Folk und Blues

2 The Strand Ballroom: Hier performen regionale wie nationale Top-Acts.
79 Washington St., T 401 331 5876, www.thestrandri.com

Feiern

Beim **Providence Fest** (www.pvdfest.com), der viertägigen Straßenparty in Downcity Anfang Juni, umarmt die Stadt ihre muntere Künstlerszene mit Happenings, Events, Livemusik, Street Art und Nachbarschaftspartys.

Das Festival **WaterFire** (www.waterfire.org) ist Performance, Ritual und von zahlreichen Events begleitete öffentliche Kunstinstallation in einem: In den Sommernächten erleuchten über 100 dicht über den Flussufern installierte Feuerschalen das nächtliche Providence. Ein schönes Erlebnis.

Infos

• **Convention & Visitors Bureau:** 10 Memorial Blvd., Providence, www.goprovidence.com

Bristol ♀ D 10

Die in einer Bucht auf halbem Weg nach Newport liegende Schönheit erinnert mit herrschaftlicher, aus dem Dreieckshandel finanzierter Architektur an ihre Blüte im 18. und frühen 19. Jh. Damals fuhren Schiffe mit europäischer Handelsware, vor allem Feuerwaffen und Alkohol, nach Afrika, um sie dort gegen Sklaven einzutauschen. Danach ging es in die Karibik, wo mit dem Gewinn aus dem Sklavenhandel Baumwolle, Rohrzucker und Melasse gekauft wurde. Damit beladen ging es wieder nach Europa, wo märchenhafter Gewinn wartete …

Museum für Yachten

Doch Bristol ist auch für schöne Segelschiffe bekannt – die so schön sind, dass selbst Landratten glänzende Augen bekommen. In den Hallen der Herreshoff Manufacturing Co., die bis 1945 einige der schnellsten Segler der Welt baute, zeigt heute das **Herreshoff Marine Museum** rund 60 ihrer Paradeboote, darunter die bei Regatten siegreiche ›Sprite‹ von 1859. Ein eigener Saal beherbergt die America's Cup Hall of Fame – Herreshoff allein baute sieben Sieger-Segler.

1 Burnside St., Bristol, www.herreshoff.org, Mai bis Okt. tgl. 10–17 Uhr, 15 $

Palast mit Gartenparadies

Unweit davon liegt **Blithewold Mansion.** Der 1908 gebaute 45-Zimmer-Palast des Industriekapitäns Augustus van Winkle lädt mit herrlichem Garten zu erholsamen Spaziergängen mit Meeresblick ein. Warum Augustus sein ›Häuschen‹ gerade hier baute? Weil er, so heißt es, sich gerade eine 25-Meter-Yacht bei Herreshoff gekauft hatte und dies die einzige Stelle war, wo sie anlegen konnte.

101 Ferry Rd., Bristol, www.blithewold.org, April bis Okt. Di–Sa 10–16, So 10–15 Uhr, 15 $

Newport ● D 10

Jeden Sommer verlieren die Einheimischen die Schlacht gegen den Strom der Besucher. Die verstopfen die engen Einbahnstraßen, zischen mit Mopeds haarscharf an Senioren vorbei und sind auch sonst eine gewöhnungsbedürftige Spezies. Sobald Newport dann ein Opfer seiner Beliebtheit zu werden scheint, stellt man fest, dass die Stadt am Eingang zur Narragansett Bay trotz allem so viele stille Ecken, Höfe und Gassen hat, dass man dem Rummel leicht ausweichen kann.

GRENZEN DER FREIHEIT

Rhode Island begann zwar als Hafen für alle, die nichts mit den puritanischen Eiferern in Massachusetts am Hut hatten, doch gleichwohl kamen die ersten Sklaven aus Afrika nicht einmal 15 Jahre später hier an. In der Folgezeit wurde aus Rhode Island ein Zentrum des neuenglischen Sklavenhandels. Im 18. Jh. stachen von Newport und anderen Häfen der Kolonie fast 1000 Sklavenschiffe Richtung Afrika in See. Die Einnahmen flossen nicht nur in die Taschen der Kaufleute, sondern auch in den Bau prestigeträchtiger Gebäude.

City by the Sea

Auch deshalb lohnt Newport mindestens eine Übernachtung. Abends sitzen Sie dann in einer der Hafenkneipen an der Thames Street, schauen zu den teuersten Yachten der Welt und wundern sich noch immer, wenn Sie Ihre Besichtigungstour durch die protzigen ›Mansions‹ (s. Tour S. 121) ein letztes Mal Revue passieren lassen.

Der Hauch von Noblesse

Newport, 1639 wie Providence als Zufluchtsort für Andersdenkende gegründet, wurde durch den Dreieckshandel mit Sklaven reich und vom Unabhängigkeitskrieg ruiniert – zu seinem Vorteil, denn heute profitiert es von der höchsten Konzentration kolonialer Gebäude in den USA! Nach dem Sezessionskrieg entdeckten die Superreichen den Ort. Am Südrand der Stadt schufen sie sich ihre Bühne, zuletzt mit Schlössern, die Europas Herrscher glatt neidisch gemacht hätten.

Auf sportlichem Gebiet spielten Vanderbilt & Co. Trendsetter: 1881 erlebte Amerika hier die ersten Tennis Open,

1894 die ersten Golf Open. Und aus den Regatten der reichen Freizeitskipper entwickelte sich der America's Cup, der bis 1983 hier ausgerichtet wurde und Newport zur ›Seglerhauptstadt der Welt‹ machte. Heute lebt Newport hauptsächlich vom Tourismus, und die Fischkutter – längst auf Hummerfang umgerüstet – dümpeln im Schatten weißer Luxusyachten.

Die koloniale Atmo lebt

Die Stadtväter konnten nach dem Unabhängigkeitskrieg gerade mal das Aufräumen finanzieren. Für Abrissarbeiten, geschweige denn Neubauten, fehlte lange das Geld. Mehr als 200 Häuser aus der Kolonialzeit haben deswegen in Newport überlebt. Der Touristenrummel sollte Sie nicht von einer Besichtigung des historischen Stadtkerns abhalten, denn rund um den sympathischen Washington Square konzentriert sich so viel Kolonialzeit wie sonst selten in den USA.

Bemerkenswert ist auch, dass hier schon im frühen 18. Jh. vier Glaubensgemeinschaften, deren Schäflein sich anderswo in Neuengland sowie in Europa nicht wohlgesinnt waren, bestens miteinander auskamen.

Dieses Pferd ist ein Dauerläufer

Die 1687 eröffnete **White Horse Tavern** ist Amerikas ältestes durchgehend betriebenes Gasthaus. Wie es hier damals zugegangen ist, kann man nur ahnen. William Mayes baute es 1673, sein gleichnamiger Sohn übernahm es, nachdem er sich vom Piratenleben zurückgezogen hatte. Heute bietet die White Horse Tavern neue amerikanische Küche in kolonialem Ambiente (ab 22 $). Sehenswert die vielen Ölgemälde und mächtigen Kamine. Ab 2019 sollen sie hin und wieder als Kulisse für das amerikanische Verkupplungsformat »The Bachelorette« dienen. Aber das werden sie auch noch überleben.

26 Marlborough St., T 401 849 3600, Mo–Do 11.30–21, Fr–Sa 11.30–22, So 11–21 Uhr

Auf krummen Straßen

Viel gehört nicht dazu, sich die Proteste gegen die englischen Knebelsteuern vorzustellen: Das Pflaster von Kuhfladen bedeckt, Hühner jagende Straßenjungen und abgearbeitete Tagelöhner und Dienstmägde, Damen der Nacht und tätowierte Seeleute, mit dicken Kaufleuten, und blassen Schreiberlingen dazwischen. Und über allem der Gestank von Mist, Abfällen und Achselschweiß. Wüste Stillleben wie in Historienfilmen.

Das **Old Colony House,** von 1739 bis 1900 Regierungssitz, hat all das miterlebt: Zwei Monate vor allen anderen erklärte sich Rhode Island hier für unabhängig. Später traf sich George Washington in dem Bau mit dem französischen General Rochambeau zur Vorbereitung der kriegsentscheidenden Belagerung von Yorktown. 1791 wurde das schöne Haus durch britische Kanonen schwer beschädigt, also verlegten die Rebellen ihre Versammlungen in die Synagoge.

Washington Square, Newport, Mo–Fr 9.30–12, 13–16, Sa–So 9.30–12 Uhr

Symbol für Toleranz

Die **Touro Synagogue** wurde 1763 eingeweiht. Innen ist sie mit 12 die Stämme Israels symbolisierenden Säulen versehen und mit sephardischem Dekor geschmückt. Sie ist die älteste Synagoge Nordamerikas und gilt als Symbol für die Toleranz der Newporter. Selbst den britischen Anglikanern genehmigten sie 1726 mit der schneeweißen Trinity Church (Queen Anne Sq.) ein Gotteshaus.

85 Touro St., Newport, Führungen Juli bis Sept. So–Fr jede halbe Stunde 10–15.30 Uhr, Do 10–18 Uhr; sonst So–Fr 11–14 Uhr, Tickets im Gateway Visitor Center, 12 $

Waren die Nordmänner da?

Ganz in der Nähe steht im Touro Park übrigens ein Gebäude, über dessen Ursprung bis heute diskutiert wird: Der Baumeister der **Old Stone Mill** (Mill

TOUR
Pomp und Proletariat

Die Villen von Newport

Infos

Dauer:
2–4 Std., 12 km

Reisekarte:
Newport ♀ B 5

Planung:
Alle Villen ab 9 bzw.
10 Uhr, www.new
portmansions.org

Eintritt:
ab 16 $, Tickets
online (auch Kom-
bi-Tickets) oder in
den Mansions

Die Reichen protzen

In den Newport Mansions frönten Amerikas erste Superreiche obszöner Maßlosigkeit. Um 1890 waren die Ideale Emersons und Thoreaus nur noch Schall und Rauch. Es zählte nur noch: Geld. Die Ära, die in Anlehnung an einen Romantitel von Mark Twain als ›Gilded Age‹ (Goldenes Zeitalter) bezeichnet wird, erhielt mit den Mansions von Newport ihr berauschendstes Denkmal. Es war die Zeit der Selfmademen und der Industriekapitäne, vor Umsatzsteuer und Anti-Trust-Gesetzen: Cornelius Vanderbilt & Co. häuften unglaubliche Vermögen an. Die Industrialisierung machte das Land wohlhabend und einige märchenhaft reich.

Zu Haus bei den Vanderbilts

Die meisten der 15 Newport Mansions liegen an Bellevue Avenue, Harrison Avenue sowie Ocean Avenue, dem sog. Ocean Drive. Bei Zeitmangel sollten Sie sich auf die Villa **The Breakers** konzentrieren. Das Anwesen spiegelt den Lifestyle der Neureichen und des alten Geldes am besten. Was Cornelius Vanderbilt II. mit The Breakers (44 Ochre Point Ave., April bis Okt. tgl. 10–18 Uhr, Nov. bis März wechselnd) bezweckte, als er es Anfang der 1890er bauen ließ, ist augenfällig: Sein klotziger Renaissance-Palast sollte schlicht und einfach der größte sein.

Auch William K. Vanderbilt wusste seine Gäste zu beein-

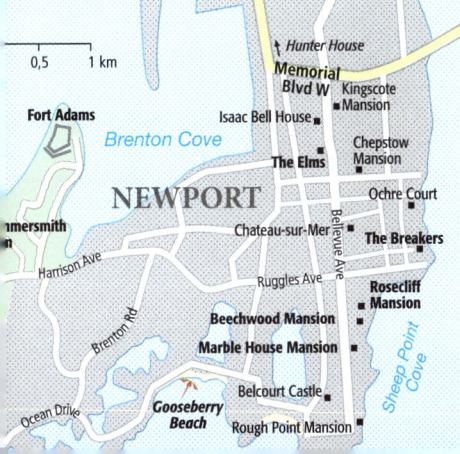

0,5   1 km

Hunter House
Memorial
Blvd W   Kingscote
Mansion
Fort Adams   Isaac Bell House
Brenton Cove   Chepstow
Mansion
The Elms
NEWPORT   Ochre Court
mmersmith   Chateau-sur-Mer   **The Breakers**
n
Harrison Ave
Ruggles Ave   **Rosecliff
Mansion**
Brenton Rd
Beechwood Mansion
Marble House Mansion
Sheep Point Cove
Belcourt Castle
Ocean Drive
**Gooseberry
Beach**   Rough Point Mansion

drucken. Sein **Marble House** (596 Bellevue Ave.) ist den französischen Loire-Schlössern nachempfunden und tatsächlich noch protziger als The Breakers eingerichtet.

Parallelgeschichte: Arbeitskämpfe …

Derweil blieb die überwältigende Mehrheit der Amerikaner jedoch bitterarm. 1890 verdienten 11 der 12 Mio. Familien des Landes weniger als 1200 $ im Jahr. Landflucht und Einwanderung spülten immer mehr Arbeitsuchende in die bereits aus allen Nähten platzenden Städte. Dort regierte das Recht des Stärkeren.

Den Überlebenskampf der Unterprivilegierten hat Martin Scorsese im Film »Gangs of New York« (2002) eindrucksvoll festgehalten.

Ab den 1880er-Jahren entlud sich die soziale Ungerechtigkeit in gewaltsamen **Arbeitskämpfen.** Allein 1886 streikten 700 000 Arbeiter, 1894 erfasste der Pullman-Streik sogar 26 Bundesstaaten, bis er schließlich mit der Nationalgarde niedergeschlagen wurde. Immer wieder gab es Tote und viele Verletzte. Besonders hart gingen die Industriellen gegen die noch jungen Gewerkschaften vor. Die Arbeiterführer wurden gehängt oder einfach weggesperrt. Alle Streiks erreichten ihr Ziel übrigens nicht. Die Reichen blieben reich, die Armen kämpften ums Überleben.

Versailles oder Newport? Im Mansion The Breakers kann man nicht sicher sein.

… und Geldadelprobleme

Und was geschah unterdessen in Newport? Auch die aus altem holländischem Geschlecht stammende Caroline Astor kämpfte. Allerdings nicht auf Leben und Tod – obwohl sie das sicher anders sah. Denn das Undenkbare war geschehen: Ihre geheime Liste der »Vierhundert«, die die Namen der Vertreter des sogenannten ›alten Geldes‹, nicht aber die der Aufsteiger als potenzielle Gäste ihrer Partys enthielt, war der Presse zugespielt worden. Eine Katastrophe für die

Ein Barockgarten mit Löwen musste beim Rosecliff House wohl sein. Schließlich gönnt man sich ja sonst nichts.

Trendsetterin, die ihre Führungsrolle daraufhin an die neureiche Alva Vanderbilt verlor. Das **Beechwood Mansion** (580 Bellevue Ave.) ist ein italienisch inspirierter Palazzo von 1857. Hier hielt ›The Mrs. Astor‹ Hof, die Königin der Newport Society. Wer auf ihrer Liste stand, ›gehörte dazu‹, durfte auf eine Einladung in ihren legendären Ballsaal hoffen. Der Gründer des amerikanischen Softwarekonzerns Oracle hat das Anwesen 2010 gekauft und plante eine Weile, nach Sanierungen und Restaurierungen im ersten Stock ein Beechwood Arts Museum für seine Sammlung von Kunst des 18. und 19. Jh. einzurichten. Inzwischen scheinen die Restaurierungsarbeiten eingestellt zu sein.

Die **Villa The Elms** (367 Bellevue Ave.) ahmt französischen Klassizismus nach und wurde ab 1899 fertiggestellt. Sie gehörte dem Kohlebaron Edward Julius Berwind und verfügt über eine Marmortreppe und einen riesigen Ballsaal im Stil eines Kaiserschlösschens. Die größte Tanzhalle besaß jedoch Mrs. Oelrichs in ihrem **Rosecliff House** (548 Bellevue Ave.), das vom Grand Trianon in Versailles inspiriert war. Auch dort zelebrierte die Konkurrentin der Mrs. Astor verschwenderische Bälle.

Die Villa der Kennedys

Obwohl überhaupt nicht weiß, wurde das Anwesen Hammersmith, typisch neuenglisch braun, doch zu Kennedys Präsidentschaft als Summer White House bezeichnet.

Bei einer Fahrt auf dem Ocean Drive kann man sich von dieser manchmal überwältigenden Materialschlacht erholen. Schließlich liegt auf einem Hügel links der Straße die **Hammersmith Farm** – ein hübsches Landhaus ohne Protz. Und dennoch berühmt: Hier gaben sich Jackie Bouvier und John F. Kennedy im Jahr 1953 das Jawort und verbrachten dort auch bis 1962 die Sommer an der Küste. 1998 kaufte der Goldman-Sachs-Partner Peter Kiernan das Anwesen für seine Familie.

St., Ecke Bellevue Ave.) – ein knapp 9 m hoher, aus Feldsteinen gebauter Turm auf bogenförmigen Säulen – ist unbekannt … was zu wilden Spekulationen führte. Manche behaupten, der Turm stamme von den Wikingern. Vielleicht stehen auf dem Schild die neuesten Erkenntnisse, wenn Sie vorbeikommen. Wie dem auch sei: Beim Sundowner in einer der Bars auf der Long Wharf werden Sie schlanke Segler am Pier liegen sehen. Und nach ein paar mehr vielleicht Langschiffe der Nordmänner.

Zaungast bei Vanderbilts

Der schönste Spaziergang in Rhode Island beginnt übrigens an der Ecke Memorial Boulevard und Eustie Avenue am Westende des Easton's Beach. Er begleitet den Atlantik über 5 km auf hoher Klippe. Dass Sie auf ihm Vanderbilts & Co. in die Gärten schauen können, haben Sie einer kleinen Schar kämpferischer Fischer zu verdanken. Die hatten um 1900 die Gerichte bemüht, weil die Superreichen ihren Pfad schließen wollten. Mit Erfolg: Heute können auch Spaziergänger auf dem **Cliff Walk** (www.cliffwalk.com) Zaungäste spielen. Und nicht nur die Rückseiten der Mansions bestaunen, sondern auch den Blick aufs Meer genießen.

Bei so viel Blau ist es jedoch gut möglich, dass Newports Strände stärker locken als alle Sehenswürdigkeiten. Der schönste, **Gooseberry Beach** (s. S. 125), liegt am Ocean Drive: ein idyllischer, von Felsen umgebener Sandstrand mit Parkplatz, Duschen und Umkleiden!

Schlafen

Die Kennedys schliefen hier …

Hotel Viking: Die Liste der müden Promis reicht von den Astors und Vanderbilts über Ella Fitzgerald bis zu den Kennedys. Das 1926 eröffnete Hotel Viking, ein Mitglied der Historic Hotels of America, erinnert mit viel Plüsch und Mahagoni an das Goldene Zeitalter.

1 Bellevue Ave., Newport, T 1 800 556 7126, www.hotelviking.com, ab 220 $

Hier will man sofort einziehen

The Outlook Inn: Gepflegtes Stadthaus mit elf großen Zimmern in fein gedeckten Farben. Frühstück auf der Dachterrasse. 5 Min. zum Cliff Walk, etwas weniger zu allen anderen Attraktionen.

123 Spring St., Newport, T 401 845 9400, www.theoutlookinn.com, ab 150 $

Frühstück auf dem Dach

Mill Street Inn: Drinnen ist es historisch. In Amerika bedeutet das eine wohltuende Abwechslung von den sonst so vorhersagbaren Hotelgrundrissen. Schmale Gänge führen um Ecken durch die alte Mühle zu 22 unterschiedlich großen Suiten. Alle sind einnehmend elegant eingerichtet, manche mit Balkon.

75 Mill St., Newport, T 1 800 392 1316, www.millstreetinn.com, ab 180 $

Essen

Am Hafen zum Sundowner

The Mooring: Egal, wo man ist in Newport, am Ende des Tages driftet man so oder so wieder Richtung Gewusel auf der Thames Street. Das Mooring auf der alten Pier ist beliebt wegen der soliden Seafood-Gerichte (ab 19 $) und der guten Weinkarte – und natürlich wegen der schönen Blicke auf Hafen und Sonnenuntergänge!

1 Sayer's Wharf, Newport, T 401 846 2260, www.mooringrestaurant.com, So–Do 11.30–21, Fr–Sa 11.30–22 Uhr

Newport-Legende

Clarke Cooke House: Seit Generationen der Treffpunkt für Einheimische und Touristen. Auf der alten Pier gibt es jedoch

Lieblingsort

Relaxen am Stachelbeerstrand

Die Altstadt von **Newport** (♥ Karte 2, A 5) und die Mansions sind erledigt, jetzt ist Tempowechsel angesagt. Schön, dass es den **Ocean Drive** gibt! Und man Badesachen – und vielleicht sogar einen Picknickkorb – mit dabei hat! Die 10 Meilen lange Panoramastraße folgt dem Südufer der Aquidneck-Insel und passiert dabei, ist ja klar, mehrere Strände. Der schönste ist der **Gooseberry Beach.** Der sandige ›Stachelbeerstrand‹ liegt windgeschützt in einer kleinen Bucht, die Wellen bleiben draußen vor. An den Wochenenden wird es zwar voll, aber während der Woche ist hier erstaunlich wenig los. Ideal also für ein paar faule Stunden am Tagesende und für den Sprung ins Wasser. Aber Vorsicht: Der Atlantik ist nicht das Mittelmeer! Und das Parken kostet 20 $!

auf mehreren Etagen noch mehr Restaurants und Bars und weitere tolle Blicke auf den Yachthafen. Seafood, Schwertfisch, gut gewürzte Pastagerichte (ab 26 $).

24 Bannister's Wharf, Newport, T 401 849 2900, www.clarkecooke.com, tgl. 11.30–22.30 Uhr

Mariniert geht immer

Zelda's: Beschreibt sich als das beste kleine Café zwischen Bar Harbor und Key West – und bringt es damit auf den Punkt. In der 1895 gebauten Brauerei gibt's heute kreative, französisch angehauchte Gerichte, vieles kommt aus dem Meer (ab 24 $).

528 Thames St., Newport, T 401 849 4002, www.zeldasnewport.com, Fr–Sa 17–22, So–Do 17–21.30 Uhr

Einkaufen

Das Steuerrad auf dem T-Shirt und Segelschiffe auf Kaffeetassen: In Newport dreht sich das Einkaufserlebnis am liebsten um nautische Themen. Dennoch kommt man hier auf seine Kosten. Die meisten guten Läden, Boutiquen und Galerien liegen an der **Thames St.** und auf den **Wharfs.**

Ausgehen

In Newport geht es nicht nur während des traditionellen Spring Break, der Osterferien der College Kids, rund. An Sommerwochenenden ist die Altstadt fest in der Hand amerikanischer Twens. Ihr Revier: die Bars und Discos an der Thames Street, ihr Epizentrum: das **Boom Boom Room** (26 Bannister's Wharf, unter Clarke Cook House, Fr–Sa 21–1 Uhr). Der berühmt-berüchtigte Tanzboden vereint mit Frank Sinatra und Black Eyed Peas alle Stämme und Altersgruppen.

Livemusik gibt es auch im **Newport Blues Café** (286 Thames St., www.new

portblues.com) und im **Dockside** (24 Waites Wharf, www.waiteswharf.com).

Feiern

Das dreitägige **Newport Jazz Festival** (www.newportjazz.org) Anfang August ist das absolute Highlight des prall gefüllten Veranstaltungskalenders.

Infos

- **Discover Newport:** 23 America's Cup Ave. (Gateway Visitors Center), www.discovernewport.org
- **Newport Reservations:** T 401 848 03 00

South County ♥C10

Rhode Island hat fünf Counties, doch South County, die Gegend zwischen Coventry und Galilee, ist keines davon. South County ist vielmehr ein Gefühl, ein ›state of mind‹, wie man hier sagt. Die beiden Brücken über die Bay führen hin, und einmal angekommen, werden Sie schnell feststellen: South County dreht sich vor allem um 16 schöne Strände. Fühlen Sie sich nach dem Gewusel in Newport angesprochen?

Wow, dieses Lets-go-Gefühl

Es geht entschieden entspannter zu als drüben in Newport: Braungebrannte Boys und Girls fahren in alten Pickups durch die Landschaft, und nicht selten ist das Schlurfen von Badeschlappen – neben dem Wind in den Dünen – das einzige Geräusch, das man hört. Kolonialdörfer wie Wickford mit seinen schattigen Alleen – hier wurden u. a. die Außenaufnahmen zu dem Film »Die He-

xen von Eastwick« (1987) gedreht – oder
das ländliche Kingston mit der kleinen
University of Rhode Island lassen Newport schnell vergessen.

Narragansett ♀ C 10

Richtig schöner Strandurlaub setzt drei
Dinge voraus: einen vernünftigen Sandstrand, eine urige Fish 'n' Chips-Bude,
idealerweise seit Generationen in Familienbesitz, und, falls Langeweile dräut,
eine nette kleine Stadt für anderweitige
Kurzweil. Entsprechend fragte der Boston Globe seine Leser nach Neuenglands
bester Beach Town, und die antworteten:
Narragansett!

Strand + Clam Shack + Stadt

Und tatsächlich: Das 13 000-Einwoh-
ner-Städtchen hat alles. Die Badehose
auspacken kann man bereits mitten in
der Stadt! An der Boston Neck Road liegt
in einer weitläufigen Bucht der nette,
700 m lange **Town Beach** (10 $). Der
mittelalterlich aussehende, über die Straße gespannte Doppelturm am Südende
gehört zum **Narragansett Casino Resort,** mit dem man einst Newport Konkurrenz machte, bis es im Jahr 1900 einer
Feuersbrunst zum Opfer fiel. Heute ist
hier ein kleines Museum untergebracht.

Wie uns früher im Städtchen aus-
sah, erzählt das **South County Museum,** in der alten Canonchet Farm, zu
der am Ortseingang eine Straße landeinwärts abbiegt.

Museum: 115 Strathmore St., Narragansett,
T 401 783 5400, www.southcountymuseum.
org, Juli/Aug. Mi–Sa 10–16, So 12–16 Uhr,
Mai, Juni, Sept., Okt. nur Fr–So, 12 $

Ans Ende der Welt

Am Town Beach von Narragansett, sagen zumindest die Locals, badet nur, wer
gesehen werden will. Und empfehlen die

*Das Casino als feste Burg des Geldadels.
In Narragansett hat man es auf den
Punkt gebracht.*

kostenlosen State Beaches an der Ocean
Road nach Süden: den **Scarborough Be-
ach** auf halbem Weg nach Galilee und
Roger Wheeler Beach und **Salty Brine
Beach** bei Galilee.

Am Ende der Straße, am achtecki-
gen **Point Judith Lighthouse,** fließen
Wiesen, Dünen, Strände und Meer zu
einem Aquarell in Grün, Gelb und Blau
zusammen. Einfach schön!

Galilee ♀ C 10

Dieser Fischerort ist alles, was Neuengland sonst nicht ist: ungeschminkt,
windschief, hemdsärmelig. Von ein
paar kleinen Fischfabriken weht säuer-
licher Geruch herüber, die Main Street
ist schlaglochübersät. Knorrige Fischer

sitzen in Clam Shacks und Fish 'n' Chips-Buden, durchtrainierte Boys und Girls hängen in Surfbrettläden herum: Galilee könnte ebenso gut auch irgendwo zwischen L.A. und San Francisco liegen. Dennoch: Viele Besucher wollen gleich weiter und steuern zielstrebig die große Pier an.

… und ab auf die Insel

Am Point Judith Terminal legt die alte Fähre zum 16 km vor der Küste liegenden **Block Island** ab. Auf dem hügeligen Eiland wohnen rund 1000 Menschen, wegen der hübschen Strände erhalten sie vor allem im Juli und August verstärkt Besuch. Ein zweites Martha's Vineyard ist Block Island jedoch nicht, dazu reicht die Infrastruktur nicht – und dass es dabei bleibt, dafür sorgen die Insulaner.

Es lohnt nicht, das Auto auf die Insel zu bringen. Räder und Mofas – Sie können die Insel in wenigen Stunden umradeln – sind auf den engen und oft kurvigen Straßen besser geeignet und können gleich bei der Anlegestelle gemietet werden.

Schöne Tagestouren für Hiker und Radler führen zu alten Leuchttürmen und fotogenen Felsküsten. Allein der Südwesten der Insel, ein Schutzgebiet namens **Rodman's Hollow,** bietet über 40 Trailkilometer.

Schlafen

Alte Dame in Gelb

Admiral Dewey Inn: Mit den zehn behaglichen, mit viktorianischen und modernen Elementen eingerichteten Zimmern hört es nicht auf. Auf der Terrasse können Sie die frische Brise von der Matunuck Bay inhalieren, und bis zur Block Island Ferry sind es nur ein paar Minuten.

668 Matunuck Beach Rd., Wakefield/Galilee, T 401 783 2090, www.admiraldeweyinn.com, ab 150 $

Haus auf dem Hügel

Atlantic Inn: Mit ihren Blümchentapeten und knarrenden Betten sind die 21 Zimmer eher veritable Zeitkapseln. Stören tut das nicht. In diesem schönen alten Strandhotel ist man sowieso meist auf der wunderbaren Veranda und genießt den Blick aufs Meer.

High St., New Shoreham, Block Island, T 1 800 224 7422, www.atlanticinn.com, ab 170 $

Romantisch

Blue Dory Inn: Von wo auf Block Island sieht man nicht das Meer? Auch wer in dieser viktorianischen Beauty eincheckt, darf sicher sein, mehr zu sehen. 11 hübsche Zimmer mit Patchworkdecken auf den Betten. Nicht weit bis zum weißen Crescent Beach.

61 Dodge St., Old Harbor, Block Island, T 1 800 992 7290, www.blockislandinns.com, ab 100 $

Essen

Klare Wahl

Coast Guard House: Neben dem alten Kasino. Und die Terrasse zum Meer hinaus. Da sieht man es nach, dass Seafood, Fischsuppen und Steaks weniger kreativ als solide auf den Tisch kommen (ab 16 $). Vor allem beim Sonnenuntergang.

40 Ocean Rd., Narragansett, T 401 789 0700, www.thecoastguardhouse.com, Mo–Fr 11.30–15, 17–22, Sa 17–23, So 10–14, 16–22 Uhr

Since 1948 – sagt alles

George's of Galilee: Wo die Straße eine Kurve macht, weil sie sonst im Meer landen würde, steht *das* Seafood-Restaurant am Ort (ab 25 $). Es bezieht Hummer und Krabben vom Hafen etwas weiter. Fleisch gibt's natürlich auch, und Sushi.

250 Sand Hill Cove Rd., Galilee, T 401 783 2306, www.georgesofgalilee.com, tgl. Lunch ab 11 Uhr und Dinner

Insulaner-Treff

Ballard's: Lust auf Hummer in 13 verschiedenen Variationen? Ballard's ist Hotel, Restaurant (ab 18 $) und Inseltreff in einem. Und bei Hummer mit Weißwein lässt es sich für den Abend mit Livemusik besonders nett vorglühen.

42 Water St., New Shoreham, Block Island, T 401 466 2231, www.ballardsbi.com, Mai bis Okt. tgl. 11.30–23 Uhr

Radeln mit Meerblick

Old Harbor Bike Shop: Holen Sie dort das Rad ab und begeben Sie sich mit der Karte des Ladens auf die Fahrt rund um Block Island. Die 25 km lange Tour zu schönen Aussichtspunkten ist bequem an einem Tag machbar.

1 Water St., New Shoreham, Block Island, T 401 466 2029, www.blockislandmoped.com

Bewegen

Paddeln in der Bay

Kayak Centre of Rhode Island: Die Paddeltouren im Mondlicht oder in den Sonnenuntergang gehören zu den Rennern der Kayaktouren in der Narragansett Bay. Konditionsstarke Paddler können mit dem Guide bis nach Block Island paddeln.

70 Brown St., Wickford, T 401 295 4400, www.kayakcentre.com

Infos

- **Block Island Ferry:** Verkehrt ein- bis dreimal täglich zwischen Point Judith und Block Island, www.blockislandferry.com.
- **South County Tourism Council:** 4160 Old Post Rd., Charlestown, T 1 800 548 4662, www.southcountyri.com
- **Block Island Tourism Council:** 40 Center Rd., T 401 466 2474, www.block islandinfo.com

Paddeln in der eher ruhigen Narragansett Bay macht Spaß, keine Frage. Aber wenn der Typ es bis hinüber nach Block Island geschafft hat, wird er wohl nicht mehr so unverschämt glücklich grinsen.

Connecticut

Die beste Pizza, die beste Uni — und ein glückliches Hinterland mit Bilderbuchdörfern. Der Staat am Unterlauf des Connecticut River bietet nicht unbedingt spektakuläre Erlebnisse, aber dafür viele US-amerikanische Legenden.

Seite 133

Mystic Seaport

Im Hafen besteigen wir mal einen echten, alten Walfänger. Das Seefahrtsmuseum in Mystic hütet das letzte noch existierende, 1841 ganz aus Holz gebaute Walfangschiff der Welt.

Sind High Heels in den Litchfield Hills wirklich verboten?

Seite 134

Mashantucket Pequot Museum

Wir sind noch da – und wie! In diesem hochmodernen Museum in Ledyard erzählen die Pequot-Indianer ihre Version der Geschichte. Ihr Foxwoods Casino finanziert das Ganze.

Seite 135

Mystic Pizza

Hier wurden viele Szenen von »Mystic Pizza« gedreht. Mit Julia Roberts, bevor sie »Pretty Woman« wurde. Für Fans ein Muss. Wer kein Fan ist: Die Pizza schmeckt noch immer klasse. Und die Julia-Roberts-Filme gibts in Endlosschleife.

Eintauchen

Seite 136

Essex

US-Rankings sind unerschöpflich: Essex zählt zu den perfektesten Kleinstädchen. Also viel Historisches, aber auch das Goodspeed Opera House in – schon mal gehört? – East Haddam: Hier wird geprobt, bevor die Shows an den Broadway gehen!

Seite 138
New Haven

Die Innenstadt ist grün, entspannt und von Studis bevölkert. Denn hier liegt die Yale University, die drittälteste und vielleicht beste Uni der USA: strenge Neogotik bevölkert von einer jungen Elite.

Seite 143
Mark Twain House, Hartford

Amerikas berühmtester Schriftsteller war ein exzentrisches Lästermaul. In seinem Haus der letzten Jahre erleben Sie ihn ganz als Privatmann.

Seite 143
Talcott Mt.

Ausflug zur Aussicht, hoch über den Wäldern Connecticuts.

Seite 145
Litchfield Hills

Städtchen wie aus der Broschüre: Main Streets und Greens sind so, wie es das Klischee will. Das moderne Amerika ist weit weg.

Seite 147
Kate Hepburn, Warrior Woman

Katharine Hepburn ist die berühmteste Tochter Hartfords. Heute gilt sie als Feministin der ersten Stunde.

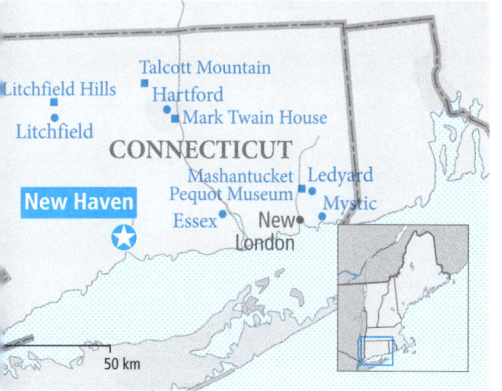

Litchfield Hills
Talcott Mountain
Hartford
Mark Twain House
Litchfield
CONNECTICUT
Mashantucket Ledyard
Pequot Museum
New Haven
Essex
New London
Mystic

50 km

Entdecken Sie den Ort, wo der Burger erfunden wurde!

Connecticut ist der drittkleinste US-Bundesstaat. Kein Ort für Roadtrips. Seit 1901 bereits. Da schon durfte man nicht schneller als 12 Meilen die Stunde fahren.

erleben

Kleiner Staat mit großen Wäldern

Wenn man Amerikaner nach der Größe, Entfernung oder Demografie von irgendetwas fragt, darf man keine konkreten Zahlen erwarten. Das wäre zu deutsch. Amerikaner antworten bildlich. Wie groß also ist wohl Connecticut? Die Journalistin und ewige Pulitzer-Preis-Kandidatin Annie Jacobsen saß gerade an einem Buch über die mysteriöse Area 51, als sie diese Antwort gab: so groß wie die Nevada Test and Training Range! Und was für Menschen leben da? Der Comedian Patrice O'Neal war sicher: reiche Leute, die ihren Lebensabend in den Wäldern dort verbringen.

Stimmt alles. Es stimmt auch, dass der Süden Connecticuts die Schlafstadt von New York ist. Und wohlhabend dazu. Greenwich gleich hinter der Grenze ist eine einzige Abfolge von sechsstelligen Autos und siebenstelligen Jachten. Bis Fairfield stören weder Mazdas noch Kias die Flut der Porsches und Audis.

Doch diese Äußerlichkeiten verblassen irgendwann. Aus Luxusenklaven werden entspannte Strandresorts, aus riesigen Häuser hinter Hecken Fish'n Chips-Kantinen und wackelige Clam Shacks. Hier beginnt das eigentliche Connecticut – und es beginnt, sich alt

ORIENTIERUNG

Info: Connecticut Office of Tourism, www.ctvisit.com
Verkehr: In Connecticut führen alle Wege nach Hartford und in geringerem Maße nach New Haven. Der Südosten liegt bereits im Einzugsgebiet von New York, der Verkehr ist also beträchtlich. Umso erholsamer sind die Landstraßen im Norden.

anzufühlen. Alt genug, um an die englischen Siedler zu denken, die sich 1638 zur Connecticut Colony zusammenschlossen und die erste Verfassung der Neuen Welt schrieben – den Beinamen ›Constitution State‹ fahren die Menschen hier ja bis heute auf ihren Nummernschildern herum.

Hier fühlt man auch die ›Yankee Ingenuity‹, die nicht nur Sicherheitsnadel und Korkenzieher ersann, sondern auch den Trommelrevolver und die Serienfabrikation. Während der Depression der 1930er wurden Fabriken abgerissen – mit ein Grund für die heute dicht bewaldeten drei Viertel des Staates. Dem Besucher, der dieses Connecticut sucht, begegnet der Staat stets gepflegt und kultiviert. Aber keineswegs immer so wohlhabend, wie er im Hollywood-Film dargestellt zu werden pflegt.

Mystic 📍C11

Pizza schlägt Wale – jedenfalls, wenn eine Hollywood-Ikone involviert ist. Lange wurde das 1654 gegründete Städtchen vor allem mit Schiffsbau und Walfang assoziiert. Das änderte sich über Nacht, als 1988 der Film »Mystic Pizza« mit der damals 20-jährigen Julia Roberts in die Kinos kam. Die harmlose Geschichte, die vom Liebesleben dreier in einer Pizzeria arbeitenden Freundinnen handelt, wurde u. a. im 1973 eröffneten Mystic Pizza Shop an der Main Street gedreht.

Julias Durchbruch mit »Pretty Woman« zwei Jahre später erneuerte das Interesse an der Mystic Pizza, und seitdem sind Warteschlangen bis auf die Straße in dem hübschen Städtchen am Long Island Sound keine Seltenheit. Auch wenn es ein wenig nach Majestätsbeleidigung riecht: Die Pizzeria, die inzwischen fast ebenso viele T-Shirts mit dem Aufdruck »Mystic Pizza – A Slice of Heaven« verkauft wie Pasta und Pizzen, ist längst eine der drei Hauptattraktionen im Ort.

Die anderen beiden sind dagegen weitaus seriöser. Und haben, ja, genau, mit Schiffsbau und Walfang zu tun. Daneben gibt es noch eine ganze Reihe neuer Restaurants und Shops an der **West Main Street.** Die Zeiten, da Fischkantinen die Platzhirsche waren, sind nämlich auch hier vorbei. Wenn Sie also nicht auf Pizza mit Julia Roberts stehen, lassen Sie den Abend dort ausklingen!

Dicke Schiffe für große Fische

Mystic Seaport dreht die Uhr um 160 Jahre zurück. Auf dem Gelände der früheren Werft George Greenman & Co.

Die echten Matrosen auf dem historischen Walfänger in Mystic Seaport hatten nur selten Zeit, ihre gar nicht so lustige Seefahrt so zu genießen.

unten am Fluss wurden gut 60 historische Gebäude zu einem kompletten Walfängerhafen wie aus Herman Melvilles Zeiten zusammengestellt. Paradestück des Freilichtmuseums für die ganze Familie ist der 1841 gebaute Dreimaster ›Charles W. Morgan‹, der letzte noch schwimmende, ganz aus Holz gebaute Walfänger der Welt.

Der Rundgang führt an den Waltrankesseln vorbei tief hinunter in die düsteren, stickigen Eingeweide des Giganten und vermittelt ein Gefühl für den eisenharten Bordalltag während der oft mehrere Jahre dauernden Fahrten. Die andere Attraktion ist die ›Amistad‹. Der seetüchtige Nachbau des durch den Spielberg-Film berühmt gewordenen Sklavenschiffs kann, wenn er hier ankert, besichtigt werden.

75 Greenmanville Ave., Mystic, tgl. 9–17 Uhr, www.mysticseaport.org, 26 $

Leben unter Wasser

Ganz ohne Geschichte kommt das **Mystic Aquarium** unweit der I-95 daher, das rund 4000 Meeresbewohner zeigt, darunter die seltenen Steller-Seelöwen und Neuenglands einzige Belugawale.

55 Coogan Blvd., Mystic, www.mysticaquarium.org, April bis Sept. tgl. 9–18, sonst tgl. 9–17 Uhr, 59 $, erm. 41–53 $

Durch ihre Augen

Bei **Ledyard,** einem Nest an der landeinwärts führenden Rte. 2, dirigieren Sie leicht übersehbare Schilder durch dichten Wald zum **Foxwoods Resort Casino** (www.foxwoods.com). Der Komplex gehört zu den größten Spielhöllen der USA. Besitzer sind die Mashantucket Pequot (s. S. 261). Das Kasino amortisierte sich nicht nur in kürzester Zeit, sondern gab Tausenden von Bleichgesichtern Arbeit und bescherte den ›Indianerstamm‹ märchenhaften Reichtum.

Neben indianischen Motiven und Statuen zwischen einarmigen Banditen und Parkplätzen »for Elders only« erinnert vor allem das 193,4 Mio. $ teure **Mashantucket Pequot Museum & Research Center** daran, wer hier Herr im Haus ist. Das größte Museum dieser Art des Kontinents widmet sich mit lebensgroßen Dioramen, dramatisierten Videos und Live-Darbietungen den Indianerkulturen Nordamerikas – aus Sicht der Native Americans.

110 Pequot Trail, April bis Okt. Mi–Sa 9–17 Uhr, Nov. auch Di, pequotmuseum.org, 20 $

Schlafen

Am Wasser

Steamboat Inn: Aus keinem der elf hellen, mit Antiquitäten und modernen Möbeln geschmackvoll eingerichteten Zimmer verabschiedet man sich freiwillig. Nach einem mit Whirlpool fragen!

73 Steamboat Wharf, Mystic, T 860 536 8300, www.steamboatinnmystic.com, DZ ab 180 $

Zentraler geht's nicht

The Whaler's Inn: Die auf fünf Häuser verteilte, modernisierte Unterkunft im viktorianischen Stil ist eine gelungene Kreuzung aus Motel und Country Inn. Mitten in Mystic in Sichtweite der alten Zugbrücke. Die Zimmer nach hinten sind ruhiger.

20 E. Main St., Mystic, T 860 536 1506, www.whalersinnmystic.com, ab 170 $

Okay für eine Nacht

Quality Inn Mystic-Groton: Hin und wieder ist es okay, das Reisebudget zu schonen. Billiger geht es in Mystic kaum.

48 Whitehall Ave. (I-95, Exit 90), Mystic, T 860 572 8531, ab 65 $

Essen

Gut für lange Nächte

Captain Daniel Packer Inne: Zwei Essstuben unter einem Dach, die eine feiner, die andere relaxter mit Livemusik. Im Restaurant gibt es Neuengland-Gerichte ab 20 $ mit Überraschungen wie den Goat Cheese Medaillons. Der Pub ist preiswerter.

32 Water St., Mystic, T 860 536 3555, www. danielpacker.com, tgl. 11.30–15, 17–22 Uhr

Pilgerstätte für Julia-Fans

Mystic Pizza: Pizzeria für Julia-Roberts-Fans: Der Star spielte hier seine erste Hauptrolle. Ihr Film »Mystic Pizza« flimmert deshalb täglich über die Bildschirme. Nette Atmosphäre, enorme Pizzen (ab 10 $).

56 W. Main St., Mystic, T 860 536 3700, www.mysticpizzaoriginal.com, tgl. 16–21 Uhr

Man kennt den Metzger

Grass & Bone: Das Counter Service Restaurant dieser Fleischerei serviert deftige Fleisch- und Geflügelgerichte aus nachhaltiger Zucht und das Drumherum aus regionalem Anbau (ab 12 $).

24 E. Main St., Mystic, T 860 245 4814, tgl. 7–22 Uhr, www.grassandbonect.com

Einkaufen

Mystic hat sich zu einer kleinen, aber feinen Shopping-Destination entwickelt. Die meisten der neuen Läden befinden sich an **West Main Street** unweit der Zugbrücke. Die Chancen, fündig zu werden, stehen gut: Die Palette reicht von **Bank Square Books** (Nr. 53), einem der besten Indie-Buchläden in Neuengland, über Outdoor-Outfitter wie **Tidal River Clothing Co.** (Nr. 28) bis zu gehobenen Bekleidungsgeschäften wie **FatFace** (Nr. 8–22) und **Peppergrass & Tulip** (Nr. 30).

Infos

- **Eastern Regional Tourism District:** www.MysticCountry.com

Connecticut River Valley 📍 B 11

Unterwegs zum ›Rhein von Amerika‹ werden Sie Bekanntschaft mit dem Militär machen, doch keine Sorge: Im nüchternen **Groton** am Thames River, dem Hauptquartier der amerikanischen U-Boot-Flotte, sehen Sie höchstens unverhältnismäßig viele drahtige Männer mit zackigem Kurzhaarschnitt. Wichtigster Arbeitgeber vor Ort ist General Dynamics Electric Boat, Amerikas größter U-Boot-Bauer. Im Jahr 1954 fabrizierte er die »USS Nautilus«, der Welt erstes atomgetriebenes U-Boot.

U-Boot-Museum

Heute ist die Tauchlegende, die 1958 erstmals den Nordpol unterquerte, der

DIE MENSCHEN IN CONNECTICUT

Stereotype enthalten oft ein Körnchen Wahrheit. In ihrem Bestseller »The Official Preppy Handbook« beschreibt Lisa Birnbach die Menschen in Connecticut auf humorvolle Weise. Demnach sind sie zunächst fiskalisch konservativ und zugleich sozial liberal. Sie gehören Country Clubs an, wo sie segeln und golfen können, und sie tragen Freizeitkleidung in Pastellfarben und Bootsschuhe. Während ihrer Schulzeit haben sie wilde Partys in den Wäldern gefeiert, sie trinken lieber Kaffee von Dunkin' Donuts als von Starbucks, und verglichen mit Pizza aus Connecticut ist die aus New York … naja. Falls Sie also Gesprächsstarter suchen: voilà!

Star des **Submarine Force Museum.** Nach der Besichtigung des beklemmend engen Gefährts warten weitere Ausstellungsstücke aus 200 Jahren amerikanischer Seefahrt: Das Museum wird von der US-Marine geführt und kann deshalb etliche U-Boot-Artefakte von nationaler Bedeutung zeigen. Natürlich kommt alles nicht ohne eine ordentliche Portion Patriotismus aus.

I-95, Exit 86, Groton, neben der Naval Submarine Base, Mai bis Sept. Mi–Mo 9–17, sonst Mi–Mo 9–16 Uhr, Eintritt frei

Gruppentherapie in Kunst

So wirkt das Motto von **Hygienic Art Inc.** in New London auf der anderen Seite des Flusses regelrecht erlösend. ›Roots/ Revolution/Renaissance‹ haben sich die Macher der ungewöhnlichen Galerie auf die Fahnen geschrieben. Entstanden aus dem Bemühen von Bürgern und Künstlern, den Abriss eines alten Lagerhauses zu verhindern, stellen hier – unbehindert von Gebühren, Jurys und Zensur durch geschäftstüchtige Galeristen – einige der wohl interessantesten Künstler der Ostküste aus. Vielversprechende neue Talente werden jeden April auf einem Empfang vorgestellt – der inzwischen weithin bekannten Group Therapy!

Hygienic Art Inc., New London, 79 Bank St., Di–Fr 12–19, Sa 11–19, So 12–16 Uhr, www.hygienic.org

Alte Idylle, moderne Künstler

Das war es dann aber auch schon mit Patriotismus und Revolution. An der Mündung des Connecticut River in den **Long Island Sound** ist alles Martialische, egal ob von rechts oder links, vergessen. Nach Verlassen der Interstate kurvt man durch hübsche alte Dörfer mit Heckenrosen und Holzschildern an Gasthäusern. Vor bewaldeten Steilufern schippern Freizeitskipper auf blauem Wasser, man atmet tief durch. Fast ist es, als fahre man durch ein Bild von Norman Rockwell. Oder ein

Bullerbü für wohlhabende Erwachsene eines gewissen Alters.

In **Old Lyme,** einem niedlichen Dorf aus alten Kapitänshäusern, erinnert das wunderbare **Florence Griswold Museum** an die um 1900 im Ort florierende Lyme Art Colony. Bis in die 1930er-Jahre war die kleine, aber feine ›Kolonie‹ Keimzelle und Epizentrum der amerikanischen Impressionisten und die berühmteste Künstlerenklave der USA. Maler wie Childe Hassam, Willard Metcalfe und William Chadwick stiegen im Haus von Florence Griswold ab, um in der Umgebung zu malen. Am Westufer: Sandbänke, Landzungen, Halbinseln.

96 Lyme St., Old Lyme, April bis Dez. Di–Sa 10–17, So ab 13, sonst Mi–So 13–17 Uhr

Besuch bei einer Ikone

Im exklusiven Fenwick, wo man sich nur mit Einverständnis der Bewohner niederlassen darf – Besucher dürfen die Domizile betuchter Yankees und den Golfplatz mitten im Ort bestaunen – verbrachte die Schauspielerin Katharine Hepburn ihren Lebensabend (s. S. 147). Fans der vierfachen Oscar-Preisträgerin und Feministin der ersten Stunde können übrigens im **Katharine Hepburn Cultural Arts Center** im Nachbarort Old Saybrook eine von ihren Freunden und Nachbarn liebevoll zusammengestellte Ausstellung genießen!

300 Main St., Old Saybrook, Di–Fr 10–16 Uhr, www.katharinehepburntheater.org

Essex ♀ B 11

12 km flussaufwärts liegt das 1645 gegründete Essex – die perfekte Neuengland-Idylle. Zumindest sehen das die einschlägigen Rankings so, die jedes Jahr die perfekten amerikanischen Kleinstädte listen. Tatsächlich sind selbst die Relikte der Vergangenheit – hier der

Im Griswold Inn, der ältesten durchgängig betriebenen Taverne hier, machen wir Zeitreise in Ehrfurcht. Fühlen uns wie ein Trapper aus der Wildnis, werfen die Bibermütze auf den Stuhl und bestellen Whiskey.

bereits 1776 eröffnete **Griswold Inn** mit wunderbarer historischer Deko (www. griswoldinn.com), dort eine prustende Dampflokomotive, feine alte Häuser und ein kleines Theater aus Opas und Omas Zeiten – so makellos restauriert, dass man sich wie auf dem Filmset von »Die Frauen von Stepford« vorkommt.

Größter Schatz des hervorragenden **Connecticut River Museum** am Flussufer ist die Replik der mit Muskelkraft betriebenen ›Turtle‹ von 1775, des ersten U-Boots der Welt.

Museum: 67 Main St., Essex, www.ctriver museum.org, Di–So 10–17 Uhr, 10 $

Am Fluss nach Norden

Seit 1769 setzt die **Chester-Hadlyme Ferry** etwas weiter nördlich sehr romantisch über den Connecticut River. Die heutige trägt neun Autos und max.

49 Passagiere über den Fluss (Mo–Fr 7–18.45, Sa–So 10.30–17 Uhr).

Schon auf der Überfahrt sehen Sie **Gillette Castle,** die hübsch-hässliche, 1919 fertiggestellte Villa des damals berühmtesten amerikanischen Schauspielers und Burgenfans William Gillette. Er entwarf sein ›Castle‹ gleich als mittelalterliche Ruine, jedoch mit wohnlichem Interieur (Mai bis Okt. tgl. Führungen 10–17 Uhr, 6 $).

New Yorker Schöngeister schipperten damals noch weiter flussaufwärts nach **East Haddam.** Bis heute ist das in einem herrlichen viktorianischen Haus direkt an der eisernen Brücke über den Fluss residierende **Goodspeed Opera House** eine Top-Adresse. Hier proben Musicals den Ernstfall, bevor sie sich an den Broadway wagen (6 Main St., www. goodspeed.org).

Schlafen

Inn mit Jazz Joint

Old Lyme Inn: Was passiert, wenn talentierte Innkeeper ein altes Gehöft in eine schnuckelige kleine Herberge verwandeln? Alle Zimmer in einer geschmackvollen Mischung aus zeitgemäß hellen Farben und viktorianischem Mobiliar. Gutes Restaurant im Haus, Jazzclub The Side Door ebenfalls.
85 Lyme St., Old Lyme, T 860 434 2600, www.oldlymeinn.com, ab 140 $

Hierher führen alle Wege

Griswold Inn: ›The Gris‹, seit 1776 in Betrieb, gehört mit seinen 31 heimeligen Zimmern und drei guten Speisesälen zu Essex wie der Eiffelturm zu Paris. Und sein Tap Room wird gern als ›best-looking drinking room in America‹ bezeichnet.
36 Main St., Essex, T 860 767 1776, www. griswoldinn.com, ab 160 $

Essen

Abby ist ehrlich

Abby's Place: Der Blick über den Yachthafen auf den Fluss, verspricht die Eigentümerin, wird die etwas längere Wartezeit verkürzen. Belohnt wird man in diesem schönen Restaurant gleich neben der kleinen Dauntless-Werft außerdem mit Hummer-, Fisch- und Fleischgerichten in Begleitung leichter Salate. Morgens ist Abby's DER Ort fürs Frühstück. Grund: die besten French Toasts und Omelettes am Connecticut River!
37 Pratt St., Essex, T 860 767 0560, www. abbysplacect.com, Lunch ab 12 $

Infos

• **Connecticut's Heritage River Valley:** www.ctvisit.com/hartford

New Haven

Schwer ist es nicht, an New Haven vorbeizufahren, obgleich die I-95 mitten hindurchführt. Der Blick schweift zum fernen Long Island Sound hinüber, unwillkürlich, weil die gesichtslosen Neubausiedlungen und müden, von Ulmen nur halbherzig bedeckten Industriegebiete nichts sind fürs Auge.

Manhattanites kennen das. Unterwegs nach Cape Cod halten sie hier nur für die Pizza. Die Pizzabäcker der zweitgrößten Stadt von Connecticut gelten als die besten der Ostküste, und die lokale Apizza, eine Ofenpizza mit dünner Kruste, gibt es angeblich nur hier.

Kunst, Pizza und Gehirn

Doch auch New Haven selbst ist eine Schönheit, die inmitten brauner Industriegebiete blüht. Die 1638 von Puritanern am Ende des New Haven Inlet gegründete Stadt war Tiefseehafen und

FAKTENCHECK NEW HAVEN **F**

Einwohner: 130 000 Ew. (Metropolitain: 860 000 Ew.)
Bedeutung: Verwaltungssitz des New Haven County, Heimat der Yale University, Standort zahlreicher pharmazeutischer und Telekommunikationsunternehmen
Stimmung auf den ersten Blick: leicht zu übersehen, gesichtslos
Stimmung auf den zweiten Blick: gepflegte Schönheit, weltoffen, entspannt
Besonderheiten: erste geplante Stadt der USA mit erstem Baumpflanzungsprogramm, Verkehrsdrehscheibe

Da stehen sie mit ihren Jagdhunden – und können nicht mehr anders.
Das Center for British Art in der Yale University zwingt den englischen
Adel in ein stilles Leben ohne Zeit.

Standort riesiger Uhren-, Waffen- und Maschinenfabriken. Ihre renommierte, zur Ivy League gerechnete Yale University produzierte nicht nur kluge, sondern auch praktisch veranlagte Köpfe wie den genialen Eli Whitney, den Erfinder der Baumwollentkernungsmaschine.

Nach dem Zweiten Weltkrieg verödete die Innenstadt jedoch. Zig Millionen Restaurierungsdollar später ist die (Innen-)Stadt am Long Island Sound jedoch wieder da und besitzt – Yale sei Dank – eine tolle Kulturszene und eine muntere, längst über den Pizzatellerrand schauende Gastronomie.

Es grünt so grün

New Havens Innenstadt ist grün. Das erste Baumpflanzungsprogramm in den USA hat die Stadt mit einem so schönen Blätterdach gesegnet, dass sie schnell ih-ren Spitznamen ›The Elm City‹ weghatte. Da passt es gut, dass die Innenstadt kompakt und gut zu den Füßen ist. Sie konzentriert sich um das Green und fordert den Sinn für Ästhetik mit den unterschiedlichsten Baustilen heraus. So demonstrieren die drei Kirchen am Green – Trinity Church, Center Church und United Congregational Church – Neogotik, Federal Style und Georgian Style wie aus dem Lehrbuch.

Das **Amistad Memorial** vor der modernen City Hall (165 Church St.), die 4 m hohe, den Sklaven-Anführer Joseph Cinque darstellende Bronze, steht genau an der Stelle, wo einst die Sklaven interniert waren. Es erinnert an das Sklavenschiff ›Amistad‹, dessen menschliche Fracht 1839 zwar die Kontrolle übernahm, aber von der Besatzung nicht nach Hause, sondern nach New

Haven gelotst wurde. Hier und in Hartford wurden sie der Meuterei angeklagt, aber mithilfe namhafter Abolitionisten und des US-Präsidenten John Quincy Adams nach zweijähriger Prozessdauer nach Afrika entlassen. Mehr über diese spannende Geschichte erfahren Sie im **New Haven Museum.**

114 Whitney Ave., www.newhavenmuseum. org, Di–Fr 10–17, Sa 12–17 Uhr, 4 $

Yale University

Am New Haven Green beginnt auch Yales efeuumrankte Neogotik. An der 1701 gegründeten Campus-Uni studieren über 11 000 Studenten. Jodie Foster büffelte hier, Bill Clinton rauchte hier Pot, inhalierte aber nicht, und und … Sie können – Yale durch das Phelps Gate betretend – selbst auf Erkundungstour

DER ERSTE HAMBURGER

Wer in Louis' Lunch bedient werden will, muss seine Bestellung über die Theke schreien, um im Gewühl gehört zu werden, und sich obendrein darauf gefasst machen, rüde à la »Quick, I don't have all day!« abgefertigt zu werden. Doch dieser Imbiss in New Haven kann sich das leisten: Hier wurde Amerikas Fastfood-Klassiker erfunden. Im Jahr 1900 schob Louis Lassen für einen Gast, der etwas Warmes zum Mitnehmen orderte, eine Bulette zwischen zwei Weißbrotscheiben. Seitdem haben sich hier weder Rezept noch Umgangston verändert. Ein proletarisches, zugleich höchst amerikanisches Esserlebnis (261 Crown St., nur Di–Sa mittags).

gehen oder aber sich am **Mead Visitor Center** einer von Studenten geführten Tour anschließen.

Dabei hören Sie zunächst von der ewigen Konkurrenz mit »denen in Harvard«, dass »die in Cambridge« arrogant und beschränkt sind und beim nächsten Football-Turnier wieder verdroschen werden. Und wenn Ihr Guide sich dann mit der finalen Feststellung »Harvard sucks« warm geredet hat, wird er sicher die eine oder andere saftige Anekdote zum Besten geben.

Touren: 149 Elm St., Mo–Fr 10.30, 14, Sa–So 13.30 Uhr, www.visitorcenter.yale.edu

Museen mit schöner Pause

Neben den Sagas aus Auditorien, Schlafsälen und Mensen verdienen aber auch Yales Museen Beachtung. Bücherfans wird die in Marmor ausgekleidete **Beinecke Rare Books Library** Tränen in die Augen treiben.

Die meisten britischen Künstler außerhalb Großbritanniens zeigt das moderne **Yale Center for British Art.** Und gegenüber beherbergt die **Yale University Art Gallery** mehr als 100 000 Kunstobjekte, darunter Monets und Picassos, etruskische Vasen und teure Artefakte aus Afrika.

Hinterher streckt man die müden Beine unter einem der vielen Bistrotische an der historischen **Chapel Street** aus.

Books Library: 121 Wall St., www.beinecke. library.yale.edu, Mo 10–19, Di–Do 9–19, Fr 9–17, Sa 12–17, So 12–16 Uhr
British Art: 1080 Chapel St., www.britishart. yale.edu, Di–Sa 10–17, So 12–17 Uhr
Art Gallery: 1111 Chapel St., www.artgallery. yale.edu, Di–Fr 10–17, Do bis 20, Sa–So 11–17 Uhr

Schlafen

Schick und modern

The Study at Yale: New Havens Boutiquehotel verkörpert raffinierten Minima-

Nach der Prüfung dürfen die Graduates gern auch Faxen machen.

lismus mit 140 elegant einfachen Zimmern und Suiten. Im Restaurant Heirloom wird saisonale Küche mit Produkten aus der Umgebung serviert.
1157 Chapel St., New Haven, T 203 503 3900, www.studyatyale.com, ab 200 $

Schont das Budget
New Haven Hotel: 92 geschmackvoll eingerichtete große Zimmer im Zentrum, in Fußgängernähe zur Uni. Mit Restaurant und auch Fitnessraum.
229 George St., New Haven, T 203 498 3100, www.newhavenhotel.com, ab 199 $

Essen

Wie Sushi sein sollte
Miya's: Was sich wie ein Studenten-Lokal gibt, ist in Wirklichkeit Neuenglands bestes Sushi-Restaurant! 50-seitige Speisekarte mit organischen Delikatessen (ab 20 $).
68 Howe St., New Haven, T 203 777 9760, www.miyassushi.com, tgl. ab 16 Uhr

Hamburger's Alter Ego
Claire's Corner Copia: Claire's fröhliche Essstube ist seit 1975 die Vegetarier-Bastion in New Havens Fleisch liebender Umgebung. Und über die Jahre stetig nachhaltiger und umweltfreundlicher geworden. Hervorragende Quiche-Gerichte und Veggie-Burger (um 10 $).
1000 Chapel St., New Haven, T 203 562 3888, www.clairescornercopia.com, Mo–Fr 8–21, Sa/So 9–21 Uhr

Einkaufen

In New Haven sind **Chapel** und **College Street** gut für den Bummel durch Textilgeschäfte, Buchläden und schräge Shops wie den Hippie-Ausstatter **Group W Bench** (1171 Chapel St.), der seit nun schon ›ewigen‹ Zeiten Peace-Sticker und so verkauft.

Bewegen

Einen schönen Blick auf New Haven und Long Island Sound genießt man vom **East Rock Park** (East Rock Rd., April bis Nov.). Insgesamt 16 km Spazierwege durchziehen die Anlage am Nordrand der Stadt.

Ausgehen

Für nächtliches Entertainment ist in Connecticut vor allem New Haven der richtige Platz. Klassik und leichte Muse gibt's im **Shubert Performing Arts Center** (247 College St., www.shubert.com).
Für Blues, Jazz und Rock live steht **Toad's Place** (300 York St., www.toads place.com), wo schon Bruce Springsteen

und die Stones gerockt haben. Andere coole Concert Venues mit Top Acts fast jede Nacht sind die **College Street Music Hall** (238 College St., www.college streetmusichall.com) und das **Firehouse 12** (45 Crown St., www.firehouse12.com), ein klassischer Jazz Joint mit Bar und Lounge und angeschlossenem Tonstudio.

Infos

- **Greater New Haven Region:** www.visitnewhaven.com

Hartford   📍 B 10

Ein von Freeways eingekreistes Ballungszentrum vs. stille Landstraßen durch verschlafene Weiler. Kunst- vs. Naturgenuss, eine überdurchschnittliche Verbrechensrate vs. neuenglische Bilderbuchidylle: Extreme auf engstem Raum.

Neuenglands Kontrastprogramm

Hartford, die stocknüchterne Hauptstadt Connecticuts und »Insurance Capital of America«, hat mit den Litchfield Hills (s. S. 145) ein unverdient schönes Hinterland, wo herrliche alte Häuser an den schönsten Village Greens Neuenglands stehen. Während der letzten Jahre soll zwar über eine Milliarde Dollar in neue Attraktionen und Hotels und das Facelifting der Stadt geflossen sein. Neuenglands neuester Hotspot ist Hartford deshalb noch lange nicht.

Auf den Spuren von Mark Twain

Die meisten Besucher kommen daher noch immer wegen Samuel Langhorne Clemens alias Mark Twain. Der berühmteste Schriftsteller Amerikas stammte eigentlich aus Missouri, ließ sich aber 1874 hier nieder – auch weil er das rei-

che Hartford schön fand und profitable Beziehungen zur Upper Crust der Stadt knüpfen wollte. Dennoch ließ es sich der für seinen beißenden Humor berüchtigte Schriftsteller nicht nehmen, den hiesigen Geschäftssinn zu verspotten.

Nachdem beispielsweise ein Sturm die berühmte Charter Oak gefällt hatte – in der Eiche hatten die Hartforder 1687 eine ihnen gewisse Rechte zusichernde Urkunde vor den Engländern versteckt, weshalb sie Symbolwert hatte –, tauchten noch Jahre später so viele Zahnstocher und Spazierstöcke aus ihrem Holz auf, dass Twain vermutete, es reiche wohl auch für einen Plankenweg nach Utah.

Das 1636 von Puritanern gegründete Hartford war zu Twains Zeiten eine der reichsten Städte im Osten. Colt fertigte hier seine Feuerwaffen, die hiesigen Versicherungsgesellschaften boomten. Noch heute haben hier etwa 50 Versicherungen ihr Hauptquartier, daneben produziert die Stadt Computer und Düsentriebwerke, schwere Waffen (Colt heißt jetzt Colt Firearms) und Fluggerät.

Bürotürme, Parkhäuser und Gasometer haben die von Twain geschätzte Schönheit jedoch arg aufgemischt, des-

FAKTENCHECK HARTFORD

Einwohner: 122 000 Ew. (Metropolitain: 1,2 Mio. Ew.)
Bedeutung: Hauptstadt von Connecticut, Spitzname ›Insurance Capital of the World‹
Stimmung auf den ersten Blick: nüchtern
Stimmung auf den zweiten Blick: bemüht
Besonderheiten: ist Hauptsitz zahlreicher weltweit operierender Versicherungsunternehmen und eines knappen Dutzend renommierter Hochschulen

halb mag der Twain-Fan zielstrebig den Grund für seinen Stopover ansteuern.

Der Vater von Huck und Tom

Ein paar Autominuten vom Stadtzentrum entfernt spiegelt das **Mark Twain House & Museum,** burgunderrot und stilistisch undefinierbar, die schillernde Persönlichkeit seines Hausherrn wider. Dem Architekten soll er stündlich über die Schulter geschaut haben. Guides leiten durch die 19 mit Originalmöbeln ausgestatteten Räume. Twain war ein Gadget-Fanatiker: Sein Anwesen war eines der ersten mit Zentralheizung, privatem Telefonanschluss und Einbruchalarm. Der Mann, der vielen als der Begründer der modernen amerikanischen Literatur gilt, schrieb hier sein oft gelesenes Meisterwerk »Die Abenteuer des Huckleberry Finn« (1884).

351 Farmington Ave., nur geführte Besichtigungen, tgl. 9.30–17.30 Uhr, ab 20 $

Gegen Sklaverei

Twain war jedoch nicht der einzige Schriftsteller hier. Seine Nachbarin war keine Geringere als Harriet Beecher Stowe. Die streitbare Abolitionistin, deren »Onkel Toms Hütte« sich bereits millionenfach verkauft hatte, lebte in einem Cottage gegenüber und wanderte, wie Twain sich einmal erinnerte, zuletzt altersverwirrt im Morgenmantel durch seinen Garten. Das **Harriet Beecher Stowe Center** erinnert mit Originalmöbeln und -bildern an die mutige Vorkämpferin der Bürgerrechtsbewegung.

77 Forest St., Mo–Sa 9.30–17, So 12–17 Uhr, 16 $

Schlafen

Vielgelobtes Hotelpersonal

The Goodwin Hotel: Einst beherbergte dieses rote Backsteingebäude aus dem 19. Jh. die Gemächer des Finanziers JP Morgan. 2017 wurde es grundlegend restauriert und bietet heute 124 Zimmer und Suiten in Weiß, Grau und Schwarz und einem Schuss Blau.

1 Haynes St., Hartford, T 860 246 1881, www.goodwinhartford.com, ab 170 $

Viel Hotel fürs Geld

Red Lion Hotel Hartford: Vielleicht tut die Anonymität eines großen Kastenhotels nach all den kleinen Inns und B&Bs mal ganz gut? Das Red Lion (Ex-Radisson) im Zentrum hat 350 funktional eingerichtete Zimmer, Restaurant, Fitnesscenter und, nicht ganz unwichtig, ein Parkhaus.

50 Morgan St., Hartford, T 1 860 549 2400, www.redlion.com, ab 130 $

Essen

Urban

Trumbull Kitchen: Sehen und gesehen werden. Die Speisekarte bestimmt ein kreatives Gemisch aus internationalen Rezepturen – ab 16 $.

150 Trumbull St., Hartford, T 860 493 7412, www.maxrestaurantgroup.com/trumbull, Mo–Fr 11.30–23, Sa 12–24, So 16–22 Uhr

Einkaufen

In **Hartford** findet Shopping eher in den Vorstädten statt. Im Zentrum gibt es dennoch einige gute Geschäfte, vor allem rund um Civic Center und State House Square.

Die **Litchfield Hills** sind ein Paradies für Jäger verlorener Schätze. Eine Liste mit den Antiquitätenläden verzeichnet www.litchfieldhills.com.

Bewegen

Etwas nordwestlich von Hartford lockt der **Talcott Mountain State Park.** Der Blick vom Heublein Tower, dem Aussichtsturm

Lieblingsort

Fluchen nur unterm Dach

Manche Häuser gehen einem nicht mehr aus dem Kopf. Mir geht es so mit
dem **Mark Twain House** in **Hartford** (♥ B 10). Überall atmet es die tiefe
Menschlichkeit seines Erbauers. An jedem Detail haftet eine Geschichte. Die
Engel der Bettpfosten etwa: Die fanden Mark und seine Frau Olivia, genannt
Livy, so schön, dass sie sich mit dem Kopf ans Fußende des Bettes zu legen
pflegten, um sie besser sehen zu können. Oder Twains Schreibstube unter
dem Dach, eine mit Billardtisch ausgerüstete kreative Enklave über den Nie-
derungen des Alltags – der einzige Ort, wo die aus gutem Hause stammende
Olivia den Mann aus Missouri rauchen und fluchen ließ. Bei Schreibblockaden
absolvierte dieser hier eine Billardpartie mit George Griffin. Der schwarze Butler war während seiner 18 Jahre bei den Twains weit mehr als ein Angestell-
ter – er inspirierte Twain zu der Figur des Jim im »Huckleberry Finn«!

auf dem Gipfel, über das Farmington River Valley und die Skyline von Hartford ist im Indian Summer am schönsten.

Infos

● **Connecticut Office of Tourism:** www.ctvisit.com/hartford

Litchfield Hills   ♀ A 10

Hier gibt es keine Stöckelschuhe. »No High Heels, please!« bitten kleine Schilder in Restaurants, Museen und Herbergen. Sie weisen leise, aber bestimmt darauf hin, dass hohe Absätze bleibende Pockennarben in den alten Kieferböden hinterlassen.

Dies. Ist. Neuengland.

Die Besucher akzeptieren das, heißt es dann auf Nachfrage – kein Wunder: Die Litchfield Hills in der dicht bewaldeten Nordwestecke von Connecticut stehen ohnehin von jeher für Reset und Entschleunigen. Wenn die Stars der in New York spielenden Sitcoms also stöhnen, sie seien reif für ihr »cottage up north«, dann meinen sie Litchfield.

Selten deutet jedoch mehr als ein Briefkasten am Straßenrand auf etwaige Promi-Präsenz hin: In den Litchfields trägt man Sneakers, rollt in alten Kisten durch die Gegend und redet nicht über Geld. Die typisch neuenglische Mischung aus bewusstem Understatement und rustikaler, zugleich aber weltgewandter Eleganz hält das immer verrücktere Tempo im Big Apple in Schach. Und diese überaus sanfte Farm- und Hügellandschaft mit ihren Puppenstubenstädtchen, überdachten Brücken und munteren Wasserfällchen – sie hilft nach Kräften dabei mit.

Die Zeit, die man sonst nicht hat

Der 1719 gegründete Hauptort **Litchfield** war Ende des 18. Jh. drauf und dran, ein zweites Lowell (s. S. 65) zu werden. Die Industrialisierung fand jedoch woanders statt, und dem Ort blieb das, was seine wohlhabenden Bürger zurückließen – gepflegt von Bildungsbürgern, die hier die erste Juristenschule des Landes und die erste höhere Mädchenschule gründeten. Das lange, rechteckige Green, von dem Straßen mit alten Bäumen in alle Richtungen ausstrahlen, die 1828 geweihte, bildschöne Congregational Church mit ihrer schneeweißen Spitze, repräsentative Holz- und Steinhäuser in den damals modischen Stilen, Teestuben, Antiquitätenläden: Wären die Autos nicht und die schicken Boutiquen, Pubs und Bistros an der West Street, man wähnte sich glatt in der guten alten Droschkenzeit.

Alles Geschichte

Einen Besuch wert ist das **Litchfield Historical Society Museum.** Es enthält Ausstellungen zur Geschichte der Umgebung und verwaltet auch die **Tapping Reeve House & Law School** von 1774. Unter den 1200 Absolventen dieser ersten Juristenschule der USA waren auch 28 spätere Senatoren, 14 Gouverneure und zwei Vize-Präsidenten. Die hölzernen Schulbänke hatte der Jurist und Gründer Tapping Reeve eigenhändig gezimmert. Museum: 7 South St., www.litchfieldhistorical society.org, April bis Nov. Di–Sa 11–17, So 13–17 Uhr, Eintritt frei
Law School: 82 South St., Mitte April bis Nov., Di–Sa 11–17, So 13–17 Uhr

Natur, Natur

Das alles ist interessant, aber zugegebenermaßen auch ein wenig muffig, sodass das **White Memorial Conservation Center Museum** vielleicht ganz gelegen kommt. Das Naturkundemuseum in einem Wildschutzgebiet stellt in spannend inszenierten Ausstellungen die Tierwelt Neuenglands vor. Draußen wartet ein schönes Trailnetz auf Hiker und Tierbeobachter.

Rte. 202 nach Bantam, dann Whitehall Rd., www.whitememorialcc.org, Mo–Sa 9–17, So 12–17 Uhr, Spende erbeten

Spazierfahrt im Paradies

Egal wie niedlich die Städtchen und Dörfer hier sind: Die Hills sind die Hauptattraktion. Nach einem Cappuccino am Litchfield Green lassen Sie sich deshalb am besten ziellos durch die auf sanften Hügeln auf und ab wogende Waldlandschaft treiben. Vielleicht kommen Sie bei den schönen **Kent Falls** nordwestlich vorbei oder bei der **Arethusa Dairy Farm** (www.arethusafarm.com) in Bantam, die ihre sahnige Eiscreme mit 16 % Butterschmalz macht.

Bantam Store: 822 Bantam Rd., Bantam, So–Do 10–20, Fr–Sa 10–22 Uhr
Farm: 556 S. Plains Rd., Litchfield, nur Sa 12.30–14.30 Uhr

Schlafen

Auf historisch getrimmt

The Litchfield Inn: … aber trotzdem nicht zu verachten und ideal als Basis für Exkursionen in die Umgebung. Mit Themen-Suiten wie Bohemian Room oder Bridal Suite und Lamm und Angus Burger in der hauseigenen Tavern off the Green.

432 Bantam Rd., Litchfield, 1 800 499 3444, www.litchfieldinnct.com, ab 120 $

Home away from home

Starbuck Inn: Fast noch schöner als die sechs heimeligen Zimmer in diesem durch und durch sympathischen B&B ist das parkähnliche, quasi in Sichtweite zum Zentrum von Kent liegende Grundstück mit Terrasse und alten Bäumen.

88 North Main St., Kent, T 860 927 1788, www.starbuckinn.com, 160–290 $

Essen

Meeting Point

The Village Restaurant: »Best Bar« und »Best Prime Rib« sind nur einige der Auszeichnungen, die das nette Restaurant bisher erhalten hat. In dem hübschen Backsteinbau mit großer Glasfront am Litchfield Green kommen vor allem lokale Produkte auf den Tisch. Kreatives Pubfood zwischen Roxbury-Salat und Village Meatloaf (ab 15 $).

25 West St., Litchfield, T 860 567 8307, www.village-litchfield.com, So–Do 11.30–21.30, Fr–Sa 11.30–22 Uhr

Global in Litchfield

West Street Grill: Hat den Ort seit der Eröffnung 1990 im Alleingang von einer kulinarischen Ödnis in ein Ziel für Feinschmecker verwandelt. Moderne amerikanische Küche (ab 20 $) mit Einflüssen aus aller Welt. Saisonale Zutaten, immer frisch!

43 West St., Litchfield, T 860 567 3885, www.weststreetgrill.com, tgl. 17.30–22 Uhr

Einkaufen

Ein ungewöhnliches Mitbringsel ist – ganz unerwartet – der Wein aus Connecticut. Der **Haight-Brown Vineyard** bei Litchfield produziert gut trinkbare Rieslinge und Chardonnays. Verkostung immer Samstag, 13 Uhr (12–25 $).

29 Chestnut Hill Rd., Litchfield, T 860 567 4045, www.haightbrownwine.com

Infos

- **Western CT CVB:** www.litchfieldhills.com

Zugabe
Warrior Woman mit Charme

Katharine Hepburn

S ie handelte ihre Verträge selbst aus, sicherte sich ein Veto-Recht in allen kreativen Angelegenheiten und trug Hosen in einer Zeit, als Frauen dafür verhaftet werden konnten.

Die in Hartford geborene Katharine Hepburn (1929–1993) gewann den begehrten Oscar vier Mal – jedoch nicht als verführerischer Vamp, sondern weil sie den von Hollywood diktierten Geschlechterrollen den Kampf ansagte. Mit ihrer Mischung aus Intelligenz und feinem Humor inspirierte sie ihre Fans und wurde zum Role Model.

Und sie charmierte Skeptiker. Als die Anwohner des Squam Lake (s. S. 189) sich gegen Dreharbeiten zum Film »On Golden Pond« (1981) sperrten, schleppte Regisseur Mark Rydell sie auf eine Gemeindeversammlung im Städtchen Holderness. Am Ende des Abends hatte die Grande Dame des amerikanischen Films die Herzen der Hiesigen gewonnen, und »Am goldenen See« konnte gedreht und ein Welterfolg werden.

Fans der vierfachen Oscar-Preisträgerin und Feministin der ersten Stunde können übrigens im Kate Museum im Katharine Hepburn Cultural Arts Center (www.katharinehepburntheater. org) in Old Saybrook (s. S. 136) eine von ihren Freunden und Nachbarn liebevoll zusammengestellte Ausstellung genießen! ∎

Vermont

Grüne Berge, grüner Ökostaat — ins idyllische Vermont, dem gerade eine Autostunde breiten Landstrich zwischen New Hampshire und dem Staat New York, verirrt sich nicht, wer Action sucht. Hier ist eher der Weg das Ziel!

Seite 151

Gallery Walk in Brattleboro

Am ersten Freitag jeden Monats verwandelt sich das Zentrum der Stadt in eine Openair-Galerie mit Latte und Muffins, zu Deutsch: mit Kaffee und Kuchen.

Seite 153

Mountainbiking am Mount Snow

Bergauf mit Sessel-lifts, runter auf zwei dicken Rädern: Auf den Single-Tracks und Downhill-Pisten im Ski-Resort am Mount Snow toben sich im Sommer die MTB-Pros aus – dabei sind heiße Waden, Schultern und Arme garantiert.

Liegt die berühmteste Festung Vermonts in Vermont?

Eintauchen

Seite 154

Newfane und Grafton ⭐

Idyllisch, zauberhaft, malerisch – stimmt alles. Zweimal Neuengland mit ganz vielen Kühen. Am Ched-dar-Käse kommen Sie hier also nicht vorbei, egal wie streng er riecht. Schönste Zeit natürlich: der Indian Summer!

Seite 154

Route 100

Wenn Sie sich nicht auf dem Long Trail über Vermonts Berge quälen wollen, gibt es eine Alternative: Die Route 100 schlängelt sich als schönste ›Scenic Route‹ in Neuengland durch die Green Mountains.

Seite 156

Bennington Museum

Fußnoten der Geschichte sind oft spannender als jene Ereignisse, die es bis in die Geschichtsbücher schaffen. Dieses Museum hat davon viel zu bieten.

Seite 159

Vermont Marble Museum

Wie schön (und auch exorbitant teuer) Marmor aus Vermont eigentlich ist, erfahren Sie in diesem kaum bekannten Museum im Ort Proctor.

Seite 167

Mount Mansfield

Der Pfad zum Gipfel führt durch alle Vegetationszonen Neuenglands, am Ende wartet Stolz und Glücksgefühl.

Seite 169

Burlington

Liebenswertes Städtchen am Ufer des Lake Champlain.

Seite 173

Sugar Shacks

Im Frühjahr produzieren die ›Zuckerhütten‹ in den Ahornwäldern Vermonts den köstlichen Maple Sirup. Ein Ritual, das das Ende des langen Winters signalisiert und mit Kind und Kegel gefeiert wird.

Es stimmt nicht, dass es in Vermont mehr Kühe als Menschen gibt. Wahr ist, dass auf jede Kuh 3,8 Vermonter entfallen.

Vermonts Einwohner sind die am wenigsten religiöse Bevölkerung in den USA. 13 % forderten schon 2007 sogar eine Loslösung von den USA!

erleben

Amerikas progressivster Staat

V

Vermont, seiner grünen Umweltpolitik wegen oft als Amerikas progressivster Staat gepriesen, kann auch anders. So schießt in abgelegenen Gegenden auch schon mal konservative »Take back Vermont«-Graffiti gegen als zu liberal empfundene Mitbürger. Unbestreitbar ist jedoch, dass das Amerika unter sich begrabende Siedlungsbrei in diesem Musterländle keine Chance hat.

In Vermont umgibt Sie Neuengland-Idylle flächendeckend. Grüne Berge und Täler, Dörfer wie aus den Wunschträumen der PR-Strategen, schöne Höfe mit roten Silos und knorrigen Farmern, die ausgeprägte Ansichten haben und unabhängig denken. Gut möglich also, dass man Sie hier stolz darauf hinweist, dass man der einzige Bundesstaat mit einem sozialistischen Senator ist und Montpelier die einzige Hauptstadt ohne ein McDonald's!

14 Jahre lang waren die Vermonter übrigens tatsächlich unabhängig. Bis 1791 druckten sie ihr eigenes Geld und schafften als Erste die Sklaverei ab. Ihr Volksheld ist Ethan Allen (1738–1789). Der führte seine »Green Mountain Boys« einst zum Sieg gegen die Briten und Vermont in die Unabhängigkeit. Ende der

ORIENTIERUNG 0

Tourist Information: Vermont Department of Tourism, 1 National Life Drive, Montpelier, VT 05620, T 802 828 3237
Internet: www.VermontVacation.com
Verkehr: Wäre der liebe Gott Autofahrer, er würde sich bestimmt am liebsten in Vermont hinters Steuer setzen! Stille Landstraßen en masse, keine Drängler und in den Städtchen keine Parkplatzsorgen. Sogar kaum jemand, der seinen Wagen abschließt. Auch in dieser Hinsicht ist das Leben in Vermont beneidenswert.

1960er-Jahre entdeckten Hippies und Wehrdienstverweiger die stillen Täler. Viele sind bis heute geblieben, betreiben B&Bs oder sind erfolgreiche Kleinunternehmer.

Bei Roadtrips in Vermont geht es um Zeit, die man sich nimmt, um der Nase nach zu fahren und anzuhalten, wo und wann man will. Zwischen dem einladenden Brattleboro und Burlington, der schönen Stadt am See, liegen das Wandergebiet der Green Mountains, ein Käse-Mekka und viele kurvige ›Scenic Roads‹.

Brattleboro   ♥B8

Was für eine Energie! Dutzende hervorragender Galerien in der Stadt, Studios und Workshops. Statt Supermarkt ein Co-Op mit lauter freundlichen Gesichtern, und auf den Klos der Restaurants Poster mit der Bitte um umweltfreundliches Haushalten. Ferner das New England Youth Theatre und das Brattleboro Music Center mit Hunderten von Programmen und Klassen und über 40 Konzerten pro Jahr. Und in der allernächsten Umgebung das Vermont Performance Lab mit seinen Residenzprogrammen für Tänzer und Musiker sowie das Marlboro College mit seinem starken Kunstprogramm und Music Festival. Nicht schlecht für eine Kleinstadt mit kaum mehr als 12 000 Einwohnern!

Der Schein-Riese

In der DNA Brattleboros tummelt es sich geradezu, das weltoffene Erbgut von Künstlern, Hippies und tätowierten Hipstern. Tatsächlich würde das Kulturangebot des Städtchens zwischen Green Mountains und Connecticut River jeder Großstadt zur Ehre gereichen. 1753 gegründet und im 19. Jh. eine boomende Industriestadt, vollzogen die Stadtväter in den 1990er-Jahren die Wende zur Kulturstadt und feiern das seither am ersten Freitag jedes Monats mit dem **Gallery Walk:** Läden, Restaurants und Bürgersteige verwandeln sich in Ausstellungsflächen für lokale und regionale Künstler und produzieren so eine volksfestartige Stimmung (www.gallerywalk.org).

Das hyper-liberale Amerika

Brattleboros Ruf als besonders liberales Städtchen wird Ihnen übrigens nicht nur

Mit der Parade Strolling of the Heifers feiert Brattleboro seine Landwirtschaft im Umland. Die Stadt kann aber auch interessanter: beim Gallery Walk ist das Zentrum in der Hand von Hipstern und Künstlern.

auf den öffentlichen Toiletten ins Auge fallen. Im **Brattleboro Food Co-Op** (2 Main St., www.brattleborofoodcoop. coop), der u. a. mehrere Hundert Käsesorten anbietet, sowie in vielen anderen Läden an der **Main Street** können Sie u. a. Petitionen gegen genetisch modifiziertes Gemüse unterschreiben und Schilder wie »Breastfeeding Mothers Welcome« lesen.

An der Main Street liegen darüber hinaus viele gute Restaurants, Kneipen und Coffee Shops. Einen näheren Blick ist das **Latchis Hotel** (50 Main St.) wert, eine Art-déco-Herberge von 1938 mit altmodischen Zimmern (s. Schlafen), griechischen Friesen und dem Latchis Theatre, das Blockbuster ebenso wie Indie-Filme zeigt.

Und natürlich dürfen Sie erst in die Green Mountains weiterfahren (auf den Rtes. 30 und 35), nachdem Sie sich im **Brattleboro Museum and Art Center** nicht nur Kenntnisse über die Regionalgeschichte, sondern auch über das Kunstschaffen der hiesigen Szene angeeignet haben.

Museum: 10 Vernon St., Brattleboro, tgl. außer Di, 11–17 Uhr, 8 $

Schlafen

Mehr als eine Katze

The One Cat: Als sie ihr kleines B&B eröffneten, sagen die Besitzer Pat und Conrad, dachten sie nicht an ein schickes Boutiquehotel, sondern nur an einen gemütlichen Ort an einer richtigen Straße in einer richtigen Nachbarschaft. Mit den hübschen Zimmern, der kleinen, aber feinen Bibliothek im Wohnzimmer und dem fantastischen Frühstück haben sich die beiden ihren Traum erfüllt. Und tja, das sollte man wissen, es gibt dort mehr als eine Katze!

43 Clark St., Brattleboro, T 802 579 1905, www.theonecatvermont.com, ab 120 $

Preiswert im Herzen der Stadt

Latchis Hotel: Besser geht sie nicht, die Lage. Mittendrin halt. Dazu kommt, dass dieses 1938 als Hotel/Kino/Ballsaal im Art-déco-Stil erbaute Hotel zu den schönsten Herbergen in Süd-Vermont gezählt wird.

50 Main St., Brattleboro, T 802 254 6300, 1 800 798 6301, www.latchis.com, ab 100 $

Essen

Bestes Craftbier, toller Flussblick

Whetstone: Wenn es passieren kann, dass der Kellner ein Fernglas zückt, damit der Gast den auf einem treibenden Stamm sitzenden Fischadler sehen kann, ist man an der richtigen Adresse. Das Whetstone führt über 60 Vermonter Craftbiere, viele davon aus der hauseigenen Mikrobrauerei, und kreativ verfeinertes Pubfood ab 15 $. Am besten: die Tische auf der Terrasse hoch über dem Connecticut River.

36 Bridge St., Brattleboro, T 802 490 2354, www.whetstonestation.com, Mo–Mi, So 11.30–22, Do–Sa 11.30–23 Uhr

Klein, aber fein

Peter Havens: In diesem kleinen Restaurant mitten in ›Bratt‹ stimmt einfach alles, vom persönlichen Empfang durch Besitzer oder Bedienung bis zur modernen American Cuisine (ab 28 $) mit hausgemachten Sünden wie Pasta del Mar und Lamm in gelbem Madras-Curry.

32 Elliot St., Brattleboro, T 802 257 3333, Mi–So ab 17.30 Uhr

Einkaufen

›Shop local!‹ in Vermont bedeutet lokales Kunsthandwerk, von Kreativen von hier. Die **Altiplano Boutique** (42 Elliot St.), **Vermont Artisans** (106 Main St.) und **Evan James Jeweler** (48 Main St.) sind gute Adressen.

Kampf um den nächsten Meter in der grünen Hölle am Mount Snow in Vermont. Die Beine schreien nach Linderung. Aber erst beim Downhill wächst der Bizeps durchs Vorderradrumgereiße.

Bewegen

Paddeln, so oder so

Vermont Canoe Touring Center: Der Anbieter befindet sich neben der Veterans Memorial Bridge am Nordrand von Brattleboro und vermietet Kajaks, SUP und Kanus und organisiert zudem geführte Trips auf den Flüssen der Umgebung. 451 Putney Rd., Brattleboro, T 802 257 5008, www.vermontcanoetouringcenter.com

Downhill für Kenner

Mount Snow: Zwar kommt das Mountainbike aus San Francisco, doch die erste Mountainbike-Schule der USA wurde 1988 nordöstlich von Brattleboro am Mt. Snow (www.mountsnow.com) gegründet. 220 km MTB-Trails bietet das Terrain des **Mount Snow Ski Resort,** das seit 1990 die National Championship Series (NCS) ausrichtet und mit dem schwersten Downhill-Trail im Osten aufwartet. Räder können im Mountain Bike Center vor Ort gemietet werden. Bergauf geht es mit Sesselliften (www.mountsnow.com/biking).

Ausgehen

In Brattleboro gibt es Livemusik im **Whetstone's** (36 Bridge St.), im **McNeill's Brewery & Pub** (90 Elliot St.) und im **Arkham** (16 Harmony Pl.), das noch auf hat, wenn alle anderen schließen.

Infos

- **Brattleboro Chamber:** 180 Main St., www.brattleborochamber.org

Newfane und Grafton ⭐

9 B8

Mit Newfane und Grafton ist es wie mit Max und Moritz: Das eine wird nicht ohne das andere genannt. Beide Dörfer gehören zu Vermont wie die Eiscreme-könige Ben & Jerry's, gemeinsam sind sie so etwas wie der Heilige Gral für alle, die das lupenreine Neuengland suchen.

Makellos weiß

Newfane liegt ein paar Autominuten nordwestlich von Brattleboro in den Green Mountains am West River. Per-fekt, das Ensemble aus Village Green mit Kirche, Union Hall und Bezirksgericht. Alle stehen makellos weiß Spalier.

Weltfern ist Newfane deshalb nicht: 2006 gehörte es zu den ersten Gemein-den, die sich angesichts des Irak-Krieges hinter eine Resolution zur Amtsent-hebung von US-Präsident George W. Bush stellten. Über diesen Akt zivilen Ungehorsams werden Sie leicht mit den Hiesigen ins Gespräch kommen.

Vorbeischauen sollten Sie bei **The British Clockmaker** (49 West St.). Seit über 50 Jahren restauriert Uhrmacher Ray Bates hier die schönsten antiken Uhren Amerikas. Auch sonst sind Sie in guter Gesellschaft: In den Inns um Newfane lo-gierten u. a. schon die Schauspieler Tom Cruise und Nicole Kidman, ebenso Henry Kissinger und Mick Jagger.

Die Käsestadt

Weiter nach **Grafton** geht es nach Nor-den über die Rte. 35, erst am Fluss ent-land, dann über die hügeligen Ausläufer der Green Mountains, vorbei an roten Scheunen und weißen Zäunen. Sie sehen und hören dort: Eine weiße Kirchturm-spitze über einem attraktiven Village Green, ein plätscherndes Bächlein und offene Felder bis zu den Bergen.

HIGHWAY TO HEAVEN **H**

Die **Green Mountains** sind das Rückgrat Vermonts. Nicht ganz so rau wie die White Mountains, aber nicht minder anstrengend, bieten sie bewegungssüchtigen Hikern Aus-lauf im Übermaß, nicht nur mit dem Long Trail (s. S. 167, 281). Natürlich geht es auch bequemer: Die **Route 100,** eine der schönsten ›Scenic Routes‹ in Neuengland, kurvt über die Ostflanke der Green Mountains durch dichte Wälder und hübsche Lichtungen und passiert gottverlassene Nester, in denen der Lebensmittel, Benzin, Lottotickets und Telefonkarten verkaufende Ge-neral Store (s. S. 288) noch immer *der* soziale Mittelpunkt ist. **Weston** ist das schönste dieser Nester, eine schläfrige 500-Seelen-Gemeinde am Ende des West River Valley.

Grafton ist Neuenglands Ched-dar-Mekka. Den vier Jahre alten Cheddar der 1890 gegründeten **Grafton Village Cheese Company,** die einst Vermonts Ruf als Heimat des besten Cheddar der USA begründete, können Sie bei **MKT Wine & Cheese** (162 Main St.) kaufen. Der strenge, aber köstliche Käse ist der preisgekrönte Hauptdarsteller bei spon-tanen Picknicks auf der Kühlerhaube mit Weideblick.

Schlafen

Typisch neuenglisch

The Grafton Inn: Über acht historische Häuser im Ort verstreute Unterkunft mit insgesamt 46 gemütlichen Zimmern. Gu-tes Restaurant. Zum Hotel gehört zudem das Grafton Trails and Outdoor Center. Gäste können das dort verfügbare Angebot – paddeln, schwimmen, Mountainbiking – kostenfrei in Anspruch nehmen.

92 Main St., Grafton, T 802234 8718, www.graftoninnvermont.com, ab 140 $

Bennington 📍 A8

Von Brattleboro aus klettert die Rte. 9 nach Osten zunächst auf 800 m Höhe und führt dann durch die dichten Mischwälder des Green Mountains National Forest. Die Schneisen von Mount Snow und Haystack Mountain gleiten vorbei, zwei aus einem Dutzend guter Ski- und Mountainbike-Reviere in Vermont. Auf halber Strecke biegt die Rte. 100 nach Norden Richtung Killington ab (s. S. 159).

Siegesturm mit Aussichtskanzel

Rte. 9 hingegen senkt sich sacht hinab zur Arbeiterstadt **Bennington.** Eingekesselt von der Taconic Range und den Foothills der Green Mountains, sitzt der Stadtkern Old Bennington mit seinen schönen Häusern auf einem Sattel über dem Walloomsac River. Die moderne, noch immer unansehnliche Downtown liegt ihr zu Füßen, in North Bennington befindet sich das angesehene Bennington College – Fans von »Game of Thrones« wissen natürlich, dass Peter Dinklage alias Tyrion Lannister hier studierte!

In Old Bennington überragt das schön-schreckliche **Bennington Battle Monument,** ein 100 m hoher Obelisk, das ganze Tal. Es erinnert an die 1777 von den Kolonisten gewonnene Schlacht von Bennington, die die Wende im Unabhängigkeitskrieg zugunsten der Amerikaner einleitete. Mit dem martialischen

Newfane gibt sich so ländlich-idyllisch, dass es schon fast wehtut. Kirche und Court House stehen makellos weiß Spalier im Indian Summer.

Zweck versöhnt der fantastische Blick von der Aussichtskanzel.

15 Monument Circle, Old Bennington, April bis Okt. tgl. 9–17 Uhr

Vermonter Geschichten

Auf dem Weg zum Obelisk liegt das kleine, aber feine **Bennington Museum** zur Geschichte Vermonts. Der nicht weiter kommentierte Hinweis, George Washingtons Ritt nach Bennington im Jahre 1790 sei die erste Auslandsreise eines US-Präsidenten gewesen (Vermont war ja noch unabhängig), ist nicht nur nette Statistik, sondern auch als dezenter Hinweis auf den patriotischen Blickwinkel der Einheimischen zu verstehen. Legen Sie im betreffenden Saal auch eine Gedenksekunde für die armen 800 hessischen Söldner ein, die in der Schlacht von Bennington für Großbritannien bzw. für nichts und wieder nichts ihr Leben ließen.

Eine Galerie widmet sich Anna Mary Robertson Moses, alias ›Grandma Moses‹ (1860–1961). Die Ikone der naiven Malerei Amerikas begann erst mit 70 Jahren zu malen und erregte mit ihren Szenen des ländlichen Neuengland weltweit Aufsehen.

75 Main St., Bennington, benningtonmuseum. org, Juni bis Okt. tgl. 10–17 Uhr, sonst nur Do–Di, 10 $

Brücke am Fluss

Kein Postkartenständer in Neuengland ohne sie: die überdachten Brücken à la Clint Eastwoods »Die Brücken am Fluss« mit Meryl Streep! Das **Covered Bridge Museum,** ein Teil des der Volkskunst gewidmeten **Laumeister Art Center** hat diese typisch neuenglische Institution zum Thema. Warum Brücken damals Dächer hatten, wozu sie sonst noch benutzt wurden – man nannte sie auch ›Kissing Bridges‹ – und welche Herausforderungen ihre Konstrukteure zu meistern hatten, wird hier in liebevoller,

leicht schläfriger Heimatkunde-Atmosphäre geschildert.

Laumeister Art Center, West Rd. at Gypsy Lane, auf Facebook, Sa/So 10–17 Uhr

Schlafen

Gemütlich wäre untertrieben

Safford Mills Inn: Es gibt Unterkünfte, aus denen man einfach nicht mehr fort möchte. Hier vielleicht, weil dies das älteste Haus der Stadt ist? Jedenfalls verbreiten die in einer Mischung aus gestern und heute eingerichteten drei Zimmer eine derart heimelige Atmosphäre, dass selbst das Ausgehen am Abend schwerfällt. Doch für den Fall ist auch gesorgt: Der zum Inn gehörende Dinner Club & Lounge befindet sich gleich nebenan.

722 Main St., Bennington, T 802 681 7646, www.southshire.com, ab 110 $

Essen

True Blue

Sonny's Blue Benn Diner: Ein tiefblauer Eingang, viel rostfreier Stahl und die klassische Bestuhlung machen den Diner aus den 1950er-Jahren zum Fastfood-Event (ab 7 $).

FÜR EISENBAHN-FANS **E**

Von Juni bis Oktober ziehen die alten Lokomotiven der **Green Mountain Railroad** liebevoll restaurierte Waggons durch die Bilderbuchlandschaft Süd-Vermonts. Vor allem die Fall-Foliage-Fahrten zwischen Chester und Ludlow oder Rockingham im Indian Summer bieten einen wunderschönen, gemütlichen 2-Stunden-Ausflug in Omas und Opas Zeiten (www.rails-vt.com).

314 North St., Bennington, T 802 442 5140,
Mo–Di 6–17.30, Mi–Sa 6–20, So 7–16 Uhr

Einkaufen

Eine Reihe netter Kunsthandwerksläden findet sich an Main Street und ihren Stichstraßen, darunter der **Hawkins House Craftsmarket** (262 North St.) und **Fiddlehead at Four Corners** (338 Main St.).

Bewegen

Auf dem langen Weg
Green Mountain Club: Der Long Trail (s. S. 281) beginnt ganz in der Nähe. Die Bennington-Sektion des Green Mountain Club hilft mit Infos und organisiert regelmäßig geführte Wanderungen (www.meetup.com/gmcbennington).

Infos

● **Visitor's Center:** 100 Veterans Memorial Dr., Bennington, www.bennington.com

Manchester ♀ A8

Die Rte. 7A von Bennington nach Manchester führt an den Westhängen der Green Mountains entlang, die Taconic Range liegt zur Linken.

Reich und schön
Das Städtchen **Manchester** hat den Kommerz so rigide wie kein anderes aus seinem Zentrum Manchester Village verbannt und träumt mit Gehwegen aus Marmorplatten und dem grandiosen **Equinox Hotel,** wo livrierte Pagen vorfahrenden Limousinen beispringen, von der guten alten Zeit.

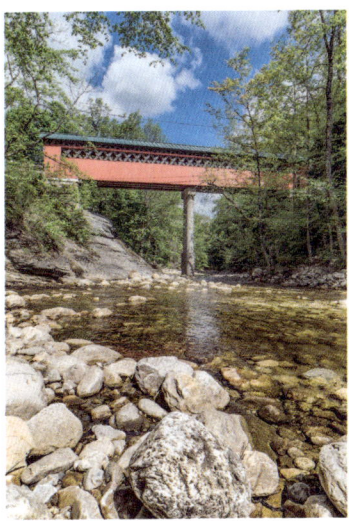

Jetzt ist auch der Fluss ruhig. Aber er kann wild werden – vielleicht immer dann, wenn sich Liebende im Versteck auf der Covered Bridge küssen?

Manchester Center schwelgt indessen im Kaufrausch. Es besteht mehr oder weniger aus Designer Outlets und diversen Fastfood-Restaurants. Möglicherweise gehen Sie da schon freiwillig ins **American Museum of Fly Fishing.** Mit glänzenden Augen saugen hier Angler aus halb Amerika auf, was fanatische Petrijünger zum Thema Fliegenfischen alles zusammengetragen haben.
4070 Main St., Manchester, www.amff.org, Di–Sa 10–16 Uhr, 5 $

Residenz der Lincolns
Amerikaner lieben Orte mit Geschichte und guten Geschichten. Neugierig? Südlich von Manchester lohnt **Hildene Estate** die Inspektion. Das prächtige, hinter Bäumen verborgene Anwesen hoch über dem Battenkill River gehörte Robert Lincoln, Sohn von Abraham

Lincoln und zur Bauzeit um 1900 CEO der Pullman Company. Es enthält neben wundervollem Originalmobiliar einen Zylinder des berühmten US-Präsidenten sowie dessen Hände – als Messingguss. 1005 Hildene Rd. (Rte. 7A), Manchester, www.hildene.org, Mai bis Okt. tgl. geführte Touren, 9.30–16.30 Uhr, 23 $

… dann zur Sonne

Der **Equinox Skyline Drive,** eine serpentinenreiche Strecke (20 $ pro Auto u. Fahrer, jede weitere Person 5 $), führt von der Rte. 7A aus auf den 1172 m hohen Mount Equinox. Oben reicht der Blick bis zu den White Mountains im Osten und den Adirondacks im Westen. Am Schrankenhäuschen liegen Trailkarten bereit. Eine Handvoll schöner Wanderungen beginnt an der Straße und folgt den Hängen bis zum Gipfel, der als Greifvogelrevier einen guten Namen bei Vogelbeobachtern genießt.

Schlafen

Himmelbett und Flachbildschirm

1811 House: Früher war es das Haus einer Enkelin von US-Präsident Abraham Lincoln. Die damit einhergehende viktorianische Gravitas der Einrichtung wird jedoch von schönen alten Tapeten und Licht aus nostalgischen Lampenschirmen abgefedert. Heute ist das 1811 House Teil des Equinox Resort. 3654 Main St., Manchester, T 802 362 1811, www.equinoxresort.com, ab 160 $

Vernünftig

Weathervane Motel: Hier ist alles vorhanden, was ein gut geführtes Motel aus-

Unter der Erde ist alles weiß, über der Erde tobt das Leben. Der alte Marmorbruch bei Dorset, nur ein paar Kilometer nördlich von Manchester, lässt sich im Sommer als Pool genießen.

macht. Einfach-zweckmäßige Zimmer mit Resopalambiente und kostenlosem WiFi. Einen Pool und den Blick auf die Berge gibt es als Zugabe.

Rte. 7A, Manchester, T 802 362 2444, www. weathervanemotel.us, ab 120 $

Essen

Munter in der Nachbarschaft
Zoey's Double Hex: Ein Hauch vergangener Hippiezeiten! Bei Zoey's ist es schön licht und bunt, und die Speisekarte reicht von einem Dutzend Burger-Varianten über Apfel- und Hühnchensalate bis zu Ribs und Filet Mignon (ab 17 $).

1568 Depot St. (Rte. 11/30), Manchester, T 802 362 4600, Lunch 11−17, Dinner 17−21 Uhr, Di geschl.

Infos

• **Manchester Visitors Center:** 4802 Main St., www.manchestervermont.com

Vermont Valley

Nördlich von Manchester schließt sich die Rte. 7A der US-7 an und strebt zwischen den 1000 m hohen Green Mountains und der Taconic Range nach Norden. Nichts, weder Schilder noch Schwertransporter, deutet darauf hin, dass in diesen Bergen der beste Marmor des Landes gebrochen wird.

Unter der Erde ist alles weiß
Seit dem frühen 19. Jh. abgebaut, wird der Marmor bis heute in vielen Denkmälern und Regierungsgebäuden in Washington D.C. und anderswo benutzt. Die Marmorbrüche bieten teils spektakuläre Ansichten.

So biegt im unaufgeregten Danby eine Straße links ab zum **Danby Quarry.** Der Marmor-Steinbruch, der tief unter dem Dorset Mountain liegt, ist der größte unterirdische der Welt. Tief im Berg schneiden Spezialsägen tonnenschwere Marmorblöcke aus. Die 10 m hohen Tunnel werden von stehen gelassenen Marmorsäulen gestützt: eine unwirkliche weiße Welt, in spärliches Licht getaucht. Zwar ist der Danby Quarry nicht zu besichtigen, die vor dem Eingang auf den Abtransport wartenden Blöcke sind jedoch beeindruckend genug.

Fotos aus dem Inneren des Dorset Mountain finden Sie im Internet unter www.vermontquarries.com sowie im **Vermont Marble Museum** im nahe gelegenen Proctor. Das Museum, das man durch einen Bogen aus übereinandergetürmten Marmorblöcken betritt, ist in den alten Werkshallen der Vermont Marble Co. untergebracht und zeigt neben allen Sorten Vermonter Marmor kunstvolles Dekor und die Marmorbüsten aller US-Präsidenten.

52 Main St., Proctor, Mai bis Okt. tgl. 10−17 Uhr, 9 $

Killington   📍 B 7

Nicht weit von Proctor führt die Rte. 4, auch sie eine ›Scenic Route‹, über die Green Mountains nach Osten. Auf halber Strecke kündigen kahl rasierte Berghänge dann das ›Beast of the East‹ an: Killington ist Neuenglands größtes Skirevier. Die Skisaison dauert dank der meisten Schneekanonen im Land von Oktober bis Mai und lockt den internationalen Skizirkus an. Ständig erweitert, bedient das aus sechs Gipfeln bestehende Resort die gesamte Ostküste bis nach Philadelphia. Im Sommer toben sich hier Mountainbiker aus.

Wanderer können Abschnitte des mit dem Appalachian Trail vereinten Long Trail unter ihre Stiefel nehmen (s. S. 281). Im Umkreis von 30 km gibt es Unterkünfte für insgesamt 20 000 Menschen, so hat Killington eher den Charme eines Massenziels.

Schlafen

Keine genormten Standards hier
Inn at Long Trail: Rustikale Herberge im Skihüttenstil mit 22 Zimmern, Rosemary's Restaurant und McGraths Irish Pub. Berührungsängste verfliegen in dieser ersten in Vermont gebauten Skilodge spätestens bei Bier, Burger und Livemusik. Im Sommer gute Basis für Wanderungen.
709 Rte. 4, Sherburne Pass (nahe Abzweig Killington), T 802 775 7181, www.innatlong trail.com, ab 100 $

Essen

Die drei großen P's
Outback Pizza: Wirbt im Winter mit dem Spruch »Alle anderen Restaurants sind zu zivilisiert« um Ski-Bums. Diese kommen wegen Pizza (ab 10 $), Pool (Billard) und Popcorn und schaffen eine bis weit in den Sommer reichende, hemdsärmelige Atmosphäre, die zarte Gemüter zwar verschreckt, Spaß suchende Abenteurer aber umso mehr anzieht.
2841 Killington Rd., Killington, T 802 422 9885, fb.com/OutbackPizzaKillington, tgl. 16–22 Uhr

Bewegen

Mit fast 100 km **Mountainbike-Trails** ist Killington auch auf Mountainbiker bestens vorbereitet. Räder, Helme und Knieschützer mietet man im Killington Resort (www.killington.com).

Woodstock ⚲ B7

Woodstock dagegen ist wieder entschieden Vermont (und nicht Hippie-Festival, das war im Bundesstaat New York!). Auf dem ›Woodstock Town Cryer‹ genannten Anschlagbrett an der Central Street stehen die Neuigkeiten und Gemeindeveranstaltungen der Woche. Auf dem – hier mal ovalen – Village Green verteilen Schüler Handzettel mit Einladungen zum nächsten Kuchenessen im Pfarrhaus und zur Chorprobe in der Kirche. Innerhalb von 20 Minuten sind die Freiwilligen alle Zettel los.

Community Spirit in Aktion
Gut möglich allerdings auch, dass jemand Sie höflich (»You might want to park your car further down the road!«), aber bestimmt darauf hinweist, woanders zu parken. Woodstock ist auch richtig vornehm. Piekfein und rundum perfekt, zieht das Städtchen die Oberschicht an, seit das County hier seinen Verwaltungssitz eingerichtet hat.

Das war bereits kurz nach der Gründung 1761, und seitdem haben Unternehmer, Anwälte und Ärzte das Green mit standesgemäßen Residenzen aller Stilrichtungen in eine Neuengland-Idylle im XL-Format verwandelt. Nichts stört das Auge des Ästheten: In den Teestuben am Green treffen sich die Damen zum High Tea, durch die Antiquitätenläden bummeln die sonnenbebrillten New Yorker in Polohemden und weißen Freizeithosen (er) sowie teuren Jeans und cremefarbenen Tops (sie).

Vom Alltag anno dazumal in dieser blitzblanken Puppenstube zeugt eine Multimedia-Ausstellung mit Erinnerungen alter Woodstocker im Haus der **Woodstock Historical Society.**
26 Elm St., Woodstock, Mai bis Okt. Mi–Fr 11–16, So 11–15 Uhr, Eintritt frei

Schlafen

In style
Kedron Valley Inn: Historisches, auf drei
Häuser verteiltes Inn mit 26 Zimmern. Das
rotziegelige Haupthaus von 1828 mit seiner wunderbaren Terrasse ist am schönsten, und jedes seiner Zimmer eine unauf-
dringlich schöne Melange aus klassischen
und zeitgenössischen Stilelementen. Dazu
gehört die Ransom Tavern mit italienischer
Küche und preisgekrönter Weinliste.
4778 South Rd., South Woodstock, T 802 457
1473, www.kedronvalleyinn.com, ab 170 $

Beste Basis
Ardmore Inn: Gemütliches 4-Zimmer-
B&B im Greek-Revival-Stil, nur zwei
Gehminuten vom Village Green entfernt.
Besonders nett: die Begrüßung durch
wunderbare Gastgeber.
23 Pleasant St., Woodstock, T 802 457 3887,
www.ardmoreinn.com, ab 190 $

Essen

Ente bei Kerzenschein
The Prince and the Pauper: Insgesamt teuer, aber dank seiner ideenreichen,
neuen amerikanischen Küche jeden Dollar
wert. Fixpreis Drei-Gänge-Menü 53 $.
24 Elm St., Woodstock, T 802 457 1818,
www.princeandpauper.com, So–Fr 18–21,
Sa 18–21.30 Uhr

Frisch von der Farm
Mountain Creamery: Dies ist *der* Coffee Shop vor Ort. Gute Frühstücks- und
kalorienreiche Lunchkarte (ab 6 $), vie-
le hungrige Kids mit Baseballcaps. Der
kleine Laden ist berühmt für seine Mile
High Apple Pie und verwendet für die
Deli-Sandwiches Zutaten aus eigenem,
organischem Anbau.
33 Central St., Woodstock, T 802 457 1715,
www.mountaincreameryvt.com, tgl. 7–15 Uhr

NACHHALTIG? SCHON LANGE! **N**

Die **Billings Farm,** 1,5 km nördlich
von Woodstock, wurde 1871 von
Frederick Billings, Rechtsanwalt und
ein Vermonter Grüner der ersten
Stunde, errichtet und zu einem um-
weltfreundlich geführten Vorzeige-
betrieb ausgebaut. Bis heute, nun in
der Hand eines Rockefeller-Enkels,
wird hier erstklassiges Jersey-Vieh
gezüchtet (69 Old River St.,
Woodstock, Mai bis Okt. tgl. 10–17
Uhr, 16 $). Der Marsh-Billings-Ro-
ckefeller National Historical Park
gleich neben der Farm bietet 40 km
schöner Spazierwege durch eine
idyllische Naturlandschaft sowie auf
den Gipfel des Mount Tom.

Einkaufen

Unbedingt sollten Sie **F. H. Gillingham's
& Sons** (16 Elm St.) besuchen, Vermonts
ältesten General Store.

Infos

• **Visitor information:** 13 Mechanic St.,
Woodstock, www.woodstockvt.com

Champlain Valley

Vom **Brandon Gap** an der Rte. 73 und
dem **Middlebury Gap** etwas nördlicher
an der Rte. 125 haben Sie bei gutem Wetter schöne Blicke über die Westseite der
Green Mountains und das Champlain
Valley auf das glitzernde Band des Lake
Champlain. Von beiden Routen zweigen

Lieblingsort

Fährmann, setz über!

»Pull to call Ferry« steht auf dem Schild an der Pier. Es ist zwar nicht so alt wie die **Fährverbindung** zwischen **Larrabee's Point** in Shoreham (Vt.) und **Ticonderoga** (NY) – die gibt es bereits seit 1759, aber die weiße Farbe auf dem blauen Schild blättert auch schon. Außerhalb der Stoßzeiten – in diesem Teil Vermonts fragt man sich, was das ist – muss man so die kleine Kabelfähre über den **Lake Champlain** (📍 A5/6) rufen. Der Winker steigt dann in die Höhe, und der Skipper am anderen Ufer sieht es. Oder auch nicht. Auf jeden Fall ist die dreimal stündlich verkehrende kleine Fähre über den Lake Champlain ein Genuss für alle, die es gerne langsam angehen lassen. Die Überfahrt dauert zwar nur sieben Minuten, aber der Blick auf den See ist ebenso unterhaltsam wie die Unterhaltung mit dem Skipper, der es in der kurzen Zeit souverän schafft, einem die technischen Details seiner geliebten Fähre zu vermitteln.

Nebenstraßen zu versteckt liegenden Weilern und einsamen Höfen ab.

Alt-Hippies und eine Festung

Im 17. und 18. Jh. war dies ein Durchzugsgebiet für indianische, französische, englische und amerikanische Truppen. Viele der hier lebenden Vermonter kamen in den 1960ern im VW-Bulli hier an, pflanzten Hanf und sangen »California Dreamin'«. Inzwischen sind sie in die Jahre gekommene Farmer, Lehrer und B&B-Betreiber, politisch aber noch immer hellwach und allen Beamten gegenüber zutiefst misstrauisch.

Die eroberte Festung

Ein gutes Gefühl für dieses untouristische Stück Vermont bekommen Sie auch unterwegs zur kleinen Kabelfähre in **Larrabee's Point** (www.fortticonferry. com). Gut möglich aber, dass Sie von streunenden Kühen aufgehalten werden. Der nette Abstecher mit der Fort Ticonderoga Ferry (s. S. 162) für bis zu 18 Autos führt zum bereits im Bundesstaat New York liegenden **Fort Ticonderoga** am Westufer des Lake Champlain. Am 10. Mai 1775 eroberten die Green Mountain Boys unter Ethan Allen das von den Briten gehaltene Fort. Ein kleines Museum und exerzierende Soldatendarsteller lassen die wilden Zeiten wieder aufleben.

Ticonderoga: www.fortticonderoga.org, Mai bis Okt. tgl. 9.30–17 Uhr, 24 $

Middlebury ♀ A 7

Zwischen Kuhweiden, Gemüsegärten und Obstständen, unter einer süßen Duftglocke aus Kuhdung und frisch gemähtem Gras, liegt einmal mehr ein Stück klassisches Neuengland. Im Bundesstaat mit den meisten Hochschulen pro Kopf der Bevölkerung hat natürlich auch das 9000-Einwohner-Städt-

chen **Middlebury** am schönen Otter Creek eine Uni. Das 1800 gegründete Middlebury College 15 Gehminuten vom Green entfernt gehört sogar zu den fünf besten humanistischen Colleges der USA. Deren knapp 3000 Studenten und Angestellte bilden die Kundschaft der topaktuellen, in 200 Jahre alten roten Gemäuern untergebrachten Boutiquen, Pubs und Restaurants.

Im **Henry Sheldon Museum of Vermont History** hat – über Geschmack lässt sich bekanntlich streiten – der besessene Sammler Henry Sheldon im 19. Jh. alles zusammengetragen, was für ihn Vermont verkörperte. Resultat: eine dem Vermonter Alltag vor 100 Jahren gewidmete Sammlung mit vielen skurrilen Objekten, ein angeblich versteinerter Indianerjunge auch darunter.

1 Park St., Middlebury, www.henrysheldon museum.org, Di–Sa 10–17, So ab 12 Uhr, 5 $

Abseits der Trampelpfade

Noch relativ unbekannt bei Wanderern ist die **Moosalamoo Recreation Area** im Herzen des Green Mountains National Forest. 15 Autominuten südöstlich von Middlebury gelegen, erreichen Sie es auf der Rte. 125. An dieser Straße beginnen bereits mehrere Trails zu herrlichen Aussichtspunkten über das Champlain Valley auf die blaue Kette der Adirondacks: windgepeitschte Höhen jenseits der Baumgrenze. Insgesamt verfügt die Moosalamo-Wildnis über 100 Trailkilometer, u. a. auch ein Teilstück des **Long Trail** (www.moosalamoo.org).

Schlafen

Süße Übernahme

Middlebury Sweets Motel: Wenn der größte Candy Store in Vermont ein Motel übernimmt, bedeutet das nicht nur eine gründliche Generalüberholung aller Zimmer, sondern auch die Eröffnung eines großen Süßigkeitenladens, in dem sogar Schokolade hergestellt wird!

1395 Rte. 7 (3 km südl. v. Middlebury), T 802 388 4935, www.midmotel.com, ab 80 $

Perfektes Versteck

Blueberry Hill Inn: Das Inn liegt versteckt in der Moosalamoo Recreation Area und ist ein traumhaftes ›Get-away‹. Ganz in Blau und von einem Alt-Hippie geführt, hat es elf urgemütliche Zimmer, eine Sauna mit Teich hinter dem Haus und serviert ein ausgiebiges Frühstück. Tolle Basis für Wander- und Radtouren.

Goshen-Ripton Rd., Goshen (20 Min. Richtung Brandon, Rte. 73), T 802 247 6735, www.blueberryhillinn.com, ab 200 $ p. P.

Essen

Awsome in Neuengland

American Flatbread: Bio-Bäckerei und Café tagsüber, Freitag und Samstag abends informelles Restaurant (17–21 Uhr, ab 8 $) mit Pizza aus einem holzgefeuerten Steinofen hinterm Haus.

137 Maple St., Middlebury, T 802 388 3300, tgl. 7–21 Uhr

Infos

● **Visitor Center:** 93 Court St., Middlebury, www.addisoncounty.com

Montpelier   📍B6

Waschbären, Stachelschweine, Füchse, Hasen: Die sonst eher als ›Road Kill‹ zu besichtigenden Vierbeiner kreuzen die Rte. 12 so gemächlich, als wäre der Asphalt ihr Zuhause. Die parallel verlegte I-89 dünnt den Verkehr auf der Landstraße von Bethel nach Montpelier derart

aus, dass Vermont sich hier über 50 km einmal ohne B&Bs und Antiquitätenläden zeigt.

Das sich um das Carré von Main und State Street kuschelnde **Montpelier** am Winooski River wirkt danach wie das Tüpfelchen auf dem i. Vermonts Hauptstadt ist die kleinste der USA, aber mit allen Annehmlichkeiten eines Regierungssitzes und von den Green Mountains förmlich umzingelt.

Liebenswerte Hauptstadt

Wann haben Sie das letzte Mal eine ganze Hauptstadt an einem Nachmittag gesehen? Vier Colleges, darunter das New England Culinary Institute, sind hier zu Hause, doch die so oft von Denkanstalten ausgehende Bedeutungsschwere lastet hier einmal nicht auf der Atmosphäre.

Die von Wäldern wie aus Broccoli bedeckten Berge im Hintergrund betonen die Schönheit des 1857 errichteten **State Capitol** (115 State St., Mo–Fr 8–16 Uhr, gef. Touren halbstündig) mit der vergoldeten Kuppel – ein beliebtes Fotomotiv, kein Wunder. Neben dem Haupteingang steht ein grimmer Ethan Allen Wache, drinnen lohnen die marmorausgelegten Korridore und Gemälde Vermonter Künstler einen Blick.

Schönes altes Vermont

Interessante Memorabilien aus der bewegten Geschichte des Staates im **Vermont Historical Society Museum** helfen die viel zitierte Vermontness ebenso verstehen wie ein kurzer Spaziergang durch die kompakte City mit ihren Federal-Style-Häusern: Kein Fastfood-Franchise in Sicht, das Städtchen ist zudem die einzige Hauptstadt des Landes ohne ein McDonald's.

Auf die Leinwand geworfenes Vermont übrigens auch in der **T.W. Wood Gallery,** die sich die Bewahrung und Förderung einheimischer Talente auf die Fahnen geschrieben hat. Selten ist eine

Man kann's gar nicht glauben, aber das Städtchen Montpelier, das sich hier in den Indian Summer kuschelt, ist die Hauptstadt Vermonts.

eigentlich recht schläfrige Hauptstadt einnehmender, und ja: cooler.

Historical Museum: 109 State St., Montpelier, Di–Sa 10–16 Uhr, 7 $
Wood Gallery: 46 Barre St., Di–Sa 12–16 Uhr, www.twwoodgallery.org, Eintritt frei

Mad River Valley 📍 B 6

Der Name ist falsch: Nicht wilde Wasser dürfen Sie am Mad River südwestlich von Montpelier erwarten, sondern ein friedvolles Flüsschen, das, in den USA ungewöhnlich, von Süden nach Norden fließt. Auch das Tal, durch das die Rte. 100 nach Süden strebt, ist bildschön.

Seine vier Dörfer – Warren, Waitsfield, Fayston und Moretown – sind schläfrige Ensembles viktorianischer Architektur, wo Ihnen lächelnde Einheimische in den General Stores von den Vorzügen eines Lebens ohne Verkehrsampeln erzählen. Überdachte Brücken gibt es natürlich auch. Die schönsten sind die schon 1833 gebaute **Great Eddy Bridge** in Waitsfield und die **Warren Bridge** von 1880 in Warren.

Schlafen

Stilecht in der Hauptstadt
Inn at Montpelier: Süßer träumen in zwei herrschaftlichen Häusern mit umlaufender Veranda, 27 heimeligen Zimmern und vielen netten Details.
147 Main St., Montpelier, T 802 223 2727, www.innatmontpelier.com, 150–290 $

Essen

Versuchskaninchen spielen
NECI on Main: Modernes Restaurant (ab 19 $) auf zwei Etagen, zugleich ›Testlabor‹ des New England Culinary Institute (NECI). In der Küche schaffen zukünftige Spitzen-Chefs!
118 Main St., Montpelier, T 802 223 3188, Di–So 11.30–14, 17.30–21 Uhr

Testesser willkommen
La Brioche Bakery and Café: Hübsches Café, raffiniertes Backwerk, kreative Sandwiches (ab 7 $). Hier werkeln die Studenten des New England Culinary Institute an Backofen und Theke.
89 Main St., Montpelier, T 802 229 0443, Mo–Fr 6.30–17, Sa 7–17, So 8–14 Uhr

Einkaufen

Shopping in Montpelier bedeutet vor allem schön altmodische **Buchläden** und nette kleine **Accessoires-Geschäfte,** alles an der Kreuzung von Main und State Street.

Barre   📍 B6

Der Granit für das Capitol in Montpelier stammt aus den Steinbrüchen im nahen **Barre** (gespr. Berry). Die Arbeiterstadt ist Montpeliers proletarische Cousine und Standort des einzigen McDonald's weit und breit.

Tombstone des Nordens

Die Granitbrüche an der Stadtgrenze, aus denen der hochwertige ›Barre Gray‹ stammt, zogen einst viele schottische und italienische Einwanderer an. Sie sind bis heute das Rückgrat der lokalen Wirtschaft, die u. a. die meisten Grabsteine des Landes produziert. Mehr solcher Fun Facts erfahren Sie im mit historischen Fotos und Clips ausgerüsteten **Vermont Granite Museum.**

Vorbei an den schmucklosen Arbeiterhäusern von Graniteville im Süden Barres geht es zum größten Granitbruch der Welt. Der **Rock of Ages Quarry** ist ein spektakuläres, stufenweise abfallendes Loch, aus dem u. a. die Treppe des Kapitols in Washington stammt und der Fußboden im Hongkonger Flughafen. Touren bietet das Besucherzentrum an.

Museum: 7 Jones Bros. Way, Mai bis Okt. Di–Sa 10–16 Uhr, www.vtgranitemuseum.org, 8 $
Quarry: 560 Graniteville Rd., www.rockofages.com, Mitte Mai bis Okt. Mo–Sa 10–16 Uhr

Stowe und Mt. Mansfield   📍 B6

Entlang der Ostflanke der Green Mountains strebt die Rte. 100, von Killington kommend, nordwärts. Dabei lässt sie Montpelier rechts liegen, streift den Wintersportort Stowe und arbeitet sich im Schatten des Mount Mansfield durch die enge Smugglers' Notch, um auf der anderen Seite schließlich über dünn besiedelte, bereits kanadisch raue Weiten bis in die frankokanadische Provinz Québec zu blicken.

Skihauptstadt

Trotz der aggressiven Konkurrenz in Killington bleibt es dabei: **Stowe** ist die Skihauptstadt Neuenglands. Der 1763 gegründete 4000-Seelen-Ort hat den Vorteil gewachsener Historie: Welcher der aus dem Boden gestampften Skiurlaubsorte besitzt schon einen Laden wie **Shaw's General Store** (54 Main St.), dessen Motto »Helping Vermonters survive in style since 1895« ist?

Jedenfalls heißt es hier von Mitte November bis Mitte Mai auf den rund 50 Pisten ringsherum: Ski und Rodel gut. Skilangläufer ziehen auf herrlichen Loipen durch tief verschneite Winterwunderlandschaften, mehrere Dutzend Restaurants sowie ein Ring von Unterkünften, Ausrüstern und Malls rund um das Städtchen ergänzen die Infrastruktur.

Wandern, gondeln, seilrutschen

Im Sommer ist das hin und wieder mit Aspen (Colorado) verglichene Stowe auch nicht faul. Wandern und Mountainbiking werden großgeschrieben, vor allem an den Flanken des **Mt. Mansfield,** mit 1339 m Vermonts höchster Berg. Allerdings – dies ist nun mal Amerika – führen auch die vom Stowe Mountain Resort betriebene Seilbahn **Gondola Skyride** und die gebührenpflichtige **Mount Mansfield Auto Toll Road** an den Gipfel heran. Die letzten Meter müssen Sie dann kraxeln, doch dafür reicht der Blick von jenseits der Baumgrenze unter günstigen Bedingungen bis zu den White Mountains und nach Kanada.

Gondel: 5781 Mountain Rd., Ende Juni bis Okt., tgl. 10–17 Uhr
Toll Road: Mitte Mai bis Okt. tgl. 9–16 Uhr, 24 $ pro Auto u. Fahrer, jede weit. Person 9 $

TOUR
Die Tundra von Vermont

Der Mount Mansfield ruft, Sie müssen gehen

Infos

Dauer:
2,5 Std., 3 km
(ein Weg)

Start:
Stowe Mountain
Resort am Hwy 108,
Parkplatz bei den
Skiliften

Reisekarte:
Stowe 📍 B 6

Pause:
bei der Taft Lodge an
der Baumgrenze

Alternative:
Rundweg über Visitor
Center und Haselton
Trail: ca. 8 Std., 9 km

Eigentlich ist Vermont grün. Das sahen schon die Franzosen, deshalb tauften sie diese Gegend ›Les verts Monts‹. Hier oben kann man das jedoch getrost vergessen. Außer Moosen und Krummholz in den Felsspalten etwas unterhalb wächst nichts hier oben. Dies ist **Tundra**, wie man sie erst 2000 km weiter nördlich wieder findet. Im Winter schlagen die Temperaturen hier monatelang bei minus 40 Grad Wurzeln.

Der schönste Weg hinauf ist der **Long Trail** (s. S. 281). Der neben dem Appalachian Trail zweite berühmte Fernwanderweg der USA ist für uns hier zum **Mount Mansfield** nur 3 km lang, gefühlt jedoch 15 – wir überwinden gut 900 Höhenmeter! Das kann schwere Beine und brennende Waden bedeuten – vielleicht sogar die verdrießlich gestellte Frage ›Warum nur, warum‹. Sei's drum, Muskelkater dauert nicht ewig.

Oben, über 1300 m, fegt sogar jetzt im August ein kalter Nordwind über die kahle Kuppe des **Gipfels ›The Chin‹** und dringt durch die Kleider auf die schweißbedeckte Haut. Der Rundumblick ist jedoch grandios. Die von grün nach blau changierenden Höhenzüge der Green Mountains im Süden und der White Mountains im Osten, das silberne Band des Lake Champlain im Westen und dahinter die Adirondacks – der Gipfelstürmer vergisst zu frösteln und seufzt vor Glück.

Jetzt können Sie einfach wieder zurück oder die Tour auf dem Höhenrücken zum **Visitor Center** fortsetzen und über den **Haselton Trail** ab der Stone Hut absteigen.

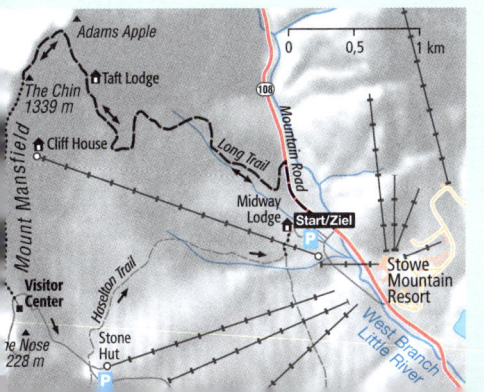

Wo schon Schmuggler schwitzten

Eine richtig spannende Autofahrt wartet auf der Rückseite des Berges. **Smugglers' Notch** heißt ein enger Pass, den einst Schmuggler und geflohene Sklaven auf dem Weg nach Kanada benutzten. Die Rte. 108 arbeitet sich jenseits des **Barnes Camp Visitor Center** zwischen Felsen in engen Serpentinen bergan und passiert in einer unübersichtlichen Kurve den nur wenige Meter breiten Sattel. Anstrengende Trails beiderseits der Straße führen zu Aussichtspunkten über diese als Smugglers' Notch State Park geschützte Wildnis.

www.vtstateparks.com/smugglers.html

Schlafen

Sympathischer Klon

Innsbruck Inn at Stowe: Amerikanische Gäste sind begeistert, europäische eher amüsiert. The Innsbruck ist ein nett reproduziertes Stück Österreich am Fuß des Mount Mansfield. 25 rustikal-elegan-

---

IN DEN SEILEN HÄNGEN

Der Abgrund gähnt, der Puls rast. Tief durchatmen jetzt. Dann springen Sie ins Leere – und fliegen hoch über dem felsigen Waldboden durch ein tiefgrünes Blätterdach. Falls Ihnen diese Perspektive aus der Adlerperspektive nicht so zusagt, können Sie bei **Arbortrek Canopy Adventures** aber auch das Eichhörnchen geben und auf Bäumen über adrenalinhaltige Hinderniskurse zwischen Himmel und Erde klettern. Der Abenteuerpark liegt nur eine halbe Autostunde nördlich von Stowe am Hwy. 108 (1239 Edwards Rd., Jeffersonville, www.arbortrek.com).

---

te Zimmer – ohne Kuckucksuhr. Aber mit Pool, Sauna, Whirlpool.

4361 Mountain Rd., Stowe, T 802 253 8582, www.innsbruckinn.com, DZ ab 100 $

Viel Motel fürs Geld

Stowe Motel & Snowdrift: Das einfache Motel liegt auf einem schön grünen Gelände auf halbem Weg zum Mt. Mansfield. Die Zimmer sind sauber, funktional und branchenüblich eingerichtet. Die Suites sind etwas größer, größere Gruppen und Familien können sich in vier separaten Häusern einmieten. Pool, Kamin in der Lounge, gratis Mountainbikes.

2043 Mountain Rd., Stowe, T 802 253 7629, www.stowemotel.com, ab 120 $

Essen

Vermont meets California

The Plate: Nicht nur die leichte, kalifornisch inspirierte Küche (ab 25 $) und die umfangreiche Weinkarte sind preisverdächtig. Das urban-rustikale, mit viel Holz und Chrom arbeitende Interieur hat bereits diverse Architekturpreise gewonnen.

91 Main St., Stowe, T 802 253 2691, www.platestowe.com, Mi–Sa 17–21, So Brunch 10–12 Uhr

An der Theke ist besser

Hob Knob Bar & Lounge: Das einzige Problem könnte sein, nach einem langen Wandertag mit brennenden Schenkeln auf den Barhocker klettern zu müssen. Die Speisekarte der urigen Kneipe belohnt die letzte Anstrengung des Tages jedoch mit den besten Burgern und Ribs im Ort (ab 14 $).

2364 Mountain Rd., Hob Knob Inn, Stowe, T 802 253 8549, www.hobknobinn.com, Do–Sa 17–21 Uhr

Über der Baumgrenze

Cliff House: Das Restaurant auf dem Gipfel des Mt. Mansfield bietet sich für

In der wilden Bergeinsamkeit des Mount Mansfield kann man gut zu sich selbst finden. Lediglich der nächste Schritt ist wichtig.

einen rustikalen Lunch-Stop jenseits der Baumgrenze an. Auf der Speisekarte stehen kreative Suppen, kalifornisch inspirierte Salate sowie Sandwiches und Pasta. Der Panoramablick auf drei Bundesstaaten und Kanada kommt als Beilage.
Stowe, Anfahrt über Auto Road oder Gondola Skyride, T 802 253 3665, Lunch 11−15 Uhr

Bewegen

Hoch hinaus
Mount Mansfield: Zur Bezwingung der hier steilen Green Mountains brauchen Sie eine gute Kondition. In Stowe beginnt der **Long Trail** auf den höchsten Gipfel; der Green Mountain Club stuft ihn als ›difficult‹ ein (s. S. 167). Andere gute Trails: der **Stowe Pinnacle Trail** (4,5 km) auf den Hogback Mountain und der **Wa-**

terbury Trail (6,4 km) auf den Mt. Hunger. Detaillierte Infos beim Green Mountain Club (s. S. 281).

Infos

• **Visitor Center:** 51 Main St., Stowe, www.gostowe.com

Burlington ♀A6

Burlington liegt westlich der Green Mountains, die I-89 leistet sich aber einen Umweg für ›America's Dream Town‹ – so schwärmen amerikanische Lifestyle-Magazine. Es liegt an ›New England's West Coast‹, womit natürlich der gut 200 km lange Lake Champlain gemeint ist.

Im Stadtgebiet begleitet ein 15 km langer Radweg den Lake Champlain. Wo andere Städte private Yachtclubs haben, bietet die Universitätsstadt Burlington ihren Bürgern ein Bootshaus mit mietbaren Segelbooten. Während Fußgängerzonen anderswo in den USA grandiose Fehlschläge sind, ist die Church Street am **City Hall Park ❶** bis spät in die Nacht ein belebter Treffpunkt. Es gibt Second-Hand-Buchläden, schicke Klamottenshops, Tante-Emma-Läden, Pubs, Kaffeehäuser: Gründe genug, nicht in die Außenbezirke zu ziehen.

Hinter Burlingtons Erfolgsgeschichte stecken viele Jahre menschenfreundlicher Stadtregierung, erst unter parteiunabhängigen Sozialisten, dann unter der Progressive Coalition. Beide investierten in erschwinglichen Wohnraum, erließen Mietobergrenzen und bauten das Nahverkehrssystem aus. Auch deshalb wirkt Vermonts mit 44 000 Einwohnern größte Stadt auf dem Hügel über dem Lake Champlain heute fast noch europäischer als Boston. Der einstige Zwischenstopp

zum nur 130 km entfernten Montréal ist eine gemächliche Fußgängerstadt.

Kultur findet in den kleinen Galerien, Museen und selbst Coffeeshops statt: Wenn Sie wissen wollen, wer gerade wo ausstellt, konsultieren Sie einfach www. artmapburlington.com. Und natürlich gehört auch das **Shelburne Museum** dazu (s. u.).

Alles öko ... oder was?

Die Stadt, die US-Senator Bernie Sanders vier Mal ins Bürgermeisteramt wählte, ist so etwas wie ein Brutkasten für kreative, um das Wohl der Öffentlichkeit besorgte Geister. Man kann sie auf verschiedenen Wegen kennenlernen. Der erste geht durch den Magen, Stichwort ›eat local‹. Als Pionier der ›regionalen Küche‹ bietet Burlington Dutzende guter, mit saisonalen Produkten aus der Umgebung arbeitende Restaurants – und dazu den wohl ältesten **Farmers' Market ❷** der USA und den **City Market Co-op ❸**, wo Sie die ganze Palette lokaler Erzeugnisse sehen können.

Nachhilfe in Umweltstudien gibt es im **ECHO Leahy Center for Lake Champlain ❹** (1 College St., tgl. 10–17 Uhr, 5 $), das sich der Ökologie und Geschichte des Sees widmet. Ein Besuch der **Shelburne Farms ❺** (1611 Harbor Rd., Mai bis Okt. tgl. 9–17.30 Uhr, 5 $) etwas südlich informiert über biologischen Anbau und artgerechte Tierhaltung. Jetzt wundert es nicht mehr, dass Kultur in Burlington mehr ist als Ahornsirup, für den Vermont der größte Produzent der USA ist (s. S. 173).

Nicht zuletzt hat die Stadt wenigstens ein halbes Dutzend kleine **Mikrobrauereien,** die ganz hervorragende Craftbiere produzieren. Sehr wohltuend auch: Es gibt es hier deutlich mehr unabhängige Shops und Boutiquen als Kettenläden. Was das Shoppen endlich mal wieder zu einer echten Entdeckungstour macht.

FAKTENCHECK BURLINGTON **F**

Einwohner: 43 000 Ew. (Metropolitain: 218 000 Ew.)
Bedeutung: größte Stadt Vermonts, College Town, Sitz der University of Vermont und des größten Krankenhauses des Bundesstaats
Stimmung auf den ersten Blick: gut strukturiert, erinnert an Europa
Stimmung auf den zweiten Blick: tolerant, offen, zufrieden
Besonderheiten: 2015 wurde Burlington die erste Stadt in den USA, die sich vollständig aus erneuerbaren Energiequellen versorgt.

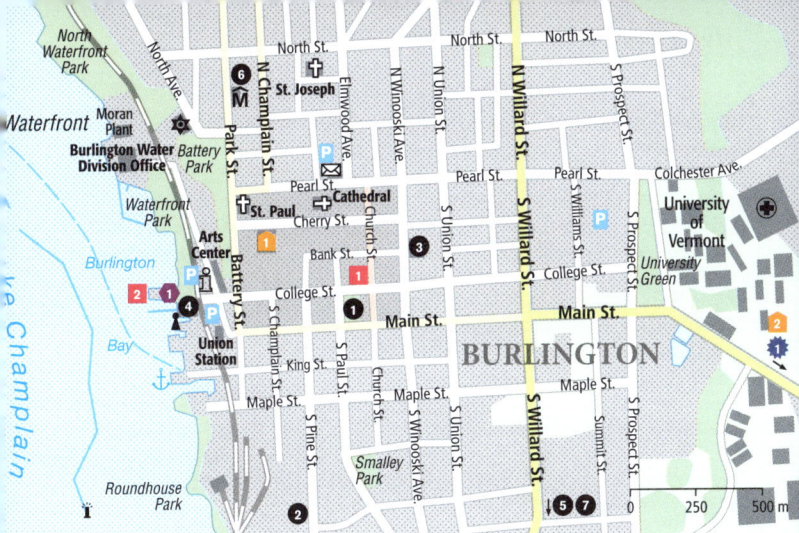

Burlington

Ansehen

1 City Hall Park
2 Farmers' Market
3 City Market Co-op
4 ECHO Leahy Center
5 Shelburne Farms
6 Shelburne Museum
7 Ethan Allen Homestead

Schlafen

1 Hotel Vermont
2 The Essex Resort

Essen

1 Leunig's Bistro
2 Splash at the Boathouse

Bewegen

1 Spirit of Ethan Allen

Ausgehen

1 Higher Ground

Museen

Top-Museum im Osten der USA

6 Shelburne Museum: Was als Hobby der kunstsinnigen, aber wohl auch Sinn suchenden Millionenerbin Electra Havemeyer Webb begann, besteht heute aus knapp 40 Gebäuden in einer Parklandschaft am Seeufer. Es lässt die Geschichte Neuenglands seit der Kolonialzeit Revue passieren: historische Häuser, hier wieder aufgebaut, darunter ein Leuchtturm, ein Bahnhof, eine Rundscheune und das herrlich nostalgische Stagecoach Inn, das Werbeträger aus dem 18. und 19. Jh. zeigt. Ein Highlight

ist die 1906 in Burlington gebaute ›SS Ticonderoga‹, ein fotogener Raddampfer. Sehenswert ist auch das säulenbewehrte Memorial Building. Die Rembrandts und Manets stammen aus Electras Apartment in Manhattan.

1611 Harbor Rd. (15 km südl. von Burlington), Mitte Mai bis Mitte Okt. tgl. 9–17.30, sonst 10–17 Uhr, 8 $

Der wilde Westen im Osten

7 Ethan Allen Homestead: Er war Farmer, Geschäftsmann und Prediger, aber auch Bodenspekulant, Freiheitskämpfer und Kriegsheld. Ethan Allen (1737–1789) kennt in Vermont jedes

Kind. Mit seiner Miliz, den Green Mountain Boys, hielt er die landhungrigen Nachbarn in New York in Schach. Während des Unabhängigkeitskriegs nahm Allen mit seinen Boys das britische Fort Ticonderoga ein (s. S. 162) und bekleidete später im unabhängigen Vermont verschiedene öffentliche Posten. In dem einfachen Kolonialhäuschen verbrachte Vermonts Volksheld seine letzten Lebensjahre. Eine gute Ausstellung informiert über die Härte des stets von Überfällen durch New Yorker, Engländer und Indianer bedrohten Alltags der Vermonter Siedler.

1 Ethan Allen Homestead, 4,5 km nördl. an der VT-127, Burlington, www.ethanallen homestead.org, Mai bis Okt. tgl. 10–16 Uhr, auch geführte Touren, 10 $

Schlafen

Urban, aber ohne Minimalismus

1 Hotel Vermont: Das 125-Zimmer-Hotel liegt nur ein paar Gehminuten vom Lake Champlain entfernt und ist – nach den historischen Inns Neuenglands – eine schöne Abwechslung. Das bewusst einfache, aber stilvoll gehaltene Interieur reicht von eleganten Plattform-Betten über moderne Walk-In-Duschen bis zu Hot Tubs. Zum Hotel gehören auch ein Yoga-Studio und das auf lokale Produkte spezialisierte Restaurant Juniper.

41 Cherry St., Burlington, T 855 650 0080, www.hotelvt.com, ab 310 $

Nicht nur das Auge isst mit

2 The Essex Resort: Weitläufige 120-Zimmer-Anlage im Kolonialstil, Heim des renommierten New England Culinary Institute. Dinner im eleganten Junction, wo abends einer der Chefs auch ein Guide durch die umfangreiche Speisekarte ist, und im hemdsärmeligen The Tavern.

70 Essex Way, Essex (10 Automin. östl. von Burlington), T 1 800 727 4295, www.essex resort.com, ab 120 $

Essen

Vermonter Joie de Vivre

1 Leunig's Bistro: Vermont meets Paris in diesem netten Bistro. Gut: Bistro Burger und Filet Mignon (ab 21 $). Oft Livemusik.

115 Church St., Burlington, T 802 863 3759, www.leunigsbistro.com, Mo–Do 11–22, Fr 11–23, Sa 9–23, So 9–22 Uhr

Total entspannt

2 Splash at the Boathouse: ›Keep it simple‹ lautet hier das Motto, und beim Blick auf den abendlichen Lake Champlain fällt das ohnehin leicht. Die Küche liebt es exotisch: Fisch-Tacos oder Chicken Wraps mit Mango-Sauce (ab 9 $).

0 College St., Burlington, T 802 658 2244, fb.com/SplashBTV, tgl. 11 till dawn

Bewegen

Seefahrt macht Spaß

1 Spirit of Ethan Allen: Das schnittige Ausflugsschiffchen legt mehrmals täglich vom Boathouse zur Fahrt auf dem Lake Champlain ab. Besonders romantisch die Sunset Cruise am Abend mit Sonnenuntergang über den Adirondack Mountains!

91 College St., Burlington, T 802 862 8300, www.soea.com

Ausgehen

Burlingtons Nachtleben findet rund um den City Hall Park statt. Top Acts aus Neuengland und der Ostküste treten im **Higher Ground** ☀ auf (1214 Williston Rd., www.highergroundmusic.com).

Infos

- **Information Center:** am Hafen, Lake Street, www.burlingtonvt.gov/Visitors

Zugabe
Das klebrigste Vergnügen

… findet in Vermonts Zuckerhütten statt

Jedes Jahr im Frühjahr findet in den ›Sugar Shacks‹ tief in den Wäldern von Vermont das gleiche Ritual statt. Jemand gießt frischen, noch heißen Ahornsirup in kleinen Portionen in auf einem Tisch ausgebreiteten Schnee. Dort kühlt die bernsteinfarbene Flüssigkeit zu einer klebrigen Masse ab, die man auf einen Stiel rollt und sich dann zu Gemüte führt.

Der Genuss – unbeschreiblich! Vermont ist dank seiner großen Ahorn-Wälder Amerikas größter Produzent von ›Maple Syrup‹. Mit einer Jahresproduktion von 7,6 Mio. Liter (2019) liegt der Staat weit vor den Hauptkonkurrenten Maine, New York und New Hampshire. Bereits die Ureinwohner schätzten Ahornsirup als Süßungsmittel und den Ahornsaft als Mittel gegen Rheuma und Arthritis. Heute gehört Ahornsirup zur Alltagskultur nicht nur Neuenglands: Pancakes, Waffeln und French Toast ohne Ahornsirup sind in ganz Amerika schlechthin undenkbar.

Sirup-Saison ist von Anfang März bis Mitte April. Ahornsirup kann nur während der Schneeschmelze im Frühjahr hergestellt werden. Wenn – bei nächtlichen Minustemperaturen – die Tage wärmer werden, steigt der Saft in den Bäumen. Er wird in großen Kesseln gekocht; 40 Liter Saft werden dabei für einen Liter Sirup benötigt.

Die Sugar Shacks sind allerdings auch das ganze Jahr hindurch geöffnet. Viele Zuckerhütten bieten inzwischen – Gefriertruhen machen's möglich – den Genuss von frischem, in Schnee gerolltem Ahornsirup jedoch auch das ganze Jahr über an (www.visitvt.com/Things-To-See-Do/Maple-Sugar-Houses). ■

New Hampshire

Rau und schön—mit hohen Bergen, buchtenreichen Seen und tiefen, dunklen Wäldern … New Hampshire ist ein bisschen wie der unaufgeräumte Dachboden des sonst so ordentlichen Neuengland.

Seite 177

White Mountains ⭐

Die ›Weißen Berge‹ sind das schönste (und gefährlichste) Outdoor-Revier im Nordosten. Gipfel und Grate wollen bezwungen werden, selbst wenn sie ›Agony Ridge‹ heißen.

Muss man hier auf jeden Gipfel klettern?

Seite 178

Flume Gorge

Diese enge Schlucht wurde erst entdeckt, als bereits die Ochsenkarren nach Westen fuhren. So unzugänglich war dieser Teil der White Mountains. Heute steht die Flume Gorge für den spektakulärsten Spaziergang durch die Tiefen dieser Berge.

Eintauchen

Seite 185

Mount Washington Auto Road

Mit dem Auto auf das Dach Neuenglands und nicht per pedes? Ehrenrührig ist das nicht: Der Tuckerman Ravine Trail zu Fuß ist zwar als ›Stairmaster des Ostens‹ eine stolze Leistung, aber die Kurverei auf der Straße ist auch nicht ohne!

Seite 189

Squam Lake

Kein Motorboot, kein Jetski-Getöse: Im Kielwasser von Henry Fonda und Katharine Hepburn über den ›Goldenen See‹ zu paddeln, das hat extrem hohen Romantik-Faktor.

Seite 191

Hanover

Die Elite-Uni Dartmouth prägt das Kleinstädtchen am Fluss. CNN wählte es zur zweitlebenswertesten Stadt der USA. Wenn Sie nicht nur mit Flussblick chillen wollen: Kunst gucken und Wandern geht auch!

Seite 194

Manchester

Arbeiterstadt war einmal. Heute mit bestem Kunstmuseum – und Kaffeesucht.

Seite 193

Canterbury Shaker Village

Einst gab es Shaker-Dörfer überall in Neuengland. Viele sind heute Museen. Dieses im Merrimack Valley hat die beste Museumsausstellung.

Seite 195

Portsmouth

Die Hafenstadt bezaubert mit hippem Lifestyle und krummen Gassen. Das Strawbery Banke Museum wird Kulisse einer Zeitreise.

Seite 199

Cog Railway

Alte Lokomotiven unter Dampf sind immer schön. Aber auch, wenn sie steil in den Himmel auf den Mt. Washington schnaufen? Probieren Sie es!

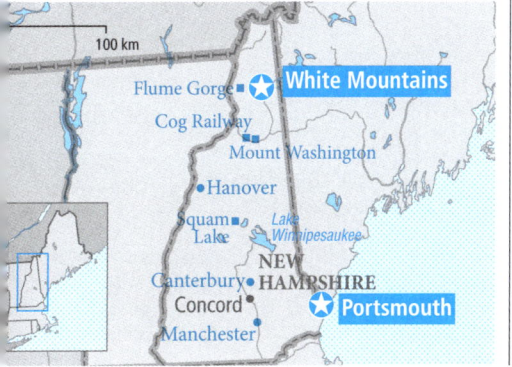

Das wohl bekannteste Motto eines US-Bundesstaates!

Mit 29 km hat New Hampshire von allen US-Küstenstaaten am wenigsten Küste. Dafür hat der Lake Winnipesaukee allein 463 km Uferlinie.

Charmante Kante

D

Das offizielle Motto von New Hampshire ist das martialischste der USA: »Live free or die« steht auf den Autoschildern. Und irgendwann werden Sie sagen: Das passt! Die Städtchen sind weniger Wohlfühlbiotope als zweckdienliche Ansammlungen von Häusern, Supermärkten, Tankstellen. Kurz und gut: New Hampshire ist ein Rohdiamant. Und schreit förmlich danach, erkundet zu werden.

Der kriegerische Spruch stammt übrigens von Rebellenführer John Stark, einem Sohn der Colony of New Hampshire, die bereits 1775 ihren englischen Gouverneur verjagte und sechs Monate vor allen anderen Kolonien die Unabhängigkeit erklärte. Von daher verwundert es also nicht, dass die Freiheit des Individuums bis heute ein goldenes Kalb ist und man als einziger Neuengland-Staat nicht nur auf Verkaufs- und Einkommensteuer verzichtet, sondern auch auf die Anschnallpflicht und zudem auch noch republikanisch wählt.

1944 schrieb New Hampshire sogar Weltgeschichte, als in Bretton Woods der US-Dollar zur Welthandelswährung gekürt wurde. Die symbolische Kulisse damals war dem Anlass angemessen: Die alliierten Staatsoberhäupter trafen

ORIENTIERUNG ⓞ

Information: NH Division of Travel and Tourism, 172 Pembroke Rd., Concord, NH 03301 1856, T 603 271 2665, www.visitnh.gov
Verkehr: Die Unübersichtlichkeit der Region, die mit ihren engen Tälern und schmalen Pässen lange, gerade Straßen gern verhindert, werden auch Sie zu spüren bekommen: Nur drei Straßen, die I-91 und die Rtes. 302 und 16, durchqueren die White Mountains von Norden nach Süden. Die einzige Ost-West-Verbindung ist die Rte. 112. Schneller als 70, 80 km/h werden Sie daher nur selten fahren können.

sich zu Füßen des wuchtigen Mount Washington, des höchsten Berges im Nordosten.

Willkommen also im – etwas – anderen Neuengland! Wo die Kultur der Natur den Vortritt lässt und Sie im Norden, in den White Mountains, Entdeckungstouren unternehmen können, über die Sie noch jahrelang erzählen werden! Doch im Süden ist das ›klassische‹ Neuengland bald zurück, wenn auch manchmal nur als grelles Abziehbild, und das kosmopolitische Boston bleibt auf seinem eigenen Planeten.

White Mountains

 📍C6

Die verschwitzten Klamotten zum Trocknen draußen auf den Felsen ausbreiten. Steine zum Beschweren suchen, damit Hemd, Hose, Socken nicht wegfliegen. Mit Windböen ist hier oben immer zu rechnen. Dabei alle Knochen im Leib spüren, und dennoch dankbar den Duft der Kartoffelsuppe mit Speck registrieren, der von der Greenleaf Hut herüberweht. Den Blick über die Whites auf die untergehende Sonne genießen …

Nicht ohne Wanderschuhe

Wandertouren in den White Mountains hinterlassen bleibende Eindrücke. Sie sind das Outdoor-Paradies des Nordostens und nehmen ein Viertel von New Hampshire ein. Über 2500 km Trails durchziehen diese Wildnis, deren Markenzeichen die subarktische Vegetation und die Felswüsten jenseits der schon bei 1200 m beginnenden Baumgrenze sind. Das im Osten nach Maine hineinreichende Bergmassiv wurde erst – so unzugänglich war es bis dahin – im Laufe des 19. Jh. vollständig kartografiert und ist bis heute für seine gefährlichen Wetterstürze berüchtigt.

Im Jahr 1642 stand erstmals ein weißer Siedler auf dem Gipfel des Mount Washington. Im 19. Jh. ließ sich Ostküsten-Prominenz mittels einer eigens verlegten Bahnlinie zu in die Täler gestellten Grand Hotels kutschieren. Diese sind – bis auf eines – inzwischen abgebrannt und die ›Weißen Berge‹ – Schnee fällt zu jeder Jahreszeit – auch nicht mehr exklusiv.

Indianerkanus ziehen schon lange nicht mehr über den Fluss in den Vorhügeln der Whites. Dafür baute der weiße Mann seine Straßen, über die wir durch den Indian Summer brausen.

Ihre Unzugänglichkeit prägt die Psyche der Hiesigen jedoch noch immer. Die gelten, ganz Bergbewohner, als mürrisch und wortkarg, als knorrige, eifersüchtig über ihr Kulturgut und ihre angestammten Rechte wachende Individuen. Ebenfalls gut zu wissen und keineswegs abschreckend: Die White Mountains verzeichnen jährlich 6 Mio. Besucher, doch davon konzentriert sich die große Mehrheit in wenigen Zentren wie North Conway oder dem Franconia Notch State Park.

Franconia Notch

Die schönste der White Mountains Notches ist ein enges, 20 km langes und in Nord-Süd-Richtung verlaufendes Trogtal. Die beiderseits steil aufragenden Gipfel sind niedriger als weiter östlich, doch mit ihren vernarbenden Geröllabgängen und Granitwänden ebenso dramatisch. Auf dem Talboden ziehen die I-93 und die Rte. 3 nach Vermont und weiter nach Kanada. Indianer, Trapper und Holzfäller nutzten das U-förmige Tal einst als Korridor nach Norden. Aber um 1850 entdeckten es reiche New Yorker.

Seitdem schützt der State Park die kommerziell genutzten Stätten. Zu diesen gehört die Seilbahn **Cannon Aerial Tramway** auf den 1250 m hohen Mt. Cannon, von wo aus Sie spektakuläre Blicke ins Tal, hinüber zum Mount Washington haben. Auf der östlichen Talseite ragen die kahlen Kuppen von Mt. Garfield und Mt. Lafayette himmelwärts.
Juni bis Mitte Okt., www.cannonmt.com, tgl. 8.30–17 Uhr, 19 $

Tschüss, Straße
Viele der schönsten Wanderwege Neuenglands kreuzen die I-93 und Rte. 3 oder beginnen gleich neben dem Asphalt. Eine anstregende Tagestour wie der **Franconia Ridge Trail** (s. Tour S. 180) ist auch der an der Talstation der Cannon Tramway beginnende, 27 km lange **Kinsman Ridge Trail** über den Cannon Mountain zur Lost River Road in der Kinsman Notch.

Die schönste Schlucht
Die Homepage des **Franconia Notch State Park** hält auch eine Wanderkarte zum Ausdruck bereit. Es sind kürzere und familienfreundlichere Trails verzeichnet. Die spannendste der leicht erreichbaren Attraktionen im Franconia-Tal ist die **Flume Gorge** unweit des State Park Visitor Center. Bis zu 240 m tief und teils kaum 3 m breit, wurde sie erst 1808 per Zufall entdeckt. An den moosbedeckten, bis zu 30 m hohen Wänden klebende Plankenwege führen, den gurgelnden Flume Brook mehrmals überquerend, bis in den Regenbogen und Nieselregen der tosenden, 15 m hohen **Avalanche Falls** zu Füßen des Mt. Liberty.
Exit 33, Mai bis Okt. www.franconianotch statepark.com, tgl. 8.30–17 Uhr, 16 $

Lincoln ♥ C6

Vom Ferienstädtchen Lincoln südlich der Franconia Notch führt ein Abstecher nach Westen durch die weniger bekannte, aber schöne **Kinsman Notch.** Spektakulär dort bei North Woodstock die **Lost River Gorge** (Mai bis Okt. 9–17, Juli/Aug. bis 18 Uhr, 21 $). Ein Plankenweg arbeitet sich hier durch eine schmale, aus der letzten Eiszeit stammende Schlucht, vorbei an Wasserfällen wie den 12 m hohen Paradise Falls und über spektakuläre, moosfleckige Felsblöcke – oder auch darunter hindurch –, die manchmal so groß sind wie Einfamilienhäuser.

Wilde Wildnis, aber heute mit Steg. Die Flume-Schlucht in der Franconia Notch zählt zu den schönsten kleinen Wanderungen.

Schlafen

Der Ententeich macht's

Woodward's Resort Motel: Motels sind zum Übernachten da, mehr nicht. In dieses kehrt man nach einem langen Tag jedoch gern zurück – auch wegen seines einfachen, aber guten Restaurants und des Ententeichs mit den Bänken, wo man an lauen Sommerabenden den Tag bei einem Absacker Revue passieren lässt. Nette Zimmer, sauber – Motel halt.
527 Rte. 3, Lincoln, T 603 745 8141, www. woodwardsresort.com, ab 80 $

Mit Durchzug

Kancamagus Motor Lodge: Der alte Teil dieser netten Lodge stammt noch aus der Zeit, als Motelzimmer Fenster auf beiden Seiten hatten. Nachts lassen sich diese Zimmer deshalb mit frischer Bergluft fluten. Bittany's Cafe ist berühmt-berüchtigt für seine vollen Frühstücksteller.
Rte. 122, Lincoln, T 1 800 346 4205, www. kancamgausmotorlodge.com, ab 90 $

Kancamagus Highway ⦿ C 6

›The Kanc‹, wie die Rte. 112 von Lincoln zum 54 km entfernten Conway bei den Einheimischen heißt, führt mitten durch den White Mountain National Forest und ist gänzlich frei von Werbetafeln. Als Panoramastrecke gepriesen, bleibt die nach einem Abenaki-Häuptling benannte Straße, den Swift River begleitend, doch die meiste Zeit im dichten Wald. Sobald er allerdings in Serpentinen bergan klettert, öffnen sich, wie am **Pemigewasset Overlook,** spektakuläre Blicke auf die bergige Wildnis, man fühlt sich wie ein Vogel hoch über den Gipfeln.

Neuenglisches Waldbaden

Wenn Sie mehr von dieser kraftvollen Landschaft sehen wollen, müssen Sie einen der an der Straße beginnenden Trails unter die Stiefel nehmen. Viele davon folgen alten Holzabfuhrwegen. Bis in die 1920er-Jahre hatte die Holzindustrie hier das Sagen, doch seitdem haben die Wälder das Territorium zurückerobert. Die müden Füße können Sie danach in den hübschen Felsenpools der fotogen über mehrere Stufen stürzenden **Sabbaday Falls** neben der Straße kühlen. Vergessen Sie übrigens nicht, an den Parkplätzen die Parkgebühr zu bezahlen. Das geht direkt vor Ort und kostet 5 $ pro Tag (Kleingeld mitbringen).

Besonders schön: Der 30 km hinter Lincoln beginnende **Champney Falls Trail,** ein 5 km langer Waldspaziergang zu zwei Wasserfällen. Weitergehen lohnt sich: Auf dem **Mount Chocorua**

TOUR
Zwei Millionen Schritte

Unterwegs auf dem Franconia Ridge Trail

Infos

Dauer:
2 Tage, 4 Tage bei
Rückkehr auf dem-
selben Weg (17 km).
Hüttenübernachtung
frühzeitig reservieren
(s. AMC, S. 280)

Beste Zeit:
Juli/August

Start:
Lafayette Place
Campground, Park-
platz an der I-93

Reisekarte:
Franconia Notch,
C 6

Eigentlich ist der Appalachian Trail über 3400 Kilometer lang. Man kann aber auch nur eine Etappe in den
White Mountains gehen. Dort ist er am schönsten –
wenn auch am steilsten.

Kaum dass man den Parkplatz an der I-93 verlässt,
schluckt einen der Wald. Nur ein paar goldene Licht-
speere dringen bis zum Boden. Dann wird's steil. Auf
Ahornbäume folgen Birken, dann Kiefern und Fichten,
die schmächtiger werden, je höher der **Franconia Ridge
Trail** führt. Der steile Grat, auf dem man nun herumkra-
xelt, heißt **Agony Ridge** (Grat der Qualen). Also bloß
nicht mit sich selbst befassen, besser mit der fantastischen
Aussicht! Die stürzt links in die Franconia Notch ab und
irrlichtert zur Rechten über die Walker Ravine, ein Trog-
Tal ohne sichtbaren Boden. Irgendwann taucht an der
Baumgrenze die Greenleaf Hut auf – gerade rechtzeitig
vor einem ernsthaften Stimmungsumschwung.

Acht bewirtschaftete Hütten sowie ein Dutzend ein-
facher Schutzhütten für Selbstversorger unterhält der
Appalachian Mountain Club (AMC) in den Whites.

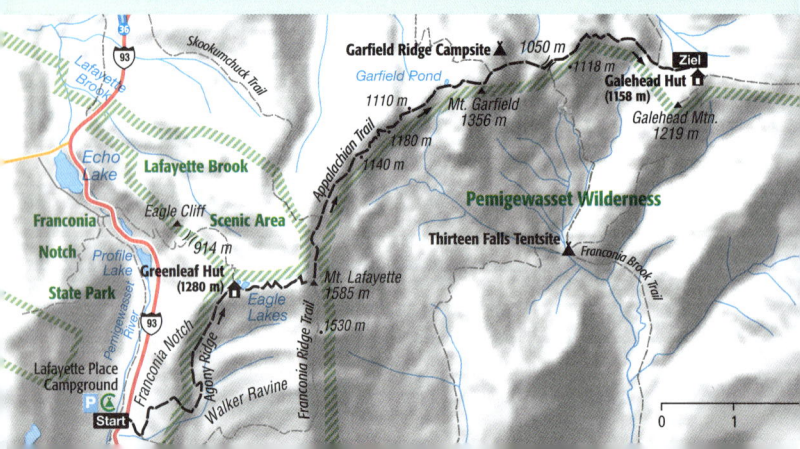

Die **Greenleaf Hut** verfügt über zwei Schlafräume mit vierstöckigen Etagenbetten (Decken werden gestellt) und einen Gemeinschaftsraum mit Tischen und Bänken. Insgesamt 48 Wanderer finden hier Platz. Elektrisches Licht gibt es nicht. Die Crew, ein Quartett aus sehnigen Boys und Girls, führt ein sanftes, aber unerbittliches Regiment. »Sechs Uhr Abendessen, halb zehn Licht aus«, werden Wanderer empfangen. Zum Dinner gibt es Hausmannskost, man kommt ins Gespräch. Der allgemeine Rückzug beginnt schon vor halb zehn.

Hoch über allem macht das Leben mehr Spaß, weil es zählt nur das Ich. Wirklich schwierig ist der Trail auf dem Franconia Ridge nicht, man kann ihn überleben.

Am nächsten Tag ist der Trail hinter der Greenleaf Hut eine Treppe aus dicken Felsbrocken. Auf dem Gipfel des **Mount Lafayette** (1585 m) kreuzt der Franconia Ridge Trail die Mutter aller amerikanischen Wanderwege: Der **Appalachian Trail** ist erreicht. Auf dem verwitterten Grat der Franconia Ridge strebt er weithin sichtbar südwärts, Georgia entgegen. Auf der schmalen Garfield Ridge zieht er nach Maine. Ein paar Stunden später noch ein Blick mit Wow-Faktor: Vom Gipfel des **Mount Garfield** (1356 m) fällt der Blick in die Pemigewasset Wilderness, ein von Bergen eingekesseltes, unbewohntes Tal. Stürme haben hier und da tiefe Schneisen hinterlassen, doch niemand räumt dort auf.

Mag sein, dass man unterwegs einen **Thru-Hiker** trifft. So nennen sich die Trekker, die den ganzen Appalachian Trail in einem Stück gehen. Das dauert im Schnitt sechs Monate. Jährlich schaffen das höchstens 200 Leute. Unterwegs lassen sie ihre alte Identität zurück und nehmen eine Art Kriegsnamen an, den Trail Name. Die Gründe, sich solchen Strapazen auszusetzen, sind meist einschneidende Erlebnisse, die Veranlassung geben, das Leben zu überdenken.

Der letzte, steile Kilometer bis zur **Galehead Hut** ist gefühlte zehn Kilometer lang. Jede Felsstufe ist höher als die vorherige. Erschöpfung lässt selbst den tollen Ausblick vergessen. Also heißt es: ausgiebig Pause machen, bevor es zurückgeht, entweder auf demselben Weg – oder aber weiter Sie laufen noch weiter zur wunderbaren Zealand Falls Hut … weiter, immer weiter.

Wer nicht zurücklaufen will (oder kann), läuft von der Galehead Hut zum nächsten **AMC-Shuttle-Pickup** (s. AMC, S. 280).

(1059 m) warten tolle Aussichten auf die White Mountains. Dramatischer ist der ebenfalls 5 km lange **Boulder Loop Trail** (Start nahe Covered Bridge Campground, ein 300 Höhenmeter steigender Pfad über von Erdrutschen abgesetzte Felsenblöcke zu tollen Aussichten über den Swift River.

Infos

• **White Mountains Attractions Association:** 200 Kancamagus Hwy., www.visitwhitemountains.com

Mount Washington Valley ◆ C/D6

Im Osten stößt der ›Kanc‹ auf das im Mount Washington Valley liegende **North Conway** mit seinem nagelneuen Vorort Intervale. Der Ort, von Malls und wenig lohnenden Factory Outlets überzogen, also keine Augenweide, ist das kommerzielle Zentrum der Region.

Soeben aus den Whites kommende Naturfreunde wird das grelle ›Shop til you drop‹ entlang der White Mountain Road anwidern. Am Stadtrand kommen auch noch auf bayrisch getrimmte Motels dazu! Diese sind allerdings eine preiswerte Alternative zu den stilvolleren Country Inns und B&Bs in Jackson. Alles hat eben zwei Seiten. Als bezahlbare Basis für Tagestouren in die Berge eignet sich North Conway allemal.

Viktorianisch reisen

Es gibt sogar zwei Attraktionen. Mit der **Conway Scenic Railroad** (Main St., April bis Okt., www.conwayscenic.com) können Sie zwei verschiedene halbtägige Exkursionen in viktorianischen Wag-

gons durch das Valley unternehmen und die Presidential Range, das ›Dach Neuenglands‹, vom frisch bezogenen Ohrensessel aus genießen.

Der **Echo Lake State Park** 10 Autominuten westlich ist ein Spielplatz für Climber. Eine Straße führt um den Felsen herum zur Oberkante der Cathedral Ledge, einer spektakulären Granitwand, von wo aus Sie den besten Freeclimbern des Landes ›bei der Arbeit‹ zuschauen können.

Auf der Brücke küssen

Nach Norden verengt sich das Tal. In The Glen biegt die Rte. 302 zur Crawford Notch ab (s. S. 188). Danach geht es bergan. Die Berge werden zusehends höher und treten immer näher.

Jackson, das sich in eine Ausbeulung des Valley kauert, macht das freudlose Glen mehr als wett. Der Weg in dieses idyllische 700-Seelen-Dörflein führt über die dunkelrote, 1876 über den Ellis River geschlagene **Honeymoon Bridge,** eine der meistfotografierten überdachten Brücken Neuenglands und die denkbar beste Einstimmung für eine mehrtägige Alltagsflucht. Die Hotels gehören zu den besten der White Mountains. Golf und Tennis sind die Sommeraktivitäten, im Winter wachst man die Langlaufskier: Das Loipennetz rund um Jackson zählt zu den schönsten der USA.

Schlafen

Wie ein zweites Zuhause

Spruce Moose Lodge: In Neuenglands privat geführten Unterkünften pflegt die Anwesenheit der Innkeeper ein echter Bonus zu sein. Man kümmert sich, die Atmosphäre ist heimelig. Auch diese sechs urgemütlichen Zimmer im Haupthaus und drei Cottages für bis zu sechs Selbstversorger tragen den Stempel der supergastfreundlichen Besitzer.

Die Honeymoon Bridge kurz vor Jackson steht noch ganz original über dem Ellis River. Hier küssten die Lover sich nicht mehr versteckt, hier freuten sie sich auf die Wonnen der Hochzeitsreise.

207 Seavey St., North Conway, T 1 800 600 6239, www.sprucemooselodge.com, ab 90 $

Wohliges Versteck

The Wentworth: Dieser feine Landgasthof im Zentrum von Jackson besteht aus einem schönen Haupthaus und mehreren luxuriösen Cottages. Die Freundlichkeit des Personals hält während des gesamten Aufenthalts an. Die Zimmer in den Cottages verfügen über herrliche Schlittenbetten und Hot Tubs mit Blick auf die Berge. Im Diningroom wird saisonale Küche mit Zutaten aus der Umgebung serviert. 1 Carter Notch Rd., Jackson, T 603 383 9700, www.thewentworth.com, ab 180 $

Oase für müde Glieder

Eagle Mountain House: Die 93 Zimmer und Suiten sind einfach, aber komfortabel, die Terrasse mit Blick über den Golfplatz auf die Berge ist ideal für den letzten oder ersten Drink des Abends. Im hauseigenen Highfields Restaurant wartet Fine Dining, in der Eagle Landing Tavern gibt es amerikanische Hausmannskost. 179 Carter Notch Rd., Jackson, T 603 383 9111, www.eaglemt.com, ab 120 $

Knuddeliges Hiker-Biotop

Joe Dodge Lodge: Die vom AMC betriebene Hütte neben dem Pinkham Notch Visitor Center bietet ca. 100 Schlafplätze in Zwei- und Vierbettzimmern, Aufenthaltsräume mit Kaminen und einen Speisesaal mit Selbstbedienung im Besucherzentrum. Abendessen und Frühstück inklusive. 361 Rte. 16, Jackson, T 603 466 2721, www.outdoors.org, ab 80 $ p. P.

Essen

Punjab-Küche

Shalimar of India: Wenn Hiker aus England sagen, sie hätten im Shalimar

ebenso gut gegessen wie in den indischen Restaurants in London, darf man das als höchstes Lob werten. Damit man alle Aromen wahrnimmt, werden die Gerichte (ab 14 $), Originalrezepte aus dem Punjab, gern etwas weniger ›hot‹ serviert.
2197 White Mountain Highway, North Conway, T 603 356 0123, www.shalimarofindia.co, Lunch Di–So 11–14, Dinner 16.30–21 Uhr

Serviert Nährstoffe seit 1976

Horsefeathers: … und scheint deshalb etwas richtig zu machen. Der beste Pub im Ort. Solide Hamburger, Ravioli & Pastagerichte (ab 8 $), fast tgl. Livemusik.
2679 White Mountain Highway, North Conway, T 603 356 2687, www.horsefeathers.com, tgl. 11.30–22 Uhr

Open Mic und Uber-Burgers

Wildcat Inn & Tavern: Die Taverne macht Spaß. Es gibt nicht nur internationale Küche (ab 20 $) mit marktfrischen Zutaten und Spezialitäten wie den genannten Fleischklops, sondern auch mehr oder weniger gute Livemusik ›vor jedem‹ vor – meist – großzügigem Publikum!
94 Main St., Jackson, T 800 228 4245, www.wildcattavern.com, tgl. 17–22, Di–So auch 12–16 Uhr

Einkaufen

In North Conway verkaufen über 200 Markenfirmen ihre Produkte ab Fabrik. Sollte Ihnen für die Wanderungen noch etwas fehlen, können Sie dies bei **Ragged Mountain Equipment** (279 Rte. 16-302, Intervale, So–Sa 10–18 Uhr) oder **L. L. Bean** (Rte. 16, Mo–Sa 9–21, So bis 19 Uhr) kaufen.

In Jackson ist **Flossie's General Store** (21 Main St.) vollgestopft mit Andenken, Süßigkeiten, Schmuck, Kunsthandwerk. Hochwertige Glasarbeiten und handgefertigte Geschenkartikel gibt's bei **Ravenwood Curio Shoppe** (60 Main St.).

Infos

● **Information Center:** 2617 Main St., North Conway, www.mtwashingtonvalley.org

Pinkham Notch und Mount Washington   ♥ C6

Bald hinter Jackson (geht das überhaupt noch?) rücken die Berge dramatisch eng zusammen, wuchtet sich die Straße in Serpentinen himmelwärts. Zwischen den mächtigen Gipfeln der Presidential Range zur Linken und den Bergen Moriah, North Carter und Carter Dome zur Rechten klettert die Rte. 16 zur **Pinkham Notch** hinauf. Zu jeder Jahreszeit, im Indian Summer jedoch besonders spektakulär, zeigt dieses dicht bewaldete Tal die White Mountains von ihrer majestätischen Seite.

Kopf in den Nacken!

Den Kopf weit in den Nacken legen müssen Sie für den größten ›Stairmaster‹ des gesamten Nordostens, den 1917 m hohen **Mount Washington.** Der höchste Berg Neuenglands ist das Mekka der amerikanischen Hiker: Wer etwas auf sich hält, hat wenigstens einmal im Leben an seinen steilen Hängen geschwitzt, geflucht, gelitten.

Das vom Appalachian Mountain Club (AMC) betriebene **Pinkham Notch Visitor Center,** ein zünftig aussehender Gebäudekomplex unter alten Bäumen an der Straße, dient als Start für Tagestouren sowie Ausgangspunkt für mehrtägige Hikes in das menschenleere ›Backcountry‹. Schmutzstarrende Wanderer tauchen nach Tagen in der Wildnis hier wieder in die Zivilisation ein und genießen die heiße Dusche und das Bett in der rustikalen Joe Dodge Lodge.

DER TODESBERG **T**

Weit über 150 Menschen sind seit den 1850er-Jahren den jähen Temperaturstürzen am Mt. Washington schon zum Opfer gefallen, Gedenktafeln hängen im Eingang zum Sherman Adams Summit Building. Der Grund für das unberechenbare Wetter: die kalte Luft aus Kanada, die sich an der Presidential Range staut und dort auf warme Luft aus Süden und Westen trifft, zudem die extrem niedrige Vegetationsgrenze von nicht einmal 1300 m sowie der Fehler vieler Hiker, den relativ niedrigen Berg zu unterschätzen.

Mogeln ist völlig ok

Falls Sie sich nun sorgen, hier die Entwarnung: Sie sind in den USA, undenkbar also, dass Sie den Berg nicht auch auf Rädern ›bezwingen‹ könnten. Die **Mount Washington Auto Road** beginnt gegenüber dem Besucherzentrum in Glen House. Die 1861 für Pferdegespanne angelegte und an heiklen Stellen verbreiterte Straße passiert auf den nächsten 13 km etliche Serpentinen und vier Vegetationszonen, bis sie die kahle Landschaft des Gipfelplateaus erreicht. Wollen Sie nicht selbst fahren – einige Stellen sind nichts für überängstliche Naturen –, können Sie sich im Besucherzentrum auch einer geführten Shuttletour anschließen.

Auto mit Fahrer: 31 $, jeder weitere Erw. 9 $, Aufkleber ›This Car Climbed Mt. Washington‹ inklusive
Shuttletour: Juni bis Sept. tgl. 7.30–18 Uhr, Anfang Mai bis Ende Okt. wechselnd, Infos: T 603 466 3988, ab 36 $ p. P.

Wie ist das Wetter da oben?

So oder so sollten Sie sich im Tal über das Wetter informieren: Das hier viel zitierte ›world's worst weather‹ ist nicht übertrieben. Tatsächlich entspricht das Gipfelwetter jenem auf dem Mount Everest: Die niedrigste gemessene Temperatur betrug –44 °C, und 1933 registrierte die Wetterstation mit 372 km/h die höchste Windgeschwindigkeit, die je außerhalb eines Hurrikans gemessen wurde. Temperaturunterschiede zwischen Tal und Gipfel von bis zu 40 °C sind keine Seltenheit. Weit über die Hälfte des Jahres versteckt der Berg sein Haupt im Nebel.

Auf dem Dach Neuenglands

Die Fahrt auf der Auto Road dauert etwa 45 Minuten und wird bei klarer Sicht mit grandiosen Blicken auf die übrigen, nach US-Präsidenten benannten Gipfel der Presidential Range belohnt. Die Gebäude auf dem kahlen Gipfel wurden orkansicher gebaut. Das Dach des **Tip Top House** – es begann im Jahr 1853 als Hotel und beherbergt heute ein kleines, den Salon, die Etagenbetten und die Bulleröfen von damals zeigendes Museum – halten schwere Ketten am Boden. Auch die Wetterstation Mount Washington Observatory ist so gesichert.

Das 1979 erbaute **Sherman Adams Building** (Mai bis Sept., Öffnungszeiten wetterabhängig) hingegen ist ein wahrer Betonbunker und besitzt auch eine Cafeteria mit Panoramafenster. Von hier aus können Sie bei Kaffee und Muffins zuschauen, wie an der Westflanke des Berges eine Rauchfahne die Ankunft der **Mount Washington Cog Railway** (s. S. 199) ankündigt.

No Pain, no Gain

Vom Pinkham Notch Visitor Center sind viele Tageswanderungen möglich. Die härteste bietet der nur 6,5 km lange, dabei aber fast 1300 Höhenmeter überwindende **Tuckerman Ravine Trail** auf den Gipfel (s. Tour S. 186).

Zum Beinevertreten für Autofahrer: Auf der anderen Seite des Gipfels führt

TOUR
Auf die harte Tour

Aufstieg zum Mount Washington durch die Tuckerman Ravine

Infos

Dauer:
ca. 8–10 Std. hin
und zurück; 6 km
ein Weg, Aufstieg
1270 m

Start:
Pinkham Notch
Visitor Center

Reisekarte:
Mount Washington
📍 C 6

Der einfachste Weg auf den Mount Washington ist die Auto Road. Der anstrengendste ist ein anderer. Furchteinflößend und erbarmungslos: Die Tuckerman Ravine ist ein gewaltiges, von der letzten Eiszeit ausgehobeltes Amphitheater mit nahezu senkrechten, über 300 m hohen Felsenwänden. Dieser Aufstieg sollte nur von Wanderern mit guter Kondition und der passenden Survival-Ausrüstung für jederzeit mögliche Wetterumschwünge versucht werden. Dies sei der härteste Trail überhaupt! Sagten mir müde Rückkehrer auf dem Parkplatz der Joe Dodge Lodge (s. S. 183).

Dann stand ich selbst auf dem **Tuckerman Ravine Trail.** Anfangs hatte ich noch gedacht, der Hype sei übertrieben. Denn vom Pinkham Notch Visitor Center bis

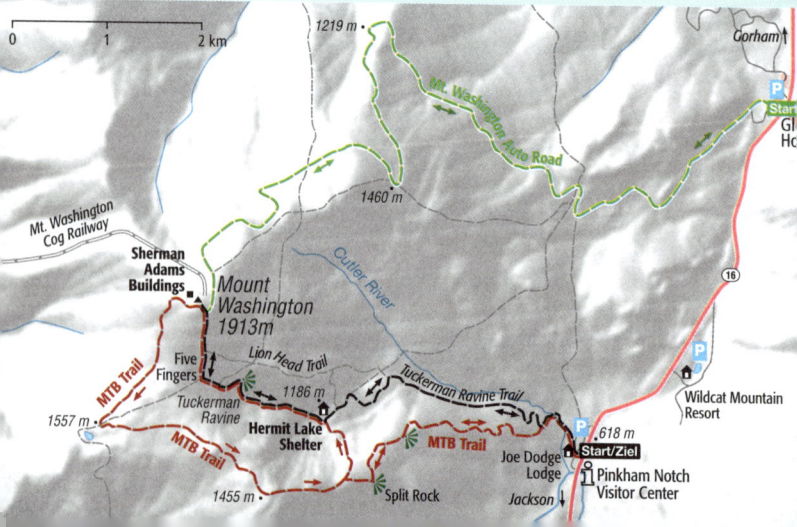

zum 3,8 km entfernten **Hermit Lake Shelter** war es noch ein Kinderspiel gewesen. Breit ist der steinige Trail bis dahin, kinderleicht. Das gleich hinter dem Shelter aufragende, gigantische Amphitheater der **Tuckerman Ravine** hatte ich da noch nicht gesehen, es war

Nebel zieht hoch zum Gipfel des Mount Washington, die Hiker sind besorgt. Ganz richtig, denn jetzt sollten sie schnell ins Tal zurücklaufen.

von Nebel eingehüllt. Doch dann riss der Vorhang auf, und ich musste den Kopf in den Nacken legen, um dem in engen Serpentinen die Wände hinaufkriechenden Trail bis zur Oberkante zu folgen.

Technisch war er nicht schwer, aber dafür ausgetreten und rutschig. Und so unbarmherzig stetig steil, dass sich meine Lust auf den Gipfel auf die Länge einer Serpentine reduzierte und ich immer verdrießlicher wurde. Der Blick von der Oberkante schließlich war wie der in ein gigantisches, graublaues Loch. Auf dem Gipfel war ich da noch lange nicht. Der letzte Kilometer ab der **Five Fingers Junction** war weniger steil, aber dafür ging es durch Geröllfelder, die ebenso gut auf dem Mond liegen könnten.

Schön, all das? Zuallererst kalt, sehr kalt: Selbst im Sommer beträgt die Durchschnittstemperatur dort oben nicht gerade kuschelige 9 °C im Sommer! Aber doch auch fantastisch, weil unvergesslich. Und, erst einmal auf dem **Mount-Washington-Gipfel** bei der Wetterstation, zutiefst befriedigend. Denn wann überwindet man zu Fuß schon 1270 Höhenmeter auf nur 6,5 km?

Wer zu müde für den Abstieg ist oder unter inzwischen chronischen Knieschmerzen leidet, könnte überlegen, den **Shuttlebus** zurück zu nehmen. Das Motto »Take it easy!« ist ja schließlich keinem verboten. Allerdings sollte ausdrücklich jeder Hiker davon ausgehen, auch wieder zurückwandern zu müssen. Die Plätze in den Vans sind begrenzt und die Straße kann bei schlechtem Wetter sogar kurzfristig geschlossen werden!

Shuttle Service
über die Mt. Washington Auto Road zurück zum Pinkham Notch Visitor Center: www.mtwashing tonautoroad.com/ guided-tours/ hiker-shuttle

ein Trail hinunter zu der auf einem Sattel liegenden **Lake of the Clouds Hut** des AMC. Weitere tolle Trails: der am Pinkham Notch Visitor Center beginnende **Lost Pond Trail** auf den Wildcat Mountain (1344 m) und der ebenfalls auf den Wildcat führende **Nineteen Mile Brook Trail.** Tipps und Wanderkarten, u. a. den handlichen White Mountain Guide des AMC, gibt es im Visitor Center.

Crawford Notch und Bretton Woods ♀ C 6

Weniger populär als die Pinkham Notch, doch kaum weniger beeindruckend, folgt die Rte. 302 auf 36 km dem Tal des Saco River von Glen nach Fabyan kurz hinter Bretton Woods. Das Wasser zahlloser Bäche stürzt von hohen Felsen hinab, um sich mit dem Fluss zu vereinigen. Ein gewisser Timothy Nash fand das Tal 1771, als er einem Elch nachstellte. Benannt wurde es jedoch nach der Crawford-Familie, die 1790 als Erste nahe dem heutigen Bretton Woods siedelte.

Dumm gelaufen

Geteilt von der Rte. 302 bietet der Park an der engsten Stelle des Tals eine dramatisch-düstere Kulisse. Im Schatten des über der V-förmigen Kerbe aufragenden Mount Field im Westen und des Mount Jackson im Osten führt ein kurzer, aber umso steilerer Trail zu den fotogenen **Arethusa Falls.**

Jenseits des Passes steht **Willey House,** das Büro der Parkverwaltung. Es ist nach der Willey-Familie benannt, die hier 1828 von einem Erdrutsch ausgelöscht wurde: Als sie das Rumpeln über ihnen hörten, stürzten die Willeys ins Freie, um sich in Sicherheit zu bringen – tragischerweise genau dorthin, wo sie von der Lawine erwischt wurden. Während das Haus unversehrt blieb!

Hotel mit eigener Postleitzahl

Dann erweitert sich die Notch zum Valley. Der Mount Crawford gibt den Postkartenblick auf die majestätische Westseite des Mt. Washington frei. Noch ein paar Kurven, und da liegt es – in spektakulärer Einsamkeit zu Füßen seines Namensgebers, das für viele schönste Hotel Neuenglands! Das 1902 eröffnete **Mount Washington Hotel** wirkt, schneeweiß, von roten Dächern gekrönt und von grün schimmernden Golfplätzen umgeben, wie ein vor Anker liegender Ozeandampfer. Tatsächlich ist es so groß, dass es als Ort namens **Bretton Woods** sogar über eine eigene Postleitzahl verfügt.

Neben dem Balsams in Dixville Notch ist es das einzige verbliebene aus der Ära der glamourösen Grand Hotels. 1991 kaufte ein Konsortium einheimischer Unternehmer das verfallende Gebäude und führte es dem alten Glanz und Gloria wieder zu. Dazu gehören heute Frackzwang beim Dinner und ein Orchester, das nach dem Essen mit Glenn-Miller-Melodien zum Tanz aufspielt. Der Digestif auf der knapp 300 m langen Terrasse rundet das feudale Erlebnis stilvoll ab. Schilder in der Lobby erinnern an die Bretton-Woods-Konferenz von 1944, die der Welt den Internationalen Währungsfonds bescherte.

Bereits im Hotel können Sie Tickets für die **Cog Railway** (s. S. 199) kaufen. Nicht nur für Eisenbahnfans ist diese Zahnradbahn auf den Mt. Washington das Erlebnis ihres Lebens.

Schlafen

Grand Hotel wie ein Château

Omni Mount Washington Resort: 200 Zimmer und Suiten, viele mit Blick auf den Mt. Washington. Kleiderregel beim Dinner: keine Jeans, keine Turnschuhe. Großes Freizeitangebot und die schönste Terrasse zum Cocktail-Schlürfen in Neuengland.

Die Veranda des Mount Washington Resort schaut ins Nichts zwischen Baumgipfeln und Bergen. Hier trafen sich einst nicht nur die Reichen der Oststaaten, sondern auch die Mächtigen der Welt: Bretton Woods!

Rte. 302, Bretton Woods, T 1 800 843 6664, www.omnihotels.com, ab 160 $

Bewegen

Zeitreise
Mt. Washington Cog Railway: Die historische Bergbahn verkehrt von Ende April bis Ende Oktober mehrmals täglich (bhängig von der Wetterlage) zwischen der Marshfield Base Station und dem Gipfel.
Rte. 302, T 603 278 5404, www.thecog.com, Ticket ab 72 $

Infos

• **Pinkham Notch Visitor Center:** Rte. 16, www.outdoors.org

Lakes Region 📍C7

Hunderte von Seen bilden östlich der I-93 das Freizeitdorado der Lakes Region. Schon die englischen Gouverneure erholten sich dort vom ständigen Ärger mit den Kolonisten. Bis heute verdienen Country Inns, Yachthäfen, Bootsbauer und Gastronomen hier das meiste Geld. Wobei der Akzent mehr auf Fun und Getöse liegt als auf behaglicher Entschleunigung: Meist haben Motorboote und Jetski-Fahrer Vorfahrt.

Nobel am See
Dies erleben Sie schon bei dem ersten Zwischenstopp auf dem Weg nach Süden. Der **Squam Lake** (eigentlich zwei durch einen schmalen Kanal verbun-

dene Seen) ist von jeher das Refugium betuchter Ostküstenfamilien. Die ließen **Holderness** sogar nur widerwillig als Set für den Film »On the golden Pond« mit Henry Fonda und Katharine Hepburn zu (s. S. 147). Daher gibt es am zweitgrößten See New Hampshires auch keine öffentlichen Strände. Paddeln und Segeln sind indes gestattet.

An Land lohnt sich der Besuch des **Squam Lakes Natural Science Center,** das die heimische Fauna und Flora vorstellt, geführte Spaziergänge und Bootstouren auf dem See anbietet und auf dem Gephart Trail sogar zu Gehegen mit Luchsen und Berglöwen führt.

Rte. 113, Holderness, Mai bis Okt. tgl. 9.30–17 Uhr, 20 $, Cruise ab 27 $

Der Große Geist lächelt

Am **Lake Winnipesaukee** hingegen ist alles lauter. Hübsch-hässliche Motels und Attraktionen à la ›Ripley's Believe it or Not!‹ haben den an sich schönen, buchten- und inselreichen See zwischen den Ausläufern der White Mountains zum Rummelplatz gemacht. **Weirs Beach** ist der lärmende Hauptort des Westufers, **Wolfeboro** sein etwas gediegenerer Cousin am Ostufer. Die Strände sind eher dünne Sandstreifen, doch für den Sprung ins Wasser doch geeignet. Zu empfehlen: Weirs Beach, der Alton Small Swimming Beach in Alton und der Wentworth Beach in Wolfeboro.

Erst auf dem Wasser kommt der See, dessen indianischer Name frei übersetzt ›Lächeln des Großen Geistes‹ bedeuten soll, zu seinem Recht. Fahrten mit der **MS Mount Washington** – das altmodische Ausflugsschiff pendelt zwischen Weirs Beach, Meredith, Center Harbor und Wolfeboro durch ein aus mehreren Hundert Inseln bestehendes Labyrinth – erschließen den Charme dieses Sees am besten.

Mitte Mai bis Ende Okt. T 603 366 5531, www.cruisenh.com, ab 33 $

Schlafen

Kuschelig unter alten Bäumen

Manor on Golden Pond: Der Blick auf den Squam Lake, die schöne Lage auf dem Hügel zwischen mächtigen alten Bäumen und drinnen im stattlichen Haupthaus kuschelige Zimmer mit Himmelbetten, Kamin, Whirlpool und Spa – mehr Neuengland geht nicht.

31 Manor Dr., Holderness, T 603 968 3348, www.manorongoldenpond.com, ab 180 $

Chillen am See

Crescent Lake Inn & Suites: Das Inn in Wolfeboro liegt am Crescent Lake, auf weitläufigen Rasenflächen bis zum Seeufer, und ist ein Paradies für Wasserratten. Es gibt einen Privatstrand, eine Pier und Kanus für Paddeltouren, sooft und solange man will. Viele Zimmer mit Kitchenettes.

280 Main St., Wolfeboro, T 603 569 1100, www.crescentlakeinn.com, ab 150 $

Essen

Wer war Walter?

Walter's Basin: Schöner speisen in dieser familiären Essstube mit Blick auf den Little Squam Lake und die unterhalb liegende Pier. Steaks, Ente und Forelle (ab 16,50 $). Walter war übrigens die Forelle, die Henry Fonda im Film »On the golden Pond« angelte …

15 Main St., Holderness, T 603 968 4412, www.waltersbasin.com, So–Do 11.30–21.30, Fr–Sa 11.30–22 Uhr

Bewegen

Segeln und Paddeln

Bei der **Squam Lakes Association** können Sie Kanus, Segelboote und Windsurfbretter ausleihen. Hier gibt es auch Listen der Unterkünfte am See.

534 Rte. 3, Holderness, T 603 968 7336,
www.squamlakes.org

Einkaufen

Die Regale im **Golden Pond Country Store** biegen sich unter hausgemachten Sandwiches, Grillhühnchen, Pizza, frischem Obst und Schokosnacks.
10 Shepard Hill Rd., Holderness, Mo–So 6–21, So 6–21 Uhr

Hanover ⚲ B7

Der Connecticut River ist die Grenze zu Vermont. Etwa auf halber Strecke konzentriert sich um die 12 000-Einwohner-Stadt Hanover ein schönes, oft übersehenes Stück New Hampshire.

Alltag der Shaker

Der interessanteste Abstecher führt kurz vorher von **Lebanon** aus nach Osten. Am Ende des friedvollen Lake Mascoma liegt bei dem Weiler Enfield das **Enfield Shaker Village.** Das Dorf wurde 1782 von einer Shaker-Gruppe gegründet und bestand bis 1923. Während seiner Blüte um 1850 zählte es etwa 300 Brüder und Schwestern. Die Geschichte der Siedlung und ihrer sanften Fundamentalisten dokumentiert das interessante Museum.
447 Rte. 4A, Mo–So 10–17 Uhr, 12 $, nur Führungen

Rufer in der Wüste

Nach **Hanover** führt, den Fluss begleitend, Rte. 10 – die schönste Strecke. Aus einer zu den ältesten Inland-Siedlungen des Bundesstaates wurde ein stolzer Schwan. Der lateinische Wahlspruch »Vox clamantis in deserto« (Die Stimme des Rufers in der Wüste) lässt ahnen, wie einsam und zugleich auserkoren sich der Gründer-Missionar Eleazar Wheelock einst unter lauter Analphabeten gefühlt haben mag.

Bis heute ist es das Motto des **Dartmouth College.** Die sich zur Ivy League rechnende Hochschule wurde im Jahr 1769 von Wheelock für »junge Indianer, Engländer und andere« gegründet und entwickelte sich zum geistigen Mittelpunkt New Hampshires. Die im Georgian und Federal Style errichteten roten und weißen Gebäude der Campus-Uni gruppieren sich um das Green, wo im Information Center Broschüren ausliegen. Hier beginnen auch die von Studenten geführten Touren über den Campus (home.dartmouth.edu). Sehenswert ist dort auch das feine, Anfang 2019 nach dreijähriger Umbauzeit neu eröffnete **Hood Museum of Art** (s. S. 192).

»What Do You Want? When Do You Want It?« – fragt diese Installation im Hood Museum des Dartmouth College.

Kleine Dörfer haben's besser

Den schönsten Rundumblick weit und breit – von den Whites bis hinüber zu den Green Mountains – haben Sie vom kahlen Gipfel des **Mount Cardigan** (948 m) südöstlich von Hanover. Hinauf führt der West Ridge Trail (3 km).

13 km nördlich von Hanover umgibt das fotogene **Lyme** sein ovales Green, und der gute alte **Lyme Country Store** (13 Main St.) verkauft seit fast 50 Jahren alles von Sandwiches über Rasenmäher bis zur »New York Sunday Times«. Dass die Zeit selbst an ihm nicht ganz spurlos vorbeigegangen ist, beweist seine Facebookseite und dass dort keck in die Kamera schauende Jugendliche sich in ›Sesseln‹ aus Bierkartons lümmeln.

Postkartenbilder liefert auch das für seine schönen überdachten Brücken bekannte **Cornish** südlich von Lebanon. Die **St. Gaudens National Historic Site**, das Haus des hier ansässigen Bildhauers, zeigt eine Ausstellung zur **Cornish Colony** (s. Kasten). Die schönen, mit St.-Gaudens-Repliken dekorierten Gärten sind hübsche Zugaben.
139 St. Gaudens Rd., Mai bis Okt. tgl. 9–16.30 Uhr, 10 $

Museen

Neustart nach Facelift

Hood Museum of Art: Im renommierten Hood, 2019 nach dreijähriger und 50 Mio. Dollar teurer Umbauzeit neu eröffnet, streifen die Besucher durch 16 lichtdurchflutete Galerien. Bereits in der ersten signalisieren anstelle eines amerikanischen Malers Bilder afrikanischer Kreativer, dass hier etwas anders gemacht wird.
6 E. Wheelock St., Hanover, Mi, Sa/So 11–17, Do/Fr 11–20, Eintritt frei

---

Schlafen

Zentraler geht es nicht

The Hanover Inn: In der schönen Georgian-Style-Herberge am Green pflegen die Eltern der Studenten abzusteigen. Abendessen gibt es auch im hauseigenen, auf regionale Küche setzenden Pine Restaurant.
2 E. Wheelock St., Hanover, T 1 800 443 7024, www.hanoverinn.com, ab 200 $

Nicht zentral, aber Boutique

Six South St Hotel: Außen auf modern getrimmt, drinnen ein niveauvoller Mix aus viktorianischen Details und modernistischem Design: Das Six South ist eines der schönsten Boutiquehotels New Hampshires. Neue amerikanische, regional inspirierte Küche im Restaurant 6istro.
6 South St., Hanover, T 604 643 0600, www. sixsouth.com, ab 160 $

ST. GAUDENS IN CORNISH **G**

Nachdem Amerikas berühmtester Bildhauer Augustus St. Gaudens (1848–1907) sich in Cornish niedergelassen hatte, entwickelte sich das Städtchen zu Füßen des Mt. Ascutney zum Künstlertreff **Cornish Colony** und Alterssitz prominenter Schriftsteller. Der dörfliche Alltag veränderte sich dadurch gründlich. Italienische Villen schossen aus dem Boden, und auf der Main Street promenierten nun merkwürdige Wesen in exotischen Gewändern, die 1905 das 20-jährige Bestehen der Kolonie in einem griechischen Tempel zelebrierten. Manchen wurde das Treiben in ›Klein New York‹ jedoch bald zu bunt. »Zu viele Tennisschläger hier«, grummelte der Maler Thomas Dewing, der hier in einem Tipi lebte, und zog bald weiter in die Wildnis von Maine.

Essen

Irisch gut
Murphy's on the Green: Hier verschaffen sich Eltern einen Eindruck davon, was die studierenden Kinder abends machen. Gemütlicher Pub (ab 16 $) mit Originalsitzbänken aus der Unibücherei. Die Weinkarte ist so lang wie die Bierkarte, dazu hervorragendes Seafood. Livemusik.
11 S. Main St., Hanover, T 603 643 4075, www.murphysonthegreen.com, tgl. 16–23, Fr–So auch ab 11 Uhr

Einkaufen

In Hanover, 2007 von CNN zur zweitbesten Stadt zum Leben in den USA gekürt, ist Shopping ein Vergnügen. Modegeschäfte führen neben Trendmarken auch weniger bekannte Designer, und in den Food Stores gehören Bio-Produkte zum Basisangebot. Im **Dartmouth Co-Op** (21 S. Main St.) oder auch bei **Traditionally Trendy** (32 S. Main St.) kaufen die Studenten Freizeitkleidung mit Uni-Logo.

Infos

• **Visitor Center:** 53 S. Main St., Hanover, www.hanoverchamber.org

Merrimack Valley ⚲ C7/8

Auf dem breiten Merrimack River drangen erst die Penacook-Indianer, später englische Siedler in das Innere New Hampshires vor. Heute ist sein in Nord-Süd-Richtung von Canterbury bis nach Massachusetts verlaufendes Tal das politische und wirtschaftliche Kernland des Bundesstaates. Hier liegen mit der Hauptstadt **Concord** und den Industriestädten **Manchester** und **Nashua** die drei größten Orte, sind zahlreiche Schlüsselindustrien angesiedelt.

Das Leben der Shaker
Dennoch ist die Rte. 3 mehr gemütliche Spazierfahrt denn Horrortrip im Ballungsgebiet. Von Norden kommend, halten Sie zunächst beim **Canterbury Shaker Village** im idyllischen Canterbury. 1792 gegründet und erst 1992 nach dem Tod der letzten Schwester aufgegeben, zeigt das als Freilichtmuseum fortbestehende Shaker-Dorf 25 gut erhaltene Gebäude. Hervorragend informierte Guides erläutern die Weltanschauung der Shaker, die sich in allen Aspekten ihres Alltags wiederfindet (s. S. 255).
I-93, Exit 18, 288 Shaker Rd., Mai bis Okt. tgl. 10–17 Uhr

Concord ⚲ C8

Es gibt berühmte Attraktionen, die alle Aufmerksamkeit auf sich ziehen, und es gibt die stillen Stars, die ebenso schön sind, aber immer ein wenig im Schatten stehen. Und dann gibt es Concord.

»Was in aller Welt willst du bloß in Concord?«, fragen selbst Einheimische verblüfft. Nur um nach dem ersten Schrecken nachzuschieben, dass, naja, die Main Street mit ihren Straßencafés, Boutiquen und dem Laden der League of New Hampshire Craftsmen im Grunde gar nicht so übel ist und die Kunstszene mit der anderswo in Neuengland mithalten könne. Sie werden feststellen: An beidem ist etwas dran.

Zunächst scheint die an einer Schleife des Merrimack liegende Hauptstadt New Hampshires tatsächlich kaum Grund zum Verweilen zu bieten. Abgesehen von Hannah Dustin, die hier 1697 ihre indianischen Entführer im Schlaf erdolchte und skalpierte, hat bis 1986 niemand mehr an dieser Biegung des Flusses für Aufregung gesorgt.

Immerhin: Präsidenten waren da
Dann kam die Challenger-Mission mit der weltweit verfolgten Katastrophe. Mit an Bord der Raumfähre war die hier geborene Lehrerin Christa McAuliffe, nach der später das ein interaktives Planetarium beherbergende **McAuliffe-Shepard Discovery Center** benannt wurde (2 Institute Dr., tgl. 10.30–17 Uhr, 11,50 $).

Ein kurzer Spaziergang – mit Espressoduft in der Nase – über die North Main Street führt zum 1819 eingeweihten **State House** (107 N. Main St., Mo–Fr 8–16 Uhr) mit seinen Gemälden verdienter Bürger und zum **Eagle Hotel** gegenüber. Wo einst Richard Nixon, Andrew Jackson und der Südstaaten-Präsident Jefferson Davis logierten, sind heute hübsche Läden und ein Bistro untergebracht.

Infos

• **Visit Concord NH:** 49 S. Main St., Concord, www.visitconcord-nh.com

---

Manchester　　　📍C8

Heute übernachten (zukünftige) Präsidenten etwas weiter südlich im Holiday Inn in **Manchester,** der mit 111 000 Einwohnern größten Stadt New Hampshires. Das Hotel dient den Kandidaten während der »Primaries« (Vorwahlen) als Basis für ihre New–Hampshire-Kampagne und gleicht dann einer Festung.

Die kaffeesüchtigste Stadt
Die Stadt, die als Holzfällercamp begann und im 19. Jh. mit der Amoskeag Manu-

facturing Co. die größte Textilfabrik der Welt besaß (17 000 Arbeiter, bei 70 000 Einwohnern) zieht sich seit dem Ende dieser Industrie mit der Ansiedlung von Hightech-Industrien aus dem Sumpf.

Seither wird sie immer wieder von Lifestyle-Magazinen entdeckt und mit hippen Trendnamen beehrt: »9th most underrated City for Millennials«, »New Silicon City« oder, noch am ehesten nachvollziehbar, »2nd Most Coffee Obsessed City in the US«!

Sei dies wie es sei, bei all dem Hype ist sie jedoch proletarisch geblieben, auch wenn das **Currier Museum of Art** (s. u.) als bestes Kunstmuseum des Bundesstaats gilt.

Museen

Große Kunst in kleiner Stadt
Currier Museum of Art: Mit seinen hervorragend kuratierten Picassos, Hoppers, Monets, O'Keeffes, Copleys und Homers wird das Curriers oft zu den besten Kunstmuseum im Nordosten gezählt.
150 Ash St., Manchester, www.currier.org, So, Mo, Mi–Fr 11–17, Sa 10–17 Uhr, 15 $

Essen

Irisch gut
Red Arrow: Wie sehr die proletarische Tradition in Manchester lebt, zeigt dieses ganz und gar nicht hippe Diner (um 10 €), dem die Einwohner schon seit 1922 die Treue halten!
61 Lowell St., Manchester, T 603 626 1118, www.redarrowdiner.com, tgl. 24 Std.

Infos

• **Greater Manchester Chamber:** 54 Hanover St., Manchester, www.manchester-chamber.org

Beine ausstrecken, Laptop auf die Knie – schon ist das Leben schön. Dabei ist aber auch Portsmouth rund um diesen Premiumplatz wirklich nett, gemütlich und sogar ein bisschen hip.

Portsmouth ⭐ D8

New Hampshires Anteil an der Atlantikküste beträgt ganze 29 km – und seine Waterkant, die alte Küstenstraße Rte. 1A, ist zugebaut, als gäbe es kein Morgen. Historische Straßenzüge, Supermärkte, alte Kapitänshäuser, Mietskasernen, elegante Country Inns, hässliche Motels, altmodische Vergnügungsparks, von der Salzluft angefressen … Immerhin liegt gleich an der Grenze zu Massachusetts, am Mündungsdelta des Hampton River, einer der populärsten Strände Neuenglands: Doch auch **Hampton Beach** – eine Anhäufung billiger Apartmenthäuser und schmieriger Fastfood-Restaurants unter Stromkabelsalat – hat seine besten Tage schon lange hinter sich.

Die schönste Überraschung

Dann aber kommt **Portsmouth**, und plötzlich ist alles wieder gut. Hier wird der möglicherweise an Entzugserscheinungen laborierende Reisende mit trendiger Lebensart versöhnt. Das Städtchen an der Mündung des Piscataqua River hat hippe Galerien, ist dank neuer Restaurants die neue ›Foodie Destination‹ der verwöhnten Bostoner und bezaubert mit einer Altstadt, die den Namen verdient, weil ihr der raue Charme einer Hafenstadt nicht völlig ausrenoviert wurde.

Rotziegelige alte Stadthäuser säumen krumme Straßen im Stadtkern, der 1623 – wegen der hier gefundenen wilden Erdbeeren – als Strawberry Banke begann und wegen seines guten Naturhafens zum Schiffsbauzentrum Portsmouth aufstieg. Brände und der Krieg von 1812 beendeten die Blütezeit des Ortes, doch konnte die Fischerei Portsmouth durchfüttern, bis die Regierung schließlich wieder mit dem Schiffsbau begann.

Heute verleihen junge Unternehmer und Künstler der 21 000 Einwohner zählenden Stadt ein weltoffenes Flair. Und die City Guides unterhalten ihre Gruppen aus aller Welt mit schön-schrecklichen Fußnoten aus der Stadtgeschichte. Wie zum Beispiel, dass 1862 in Portsmouth auf 6000 Einwohner 120 Saloons, über 10 000 Seeleute, 60 Bordelle und zwei Polizisten kamen. Und während die Gruppen aus Japan, Mexiko und Mecklenburg eins und eins zusammenzählen, genießen Bostoner auf Kurzurlaub das europäische Feeling in den hübschen Kopfsteingassen.

Alte Häuser – wunderbar

Sozialer Mittelpunkt der von drei Seiten von Wasser umgebenen Altstadt ist seit 1700 der **Market Square** mit Bow und Ceres Streets. Fans alter Gemäuer besuchen von hier aus Paradebeispiele historischer Baustile, darunter das wunderbare, im Jahr 1760 im Georgian Style gebaute **Wentworth-Gardner House ❶**. Eine spannende Ausstellung zur Karriere des Hausherrn vom englischen Schiffsjungen zum Piraten, Sklavenschiff-Steuermann, amerikanischen Admiral und – das waren noch Zeiten – Oberkommandeur der russischen Flotte zeigt das **John Paul Jones House ❷** von 1758.

Wentworth-Gardner House: Mechanic und Gardner Sts., www.wentworthlear.org, Juni bis Okt. Do–Mo 11–16 Uhr, 6 $
John Paul Jones House: 43 Middle St., www.portsmouthhistory.org, Mai bis Nov. tgl. 11–17 Uhr, 7 $

Quer durch die Jahrhunderte

Portsmouths Hauptattraktion ist jedoch das wunderbare **Strawbery Banke Museum ❸** im alten Rotlichtviertel der Stadt. Auf einem umzäunten Gelände – hier stand dereinst die erste Siedlung – repräsentieren 42 Häuser 300 Jahre Portsmouth. Zehn der Gebäude können Sie besichtigen. Anders als in anderen Museumsdörfern, wo eine einheitliche, einer Epoche treue Rekonstruktion angestrebt wird, präsentiert dieses Museum seine Häuser als Wohnstätten, die von ihren wechselnden Besitzern nach der jeweiligen Mode der Jahrhunderte eingerichtet und verändert wurden. Und bis heute auch so blieben.

14 Hancock St., Portsmouth, www.strawbery banke.org, Mai bis Okt. tgl. 10–17 Uhr, sonst Do–Sa 10–14, So 12–14 Uhr, 20 $

Schlafen

Am liebsten gleich einziehen

❶ **The Hotel Portsmouth:** Das 140 Jahre alte Kaufmannshaus im verspielten Queen-Anne-Stil befindet sich in der Altstadt und damit in Fußgängerentfernung zu allen Sehenswürdigkeiten und Einkaufsmöglichkeiten. Die 32 einnehmenden Zimmer reichen vom kleinen Crashpad bis zur Suite unter dem Dach. Das Frühstück mit frischem Obst und soeben aus dem Backofen kommendem Brot ist das Tüpfelchen auf dem i.

40 Court St., Portsmouth, T 603 433 1200, 1 877 747 3466, www.thehotelportsmouth. com, ab 160 $

Loft-Feeling an der Brücke

❷ **Ale House Inn:** Das Obergeschoss einer alten Brauerei wurde zu einem Hotel ausgebaut. Wer hier Himmelbetten und viktorianische Blümchentapeten erwartet, wird enttäuscht: In den zehn Zimmern herrscht urbaner Minimalismus, zugleich bewahren warme Farben und zeitlos schöne Formen vor dem Absturz ins Unpersönliche.

121 Bow St., Portsmouth, T 603 431 7760, www.alehouseinn.com, ab 130 $

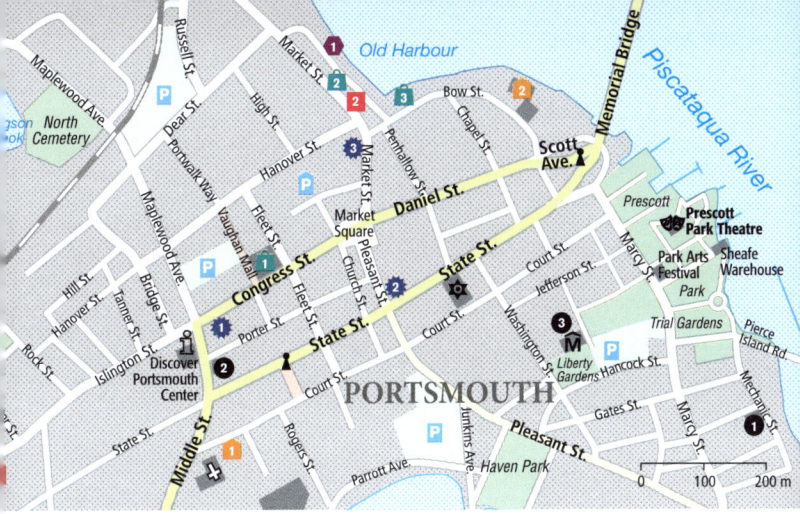

Portsmouth

Ansehen

1 Wentworth-Gardner
House
2 John Paul Jones House
3 Strawbery Banke Museum

Schlafen

1 The Hotel Portsmouth
2 Ale House Inn

Essen

1 Lexie's Joint
2 Black Trumpet

Einkaufen

1 Ten Thousand Villages
2 Sea Bags
3 Tugboat Alley

Bewegen

1 Portsmouth Harbor
Cruises

Ausgehen

1 The Goat
2 The Rusty Hammer
3 Portsmouth Gas Light Co.

Essen

Reuelos sündigen

1 **Lexie's Joint:** Wo ein Hamburger
›Stairway to Heaven‹ und ein Avoca-
do-Klops ›The Green Monster‹ heißen
(ab 8 $), lässt man sein schlechtes Er-
nährungsgewissen gern mal draußen vor
der Tür! Zumal, wenn die Stimmung jung
und locker ist und die Website Peace &
Love verspricht.
212 Islington St., Portsmouth, T 603 815
4181, www.peaceloveburgers.com, tgl.
11.30–20 Uhr

Das sind ja schöne Aussichten

2 **Black Trumpet:** Der Piscataqua River, der feine Naturhafen mit den alten
Hafengebäuden, die stämmigen kleinen
Schlepper und die dümpelnden Fischerboote – all das wird in diesem hübschen
Bistro als Beilage zum Gucken serviert.
Man genießt die Aussicht mit Seafood-
Paella, Grillhühnchen und Kefta Burger
mit Ziegenkäse im Hauptgang (ab 17 $).
Urige Weinbar mit sehr ordentlichen Vor-
räten im ersten Stock.
29 Ceres St., Portsmouth, T 603 431
0887, www.blacktrumpetbistro.com, So–Do
17–21.30, Fr–Sa 17–22 Uhr

Einkaufen

In Portsmouths Altstadt zu shoppen ist ein nahezu organisches Vergnügen. Es gibt kleine Straßencafés zum Beinelangstrecken und Eisdielen zum Ignorieren jeglicher Kalorienbedenken – überdies ist das Angebot trotz des nicht zu übersehenden Geschäfts mit Touristen vielfältig und hochwertig.

Ten Thousand Villages 🛈 (87 Congress St., tgl. 10–19 Uhr) z. B. hilft Kunsthandwerkern in der Dritten Welt mit dem Verkauf ihrer Erzeugnisse, darunter schöne Traumfänger und Glücksbringer für schwangere Frauen.

Sea Bags 2️⃣ (129 Market St., tgl. Mo–Sa 10–18, So 11–17 Uhr) ist auf Taschen jeder Art mit maritimen Motiven spezialisiert – wobei nicht nur der klassische Anker längst x-mal neu designt wurde.

Tugboat Alley 3️⃣ ist ein Souvenirladen zwar, aber was für einer: Hier gibt es alles Nautische – von kleinen Schleppermodellen für Kinder über Hoodies und Schmuck von einheimischen Kreativen für die Twens bis hin zu teuren Schiffsmodellen für den Opa (47 Bow St., tgl. 10–20 Uhr).

Bewegen

Vorn am Bug am besten
🔴 **Portsmouth Harbor Cruises:** Nett. Gemütlich. Erholsam. Spektakuläres dürfen Sie auf diesen Kutterfahrten nicht erwarten. Dafür ist es auf der kleinen ›Heritage‹ einfach nur schön. Tuckern Sie mit dem umgebauten Kutter durch die vogelreichen Feuchtgebiete im Mündungsgebiet des Piscataqua River und zu den Seevogelkolonien auf den vorgelagerten Isles of Shoals!
64 Ceres St., Portsmouth, T 603 436 8084, www.portsmouthharbor.com

Ausgehen

Jiieeehaa-Musik, feucht-fröhlich
🏵 **The Goat:** Für ruhige Beschaulichkeit sind Sie hier völlig an der falschen Adresse. Bier und 5-Dollar-Drinks fließen in dieser Kneipe an der Congress Street in Strömen. Dazu singen tätowierte Country-Musiker von staubbedeckten Bullen-Reitern und ›Buckle Bunnies‹ genannten Blondinen. Dazu gibt es solides Pubfood – allein 10 Burger-Varianten – und an der langen Theke joviale Barkeeper(-innen).
142 Congress St., Portsmouth, T 602 590 4628, www.goatnh.com, Mo–Fr 11–1, Sa/So 8–1 Uhr

Was geht, Mann?
🏵 **The Rusty Hammer:** Der Rostige Hammer ist aus der Altstadt nicht wegzudenken. Hier treffen sich die Locals: Schultern werden geklopft, Hände geschüttelt und bei Icecold Beer die letzten Neuigkeiten ausgetauscht. Seit 1978. Und das ist gut so.
49 Pleasant St., Portsmouth, T 603 319 6981, www.therustyhammer.com, tgl. 11–1 Uhr

Größter Treff der Stadt
🏵 **Portsmouth Gas Light Co.:** An lauen Sommerabenden hört man sie schon von weither, die Livemusik vom Gas Light an der Market Street. Auf der dritten Etage gibt es einen Nachtclub zum Abtanzen, darunter einen Pub und einen Grill. Und draußen den Biergarten The Deck.
64 Market St., Portsmouth, T 603 430 9122, www.portsmouthgaslight.com, tgl. 11.30–2 Uhr

Infos

• **Discover Portsmouth Center:** 10 Middle Street, Portsmouth, www.portsmouthhistory.org

Zugabe
Alle nach vorne lehnen!

Die Cog Railway auf den Mount Washington

Die Lok zieht nicht, sie schiebt – das ist sicherer. Denn die steilste Stelle kommt erst noch.

An Superlativen mangelt es der Cog Railway (www.thecog.com/de) nicht. Bereits 1869 in Betrieb genommen, wird sie ziemlich sicher die älteste Zahnradbahn der Welt sein. Und zugleich auch fast die steilste – nur die Schweizer Pilatusbahn ist noch steiler. Sie schafft Steigungen von bis zu 37,4 %, mitunter auf uralten, wenig sicher scheinenden Holztrassen, und schluckt bei einer Fahrt 4000 Liter Wasser und 1 Tonne Kohle. Bergauf schiebt sie den Waggon vor sich her, bergab bremst sie ihn. Während der ersten 15 Minuten auf der Schmalspurtrasse ab der Marshfield Base Station bis Bretton Woods verpuffen diese Zahlen jedoch im harmlosen Animationsgewitter des Zugbegleiters.

Doch dann wird es draußen entschieden unfreundlich. Während die pechschwarze Lok ›Waumbek‹ den schönen roten Waggon mit seinen gut 60 auf Holzbänken hockenden Fahrgästen keuchend bergan schiebt, saugt die eindringende Kälte die Butterfahrt-Atmosphäre aus der Kabine. Die himmelwärts zeigende Trasse verschwindet in einer dichten Nebelsuppe, die Vegetation wird spärlicher. Kein Wunder: Bis zum Gipfel überwindet die Bahn 1164 Höhenmeter!

Irgendwo auf halber Strecke – die Waschküche reißt plötzlich auf und lässt die Mondlandschaft

Die allererste Lok raste ungebremst talwärts ...

über der Baumgrenze erkennen – bittet der Zugbegleiter, sich nach vorn zu lehnen, um die Balance zu halten. »This is Jacob's Ladder«, grinst er. Jakobs Himmelsleiter, so heißen die steilsten 100 m der Strecke. Jetzt ist Vertrauen angesagt. Die meisten finden diesen Abschnitt toll, machen Faxen und Selfies. Andere gucken eher bedenklich und fragen sich, wie wohl die Rückfahrt funktioniert.

Ob sie die Geschichte von ›Old Peppersass‹ gelesen haben? Die allererste Dampflok posiert heute als Denkmal neben der Talstation. 1929 geriet sie außer Kontrolle und raste ungebremst talwärts. Die Passagiere konnten sich alle retten, nur ein Fotograf kam ums Leben. »Don't worry«, sagt der Zugbegleiter trocken, »wir haben einen Bremser an Bord.« ∎

Maine

Viel Meer, viel Wald, viel Felsen — und zwischen all dem Blau, Grün und Grau viele kleine Städtchen mit dem Rot alter Ziegelsteinhäuser. Also alles in allem: ein echtes Paradies für Outdoor-Freaks. Schöner geht Neuengland nicht.

Seite 207
Portland

Wäre allein die Zahl der Kaffeehäuser ein Indiz für Weltoffenheit, dann ist die Stadt am Ende der Casco Bay das San Francisco der Ostküste. Und daher hat auch ihr Museum of Art keine Angst vor kontroversen Themen.

Seite 210
Mailboat Run

Den Menschen auf den Inseln in der Casco Bay wird die Post noch immer per Mailboat zugestellt. Außer Briefen und Paketen nehmen die Schiffchen auch Touristen mit auf den halbtägigen ›Mailboat Run‹.

Ein Schiff, ein Schiff! Ein Königreich für ein Schiff!

Eintauchen

Seite 211
Freeport

Das Städtchen lebt von – Shopping total. L.L. Bean, die neu-englische Legende für Outdoor-Klamotten, hat 24/7 geöffnet.

Seite 213
Bath, Maritime Museum

Mehr Küste als bei Bath mit den vielen Landzungen geht kaum. Also gehen Sie erst ins Seefahrtsmuseum zu 400 Jahren Schiffbau in Maine plus schönen Bootstouren auf zwei Flüssen. Und dann zum Chillen an den Popham Beach, den schönsten und längsten Sandstrand in Maine.

Seite 217
Camden

Das Hafenstädtchen zählt zu den schönsten von Maine. Klein und nett – und längst nicht so überlaufen wie Bar Harbor.

Seite 221
Acadia National Park ⭐

Die Loop Road führt bei Bar Harbor zu den schönsten Aussichtspunkten dieses Stilllebens aus Land, Meer und Himmel. Kämpfer gegen den inneren Faulpelz quälen sich auf dem Precipice Trail zum Gipfel des Mount Cadillac.

Seite 226
Moosehead Lake

Mehr Wildnis als hier geht kaum. Für manche Trails, z. B. durch die 100 Mile Wilderness, benutzen Kenner das Wort: Massaker.

Seite 228
Kennebec Raft

Der Ritt durch die besten Stromschnellen Neuenglands ist: Adrenalinkick total!

Seite 231
High Heel Dash, Ogunquit

Rennen auf Stöckelschuhen. Witziger geht es in ganz Neuengland nicht. Fürs schräge Kostüm gibt es Extrapunkte.

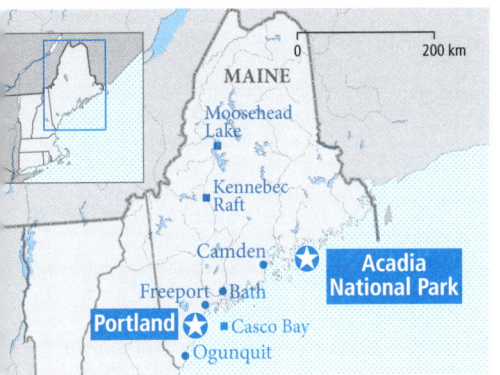

Am Elch kommen Sie in Maine nicht vorbei. Wenn nicht in der Natur, dann halt auf tausend Schildern.

Maine ist größer als die anderen Neuengland-Staaten zusammen. Und am waldreichsten. Lange produzierte Maine deshalb 90 % der US-amerikanischen Zahnstocherproduktion!

erleben

Wo die Maineiacs leben

W

Wenn Einheimische einen Spitznamen bekommen, egal wie böse er gemeint ist, kann man davon ausgehen, dass etwas dran ist. ›Maine-iac‹ werden die Einheimischen des Bundesstaates Maine genannt. So herzen sie sich auch untereinander. Von Maine natürlich und Maniac, also: Verrückter. Eine Anspielung auf die harten Winter, die schon so manchen – man lese nur ein Buch des hier lebenden Stephen King – in den Wahnsinn getrieben haben?

Ein Maineiac lebt in Maine und wurde dort geboren, und zwar von ebenfalls in Maine geborenen Eltern. Fremde bezeichnet er deshalb als ›from away‹ oder schlicht als ›summer complaints‹ – sommerliche Quälgeister. New Yorker, wissen die Maineiacs, kommen nach Maine, um ganz normale Menschen und echte Wildnis zu sehen. Und vor allem die für alle Maineiacs schönste Küste Neuenglands, die nur dünn besetzt ist mit kleinen Fischernestern. Und na klar, sonst wäre dies nicht das Rafting-Mekka Neuenglands, kommen sie auch wegen der reißenden Flüsse, durch Wälder so riesig, dass hier die meisten und größten Elche und Schwarzbären im Nordosten hausen.

ORIENTIERUNG **O**

Information: Maine Office of Tourism, 59 State House Station, Augusta, www.visitmaine.com
Verkehr: Viel Gelegenheit zum Verfahren haben Sie nicht. Halten Sie sich an die Rte. 1, die führt Sie brav bis nach Bar Harbor. Und biegen Sie unterwegs zur Küste rechts ab, sooft Sie können!

Sie merken schon: 1. Maineiacs sind nicht nur tief verwurzelt, sie haben auch eine Meinung – schließlich kommt das Motto des Staates, »The way life should be«, nicht von ungefähr. 2. Maine ist groß, sogar größer als die restlichen Neuengland-Staaten zusammen, und 3. findet Maine vor allem an der Küste statt.

Engländer und Franzosen stritten 100 Jahre lang um diese Region, deshalb verlief die Besiedlung hier zäher. Erst 1820 wurde Maine ein Bundesstaat. Doch dann traf die Industrialisierung und das Ende der Holzschiffe Maine bis ins Mark. Die Diversifizierung verlief nur schleppend. Immer mehr Maineiacs suchen deshalb das Heil im Tourismus. Wo sie sich übrigens keineswegs als so schrullig erweisen, wie es ihr Nickname vermuten lässt, sondern als überaus liebenswürdige Gastgeber.

Von Kittery nach Portland

Vergessen Sie die I-95. Auf der ein paar Kilometer landeinwärts stracks nach Norden strebenden Interstate sind Sie zwar schneller am Ziel, aber dafür sehen Sie außer Wald, Wiesen und Tankstellen nicht viel. Nehmen Sie lieber die alten Küstenstraßen, die Rte. 9 und Rte. 1.

Keine Küste für den Porsche

Beide kurven durch kleine Fischerorte und an Lobster Shacks, Leuchttürmen, Stränden und Felsenküsten vorbei zu einem ersten Eindruck von dieser alles in allem gut 3200 km langen Küstenlinie. Den zweiten, noch schöneren verschaffen Sie sich, indem Sie die beiden Straßen Richtung Meer verlassen, wo es eben geht. Dorthin, wo der Atlantik gegen nass schimmernde Kaps und Felsenzungen donnert, Möwen schreien und der Wind die Wälder landeinwärts biegt. Gelegenheiten dazu haben Sie in diesem labyrinthigen Ineinander von Schärenküste und 3000 vorgelagerten Inseln ja genug.

Planen Sie ruhig ein paar Tage dafür ein. Denn in Coastal Maine geht nichts schnell. Auf halber Strecke wartet übrigens Portland, die Stadt, in der die meisten Bewohner der Ostküste am liebsten leben würden, mit Espresso-Bars, Kunstgalerien und sechs der besten Mikrobrauereien des Landes. Und am Ende setzt der Acadia National Park, der einzige Nationalpark Neuenglands, mit seiner nicht totzufotografierenden Symphonie aus Land und Meer den absoluten Höhepunkt dieser Reise.

Abends mag auch der enthusiastischste Surfer nicht mehr. Doch der Long Sands Beach bei York am Cape Neddick trägt den Namen mit Recht.

Kittery 📍 D8

In Amerika ist Einkaufen Volkssport, und Shopping wird in allen Broschüren als Wandern, Segeln und Radfahren ebenbürtige Urlaubsaktivität geführt. Wenig überraschend also, dass Maine den Besucher gleich hinter der Grenze zu New Hampshire mit den Factory Outlets begrüßt.

Das Shopping-Paradies
Auf gut 2 km mutiert die durch den 1623 gegründeten Ort Kittery führende Rte. 1 zu einer lang gestreckten Mall, wo über 100 Markenhersteller ihre Produkte im preiswerteren Fabrikverkauf anbieten.

Einkaufen

In den **Kittery Outlets** gibt es Ober- und Unterbekleidung, Schuhe, Schmuck und Accessoires, Haushaltswaren und Sportbekleidung, meist von bekannten Marken. Outdoorkleidung und -ausrüstung finden Sie im **Kittery Trading Post.**
Outlets: 306 State Rd., www.thekitteryoutlets.com, Mo–Sa 9–21, So 10–18 Uhr
Trading Post: 301 Rte. 1, www.kitterytradingpost.com, Mo–Sa 9–21, So 10–18

York 📍 D8

Mehr vom alten Maine sehen Sie erst im Stadtkern von York ein paar Kilometer weiter. Das Städtchen besteht eigentlich aus vier Dörfern – ein Umstand, der Mark Twain einst säuerlich bemerken ließ, er könne hier keinen Stein werfen, ohne einen Postmeister zu treffen.

Siedlerromantik
In **York Village,** dem schönsten der vier, erinnern über 50 Gebäude aus dem 17.

und 18. Jh. an die Anfänge: 1624 gegründet, von Indianer- und Franzosenüberfällen gebeutelt, wurde der Ort später durch Schiffbau reich.

Die schönsten Häuser können Sie mit einem Ticket der **Old York Historical Society,** die in der alten Jefferd's Tavern ein Besucherzentrum betreibt, besichtigen.
3 Lindsay St., York, alle Häuser Juni bis Aug. Di–Sa 10–17, So 13–17, Sept. bis Mitte Okt. Do–Sa 10–17, So 13–17 Uhr, 15 $

Spuren im Wald
Die Guides weisen gern auch den Weg zum **Snowshoe Rock:** Dort ließen im Januar des Jahres 1692 rund 500 Abenaki-Indianer und Franzosen ihre Schneeschuhe zurück, bevor sie beim sogenannten Candlemas Massacre 80 Siedler umbrachten und den Rest der Bewohner entführten.

Falls Sie Leuchttürme sammeln, fahren Sie auch kurz zum ›Nubble Light‹ hinaus. **Cape Neddick Light** (Rte. 1A, Nubble Rd.), ein Leuchtturm aus dem Jahre 1879, posiert strahlend weiß auf dem vorgelagerten Inselchen Nubble Island.

Schlafen

Das komplette Ferienresort
Stage Neck Inn: So stellt man sich das Resort zum Fünfe-gerade-sein-Lassen vor. Das Inn liegt über dem Meer auf einer eigenen Halbinsel, die meisten der 58 Zimmer haben Meerblick. Mit Restaurant, Tennis, Fitness, Pool, Golf.
Stage Neck, York Harbor, T 207 363 3850, www.stageneck.com, ab 160 $

Essen

Hummer mit Leutegucken
The Goldenrod: Als York Beach 1897 seine Straßenbahn erhielt, hatte das Res-

taurant schon ein Jahr geöffnet. Bis heute ist das Goldenrod mit seiner Eisdiele, dem Süßigkeitenladen und seinem auf Seafood und Hummer spezialisierten, durch große Fenster auf die Railroad Avenue blickenden Restaurant (ab 10 $) der kulinarische Anker am Strand.

2 Railroad Ave., York Beach, T 207 363 2621, www.thegoldenrod.com

Infos

● **Gateway to Maine (Kittery/Yorks):** 1 Stonewall Lane, www.gatewaytomaine. org

Ogunquit und Kennebunkport ⚲ D 7/8

Auch in Maine haben die Ureinwohner kaum mehr als Namen hinterlassen. **Ogunquit** beispielsweise heißt ›schöner Ort am Meer‹. Zweifellos meinten sie damit auch den breiten, mehrere Kilometer langen Sandstrand. Bis in die 1950er-Jahre hinein war Ogunquit der Badeort der Reichen und Schönen, dann beendete die Demokratisierung des Tourismus die Exklusivität mit Motels und Souvenirshops – und heute ist der Badeort so etwas wie Provincetown auf Beruhigungsmittel.

Schöner Platz am Meer

Abgesehen davon, dass man sich an Ogunquits **Beach Street** ebenfalls einen schlimmen Kater holen kann, schlagen die Uhren hier ein wenig langsamer, ist die Menge ein wenig älter, sind mehr Kinderwagen als Drag Queens und Kettenpunks unterwegs. Immerhin, auf dem parallel zum Strand verlaufenden Fußweg **Marginal Way** zur felsigen **Perkins Cove** sieht man schon, was einen weiter nördlich erwartet: Sandstrände,

In Ogunquit ist nicht nur das Meer schön, auch die Häuser sind schöner als anderswo in Maine.

Felsenküste und Fischkutter, Fisch- und Salzwassergeruch. Und – unvermeidlich – Kunstgalerien, mal mehr, mal weniger gut.

Das **Wells National Estuarine Research Reserve** schützt das Delta des Little River und verfügt über 10 km stiller Spazierwege durch Wälder, Feuchtgebiete und Dünenlandschaften.

Laudholm Farm Rd., tgl. 7 Uhr bis Sonnenuntergang, 5 $

Gepflegtes Entschleunigen

Felsige Strände, Antiquitäten, dampfende Lobster Shacks mit Hummerfleisch und Clam Chowder in rauen Mengen: **Kennebunkport** ist Maine in Reinkultur. Das alte Schiffsbauerstädtchen – zwischen 1800 und 1850 finanzierten hier über 1000 Stapelläufe teils grandiose Villen – ist entschieden gepflegter als

Ogunquit und wirkt dank seiner Armee aufgeputzter B&Bs auch ein wenig versnobt.

Die schönsten Residenzen, allen voran das berühmte **Wedding Cake House** (104 Summer St.) im Carpenter Gothic Style, können Sie auf einer vom modernen Heimatkundemuseum **Brick Store Museum** veranstalteten Tour bewundern – und anschließend in einem der Restaurants und Cafés am netten, von Souvenirshops und Boutiquen umzingelten Dock Square gepflegt entschleunigen.

Museum: 117 Main St., Di–Fr 10–17, Sa 10–16, So 12–16 Uhr, 7 $

Schlafen

Bester Blick von den Balkons

Beachmere Inn: Das alte, insgesamt aus sechs Gebäuden bestehende Strandhotel hat Türmchen, Terrassen, Lounges, Spa und ein Bistro … Und Zugang zum schönen Marginal Way. Die 44 modern eingerichteten Zimmer genießen meist Meerblick. Das Inn befindet sich in Privatbesitz, und das spürt man: Es wird gehegt und gepflegt, und das Personal ist extra freundlich.

62 Beachmere Pl., Ogunquit, T 207 646 2021, 1 800 336 3983, www.beachmereinn. com, ab 200 $

Einchecken und ab zum Strand!

Footbridge Beach Motel: Wie sagt man in Amerika? Good value for money, in diesem Fall: Viel Unterkunft für wenig Geld. Das nette Motel liegt nur ein paar Minuten vom Footbridge Beach entfernt, die Restaurants und Bars an der Main Street sind noch näher. Für Gäste, die es an heißen Tagen nicht zum Strand schaffen, gibt es einen Pool.

668 Main St. u. Ocean St., Ogunquit, T 207 646 2796, www.footbridgemotel.com, ab 90 $

Essen

Eine Institution für Fisch

Hurricane: Lobster Rolls, Tuna-Burger und auch kreative Fleischgerichte werden hier mit Blick auf den Hafen am Kennebunk River genossen (um 15 $, Dinner um 30 €). Ausladende Weinkarte.

29 Dock Square, Kennebunkport Lower Village, T 207 967 9111, www.hurricane restaurant.com, tgl. 11.30–21.30 Uhr

Einkaufen

Je besser das Urlaubsziel, bemerken die Touristiker auf ihrer offiziellen Seite selbstbewusst, desto besser das Shopping. Tatsächlich finden Sie an der **Ocean Avenue** und am **Dock Square** von Kennebunkport die größte Konzentration guter Boutiquen, Galerien und sonstiger Fachgeschäfte an diesem Küstenabschnitt. Und natürlich – gefühlte – zig Souvenirshops.

Bewegen

Keine Angst vor Lobstern

Finest Kind Scenic Cruises: Vom Hafen Perkins Cove aus fahren Sie an Bord eines Kutters zu den Hummerkäfigen hinaus und erfahren alles über Maines Schalentierindustrie.

70 Perkins Cove Rd., Ogunquit, T 207 646 5227, www.finestkindcruises.com, Mitte Mai bis Anfang Sept.

In Ruhe baden

Die beiden schönsten Strände sind der **Footbridge Beach** jenseits der Mündungsnehrung des Ogunquit River (über eine Holzbrücke zu erreichen; selten richtig voll) und der **Crescent Beach** an der Mündung des Little River bei Elms (7 km südlich Kennebunkport; keine Duschen und Umkleiden, aber sehr ruhig).

Feiern

- **OgunquitFest/High Heel Dash:** www.southernmainecoast.com/blog/tag/high-heel-dash, s. S. 231

Infos

- **Visit the Kennebunks:** 16 Water St., Kennebunk, www.visitthekennebunks.com

Portland

Das San Francisco der Ostküste? Auch wenn dieser Vergleich natürlich wüst übertrieben ist: Die meist jungen Gesichter, die sprudelnde Kreativszene, die Straßenmusiker, die zur Casco Bay abfallenden steilen Straßen und das blaue Meer – hier muss man aus dem Auto steigen. Dann hört und riecht man es auch, das alte Portland: Möwen kreischen, über dem Kopfsteinpflaster des rotziegeligen Old Port Exchange wehen Bier- und Bratfischfahnen, und hin und wieder dröhnt im Hafen ein Schiffshorn.

Den Spagat geschafft

Heute genießt die Stadt einen Stammplatz in den Hipster-Rankings. Viele großstadtmüde Unternehmer und Intellektuelle haben Portland zum Wohnsitz erkoren, über 200 Industriefirmen unterhalten hier ihr Hauptquartier. Dazu ist Portland, anders als der Rest von Maine, entschieden multikulturell.

Dreimal brannte die 1632 auf einer Halbinsel gegründete Stadt ab. Erst zündelten Indianer, dann rachsüchtige Engländer. Zuletzt war es wohl ein Betrunkener. Das war 1866, ältere Häuser gibt es daher kaum. Doch als Hafenstadt und Endstation der Eisenbahn von Montréal war Portland einmal mehr wichtig genug, um auch ein drittes Mal wieder aufgebaut zu werden.

Schöne alte Zeit

Bevor Sie Portlands Hotspots moderner Kunst erkunden, werden Sie womöglich mit dem **Wadsworth-Longfellow House ❶** ein großartiges Relikt des alten Portland besuchen wollen. Amerikas Dichterfürst Longfellow (u. a. die Schmalzfetzen »Evangéline« und »Song of Hiawatha«) verbrachte in dem schlichten Steinhaus seine Kindheit – zu sehen sind Originalmobiliar und persönliche Gegenstände in dem ältesten, bereits in den 1780ern errichteten Gebäude der Stadt.

485 Congress St., Portland, www.mainehistory.org, Mai bis Okt. Mo–Sa 10–17, So 12–17, sonst nur Di–Sa, 15 $

Portland will das San Francisco der Ostküste sein. Dazu gehört auch eine ziemlich gute Gastro-Szene.

Portland

Ansehen
❶ Longfellow House
❷ Portland Museum of Art
❸ Fore River Gallery
❹ SPACE Gallery
❺ Old Port Exchange

Schlafen
1 Inn by the Sea
2 Portland Regency

3 The Percy Inn

Essen
1 DiMillo's on the Water
2 Fore Street Restaurant
3 Street & Co.
4 Becky's Diner

Einkaufen
1 Portland Trading Co.

2 Rough & Tumble
3 Fitz & Bennett Home
4 Portland Art Gallery

Bewegen
❶ Casco Bay Lines

Ausgehen
❶ Geno's Rock Club
❷ Andy's Old Port Pub

Hotspots für Kunst

Die bedeutendste Attraktion Portlands, das sich vor allem im Rechteck zwischen Commercial und Congress Street inszeniert, ist das international renommierte **Portland Museum of Art ❷** (s. u.).

Eindrücke vom zeitgenössischeren Kunstschaffen vermitteln u. a. die **Fore River Gallery ❸**, die sich auf Künstler aus Maine spezialisiert hat, und die **SPACE Gallery ❹**, die Werke experimentierfreudiger Jungtalente zeigt.

Fore River: 87 Market St., Di–Sa 11–18, So 11.30–15 Uhr
Space: 538 Congress St., Mi–Fr 10–18, Sa 12–16 Uhr, sonst nach Vereinb.

Bummeln am Hafen

Das sich über der Waterfront in rotem Backstein aufschichtende Hafenviertel **Old Port Exchange ❺** wurde in den 1970ern aufpoliert und ist seitdem die größte Attraktion der Stadt. Doch die viktorianischen Stadthäuser und großen Lager- und Fabrikhallen, nach dem letzten Feuer 1866 hochgezogen, absorbieren die Touristenpulks souverän.

Zwischen Exchange und Pearl Street lässt sich der Nachmittag deshalb gemütlich in Boutiquen, esoterischen Schmuckläden und Antiquitätengeschäften verbummeln. Reservieren Sie auch ein Stündchen für die – angesagte – **Middle Street.** Die Läden hier, sagen die amerikanischen Lifestylemagazine, sind die schönsten Neuenglands!

Museen

Maine ist heute

❷ Portland Museum of Art: Das 1983 von I. M. Pei um ein Gebäude mit Bullaugen erweiterte Museum widmet sich Maine, wie Winslow Homer, Frederic Church und Edward Hopper es sahen, besitzt aber auch eine sehenswerte Impressionisten-Sammlung. Daneben allerdings sorgt es immer wieder für Aufsehen mit seinen die Wahrnehmung oft brutal erweiternden Ausstellungen und Aktionen, die den Zeitgeist im Nordosten und in Amerika transparent werden lassen.

7 Congress Sq., Portland, www.portland museum.org, Mo–Mi, Sa–So 10–18, Do–Fr 10–20 Uhr, 18 $

Schlafen

Vor den Toren Portlands

1 Inn by the Sea: Das Inn liegt 15 Autominuten südlich von Portland auf dem für seine beiden schönen Leuchttürme

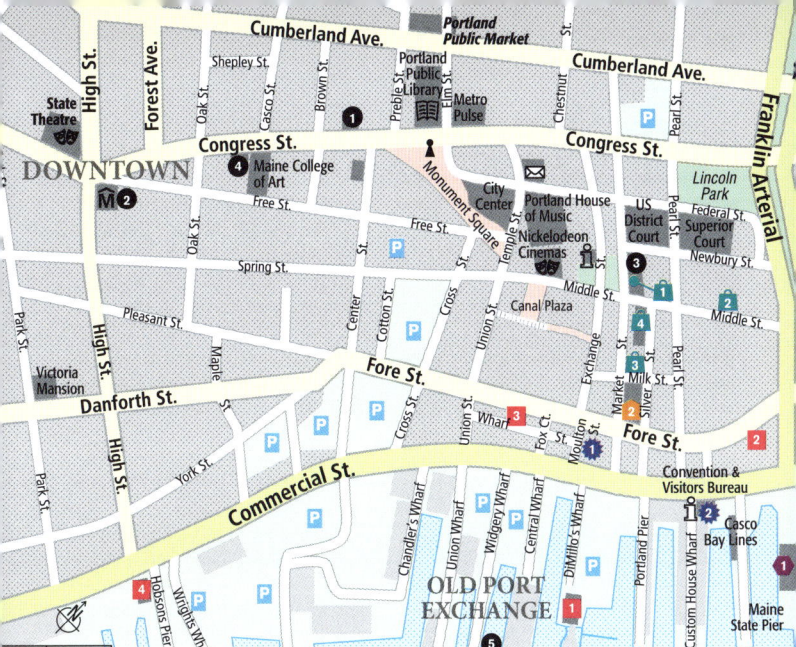

bekannten Cape Elizabeth. Ein privater Boardwalk verbindet das Anwesen mit dem Crescent Beach. Gut möglich aber, dass man es nie bis dorthin schafft: Die 61 Zimmer und Suiten umarmen einen wie alte Freunde, das Restaurant serviert frisches Seafood, und zu den abendlichen Aktivitäten gehören am Lagerfeuer Wein trinken und Sonnenuntergänge gucken.
40 Bowery Beach Rd., Cape Elizabeth, T 1 800 888 4287, www.innbythesea.com, ab 200 $

Zentral mit Hafennähe

2 Portland Regency: Nach dem nächtlichen Streifzug im Old Port Exchange direkt zurück: In Portland mittendrin zu wohnen ist sicher ein Vorteil. Das hinter roten Backsteinmauern residierende Regency empfängt Sie mit einer Mischung aus hanseatisch-kühler Eleganz und typisch neuenglischer Freundlichkeit. 95 angenehme, mit Flachbildschirmen und Pfostenbetten eingerichtete Zimmer.

20 Milk St., Portland, T 1 800 727 3436, www.theregency.com, ab 180 $

Länger bleiben? Ja, bitte!

3 The Percy Inn: Das rotziegelige Reihenhaus im Federal Style liegt in Portlands historischem West End, einem für seine schönen alten Mansions bekannten Viertel. Alle sieben Zimmer sind zeitgenössisch eingerichtet, nach berühmten Dichtern benannt – der Hausherr ist ein bekannter amerikanischer Reisejournalist – und verfügen zugleich über alle modernen Annehmlichkeiten.

15 Pine St., Portland, T 207 871 7638, www. percyinn.com, ab 100 $

Essen

Nein, das ist nicht der Wein

1 DiMillo's on the Water: An das sanfte Wiegen unter dem Tisch muss mancher sich erst gewöhnen. Die solide amerika-

nisch-italienische Küche (ab 18 $) und der erstklassige Blick auf Stadt, Hafen und Meer helfen dabei bestimmt. Schließlich speisen Sie auf einer umgebauten Fähre! Mo–Fr 16–19 Uhr Happy Hour.
25 Long Wharf, Portland, T 207 772 2216, tgl. 11–23 Uhr

Unter den Top 50 der USA
2 Fore Street Restaurant: Um einen alten Backsteinofen herum angelegt. Gekocht wird nach der aktuellen neuen amerikanischen Küche, mit Seafood und saisonalen Produkten aus der nächsten Umgebung (ab 28 $). Gute Weinkarte, kurzum ein kulinarisches Erlebnis im Old Port Exchange.
288 Fore St., Portland, T 207 775 2717, www.forestreet.biz, So–Do 17.30–22, Fr–Sa 17.30–22.30 (Bar ab 17 Uhr)

Simply the best
3 Street & Co.: Wird als eines der besten Seafood-Restaurants in Maine gehandelt. Es gibt: Hummer, Tintenfisch, Kabeljau, Muffuletta oder Kale Salad, aber auch verschiedene Linguini (ab 28 $). Unbedingt weit im Voraus reservieren!
33 Wharf St., Portland, T 207 775 0887, www. streetandcompany.net, tgl. 17.30–21.30 Uhr

Herzlich und mit Patina
4 Becky's Diner: Der alte Diner an der Hobson Wharf im Hafen hat inzwischen auch eine Facebookseite, auf der man die Bacon-Cheddar-Pizzen, Hummer-Avocado-Brötchen und roten Bohnen mit Reis bestaunen kann. Treff der Fischer und Hafenarbeiter seit einer – gefühlten – Ewigkeit (ab 12 $).
390 Commercial St., Portland, T 207 773 7070, www.beckysdiner.com, tgl. 4–21 Uhr

Einkaufen

Neben den internationalen Marken haben viele junge unabhängige Designer hier ihre Nische. Eine interessante Shoppingmeile ist die **Market Street.** Dutzende Galerien, esoterischer Shops und Kaffeestuben finden Sie im **Old Port Exchange 5**.

Auch in der **Middle Street** können Sie fündig werden. **Portland Trading Co. 1** (157 Middle St., www.portlandtradingco.com), eine Art General Store für alles mit Flair, führt schicke Mode von einheimischen Designern, alte Bücher und sogar Küchenartikel. Bei **Rough & Tumble 2** (127 Middle St., www.roughandtumbledesign.com) gibt es elegante Handtaschen aus italienischem Leder und bei **Fitz & Bennett Home 3** (43 Silver St., www.fitzandbennetthome. com) von hiesigen Designern entworfene Haushaltsaccessoires. Über 200 käufliche Kunstobjekte zeigt die **Portland Art Gallery 4** (154 Middle St., www.artcollectormaine.com).

Bewegen

Neuenglisches Inselhüpfen
1 Casco Bay Lines: Sechs der 365 Inseln in Casco Bay sind bewohnt und mit der Stadt durch Fähren verbunden. Die Schiffe der Casco Bay Lines befördern neben Post und Baumaterialien auch Tagesausflügler. Ideal für einen kurzen Trip ist der **Mailboat Run.** Während des gut dreistündigen Törns werden alle bewohnten Inseln angelaufen, Sie haben Gelegenheit zum Plausch mit den Insulanern und schauen beim Be- und Entladen zu.
56 Commercial St., Portland, T 207 774 7871, www.cascobaylines.com

Ausgehen

Nachtleben an Maines Küste bedeutet meist nur ein Bierchen im Pub oder einer Hotel-Lounge. Portland ist anders. Dort kommen und gehen die Bars und Musikkneipen wie Züge auf einem Bahnhof.

Feste Größen gibt es nur wenige, darunter **Geno's Rock Club** (625 Congress St., fb.com/genosportland, tgl. 17–1 Uhr), Portlands angesagtester Livemusik-Joint. **Andy's Old Port Pub** (94 Commercial St., www.andysoldport pub.com, tgl. 11–23 Uhr) ist ein intimer Nachbarschaftspub, der talentierten Nachwuchs ans Mikrofon lässt.

Feiern

- **Summer Session Beer Festival:** Größtes Bierfest in Maine, Ende Juli. Rund 75 Brauereien aus dem Bundesstaat stellen sich vor (Portland, Fort Preble, ab 21 J., www.mainebrewersguild.org/events).
- **First Friday PDX:** An jedem ersten Freitag im Monat animieren von 18 bis 21 Uhr im East Side Arts District zwei Dutzend unabhängige Galerien und Workshops den Kunstsinn (www.firstfridaypdx.org).

Infos

- **Visitor's Bureau Greater Portland:** 94 Commercial St., www.visitportland.com

Freeport ♀E7

»Wären wir doch erst hierher gekommen!« – Diesen Stoßseufzer hört man im 20 Autominuten von Portland entfernten Freeport öfter. Das heißt, sobald man, im Juli und August zumindest, den Stau überstanden, einen Parkplatz gefunden und es endlich auf die Main Street geschafft hat. Zig Läden und Factory Outlets reihen sich hier aneinander, teils in historischen Häusern untergebracht. Die ganze Stadt ist eine – ästhetisch erträglich als Dorf verkleidete – Mall.

MR. BEAN AUS FREEPORT **B**

L.L.Bean und das Wörtchen ›wasserdicht‹ gehören zusammen wie Maine und Hummer. Leo Leonwood Bean (1872–1967), in Maine geboren und nicht nur ein gewiefter Geschäftsmann, sondern auch begeisterter Angler, war es irgendwann leid, immer mit durchnässten Stiefeln herumzulaufen. Also stellte er einen Lederstiefel mit einer wasserdichten Gummikappe her. Zusammen mit einer strikt eingehaltenen Geld-zurück-Garantie bei Nichtgefallen war eine Geschäftsidee geboren, die heute eine von Freeport aus weltweit operierende Marke ist.

Über 170 Textilhersteller, darunter Nike, Gap, Donna Karan, Calvin Klein, Patagonia, Timberland und North Face, verkaufen hier ab Fabrik, mit Preisnachlässen von bis zu 70 %. Mit dem rigorosen Schwenk in Richtung Kommerz rissen die Stadtväter Freeport Ende der 1970er-Jahre aus der Krise. Heute erinnert fast nichts mehr an das alte, 1681 gegründete Freeport: Allein **L.L.Bean,** die Mutter aller hiesigen Outlets, registriert pro Jahr gut 3 Mio. Besucher.

Schlafen

Zum Anwurzeln

Harraseeket Inn: Shop til you drop, und dies am besten in diesem schönen Inn im Herzen von Freeport. Erst kurz in den Pool, dann im hauseigenen Pub den Tag Revue passieren lassen und schließlich mit dem Absacker zur Feuerstelle im Innenhof und in einem der Adirondack Chairs Wurzeln schlagen ...
162 Main St., Freeport, T 1 800 342 6423, www.harraseeketinn.com, ab 160 $

Günstige Alternative

Quality Suites: Wer gerne gut frühstückt, wird bei ›Continental Breakfast‹ in Kettenhotels an lieblos in den Toaster geworfenes Weißbrot, überzuckerte Marmelade in Plastikschälchen und dünnen Kaffee denken. Stimmt auch hier. Doch dafür sind die Zimmer annehmbar und preiswert und der Pool nicht überchlort.
500 Rte. 1, Freeport, T 1 877 865 9300, www.freeportcomfortsuites.com, ab 80 $

Essen

Beste Happy Hour der Stadt

Jameson Tavern: Burger, Lobster Rolls und Salate dominieren die Speisekarte in diesem historischen Gemäuer (ab 17 $). Happy Hour tgl. 14.30–17.30 Uhr.
115 Main St., Freeport, www.jamesontavern.com, tgl. 11–21 Uhr

Infos

• **Visit Freeport:** 23 Depot St., Freeport, www.visitfreeport.com

Brunswick 📍 E6

Die nächste Station an der Rte. 1 ist Brunswick, College Town und Küstenort in einem. Es gibt ein hübsches altes Zentrum mit einem The Mall genannten Green und dem renommierten Bowdoin College. Und falls Sie hier übernachten, notieren Sie sich das **Maine State Music Theatre:** Die Musicals haben Broadwaykaliber (22 Elm St., www.msmt.org).

Natürlich hat auch das College prominente Absolventen, darunter der Sexualforscher Alfred C. Kinsey und der Polarforscher Robert E. Peary, der im Jahr 1909 als Erster den Nordpol erreichte. Peary und seinem Mitstreiter MacMillan widmet sich das spannende **Peary-MacMillan Arctic Museum.**
9500 College Station, Di–Sa 10–17, So 14–17 Uhr, Eintritt frei

Reif für die Inseln

Spätestens ab Brunswick wünscht man sich ein Kabrio – wählen Sie Roadsongs von Ihrer Playlist. Sie müssen nämlich jetzt die Rte. 1 Richtung Meer verlassen, und nun wird es richtig spannend. Kleine Nebenstraßen zweigen immer wieder in das unübersichtliche Gewirr aus Landzungen und vorgelagerten Inselchen ab. Wälder, Brücken, Marschen und Priele, und immer wieder Leute, die Kanus zu Wasser bringen, während bewegungslos im Wasser stehende Kraniche zuschauen …

All das Grün und Blau wird Ihren Augen gut tun, vor allem auf dem Weg zum schönen Weiler **South Harpswell** am Ende der Rte. 123. Oder aber auf der Rte. 24 nach **Bailey Island** noch weiter südlich, das mit dem dünnen Festlandfinger durch eine schmale Brücke verbunden ist und mit **Cook's Lobster House** (s. S. 212) das Hummerrestaurant mit dem besten Meerblick weit und breit besitzt. Sportausrüster machen mit Kanus vor der Tür auf den wichtigsten Zeitvertreib hier aufmerksam.

Essen

Aus der Reuse auf den Teller

Cook's Lobster & Ale House: Frischer Hummer, vom Fangboot direkt vor die Nase, im einfachen Dining Room oder auf der Veranda mit Blick auf die Kutter. Hummer zu Marktpreisen, Sandwiches ab 12 $.
68 Garrison Cove Rd. (Rte. 24), Bailey Island (24 km südl. von Brunswick), T 207 833 2818, www.cookslobster.com, So–Do 11.30–20, Fr–Sa bis 21 Uhr

Nicht nur die rote Hütte am Meer, der Traum aller Urlaubswünsche, erinnert an schwedische Schären. Auch die Casco Bay mit ihrem Gewirr aus felsigen Inselchen und Landzungen!

Bewegen

Dem Lied des Paddels lauschen
Seaspray: Verleiht Kanus, Kajaks und SUPs und organisiert ein- und mehrtägige Paddeltouren.
209 Pleasant St., Brunswick, T 207 404 1100, www.seaspraykayaking.com

Infos

• **Southern Midcoast Maine:** 8 Venture Ave., Brunswick, www.midcoastmaine.com

Bath ♥E6

Das Städtchen am Kennebec River war immer Arbeiterstadt. Bis jetzt. Seit die Leute aus Portland die noch bezahlbaren Preise am Ort entdeckt haben, tauchen Hipster und Trendrestaurants auch hier auf. Seine ›proletarische‹ Vergangenheit mag Bath indes nicht verleugnen. Im 19. Jh. liefen hier die größten Segelschiffe der Welt vom Stapel.

Stadt der Schiffswerften
Heute halten Regierungsaufträge für Fregatten und Zerstörer die 8500 Einwohner, von denen über die Hälfte beim Schiffsbauer Bath Iron Works arbeiten, am Leben. Das **Maine Maritime Museum** beherbergt diverse historische Segler, die in den erhaltenen Hallen des Percy & Small Shipyard konstruiert wurden, und informiert über damalige Schiffsbautechniken. Angeboten werden auch Bootstouren auf den Flüssen Kennebec und Sasanoa. Allein der Blick vom Wasser auf die gewaltigen Kräne der Werften, die im Zweiten Weltkrieg alle 12 Tage ein Schiff ausspuckten, lohnt den Besuch.

243 Washington St., www.mainemaritime museum.org, tgl. 9.30–17 Uhr, 17,50 $

Bester Strand mit Festung
Der vielleicht schönste Strand Maines ist übrigens nicht weit. Die 22 km lange Rte. 209 führt zum **Popham Beach State Park** (8 $). Mehrere Kilometer Sandstrand, windgeschützt, und vorgelagerte, bei Ebbe zu Fuß erreichbare Felsenklippen machen den Strand zu einem Zwischenstopp auch gern für mehrere Tage.

    Interessanter als der Anblick der wuchtigen Kasematten des nahen **Fort Popham** aus dem 19. Jh. ist dessen Vorgeschichte. Hier endete 1608 nach nur einem Jahr der erste englische Siedlungsversuch – nicht ohne eine kinoreife Geschichte zu hinterlassen: Die Überlebenden der glücklosen Popham Colony segelten mit dem selbst gezimmerten Segelschiff »Virginia« in die alte Heimat zurück und überstanden auf ihrem Weg sogar einen dreitägigen Sturm.

Schlafen

Modern ist auch mal ganz schön
Residence Inn Bath: Verlässliche Qualität. 141 modern eingerichtete Zimmer, Pool. Es bietet eine gute Basis für Trips zum Popham Beach und für manche sicher auch etwas Tapetenwechsel nach den vielen historischen Inns und B&Bs. 139 Richardson St. (Rte. 1 kurz vor Bath), T 207 443 9741, www.residence-inn.marriott.com, ab 110 $

Aus einer anderen Zeit
The 1774 Inn: Abends die friedliche Stimmung in einem der Deckchairs auf der Veranda genießen und der untergehenden Sonne zuschauen. Nachts eines der neun wunderbaren, hübsch-altmodisch eingerichteten Zimmer genießen und morgens noch vor dem – opulenten – Frühstück zum nur 15 Min. entfernten Popham

Beach joggen und das erste Bad des Tages nehmen. Usw. usf., Erholung pur. 44 Parker Head Rd., Phippsburg (22 km südl. von Bath, T 207 389 1774, www.1774inn.com, 195–320 $

Essen

Burger mit Schiffen
J. R. Maxwell & Co.: Der bodenständige Pub serviert Seafood, Sandwiches, Ribs und Burger in großen Portionen (um 13 $). Das maritime Dekor zeichnet Baths glanzvolle Schiffsbaugeschichte nach. 122 Front St., Bath, T 207 443 2014, www.jrmaxwells.com, tgl. 11.30–21, Fr und Sa bis 22, So ab 12 Uhr

Infos

• **Visit Bath:** 15 Commercial St., Bath, www.visitbath.com

Wiscasset   ♀E6

Auch in Wiscasset am Sheepscot River wurden Schiffe gebaut. Hier stachen die schnellsten Klipper Neuenglands in See. Heute markiert der Ort, mit seinen zwei Dutzend Antiquitätenläden ein Honigtopf für Liebhaber alter Accessoires, den Übergang der vierspurigen Rte. 1 in eine zweispurige und kurvenreiche Landstraße.

Hummer und Wale
Ob Wiscasset tatsächlich ›the prettiest village in Maine‹ ist, wie es auf dem Ortsschild steht – es mag übertrieben sein. Fest steht, dass es zwei gute Gründe zum Aussteigen gibt: das auf hausgemachte Marmelade, Relish und Senf spezialisierte Spezialitätengeschäft **Forgotten**

Mitleid mit oder Ehrfucht vor dem Hummer hat in Maine niemand. Er ist ein Alltagsgericht der Küstenmenschen.

Recipes (506 Bath Rd., www.mainefor gottenrecipes.com) und **Red's Eats** (41 Water St., tgl. 11.30–20 Uhr) ein paar Meter weiter. Die klapprige Hummerkantine nennt sich ›World's Best Lobster Shack‹. Dass da etwas dran ist, belegen die Leserzuschriften der neuenglischen Lifestylemagazine. Die küren Red's immer wieder zum besten in Neuengland!

Kurz hinter der Brücke zweigt die Rte. 27 nach **Boothbay Harbor** ab. Die Lage des zwischen großen Granitblöcken liegenden Hafens ist zwar bestechend, seien Sie aber vor dem Touristenrummel vorgewarnt. Interessant ist Boothbay Harbor nämlich als Ausgangspunkt für Waltouren und Segeltörns mit einem historischen Windjammer (s. S. 217).

Neuenglisches Halbinsel-Hüpfen
Über die 24 km weit in den Atlantik reichende **Pemaquid Peninsula** strebt die Rte. 130 nun Pemaquid Point entgegen. Dies ist Maine, wie es im Buche steht. Auf nacktem Fels biegen sich windgepeitschte Kiefern landeinwärts. Unten rollt der Atlantik gegen eine graubraune Felsenküste, es rauscht, kracht, die Möwen schreien. Nirgends sonst kann man sich die Beine schöner vertreten als auf den glatten Felsen unterhalb des Parkplatzes. Ganz in der Nähe posiert das **Pemaquid Point Light** von 1827 – es gilt als eines der schönsten Leuchtfeuer der Ostküste.

Bewegen

Wale voraus
Cap'n Fish's Whale Watch: fährt von Ende Mai bis Mitte Oktober hinaus zu den sanften Säugern.
1 Wharf St., 42 Commercial St., Boothbay Harbor (21 km südl. von Wiscasset), T 207 633 3244, www.mainewhales.com

Rockland ⚲F6

Den Eingang zur ausgedehnten Penobscot Bay bewacht **Rockland.** Erstaunlich, nach all den blitzblanken Marinas tut der Fischgeruch im Hafen richtig gut! Die nüchterne 8000-Einwohner-Stadt, einer der größten Häfen Maines und Heimat herrlicher alter Windjammer, ist wegen ihrer Hummerbuden mit den draußen dampfenden Kesseln, den berühmten Lobster Shacks, berühmt: Die hiesigen Hummerfischer hieven jährlich 10 Mio. Pfund aus dem Wasser!

Rockland rockt
Also: anhalten, gucken und eventuelle gesundheitliche Bedenken leichthin vertagen! Danach dann Kalorien verbrennen, und zwar im neuen, wilden

Center for Maine Contemporary Art (s. u.), das Rockland endgültig in den neuenglischen Kunsthimmel geschossen hat, und im ehrwürdigen **Farnsworth Art Museum** (s. u.), zwei der besten Kunstmuseen der Ostküste. Coole Galerien an der revitalisierten Main Street runden den Besuch ab.

Das Meer ist immer das Hauptthema, und natürlich bleibt es das auch im **Maine Lighthouse Museum at The Maine Discovery Center,** wo eine der größten Sammlungen maritimer Memorabilia der USA bewahrt wird.

1 Park Dr., Rockland, www.mainelighthouse museum.org, Mo–Fr 9–16.30, Sa–So 10–16.30 Uhr, Eintritt frei

Museen

Kein Schrein oder Tempel

Center for Maine Contemporary Art: Die Idee hinter dem 2016 in Rockland eröffneten CMCA ist, das traditionelle Museum auf links zu drehen. Mit seinen Glaswänden vom gezähnten Dachfirst bis zum Boden erreicht es von Anfang an Transparenz. Selbst zufällige Spaziergänger und Radfahrer haben nun Gelegenheit, Kunst zu genießen. Inhaltlich zielt das Museum auf Neuenglands junge Kreative, deren Werke, Events und Installationen zum Nachdenken anregen.

21 Winter St., Rockland, Mo–Sa 10–17, So 12–17 Uhr, www.cmcanow.org, 8 $

Rocklands Grande Dame

Farnsworth Art Museum: Wie Künstler vom Kaliber eines Childe Hassam und Fitz Hugh Lane diese Küste erlebten, wird hier gezeigt. Sehr stimmungsvoll inszeniert wurden die Wyeths. Die Bilder von ›America's First Family of Art‹ hängen in einer zur Galerie umfunktionierten Kirche.

16 Museum St., Rockland, Mai bis Okt. tgl. 10–17 Uhr, sonst Mo geschl., www.farnsworth museum.org, 15 $

Schlafen

Liebenswerte Oase

Limerock Inn: Das Inn liegt an einer ruhigen Seitenstraße und ist mit seinem verspielten Queen-Ann-Style – damals mochte man Türmchen und umlaufende Veranden unter vorkragenden Dächern – ein wunderbarer Ort zum Ausspannen und Durchatmen. Die acht Zimmer, viktorianisch angehaucht, feminin wirkend und zeitgenössisch ausgestattet, halten mit.

96 Limerock St., Rockland, T 1 800 546 3762, www.limerockinn.com, ab 150 $

Historisch an der Waterfront

Capt. Lindsey House Inn: Zum Farnsworth nur ein paar Minuten zu Fuß, zu den Galerien, Restaurants und Geschäften ist es auch nicht weiter. Das elegante Interieur der Zimmer dieses schönen Backsteingebäudes greift das maritime Thema geschmackvoll auf, zugleich muss man nicht auf gewohnte Annehmlichkeiten verzichten.

5 Lindsey St., Rockland, T 207 596 7950, www.lindseyhotelmaine.com, ab 160 $

Essen

Maine-typisch

Rockland Café: An Maines Küste sucht man nie lange nach einer Kantine mit Hummerbrötchen. In Rockland auch nicht. In der von Einheimischen frequentierten Essstube gibt es Hummer, Fisch, Pasta und Pizza. Und für den großen Hunger die ›All You Can Eat Plates‹ ab 20 $.

441 Main St., Rockland, T 207 596 7556, tgl. ca. 6–21 Uhr

Gespaltene Persönlichkeit

Café Miranda: Die Leuchtstäbe in Form eines Flamingos scheinen so etwas wie das Logo zu sein. Die Speisekarte verzeichnet einfallsreich benannte Gerichte (ab 12 $): etwa ›Mussel Memory‹ (gebackene Muscheln) und ›Et tu, Brutus‹ (Caesar Salad). Alles schmeckt, und wie! Deshalb ist der Laden immer voll.

15 Oak St., Rockland, T 207 594 2034, tgl. ca. 5–21.30 Uhr, sonst So geschl.

Einkaufen

Kunst kaufen

Das Epizentrum der gerade schnell wachsenden Kunstszene dieses Küstenabschnitts ist Rocklands Main Street. Mehrere Galerien, allen voran die **Art Space Gallery,** geben talentierten Kreativen ein Forum.

405 Main St., Rockland, www.artspacemaine. com, Mo–Sa 10–17, So 11–14 Uhr

Bewegen

Bringt mir den Horizont!

Maine Windjammer Association: Diese Vereinigung von Besitzern histori-

scher Segelschiffe in Rockland, Camden und Rockport bietet die Teilnahme an Segeltörns auf ihren Prachtstücken an.

Rockland, T 1 800 807 9463, www.sailmaine coast.com

Feiern

- **Maine Lobster Festival:** Parade, Top Acts Live, jede Menge Kunsthandwerk und 20 000 Pfund Hummer, Ende Juli (Rockland, www.mainelobsterfestival.com).
- **North Atlantic Blues Festival:** Eins der prestigeträchtigsten Blues-Festivals an der Ostküste, 2. Juliwoche (Rockland, www.northatlanticbluesfestival.com).

Infos

- **Penobscot Bay Chamber:** 1 Park Drive, Rockland, www.camdenrockland.com

---

CAMDEN IM KINO

Wer will seine Kinder nicht in der Sicherheit einer friedlichen und dazu optisch makellosen Kleinstadtidylle großziehen? Das fragte auch Regisseur Todd Field, als er **Camden** als Kulisse für seinen Film »In the Bedroom« aussuchte. Das zu Füßen des 260 m hohen Mount Battie in einer runden Bucht liegende Städtchen ist eines der schönsten, saubersten und gediegensten Neuenglands. Der Indie-Film über ein gutbürgerliches Ehepaar (Sissy Spacek und Tom Wilkinson), dessen Kleinstadtidylle durch die Ermordung ihres Sohns in schiere Gewalt umschlägt, wurde für fünf Oscars nominiert. Und zeigt dazu ein Stück typisches Maine.

Camden   📍 F6

Die wohl schönste Lage an Maines Küste! Von den im Hafen dümpelnden Segel- und Motoryachten gleitet der Blick über einen sorgfältig gepflegten Park hinüber zu mehreren Reihen alter Holzhäuser mit Blumenkästen vor den Fenstern und bemalten Briefkästen.

Sie bummeln also gemütlich über die feine Main Street und zur **Old Conway Homestead** (7 Commercial St., Juli/Aug. Mo–Do), dem ältesten Haus. Buchen einen Segeltörn (s. S. 217) oder begucken Camden von oben: Der **Camden Hills State Park** (Zufahrt etwas nördlich der Stadt; Mai bis Okt.) bietet in 260 m Höhe – von der Spitze des Mount Battie – eines der reizvollsten Panoramen Neuenglands und nahezu 50 km schöner Wanderwege.

Schlafen

Noch kuscheliger geht nicht

Camden Harbour Inn: Hat man das Zimmer bezogen, folgt sogleich die Einladung zu einem Prosecco. Das Zimmer ist eine plüschige Oase mit Kunst an den Wänden und maßgeschneidertem Mobiliar. Kaffee gibt's den ganzen Tag, Cookies ebenso. Die Bar ist gut bestückt, natürlich. Gehört ja auch zu Relais & Chateaux.
83 Bayview St., Camden, T 1 800 236 4266, www.camdenharbourinn.com, ab 260 $

Romantisch

Maine Stay: Weißes Greek-Revival-Refugium zwischen Zentrum und Mount Battie. Acht knuddelige, nach Themen eingerichtete Zimmer, B&B.
22 High St., Camden, T 207 236 9636, www.mainestay.com, ab 160 $

Essen

Der Name ist Programm

Fresh & Co.: Der Name macht dieser dezent-eleganten Essstube alle Ehre: Serviert werden zeitgemäße Interpretationen traditioneller Neuengland-Gerichte (ab 20 $). Nur saisonale Zutaten aus der Umgebung!
1 Bay View Landing, Camden, T 207 236 7005, www.freshcamden.com, tgl. ab 17 Uhr, Mo geschl.

Einkaufen

Treffpunkt mit Kaffee

Owl Turtle Bookshop: Falls Sie der Anblick der stolzen Windjammer in der Marina inspiriert: In diesem Buchaden werden Sie – zum Thema gibt es einen eigenen Raum – in Sachen Seglerlektüre garan-

Die Maineiacs lieben es oft ein wenig maniac, also verrückt: die Kneipen gern altmodisch, vollgehängt mit dem Gerümpel der Großmama. Aber immer gemütlich nett. Menschlich halt.

tiert fündig. Der Laden wird zu den besten Buchhandlungen Neuenglands gerechnet.
33 Bay View St., Camden, Di–So 10–16 Uhr

Bewegen

Selbst in See stechen
Maine Sports Outfitters: Kajaktouren von Hafen zu Hafen und rund um Camden bietet dieser Veranstalter an.
115 Commercial St.,, kurz hinter Rockport, T 207 236 7120, www.mainesport.com

Feiern

• **Camden Windjammer Festival:** WE vor Labor Day (1. Mo im Sept.). Viele historische Segler und Schoner aus ganz Maine kommen zum Stelldichein nach Camden. Ein spektakuläres Bild, abgerundet mit nächtlichem Feuerwerk.

Blue Hill Peninsula ♀ F6

Führen Sie jetzt gleich weiter nach Bar Harbor (s. S. 221) – Sie verpassten einen hübschen Landstrich: Untouristisch und weitgehend naturbelassen, kurven schmale Landstraßen wie die Rtes. 15 und 175 durch dichte Wälder und kleine Weiler, wo Kinder ungestört auf der Straße Fußball spielen und Boys und Girls im Führerscheinalter Picknicks auf der Haube ihrer Pickups veranstalten.

Castine ♀ F6

Herrschaftlich empfängt das von Meer umgebene Castine im Westen der Blue Hill Peninsula. Viktorianische Residenzen auf weitläufigem Rasen und breite Alleen, über die sich das Blätterdach mächtiger Ulmen wölbt, sind das Markenzeichen dieses 1200-Seelen-Städtchens. Die Franzosen bauten hier 1613 ein Fort. 1667 erhielt ein Pariser Adliger namens Castin das Land als Lehen, doch die Engländer vertrieben die Konkurrenz wenig später.

Aus der Zeit gefallen
Während des Unabhängigkeitskriegs erlitten die Amerikaner hier eine unnötige, durch ihre unentschlossenen Offiziere verursachte Niederlage. Seitdem ist nichts Aufregendes mehr passiert. Gestresste Städter erholen sich auf den Veranden schöner Country Inns und promenieren auf der leicht zum Meer abfallenden **Main Street** auf und ab.

Überhaupt geht es im Geschäft mit den Fremden bemerkenswert unaufgeregt zu. Daran haben auch die – offenbar wohlerzogenen – 1000 Studenten der renommierten Maine Maritime Academy nichts geändert.

Und noch eine irgendwie zu Castine passende, leicht schläfrige Attraktion: Das **Wilson Museum** enthält die aus Mineralien, afrikanischen Masken und neolithischen Steinwerkzeugen bestehende Sammlung eines gewissen Dr. John Howard Wilson.
120 Perkins St., Castine, Juni bis Sept. Mo–Fr 10–17, Sa–So 14–17 Uhr, Eintritt frei

Deer Isle ♀ F6

Auch **Deer Isle** blieb, obgleich der Rte. 1 so nahe, verschont von den Massen. Die Insulaner – seit Menschengedenken Farmer, Fischer und Arbeiter im Granitbruch von Stonington – erhalten den Sommer über nur von einigen Dutzend Sommerfrischlern Gesellschaft und von neugierigen Reisenden, die gern mal bis

Zwischen den Felsklüften und Wäldern auf Desert Island im Acadia National Park sorgt der Jordan Pond in der Inselmitte für ein glückliches Lächeln.

ans Ende einer Straße fahren. Ansonsten hat jeder hier, das ist seit Generationen so, »ein bisschen hier und da zu tun«.

Stonington, ein ungeschminktes Fischernest, wo Hummerreusen gestapelt auf den nächsten Einsatz warten, lohnt die Fahrt wegen des Postschiffs zur **Isle au Haut.** Über die Hälfte dieses 11 km vor dem Ort liegenden Eilands gehört bereits zum Acadia National Park (s. S. 221). Ein Campingplatz, das Büro des Park-Rangers und das bescheidene Robinson Point Lighthouse sind alles, was man erwarten darf. Tagesausflüglern bleibt genug Zeit für die Trails durch den Nationalpark!

Schlafen

Der perfekte Rückzugsort
Pentagöet Inn: Queen-Anne-Häuser sind eigentlich immer attraktive Schmuck-stücke. Dieses ist da natürlich keine Ausnahme. Das Pentagöet Inn hat eine herrliche Veranda, Erker sowie diverse Türmchen und 20 schnuckelige Zimmer, von denen man sich nur mit Bedauern verabschiedet. Dass das hauseigene und auch ›Walk-ins‹ zugängliche Restaurant nicht weniger gut ist, kommt da sehr gelegen.
26 Main St., Castine, T 1 800 845 1701, www.pentagoet.com, ab 160 $

Schlichte Eleganz am Hafen
The Castine Inn: Ein Elegantes Federal-Style-Haus mit genialer Rund-um-Veranda zum Leutegucken und Blick auf den kleinen Hafen. 17 in schlichter Eleganz gehaltene Zimmer und ein gemütlicher Pub für den – oder die – Absacker.
41 Main St., Castine, T 207 326 4365, www.castineinn.com, ab 140 $

Acadia National Park ⭐ 📍 G 5/6

Nur damit Sie's von vornherein wissen: Der fünftkleinste Nationalpark der USA gehört mit bis zu 3,5 Mio. Besuchern jährlich zu den zehn meistbesuchten des Landes (s. S. 282). So groß ist die sich im Sommer in den Park ergießende Blechlawine, dass die Parkverwaltung 2019 laut über ein Reservierungssystem für die Hotspots nachdachte.

Verwunderlich sind die Touristenmassen jedenfalls nicht. Acadia ist ein landschaftliches Juwel. Den nach Wüste klingenden Namen verdankt sie Samuel de Champlain, der die Insel 1604 sah. Der Name würdigt die kahlen Bergkuppen, die bis zu 500 m Höhe abrupt aus dem Atlantik ragen und die höchsten Erhebungen der gesamten Ostküste sind.

Naturschützer haben gut zu tun
Künstler bannten den grandiosen Zusammenklang aus Himmel, Fels und Meer auf die Leinwand und zeigten ihre Bilder in Boston. Dort reagierten die Reichen schnell. Rund um das Fischerdorf East Eden bauten sie ihre Cottages und benannten ›ihr‹ Dorf alsdann in Bar Harbor um.

Allerdings nahmen einige aus der Milliardärsriege nicht nur, sondern gaben auch zurück. Wie John D. Rockefeller spendierten sie Anfang des 20. Jh. Teile ihrer Besitzungen der Bundesregierung. Die nähte aus dem Patchwork privater Ländereien 1919 den Nationalpark zusammen. Heute muss eine Armee von Rangern die fragile Balance zwischen Umwelt und Tourismus beaufsichtigen.

Blaues Wunder
Bar Harbor ist schon schön. Das Blau des Meeres ist immer in Sichtweite, und wenn nicht, dann höchstens zwei-, dreihundert Meter entfernt. Wahrscheinlich ist es das, was den Rummel im Ort erträglich macht. Denn das Zentrum ist vollgepackt mit Souvenirläden, Eisdielen und billigen Family Restaurants, und in den Seitenstraßen gibt es – zumindest gefühlt – mehr B&Bs als Privathaushalte.

Im Sommer pflegt Bar Harbor aus allen Nähten zu platzen, den Rest des Jahres über lässt es sich hier jedoch gut aushalten. Von einem Stadtbummel sollten Sie außer Window Shopping nichts erwarten. Der Ort an der Frenchman Bay ist die Basis für Tagestouren in den Nationalpark – die schönsten Beschäftigungen führen aus ihm hinaus: Hiking im Park, Kajaktouren auf dem Meer, Waltouren von der Town Pier aus.

Geballte Schönheit
Natürlich ahnte Champlain, als er der Insel den Ödnis suggerierenden Namen gab, nichts von Artenreichtum hier. 500 Baum- und Pflanzenarten wurden gezählt und über 300 Vogelarten. Die letzte Eiszeit hobelte 15 Gipfel aus dem Granit, darunter den etwas über 500 m hohen **Mount Cadillac,** der heute auf einer kurvenreichen Panoramastraße ›bezwungen‹ werden kann (s. S. 222).

Auch die übrigen Sehenswürdigkeiten sind dank der 50 km langen, am Hulls Cove Visitor Center beginnenden **Loop Road** vom Auto aus zu erkunden. Die nur im Uhrzeigersinn befahrbare Straße begleitet zunächst die spektakuläre Felsenküste und biegt dann ins felsige Innere ab. Höhepunkte sind u. a. der schöne **Sand Beach** – wenn Sie mutig genug sind, können Sie hier ins eiskalte Wasser springen – und der Blick von den **Otter Cliffs** über die Frenchman Bay.

Zu Fuß und per MTB
Allerdings sieht man auf **Wanderungen** in das Innere mehr vom Park. Trails aller Schwierigkeitsgrade ziehen über kahle

Lieblingsort

Neuenglands schönstes Ineinander

Das Gipfelplateau des **Mount Cadillac** (♥ G 6) im Acadia National Park ist
einer jener Orte, an die ich bei jedem Besuch wie selbstverständlich zurück-
kehre. Nicht nur, um abends die fantastische Aussicht auf Bar Harbor, die
Frenchman Cove und die vielleicht in die Bucht einlaufenden, schneeweißen
Kreuzfahrtschiffe zu genießen. Sondern auch, das gebe ich gern zu, um sicher
zu sein, dass sich nichts verändert hat hier oben. Dass dieser schöne Ort
auch weiterhin eine Konstante ist in meinem Leben. Denn nirgendwo sonst an
Neuenglands Küsten umarmen sich Land und Meer inniger als hier, läuft das
Meer übergangsloser in den Horizont über, schimmern die moosbekleckerten
Granitplatten pinkfarbener.

Granitkuppen und durch wilde Täler, nah und doch so fern von den Besuchermassen. Von den zahlreichen Wegen ist der **Precipice Trail** (s. Tour S. 225) der schönste – und schwierigste.

Für **Mountainbiker** bieten sich die ›Carriage Roads‹ an: Die durch den Park führenden Pisten, von John D. Rockefeller jr. Anfang des 20. Jh. gebaut, sind für Autos gesperrt. Insgesamt gut 80 km lang, führen sie durch herrliche Ahorn- und Birkenwälder und zwischen mächtigen Granitblöcken hindurch.

Schlafen

Alles da, alles!
Balance Rock Inn: Im Stadtzentrum und zugleich am Wasser: Allein der Blick durch die Lounge auf die Frenchman Bay ist das Geld wert. 17 Zimmer, davon 12 mit Meeresblick im Haupthaus, weitere Zimmer und Suiten im Carriage House und Ocean View Suites.
21 Albert Meadow, Bar Harbor, T 1 800 753 0494, www.balancerockinn.com, ab 180 $

Kurz vor der Ortsgrenze
Acadia Inn: Wenn Sie mit Bar Harbor nichts im Sinn haben, checken Sie hier ein. Das Inn besitzt einen direkten Zugang zu Trails zum Nationalpark! Und bietet gut 100 große, modern eingerichtete Zimmer, ein großes Schwimmbecken mit Whirlpool und ein gutes Frühstücksbuffet.
98 Eden St., Bar Harbor, T 1 800 638 3636, www.acadiainn.com, 90–210 $

Die Lage macht's
Anchorage Motel: Für die Lage mittendrin und die wohl niedrigsten Übernachtungspreise in Bar Harbor nicht die schlechteste Wahl. Saubere Zimmer, freundliches Personal.
51 Mount Desert St., Bar Harbor, T 207 288 3959, www.anchoragebarharbor.com, ab 90 $

Essen

Schön bunt
Pat's Pizza: Sprung von Yankee-Land nach Italien und Mexiko: Die Palette der einfachen, sympathischen Essstube reicht von Chicken Quesadilla über frische Salate bis zu Pizza und herzhaften Calzones in allen Variationen (ab 8 $).
51 Rodick St., Bar Harbor, T 207 288 5117, tgl. ab 16.30 Uhr, die Schließzeiten variieren

Dinner mit Sunset
Reading Room: Was ist besser: der Heilbutt in Citrus-Sauce (ab 29 $) oder der Sonnenuntergang über Hafen und Frenchman Bay? Sie entscheiden!
7 Newport Dr., Bar Harbor, T 207 288 3351, tgl. 7–10.30, 17.30–21.30 Uhr

Einkaufen

Das Einkaufserlebnis in Bar Harbor hält sich angesichts der Unzahl der Läden, die T-Shirts mit Elchen anbieten, in Grenzen. Eine nette Ausnahme ist **Sherman Books & Stationery,** ein über 120 Jahre alter Buchladen mit den besten Büchern über Maine und den Nationalpark.
56 Main St., Bar Harbor, tgl. 9–22.30 Uhr

Bewegen

Da bläst er!
Bar Harbor Whale Watch: Von Anfang Juni bis in den Oktober fahren die Schiffchen des ältesten Veranstalters von Walbeobachtungstouren zu den riesigen Meeressäugern hinaus.
1 West St., Bar Harbor, T 207 288 2386, www.barharborwhales.com

Mit Paddel und Pedalen
Coastal Kayaking Tours & Acadia Bike: Mehrstündige und mehrtägige

Paddeltouren in der Frenchman Bay und Räder für Touren durch den Nationalpark. 48 Cottage St., Bar Harbor, T 207 288 9605, www.acadiafun.com

Ausgehen

Das Nachtleben in Bar Harbor findet in Pubs und den Lounges der besseren Hotels statt. Im **Thirsty Whale** (40 Cottage St., www.thirstywhaletavern.com) gibt es Craftbeer aus Maine und am Wochenende Livemusik.

Die **Dog & Pony Tavern** (4 Rodick Place, www.dogandponytavern.com) liegt etwas ab vom Trubel und hält als Nachbarschaftskneipe mit großer Bierauswahl durch.

Feiern

• **Acadia Night Sky Festival:** Angesichts der Luft- und Lichtverschmutzung in vielen Teilen der USA gilt Maine als der Ort, wo man noch die Milchstraße sehen kann. Das Festival feiert dies mit Sternegucken im Nationalpark (Ende September, www.acadianightskyfestival.org)

Infos

• **Visitor Center:** 2 Cottage St., Bar Harbor, www.visitbarharbor.com.

Bethel   ♥D6

Neuenglands Kanada, ein New Hampshire mit noch weniger Touristen, dunkle Wälder mit Elchen und einsamen Seen mit Biberdämmen: Das Hinterland von Maine kann vor allem bei Wildnis-Novizen eine leichte Beklommenheit auslösen. Hierher kommt man, um Wildnis hautnah zu erleben: Wandern, Paddeln und Waldbaden, das Eintauchen in eine magische Welt, grüne Endlosigkeit.

Bethel ist Stowe vor dem (touristischen) Sündenfall. 110 km nördlich von Portland liegt das 2500-Einwohner-Städtchen zwischen den Falten der auslaufenden White Mountains, mit hübschem Green, Kirche und alten Häusern ein fotogenes, nicht übermäßig herausgeputztes Neuengland. Von schönen alten Inns und Restaurants abgesehen, hält sich der Tourismus deutlich zurück.

Neuengland mit Workouts

Auch der Anfang der Nullerjahre angelegte Vier-Jahreszeiten-Spielplatz **Sunday River** (www.sundayriver.com) 20 Autominuten nördlich konnte nichts daran ändern. Das gilt vor allem für den herrlich altmodischen und erstaunlich innovationsresistenten **Bethel Inn and Country Club** am Green, hinter der Golfplatz beginnt. Einmal am Green, ist das **Dr. Moses Mason House** (14 Broad St., Führungen Juli/Aug. Di–So 13–16, sonst nach Vereinb.) empfehlenswert, es gilt als schönstes Beispiel für den Federal Style im Norden Neuenglands.

Ansonsten hat Bethel – liegt's an der frischen Luft und den zu strammen Workouts einladenden Trails in der Umgebung – überraschend viele, gute Restaurants und Bäckereien, die von den Farmen und Gärten der Umgebung profitieren. Noch ein Grund also, hier für ein paar Tage Wurzeln zu schlagen und die Berge und Wälder entweder selbst zu erkunden oder mithilfe eines der hiesigen Outfitter.

Aber vor das Vergnügen …

… haben die Götter bekanntlich den Schweiß gesetzt. Verdienen Sie sich den Restaurantbesuch am Abend auf einigen der schönsten Trails in den White Mountains! Dazu nehmen Sie die Rte. 26

TOUR

Schwindelfrei auf allen vieren

Über den Precipice Trail auf den Champlain Mountain

Infos

Dauer:
ca. 3 Std., 5 km

Start:
Loop Road, 20 Auto-
minuten südlich Hulls
Cove Visitor Center

Reisekarte:
Mount Champlain
📍 G 6

Hinweis: In den
Steilwän-
den nisten gern
Wanderfalken. Daher
kann der Trail von
Juni bis Mitte August
gesperrt sein.

Der Precipice Trail an der Ostseite des Champlain Mountain ist der schönste, aber auch anstrengendste Wanderweg im Acadia National Park. Wer ihn angeht, muss schwindelfrei sein – ›precipice‹ heißt Abgrund! Man ahnt, was auf einen zukommt.

Vom Startpunkt an der Loop Road, gut 3 km vom Eingang **Sieur de Monts** entfernt, balanciere ich erst über garagengroße Felsblöcke zum Fuß einer senkrechten, gut 100 m hohen Granitwand. Von dort aus strebt der **Precipice Trail** steil nach oben. Geländer dienen den Händen als Halt, später helfen auch Eisenringe und Stricke. Fast geht es zu wie auf einem Klettersteig in den Alpen. Was gefährlich klingt, ist jedoch in Wirklichkeit nur halb so dramatisch. Nie habe ich das hässliche Gefühl eines unkalkulierbaren Risikos.

Auf halber Höhe beginnt der Trail einen **Zickzackkurs** durch Verwerfungen und über Simse, wobei die schwierigsten Abschnitte auf fest installierten Leitern überwunden werden. Kurz unterhalb des Gipfels meistert der Trail einen gut 10 m langen talwärts geneigten Sims, aber auch hier sind Eisengeländer angebracht. Die Aussicht ist fantastisch und reicht quer über die Frenchman Bay.

Ein paar Minuten später erreiche ich das **Gipfelplateau.** Ab hier ist der ›Gipfelsturm‹ eher ein Spaziergang durch einen schönen Felsengarten mit abgehärteten Kiefern. Der Rückweg ist klar ausgeschildert. Auf dem **Champlain North Ridge Trail** und dem **Orange & Black Path** geht es über die unaufgeregte West- und Nordseite des Berges zurück zum Startpunkt.

durch das im Norden enger werdende Bear Valley zum spektakulären **Grafton Notch State Park** (Mitte Mai bis Mitte Okt.). Etliche Wanderwege führen hier von der Straße zu Wasserfällen und beeindruckenden Aussichten auf die steile, zerklüftete Mahoosuc Range.

Das schönste Tal der Whites erreicht man in westlicher Richtung auf Rte. 113. Sie führt durch die enge **Evans Notch,** eine unbesiedelte, mehrere Kilometer lange Kerbe, die von den bis Juni schneebedeckten Gipfeln überragt wird.

Schlafen

Am heimischen Herd

Austin's Holidae House B&B: In Neuenglands B&Bs pflegt die Anwesenheit ihrer ehrlich um die Gäste besorgten Besitzer stets spürbar zu sein. So auch in diesem über 100 Jahre alten, viktorianischen Haus. Man fühlt sich gleich wohl und genießt die sieben im Stil jener Zeit eingerichteten Zimmer umso mehr. 85 Main St., Bethel, T 207 824 3400, www.holidaehouse.com, ab 110 $

Vorwärts in die Vergangenheit

Chapman Inn: Klimaanlage, Flachbildschirm-TVs und moderne Matratzen sind die einzigen Zugeständnisse. Ansonsten ist in den 10 Zimmern und Suiten alles so wie vor hundert Jahren, Blümchentapeten eingeschlossen. Aber ziemlich gemütlich. 2 Church St., Bethel, T 1 877 359 1498, www.chapmaninn.com, ab 80 $

Essen

Der Name sagt alles

Good Food Store: Hier gibt's (nicht nur) Sandwiches und Salate ab 8 $ für (nicht nur) müde Hiker! 212 Mayville Rd., Bethel, T 207 824 3754, tgl. 11–18 Uhr

Bewegen

Best of the Whites

Grafton Notch State Park: An der Stelle, wo der Appalachian Trail die Rte. 26 kreuzt, befindet sich ein Parkplatz. Dort beginnen vier Trails: Der steile **Eyebrow Loop Trail** (3,3 km) führt in die Grafton Notch zu fantastischen Aussichtspunkten, wobei er teilweise auch dem Appalachian Trail folgt. Der **Table Rock Loop** (3,8 km) führt zum 300 m über dem Parkplatz liegenden Aussichtspunkt Table Rock, der zahlreiche Gebirgsbäche überquerende **Old Speck Mountain Trail** (13 km) zu Blicken jenseits der Baumgrenze und der **Baldpate Mountain Trail** (9 km) zu schönen Rundumblicken auf die Mahoosuc Range und die White Mountains.

Feiern

● **Bethel Art Fair:** Einheimische Künstler auf dem Common, 1. Sa im Juli.

Infos

● **Information Center:** 8 Station Place, Bethel, www.bethelmaine.com

Moosehead Lake ♀ E4

Nordöstlich von Bethel übernimmt schnell die Wildnis das Zepter. Die Holzfällersiedlung **Monson** (www.piscataquischamber.com) an der Rte. 15 nach Kanada ist der letzte Ort am Appalachian Trail vor der 100 Mile Wilderness (s. S. 229). Hiker unterwegs zum Mt. Katahdin, dem amerikanischen End-

Am Moosehead Lake erwartet man Elche, viele große Elche. Die sind aber nicht immer zu entdecken. Also springt man in den See, um nach Goldmünzen zu suchen, die hier vielleicht ein Trapper verloren hat.

punkt des Trails, ruhen sich hier in einfachen Unterkünften ein paar Tage aus, bevor sie aufbrechen.

An Neuenglands Frontier

Noch durchaus angenehm ist das Naturerlebnis am 187 km² großen **Moosehead Lake.** Als eine der von der Holzindustrie seit Jahrzehnten nicht mehr angerührten Enklaven ist der buchten- und inselreiche See inzwischen ein Mekka für Sportangler und Kanuwanderer. Hobby-Fotografen finden hier ihr Traummotiv: Nirgendwo in Neuengland sind die Chancen besser, Biber, Wölfe oder Weißkopf-Seeadler vor die Linse zu bekommen. Und Elche. Vor allem Elche! Ob Restaurant, Veranstalter oder Hotel – alle scheinen das Wörtchen *moose* (Elch) im Namen führen zu müssen.

Insel in einem Meer aus Grün

In Gegenden wie dieser ist jede Siedlung, jeder Flecken und Weiler eine Insel. Doch während es oft nur zu einem von Trailern und Wohncontainern umzingelten General Store oder Co-op reicht, lässt **Greenville** die Seele nach der langen Fahrt durch konturloses Grün verschnaufen. Das Städtchen am Südende des Moosehead Lake ist hübsch, die Häuser sind gepflegt und haben Rasen vorn und Gärten hinten, es gibt Cafés und Restaurants und an der Pier ein hübsches kleines Dampfschiff namens **MS Katadhin,** das seine Gäste auf dem See umherschippert.

Ein interessantes Museum, das **Moosehead Marine Museum,** das an die Zeit der Dampfschiffe auf dem See erinnert, verkauft Tickets für die Schiffstouren.

TOUR
Höllisches H₂O

Teufelsritt durch die Schlucht des Kennebec River

Infos

Dauer:
ca. 8 Std., ab 8 Uhr

Start:
Northern Outdoor
Lodge, www.northern
outdoors.com,
Shuttle zum Harris
Station Dam

Reisekarte:
West Forks ♥ E 4

Northern Outdoors
bietet auch Raf-
ting-Trips auf
Penobscot und
Dead River.

Lagebesprechung vor dem Abstoßen. »Alles hört auf mein Kommando!«, bläut der Guide uns ein, »sonst geht's schief!« Er ist einer dieser sonnenverbrannten Jungs mit unverschämtem Was-kostet-die-Welt-Grinsen. Wie alle Rafting-Guides bei Northern Outdoors kennt er den Kennebec River aus dem Effeff. Er weiß also, wovon er spricht – und wie man die Spannung hochkitzelt. »Alles kommt darauf an, dass wir im richtigen Winkel in die Rapids rutschen!«

Die Stromschnellen Klasse II–IV des **Kennebec River** lassen kein Auge trocken. Der Fluss, der vom Moosehead Lake dem Atlantik zufließt, gehört zu den Rafting-Dorados der Ostküste. Alle Kennebec-Trips beginnen und enden am Adventure Resort von **Northern Outdoors**, natürlich mit Sicherheitsbriefing und Paddel-Crashkurs – versprochen werden auch Zwischenstopps zum Schwimmen und Grillen. Doch gerade jetzt sehen einige Teilnehmer dieser Expedition aus, als würden sie es am liebsten doch lassen. Leider zu spät.

Wir paddeln dem tosenden **Inferno** in der Kennebec River Gorge entgegen. Die erste ›Rapid‹ kracht über uns zusammen. »Paddelt, Folks, paddelt«, brüllt der Guide, während wir – längst patschnass – zurück auf unsere Plätze krabbeln. Der Ritt geht noch über weitere, bis zu 3 m hohe Monster aus weiß-gelb schäumendem H₂O und durch diverse Strudel.

Bei den nächsten Rapids verlieren wir alle Zurückhaltung, brüllen so etwas wie **»Yiieeehhaaa«** und genießen die Adrenalinschübe – die meisten zumindest. Unser Guide strahlt. Dann sind wir durch. »Kann nicht genug davon kriegen!«, lacht er. Wir auch nicht.

Museum: 12 Lily Bay Rd., Greenville, T 207 695 2716, Di–Sa 9–17, So–Mo 10–16, www. katadhincruises.com, Spende erbeten

Wassert die Rafts, ab ins Kanu!

Stellen Sie sich vor: Der gesamte Fluss scheint sich über Sie zu ergießen, weiß-gelbes Wasser klatscht, nein, kracht ins Raft, schlägt über Ihnen zusammen, und dann sausen Sie wie in einer Achterbahn ein, zwei Stockwerke hinab, nur um unten gegen eine betonharte Gegenströmung zu knallen, die Sie von den Sitzen hebt ... Willkommen im Rafting-Paradies von Maine, willkommen in **The Forks!**

In dem winzigen 100-Seelen-Nest an der Rte. 201 zwischen West Forks und Caratunk organisiert eine Handvoll professioneller Veranstalter ein- und mehrtägige Rafting-Touren auf den Flüssen **Kennebec** und **Penobscot.** Die enge Kennebec Gorge ist ein Leckerbissen für Wildwasser-Spezialisten.

Berühmt-berüchtigt ist das sogenannte **Kennebec Whitewater Adventure,** ein 20 km langer, tosender Abschnitt des aus dem Moosehead Lake nach Südwesten fließenden Kennebec River. Ebenbürtig ist der 22 km lange Westarm des technisch anpruchsvollen **Penobscot River** zwischen Baxter State Park und Moosehead Lake, einige Rapids zählen zur Klasse -V. Kanuwanderer bevorzugen ruhigere Gewässer. Mehrtägige Expeditionen führen auf Seen und Flüssen bis zur kanadischen Grenze.

Gemetzel. Blutbad. Massaker

Viele Hiker kapitulieren in der **100 Mile Wilderness** schon nach zehn, fünfzehn Kilometern. Wanderer, die Zeuge dieser Szenen waren, beschreiben sie als ›Massaker‹. Also: überlegen Sie es sich gründlich! Nicht nur Bestseller-Autor Bill Bryson, der seine Erlebnisse auf Amerikas berühmtestem Fernwanderweg in »Picknick mit Bären« beschrieb, scheiterte glorreich in dieser Wildnis, die wegen ihrer Unübersichtlichkeit unter Hikern berüchtigt ist. Der Trail beginnt bei **Monson** und endet bei **Abol Bridge** am Südrand des Baxter State Park. Erfahrene Hiker schaffen die Strecke in 12 bis 14 Tagen (s. S. 282).

Baxter State Park ♀F3

Jede Menge Eigeninitiative müssen Sie auch aufbringen, wenn Sie in diesem Naturpark nordöstlich von Moosehead Lake wandern wollen. Das Straßennetz wird zusehends dünner, wenn Sie sich dieser 80 000 ha großen Enklave ursprünglicher Wildnis über die I-95 und Rte. 11 nähern. Der Park ist eines der unerschlossensten Wildnisgebiete im Osten, zehn Campingplätze bieten die einzigen Übernachtungsmöglichkeiten (reservieren, s. Übernachen).

Millinocket, eine um 1900 von Holzfirmen aus dem Boden gestampfte Waldarbeiterstadt, ist in dieser Gegend der letzte Außenposten der Zivilisation. Hier befindet sich auch die Parkverwaltung, wo Sie sich mit Trailkarten und Informationen über den Wegezustand und das Wetter versorgen können. Es empfiehlt sich, frühzeitig am Haupteingang **Togue Pond Gate** (30 km nördl.) zu erscheinen, denn der Zugang zum Park ist reglementiert: Sobald die Parkplätze voll sind, wird niemand mehr eingelassen.

Der große Preis

Hauptattraktion des Baxter State Park ist der 1606 m hohe **Mount Katahdin.** Bilder von diesem Berg gibt es meist nur aus der Ferne, und da sieht er ganz gut aus, aber auch nicht mehr. Bilder aus der Nähe gibt es zwar auch, aber sie schaffen es nur selten, ihn in seiner ganzen rauen, grandiosen Schönheit abzubilden.

Als allein stehender Inselberg besitzt der Mount Katadhin zwei Gipfel, die ein schmaler Pfad miteinander verbindet. Er ist zudem der Endpunkt des **Appalachian Trail** und damit die große Karotte, die Sommer für Sommer Hunderten nach Norden wandernden Hikern vor der Nase herumtanzt. Seine Verlängerung, der International Appalachian Trail, führt von hier aus noch weiter, und zwar über die Grenze durch Québec und weiter bis zum Atlantik.

Insgesamt durchziehen rund 300 km Wanderwege den State Park. Sind Sie erst mal hier, werden Sie den Berg auch besteigen wollen. Doch Vorsicht: Steil und glitschig, kommt es hier immer wieder zu Unfällen. Nehmen Sie sich besonders vor dem **Knife Edge** in Acht: Der keinen halben Meter breite Grat zwischen den Gipfeln Baxter und Chimney Peak sollte bei starken Windböen auf keinen Fall versucht werden.

Schlafen

Schlafen wie beim Trapper

Little Lyford Lodge and Cabins: Etwa 25 km nordwestlich von Greenville betreibt der AMC (s. S. 280) diese rustikale Lodge sowie acht urige Blockhütten. Hiking, Paddeln, Wildbeobachtung.
15 Moosehead Lake Rd., Greenville, T 207 280 0708, www.outdoors.org, ab 80 $

Mit Liebe zum Detail

Moose Mountain Inn: In Greenville beginnt die Wildnis gleich am Stadtrand. Dort, am Seeufer, liegt diese schöne alte Lodge. Etliche Aktivitäten im Angebot, Angelausrüstung zum Ausleihen.
314 Rockwood Rd., Greenville, 800 792 1858, www.moosemountaininn.com, ab 130 $

Camping

Baxter State Park: Einen Platz auf einem der zehn einfachen Campingplätze muss man unbedingt reservieren: www.baxterstateparkauthority.com.

Essen

Zünftig

Stress-Free Moose Pub & Café: Einheimischentreff im Zentrum. Terrasse, gute Burger, Live-Musik (ab 8 $). Hier kehren die Thru-Hiker ein, nachdem sie im Baxter-Park den kompletten Appalachian Trail geschafft haben. Sie selbst dürfen dann gratulieren!
65 Pritham Ave., Greenville, T 207 695 3100, variable Öffnungszeiten

Hemdsärmelig

Kelly's Landing Restaurant: Hausmacherkost in Skihütten-Atmosphäre, Steaks, Burger, Salate (ab 13 $). Und Seeblick. Und auch Unterkünfte.
Rtes. 6 und 15, Greenville, T 207 695 4438, Mai bis Okt., unterschiedliche Zeiten

Bewegen

Paddeln und Rafting

Raft Maine: Den passenden Rafting-Anbieter finden Sie bei dieser Outfitter-Vereinigung: ein- und mehrtägige Exkursionen auf Kennebec, Penobscot und Dead River.
Raft Maine, West Forks, T 207 723 8633, 1 800 723 8633, www.raftmaine.com

Feiern

• **Moose Mania:** Einmonatiges Festival in Greenville, mit Kanurennen und Elch-Beobachtung, Mitte Mai bis Mitte Juni.

Infos

• **Moosehead Lake Chamber:** Greenville, www.mooseheadlake.org

Zugabe
Je höher der Absatz …

Der High Heel Dash beim Ogunquit Fest

Der ›Dash for Cash‹ ist nicht umsonst der absolute Höhepunkt des Ogunquit Fest (www.southermaine coast.com) in Ogunquit, etwas südlich von Portland. Jedes Jahr in der 3. Oktoberwoche laufen Männer, Frauen und weitere tapfere Seelen auf hochhackigen Schuhen um die Wette. Das ›weltberühmte‹ Rennen beginnt bei Barnacle Billy's, führt über die Perkins Cove Footbridge bis zum Lobster Shack und über das Oarweed Restaurant zurück nach Billy's.

Hört sich nach Spaß an? Und ob! Allein die Kostüme der Läufer sind so schräg wie die alten Fischerhäuser des Städtchens. Der Kick: Die Absätze der Läufer müssen wenigstens fünf Zentimeter hoch sein. Was sich dann auf der Strecke abspielt, lässt kein Auge trocken. Prämiert werden die Sieger, die verrücktesten Kostüme und, natürlich, die höchsten Absätze. ∎

Kleingedruckte

Das

Plastik? Nein danke! Die echten Bojen der Hummerfischer sind noch aus Holz und rot-weiß bemalt. Die Traditionen liebt und lebt man hier.

Anreise

Einreisebestimmungen

Bei einem Aufenthalt von bis zu 90 Tagen benötigen Deutsche, Österreicher und Schweizer kein Einreisevisum, wenn sie einen für die Reisedauer gültigen Reisepass besitzen und ein gültiges Rückticket vorweisen können. Auch Kinder benötigen einen eigenen Reisepass.

Erforderlich ist zudem eine elektronische Einreiseerlaubnis (Electronic System for Travel Authorization – ESTA), einzuholen unter https://esta.cbp.dhs.gov/esta; Kosten 14 US-$/Pers. Sie gilt für beliebig viele Einreisen innerhalb von zwei Jahren. Während des Hinflugs wird ein Einreiseformular ausgefüllt. Impfungen sind nicht vorgeschrieben.

Aufgrund der verschärften Sicherheitsvorkehrungen in den USA ist mit verstärkten Kontrollen bei der Einreise zu rechnen; mindestens drei Stunden müssen am Flughafen für alle Kontrollen eingeplant werden.

Zollbestimmungen

Die Kontrollen sind sehr streng! Einfuhr frischer Lebensmittel (Fleisch, Fleischprodukte, Milch, Obst, Gemüse) sowie von Betäubungsmitteln und Pornografie ist untersagt, von Bargeld nur bis zu 10T US-$ erlaubt. Für verschreibungspflichtige Medikamente sollte man eine Erklärung des Arztes und den Beipackzettel vorweisen können.

Bei der Ausfuhr beträgt die Freimenge pro Person 430 €, unter 15 Jahren nur 150 €. Diese Freibeträge können NICHT zusammengelegt werden. Alle Einkäufe müssen angegeben werden! Für mitgenommene Geräte (Handy, Laptop, Kamera) sollte man die Kaufquittung mitführen.

Flughafen Boston

Der **Logan International Airport** (www.massport.com/logan-airport) wird von

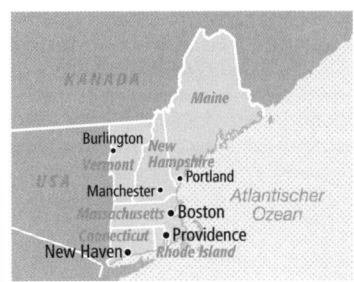

STECKBRIEF

Lage: Neuengland liegt im Nordosten der USA und grenzt im Norden an Kanada, im Westen und Süden an den Bundesstaat New York und im Osten an den Atlantik.
Größe: Neuengland ist 185 111 km² groß und besteht aus den sechs Bundesstaaten Massachusetts (MA), Rhode Island (RI), Connecticut (CT), Vermont (VT), New Hampshire (NH) und Maine (ME). Maine (91 646 km²) ist der größte Staat, Rhode Island (3144 km²) der kleinste. Höchster Berg ist der Mt. Washington (1917 m), größter See der Lake Champlain (1269 km²).
Einwohner: Massachusetts 6,9 Mio., Rhode Island 1,06 Mio., Connecticut 3,6 Mio., Vermont 0,63 Mio., New Hampshire 1,36 Mio., Maine 1,3 Mio., Neuengland gesamt 14,8 Mio.
Größte Städte: Boston (MA) 695 000 Ew., Worcester (MA) 186 000 Ew., Providence (RI) 180 000 Ew., Springfield (MA) 155 000 Ew., Bridgeport (CT) 145 000 Ew.
Sprache: amerikanisches Englisch
Währung: US-Dollar
Landesvorwahl: 001
Zeitzone: EST = MEZ −6 Std.

Frankfurt und Zürich, seltener auch direkt angeflogen, meist aber wie ab Wien mit Zwischenstopp. Die Flugzeit beträgt 8–9 Std. nonstop, ab 12 Std. mit Stopover. **Weiterkommen:** Vom Flughafen geht es mit der Subway (MBTA, 2,75 $), Taxi (etwa 45 $) oder Wassertaxi (12 $ bis Rowes Wharf) in die Downtown, Info auf www.massport.com.

Bewegen und Entschleunigen

Paddeln, Rafting

Vor allem in Vermont (Stowe, Brattleboro, Manchester) und in Maine (West Forks) gibt es schöne Paddel- und Rafting-Reviere. Wer Vermont vom Wasser aus kennenlernen möchte, ist auf den Flüssen Battenkill, Winooski und Lamoille richtig: Kanutouren führen durch den dünn besiedelten Norden, übernachtet wird in Zelten oder gemütlichen Inns.

The Forks, ein 100-Seelen-Nest im Norden von Maine, ist die Rafting-Kapitale Neuenglands: Hier bieten profilierte Veranstalter Rafting- und Kajaktrips auf den umliegenden Flüssen an (s. S. 228).

RUND UMS BIKING **B**

Passionierte Pedalentreter können sich hier inspirieren lassen:
Massachusetts: www.singletracks.com/Massachusetts-bike-trails_19.html
Rhode Island: www.traillink.com/stateactivity/ri-bike-trails
Vermont: www.singletracks.com/Vermont-bike-trails_45.html
New Hampshire: www.bestthingsnh.com/mountain-biking
Maine: www.wolfcoveinn.com/blog/biking-trails-in-maine

Der Radfahrer hat es selten schwer mit der Orientierung, die Beschilderung ist in der Regel gut.

Radfahren

Im Nordosten der USA ist Radfahren inzwischen Breitensport. Counties, die etwas auf sich halten, richten Radwege ein oder verwandeln stillgelegte Eisenbahntrassen in mehrere Orte miteinander verbindende Radwanderwege. Über den derzeitigen Stand der Dinge informiert das Online-Portal der Rails-to-Trails Conservancy (www.railstotrails.org; ›New England‹ eingeben). Und wo ein Biking Trail ist, da ist ein Fahrradverleih nicht weit.

Besonders schöne Radlerreviere finden Sie in den Dünen hinter Provincetown auf Cape Cod und im 40 km langen Cape Cod Rail Trail von South Dennis nach Eastham (s. S. 77). Berühmt für ihre Radwege sind ferner Nantucket (s. S. 87), Martha's Vineyard (s. S. 84), die Litchfield Hills (s. S. 145) und Block Island (s. S. 128).

Während des Indian Summer bietet Vermont Radwandern vom Feinsten: Auf stillen Landstraßen durch die dann in allen Gelb- und Rottönen prangenden Wälder des Green Mountain State zu radeln gehört zu den Sternstunden im Leben. Eine erste Orientierung vermittelt die Vermont

Outdoor Guide Association unter www. voga.org/biking.htm.

Weitere schöne Radler-Reviere: die Berkshires (MA), die Gegend um den Lake Winnipesaukee (NH) sowie in Maine der Acadia National Park und das Gebiet rund um Camden.

Ebenso wichtig wie die Wahl des Reviers ist die Frage, ob Sie sich einer geführten Gruppe anschließen oder die Tour selbst organisieren wollen. Im ersten Fall übernimmt der Veranstalter von der Buchung der Unterkünfte bis zum Transport der Ausrüstung alles Organisatorische, dafür müssen Sie höhere Kosten und eine gewisse Einschränkung der Privatsphäre in Kauf nehmen. Organisieren Sie hingegen alles selbst, sollten Sie in guter körperlicher Verfassung sein, Englisch zumindest verstehen und ggf. improvisieren können.

Wandern

Auf schmalen, 1 600 m hohen Bergkämmen herumkraxeln und in zugigen Berghütten schlafen: In den Wanderrevieren im Norden ist das kultivierte Neuengland Lichtjahre entfernt. Unumstrittene Nummer eins: die **White Mountains** (s. S. 177). Rau und wetterwendisch, bieten sie vom Spaziergang zum Biberdamm bis zu mehrtägigem verschärftem Trekking über der Baumgrenze alle Möglichkeiten. Geradewegs über die meisten der Gipfel der Presidential Range führt Amerikas legendärer Fernwanderweg, der Appalachian Trail. Hier liegen die meisten der vom Appalachian Mountain Club (s. S. 280) geführten Hütten, wo Sie übernachten können.

Andere, nicht minder spektakuläre Trails sind der von der Franconia Notch aufsteigende Rundwanderweg Mt. Lincoln & Lafayette Loop (14,2 km), der Aufstieg zur Greenleaf Hut (s. S. 181), der hinter den Cannon Mountain führende Bridal Veil Falls Trail (8 km) und die Besteigung des Mt. Moosilauke (1460 m) im Südwesten der Whites, dessen Gipfel einen fantas-

tischen Rundblick auf die Whites und die Adirondacks im Westen bietet.

Gute Trails bieten auch die durch Vermont ziehenden **Green Mountains.** Der Long Trail (s. S. 167, 281), Amerikas ältester Fernwanderweg, überquert viele der Gipfel – und ermöglicht dank seiner ungezählten Zubringertrails und Unterkünfte am Weg neben der Option mehrtägigen Trekkings auch schöne Tageswanderungen mit bequemer Übernachtung im B&B oder Country Inn. Die schönsten Abschnitte des Long Trail führen über den Mount Mansfield (1339 m), Vermonts höchsten Berg, den Camels Hump (1241 m) mit seinem allein stehenden, kahlen Gipfelhöcker und die Smugglers Notch, einen engen, extrem zerklüfteten Pass.

Gänzlich auf sich gestellt ist man in den dichten Wäldern des Baxter State Park (s. S. 229) im Norden von Maine. Hier ist der Doppelgipfel des Mt. Katahdin (1605 m) ein beliebter Prüfstein konditionsstarker und schwindelfreier Hiker.

Die etwas südlich liegende 100 Mile Wilderness (s. S. 229, 282) ist der wohl schwierigste Abschnitt des Appalachian Trail in Neuengland: Steile Felsbuckel, un-

Wanderungen in Neuengland können leicht sein, viele sind aber härter als in den Alpen.

durchdringlicher Wald, Sümpfe, Mücken – dieses Terrain sollte nur von erfahrenen Wanderern versucht werden. Bestes Wanderterrain sind auch die 500 m hohen Felsbuckel im Acadia National Park (s. S. 221, 282). Im einzigen Nationalpark Neuenglands bildet der allgegenwärtige Atlantik die fotogene Kulisse.

Diplomatische Vertretungen

Botschaften der USA
... in Deutschland:
https://de.usembassy.gov/de
... in Österreich
https://at.usembassy.gov/de
... in der Schweiz
https://ch.usembassy.gov/de

Generalkonsulat Deutschland
German Consulate General
3 Copley Pl., Suite 500
Boston, MA 02116
T 617 369 4900
www.germany.info/us-de

Honorarkonsulat Österreich
Austrian Honorary Consulate
15 School St., 5th floor
Boston, MA 02108
T 617 227 3131, www.austria-bos.org

Schweizer Botschaft
Embassy of Switzerland
2900 Cathedral Ave.
Washington, D. C. 20008
T 202 745 7900
www.swissemb.org

Essen und Trinken

Wo isst man was?
Wer in den USA Kohldampf schiebt, ist selbst schuld. Gelegenheiten zum Sattwerden gibt es in Hülle und Fülle, von den üblichen Fastfood-Ketten über die

Hummer zum Frühstück? An Neuenglands Küsten ist das möglich und auch keine schlechte Idee.

Food Counters auf den Farmers Markets bis hin zu den teuren Gourmet-Tempeln, die 200 $ je Gedeck berechnen. Eine Alternative bieten die Family Restaurants und Diners. In beiden geht es ›casual‹ zu, entspannt, persönlich und ohne Dresscode. Eltern sättigen hier ihre Bande, ohne sich zu ruinieren. In Folie eingeschweißte Speisekarten führen Pasta und Gegrilltes, vor allem Steaks, Hühnchen und Fisch, immer auch Pommes frites, Salate, Sandwiches.

Eine Besonderheit sind die ›**Lobster Shacks**‹ (auch: Pots oder Ponds) an der Küste. Dampfende Kessel vor windschiefen Imbissbuden signalisieren, worum es hier geht: Hummer und sonst gar nichts.

Spezialitäten
Einwanderer aus aller Welt sorgen natürlich auch hier für Facettenreichtum: Chinesische, italienische, libanesische und griechische Restaurants gibt es in allen größeren Orten. Und natürlich kom-

men Sie an den typisch neuenglischen, meist ziemlich kalorienreichen Gerichten nicht vorbei.

Wenn die Speisekarte **Boston Baked Beans** verkündet, machen Sie sich auf braune Bohnen gefasst, die man mehrere Stunden lang mit Melasse und Speck hat ziehen lassen. **Chowder** ist nahezu allgegenwärtig, vor allem an der Küste. Die dicke Suppe besteht aus Bacon, Zwiebeln, Kartoffeln, Mehl und Milch, in der Muscheln (Clam Chowder) und/oder Fisch (Schellfisch, Kabeljau) gekocht werden. Der Name stammt vom frz. *chaudière* (Kessel) und bezeichnete ursprünglich das gemeinsame Gericht, zu dem jeder etwas beitrug. Ebenfalls präsent ist natürlich Hummer, und zwar am ehesten **Boiled Lobster,** also mit Thymian, Petersilie und Zitronensaft gekocht. Das Hummerfleisch wird mit zerlassener Butter und Weißwein genossen.

Die Mahlzeiten

Breakfast (Frühstück) gibt es immer reichlich. Feste Größen auf dem Teller: *pancakes* (kleine Pfannkuchen), dazu *maple syrup* (Ahornsirup) und Früchte. Wahlweise gibt es auch *waffles* (Waffeln) oder *french toast* (in Ei gebackene Toastscheiben). Eier können *sunny side up* (Spiegelei), *scrambled* (Rührei), *over easy* (Spiegelei, beidseitig gebraten) oder *poached* (ohne Schale gekocht) bestellt werden. Als Beilagen gibt es *bacon* (Speckstreifen) und/oder *sausages* (kleine Würstchen). Seit Cholesterin als Feind Nummer eins gilt, können Sie auf Müsli, Joghurt und Früchtebecher ausweichen. Dazu gibt es – v. a. in den preiswerteren Unterkünften – *coffee,* der oft noch immer dünn ist, dafür aber jederzeit nachgeschenkt wird *(refill).*

Danach beschränkt sich der **Lunch** (Mittagessen) auf eine Kleinigkeit. Beliebt: mayonnaisebestrichene Sandwiches mit *tuna* (Thunfisch), *chicken* (Huhn) oder *ham and cheese* (Kochschinken, Käse).

Dinner wird selbst in den Großstädten schon ab 17.30 Uhr serviert. Bestellt wird entweder à la carte (Einzelgerichte) oder ein Menü mit *appetizer* (Vorspeise), *entree* (Hauptgericht, sic!) und *dessert* (Nachtisch). Der Ober will wissen, ob man sein Steak *rare* (rot), *medium rare* (noch leicht blutig), *medium well* (rosa gegart) oder *well done* (gut durch) wünscht. Ebenso wird nach dem Dressing für den Salat gefragt: u. a. ›French‹ (Öl, Essig, Zwiebeln, Senf, Knoblauch), ›Italian‹ (Öl, Essig, Zwiebeln, Kräuter), ›Blue Cheese‹ (Joghurt, Blauschimmelkäse), ›Thousand Island‹ (Mayonnaise, Paprika, Chili) oder ›House‹ (Spezialität des Hauses).

Getränke

Trotz der strengen Reglementierung des Alkoholkonsums (s. Kasten) läuft man nicht Gefahr auszutrocknen: Restaurants ohne Alkohollizenz weisen mit dem Schild »Bring your own bottle« (BYOB) darauf hin, dass man den Wein selbst mitbringen

PROST IST NICHT SO EINFACH!

Das Mindestalter für den Alkoholgenuss ist 21 Jahre und wird kontrolliert: Selbst wer älter aussieht, muss damit rechnen, beim Kauf von Alkohol in Supermärkten, Tankstellen und staatlichen Liquor Stores den Ausweis vorlegen zu müssen. Der Alkoholgenuss im Freien ist in ganz Neuengland verboten. Selbst im geparkten Wagen kann man vom Wachtmeister böse überrascht werden. Einige Counties und Städte haben ›Open-container laws‹, die das Herumtragen geöffneter Bier- oder Weinflaschen in der Öffentlichkeit verbieten. Dort wird man auch Probleme haben, sonntags irgendwo Alkohol zu finden.

kann. Dieser wird dann am Tisch gegen eine Gebühr *(corking fee)* entkorkt, als wäre es der hauseigene.

Gottseidank hat man inzwischen die Wahl zwischen den wässrigen Bieren von Budweiser & Co. und den Bieren der kleinen, privaten Mikrobrauereien. Deren Craftbeer ist erfreulich vielfältig, und über die Frage nach dem ›local brew‹ kommt man überdies immer gut mit den Neuengländern ins Gespräch. Immer allgegenwärtig: das Samuel Adams Boston Lager aus Boston.

Im Restaurant

Please wait to be seated! Beim Betreten eines Restaurants wartet der Gast, bis er von ›waiter‹ oder ›waitress‹ zu seinem Tisch geleitet wird. So wird der Sturm auf die besten Tische kontrolliert und das Trinkgeld gerecht aufgeteilt. Nur ein Schild ›Please seat yourself‹ lädt zum selbstständigen Aussuchen eines Tisches ein.

Dass übrigens die Bedienung gleich nach Beendigung der Mahlzeit die Rechnung auf den Tisch knallt und damit auffordert, denselben für den nächsten Gast freizumachen, ist ein Gerücht. Wahr ist, dass die Bedienung ›the check‹ selbst in Spitzenzeiten mit der Bemerkung »Whenever you're ready« hinterlegt.

Feiertage

New Year's Day: Neujahr
Martin Luther King Jr. Birthday: 3. Mo im Januar
Presidents' Day: 3. Mo im Februar
Patriot's Day: Mo, der dem 19. April am nächsten liegt, in Massachusetts und Maine
Memorial Day: letzter Mo im Mai, Heldengedenktag, Beginn der touristischen Hauptsaison
Independence Day: 4. Juli, Unabhängigkeitstag, wichtigster Feiertag der USA
Bennington Battle Day: 16. Aug., in Vermont

Labor Day: 1. Mo im Sept., Tag der Arbeit, Ende der touristischen Hauptsaison
Columbus Day: 2. Mo im Oktober, Entdeckung Amerikas
Halloween: 31. Okt.
Veterans Day: 11. Nov., Tag der Kriegsveteranen
Thanksgiving Day: 4. Do im Nov., Erntedankfest
Christmas Day: 25. Dez., Weihnachten
New Year's Eve: 31. Dez., Silvester

Gesundheit

Das US-Gesundheitswesen entspricht mitteleuropäischem Standard, ist jedoch privatwirtschaftlich organisiert und kann teuer zu stehen kommen. Der Abschluss einer **Auslandskrankenversicherung** ist daher unbedingt zu empfehlen.

Ausländische Patienten müssen die Behandlungskosten vor Ort beim Arzt oder Krankenhaus sofort bezahlen und können sie sich später von der Versicherung erstatten lassen. Man sollte darauf achten, dass die Quittung leserlich ausgestellt und die Art der Verletzung und der Therapie präzise aufgeführt ist.
Apotheken: Verschreibungspflichtige Medikamente gibt es in den **Pharmacies.** Anders als in Deutschland sind sie oft in Supermärkten untergebracht. Ihre Adressen findet man auf den Yellow Pages der Telefonbücher. Nicht rezeptpflichtige Mittel gibt es in Supermärkten und Drogerien (Drugstores). Achtung: Ein in den USA ausgestelltes Rezept ist nur im selben Bundesstaat gültig!

Handy und Internet

Handy: Vor der Abreise prüfen, ob das Handy für das in den USA gängige 1900-MHz-Frequenzband ausgelegt ist!
Roaming: ist aus den USA sehr teuer, auch mit SMS oder wenn man angerufen

wird. Die beste Lösung ist daher eine **Prepaid-Karte** mit Datenvolumen, aber ohne Mindestlaufzeit, die es in Supermärkten, Convenience Stores und Tankstellen gibt. Die beste Netzabdeckung bieten At&T, Verizon oder T-Mobile US. Preisbeispiel: Simly (At&T), 50 Min. Telefonie u. 22 GB Daten für 7 Tage, ca. 16 €.

Auslandsvorwahl nach Deutschland: +49; nach Österreich: +43; in die Schweiz: +41; in die USA: +1.

Internetzugang

Freies WLAN (engl. Wi-Fi) gibt es fast flächendeckend. Sichere Adressen sind immer Restaurants und Coffee Shops. Auch in Hotels sind WLAN-Netze meist gratis (Ausnahme: viele Luxushotels), ebenso in Shopping Malls, Buchläden und öffentlichen Einrichtungen. Damit können auch Dienste wie FaceTime, Skype und WhatsApp zum Telefonieren in Anspruch genommen werden.

Informationsquellen

Die Fremdenverkehrsbüros der sechs Neuengland-Staaten sind im Netz mit hervorragenden Websites präsent, s. Angaben im Reiseteil.

www.vusa.travel: Die USA unterhalten kein nationales Tourismusbüro in Deutschland. Informationen können stattdessen bei Visit USA, einer privaten Non-Profit-Gruppe, abgerufen werden.

www.neuenglandusa.de: deutsche Info-Seite von Discover New England (Köln); Reiseplanung, Aktivitäten, Routen. Ausführlichere engl. Seite: www.discover newengland.org.

www.massvacation.de: deutsche Info-Seite des Massachusetts Office of Travel & Tourism; Reiseziele, Routen, Events in Massachusetts.

www.boston.com: Das von den Herausgebern der Tageszeitung »The Boston Globe« betriebene Online-Portale stellt täglich neue Reiseartikel und -infos aus Boston und Massachusetts ins Netz.

www.discovernewengland.org: Homepage des Marketingverbunds der Neuengland-Staaten. Mit Hintergrundinfos, Tourenvorschlägen, Veranstaltungskalender, interessanten Links. Auch deutsch.

www.newengland.com: Infos des auf Kultur & Lifestyle in Neuengland spezialisierten »Yankee Magazine«. Reisereportagen (auch ausgefallenere Themen), Tourenvorschläge, Wetter, Veranstaltungen, Hotel- und Restaurantverzeichnisse.

Kinder

Neuengland ist kinderfreundliches Reiseziel. Das fängt bei den mitteleuropäisch überschaubaren Entfernungen an – kein Wann-sind-wir-endlich-da?-Gequengel bei Marathon-Autofahrten – und hört bei der familienfreundlichen Infrastruktur (Themen- und Wasserparks, Abenteuerspielplätze, Minigolfanlagen) noch lange nicht auf.

Zu Neuenglands Stränden brauchen die Kids ebenso wenig überredet zu werden wie zu Walbeobachtungstouren und dem Besuch von Aquarien und Museumsdörfern mit ›Living History‹ durch kostümierte Darsteller mit viel Action. Und die Aussicht, Elche, Schwarzbären und Biber zu sehen, reicht erfahrungsgemäß, um den Nachwuchs auf die leichteren Wanderwege durch die White und Green Mountains zu locken.

Klima und Reisezeit

Mark Twain, der berühmteste (Wahl-)Neuengländer, sagte einmal, er habe allein im Frühjahr an einem einzigen Tag 136 verschiedene Wetter gezählt. Wahr ist: Neuenglands Wetter ist so abwechslungsreich wie in kaum einer anderen Region Nordamerikas.

Generell sind, bei Einbeziehung aller Variablen, folgende Verallgemeinerungen vertretbar. Vermont, New Hampshire und Maine haben ein relativ kühlen Sommern und langen, kalten Wintern. Rhode Island, Massachusetts und Connecticut haben heiße, schwüle Sommer und kalte Winter. Dank des Kontinentalklimas sind die Jahreszeiten klar voneinander abgegrenzt, vor allem im Herbst, der in Neuengland früher kommt als anderswo in den USA. Das Frühjahr ist nass und neblig – und, von Boston einmal abgesehen, die einzige touristisch uninteressante Jahreszeit.

Der durchschnittliche Niederschlag beträgt 1000–1500 mm, im Norden Maines und in Vermont etwas weniger. Schnee fällt in höheren Lagen und erreicht bis zu 2,5 m Höhe. Das Wetter in Neuengland können Sie online verfolgen unter www.thebostonchannel.com/weather.

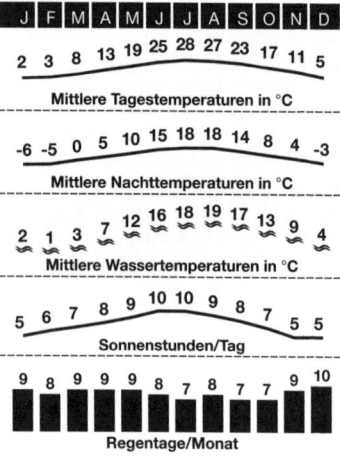

So ist das Wetter in Boston.

Lesetipps

Diese gottverdammten Träume: Richard Russo, 2016. Fulminanter Gesellschaftsroman, der das Schicksal einer Familie in einer maroden Kleinstadt in Maine erzählt.
Kein Kinderspiel: Dennis Lehane, 2000. Spannender, in Bostons ärmeren Vierteln spielender Krimi. Die Geschichte einer Entführung kam 2007 als »Gone Baby Gone« in die Kinos.
Picknick mit Bären: Bill Bryson, 1999. Erlebnisbericht über die Abenteuer auf dem Appalachian Trail.
Guten Morgen Mitternacht: Emily Dickinson, 2011. Gedichte und Briefe der erst nach ihrem Tod berühmt gewordenen Neuengland-Dichterin, zweisprachig mit Übersetzungen und einem Nachwort von Lola Gruenthal.
Spur der Wölfe: Dennis Lehane, 2002. Über die tragische Geschichte dreier Jugendfreunde in einem Bostoner Arbeiterviertel. Von Clint Eastwood als »Mystic River« verfilmt.
Der Sturm: Sebastian Junger, 2015. Wie der Kutter ›Andrea Gail‹ in den Jahrhundertsturm Anfang der 1990er-Jahre geriet.
Maggie Cassidy: Jack Kerouac, 2018. Kerouac beschreibt ein Stück proletarische Neuengland-Tristesse, übersetzt von M. De Cristofaro.
Walden oder Leben in den Wäldern: Henry David Thoreau, 2016, und ders.: Über die Pflicht zum Ungehorsam gegen den Staat, 2010. Essays des philosophischen Sonderlings, der Rousseaus Naturphilosophie in der Einsamkeit der Wälder Neuenglands des 19. Jh. auslebt.

Öffnungszeiten

In den USA gibt es kein Ladenschlussgesetz, Öffnungszeiten können daher nur annähernd angegeben werden.
Geschäfte in Boston und den größeren Städten haben von ca. 9.30 bis mind.

18 Uhr geöffnet. Auf dem Land gibt es oft kürzere Öffnungszeiten.

Banken haben meist Mo–Do 9–16 und Fr 9–18 Uhr geöffnet, in den Zentren der größeren Städte zum Teil auch Sa vormittags.

Postbüros haben Mo–Fr 9–17 und Sa 9–16 Uhr geöffnet.

Restaurants und Bars haben sehr unterschiedliche Öffnungszeiten. In Boston und den größeren Städten können Restaurants vom Frühstück bis zum Dinner durchgehend geöffnet haben. Andere schließen zwischen den Mahlzeiten oder machen nur abends auf. Vor allem in Boston schließen immer mehr Restaurants erst, wenn der letzte Gast gegangen ist.

Preisniveau

Neuengland ist kein Billig-Ziel. Ein realistisches Tagesbudget liegt bei 200–300 $ pro Tag. Darin enthalten sind die Kosten für Mietwagen, Benzin, Unterkunft, Eintrittspreise, Essen und Trinken.

Keine schlechte Sache: An allen Läden hängt ein Schild, dass geöffnet ist, wenn geöffnet ist.

Die Kosten für Unterkunft dürften, abgesehen von Anreise und Mietwagen, der größte Posten im Reisebudget sein. Bei der Budgetplanung sind die Jahreszeit und Feiertage zu berücksichtigen: Zu Festen wie Ostern und im Indian Summer verdoppeln die Hoteliers die Übernachtungspreise. In Boston ist es während Messen und internationalen Veranstaltungen teurer. Für Essen und Trinken müssen, je nach Ansprüchen, 50 bis 150 $ pro Tag veranschlagt werden. Die Kosten für Benzin erfahren Sie tagesaktuell bei www.gasbuddy.com.

Billiger wird es natürlich, wenn man zu mehreren unterwegs ist. Auch muss man nicht jeden Tag teuer essen gehen. Farmers' Markets, Food Marts und Fastfood-Restaurants sind annehmbare Alternativen. Im Allgemeinen ist es günstiger, den Mietwagen vom Heimatland aus zu buchen.

Bei der Kalkulation sind immer die Steuern zu berücksichtigen, die der Rechnung aufgeschlagen werden. Die Restaurantsteuer beträgt 5 bis 8 %, die Hotelsteuer 6 bis 12 %. Nur Vermont hat keine Hotelsteuer. Die Verkaufssteuer kann zwischen 5 und 8 % liegen, einzig New Hampshire hat keine Sales Tax.

Preisbeispiele:
Hotelzimmer: 150 $
Hostel: 25–40 $
Sandwich: 6–11 $
Glas Bier in der Bar: 6–9 $
Tasse Kaffee (schwarz): 3–5 $
Abendessen (ohne Alkohol): 30–50 $

Reisen mit Handicap

Neuengland ist gut auf Reisende mit Behinderung vorbereitet. Viele Sehenswürdigkeiten, Hotels und Restaurants sind rollstuhlgerecht eingerichtet. Straßenübergänge verfügen in der Regel über abgesenkte Bordsteinkanten. Konkrete

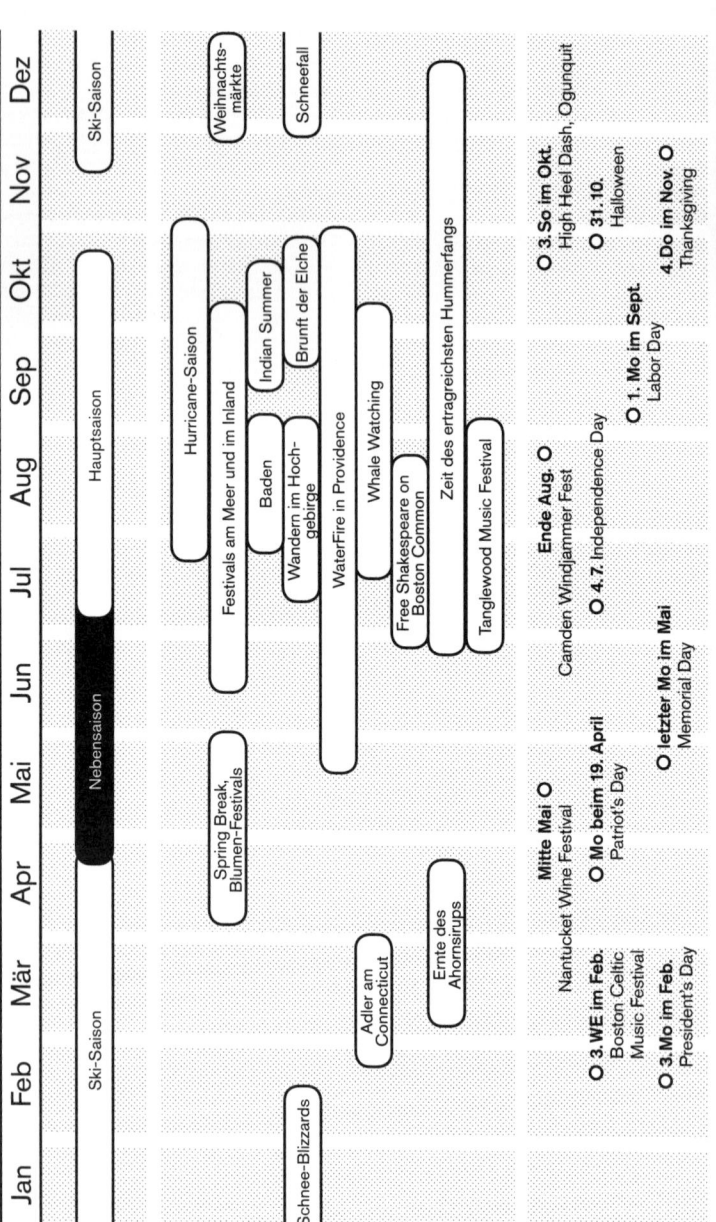

Jan	Feb	Mär	Apr	Mai	Jun	Jul	Aug	Sep	Okt	Nov	Dez

Ski-Saison

Ski-Saison

Nebensaison

Hauptsaison

Schnee-Blizzards

Adler am Connecticut

Ernte des Ahornsirups

Spring Break, Blumen-Festivals

Hurricane-Saison

Festivals am Meer und im Inland

Baden

Indian Summer

Wandern im Hochgebirge

Brunft der Elche

WaterFire in Providence

Whale Watching

Free Shakespeare on Boston Common

Zeit des ertragreichsten Hummerfangs

Tanglewood Music Festival

Weihnachtsmärkte

Schneefall

○ **3. WE im Feb.** Nantucket Wine Festival
Boston Celtic Music Festival

○ **3. Mo im Feb.** President's Day

Mitte Mai ○

○ **Mo beim 19. April** Patriot's Day

○ **letzter Mo im Mai** Memorial Day

Ende Aug. ○
Camden Windjammer Fest

○ **4.7.** Independence Day

○ **1. Mo im Sept.** Labor Day

○ **3. So im Okt.** High Heel Dash, Ogunquit

○ **31.10.** Halloween

○ **4. Do im Nov.** ○ Thanksgiving

Reiseinfos über Massachusetts Network of Information Providers for People with Disabilities: www.disabilityinfo.org.

Reiseplanung

Die beste Zeit für …
Städtereisen: Boston und die übrigen Großstädte Neuenglands lassen sich zu jeder Jahreszeit besuchen. Vielleicht im Rahmen einer Städtereise die Ostküste entlang?

Badeurlaub: Auch wenn sie manchmal so aussehen – die Strände Neuenglands sind nicht die Riviera. Wegen der kalten Strömung – der warme Golfstrom trifft hier auf den kalten Labradorstrom – lohnt Badeurlaub nur von Ende Juli bis Ende August. Doch selbst dann sollten Sie mit Wassertemperaturen unter 20 °C rechnen. Die Flüsse und Seen in Neuengland sind, abhängig von der Höhenlage, nur unwesentlich wärmer.

Rundreisen: Beste Zeit für Roadtrips und Besuche sind Sommer und Herbst. Doch seien Sie gewarnt: Im August kann es in der Südhälfte Neuenglands drückend schwül und diesig werden.

Aktivurlaub: Juli und August eignen sich für Wanderungen in höheren Lagen. Für körperlich anspruchsvolle Aktivitäten ideal ist jedoch der Indian Summer im September und Oktober. Nach einer Kältephase wird es wieder sommerlich warm, mit Höchsttemperaturen um 24 Grad. Anders als während des oft diesigen Hochsommers ist die Luft nun klar und frisch. Die Nächte sind jedoch kalt, das Quecksilber kann unter den Gefrierpunkt fallen.

Sicherheit und Notfälle

Vorsicht in Städten: Neuengland ist für amerikanische Verhältnisse ungewöhnlich sicher. In den touristisch interessanten Vierteln von Boston kann man nachts relativ sorgenfrei ausgehen. Dies gilt auch für kleinere Städte. Dennoch sollte man, wie in jeder Stadt, nachts dunkle Straßen und Viertel meiden und in unübersichtlichen Situationen den gesunden Menschenverstand walten lassen.

Vor dem Stadtrundgang am besten alle nicht benötigten Wertgegenstände in den Hotelsafe legen, Kamera, Handy und Radio kommen bei geparktem Auto in den Kofferraum. Es empfiehlt sich, von allen wichtigen Dokumenten einschließlich Flugtickets Kopien anzufertigen und getrennt aufzubewahren.

Notruf: T 911 für Polizei, Feuerwehr und Ambulanz (überall in den USA).
Unter T 0 verbindet auch der Operator mit dem Polizeirevier oder Hospital.

Vorsicht bei Wanderungen: In der Wildnis ist Leichtsinn der größte Feind: Vor allem unerfahrene Wanderer überschätzen ihre Möglichkeiten, nehmen nicht genug Wasser mit, denken nicht an den Sonnenschutz und halten die überall angebrachten Hinweisschilder für übertrieben. Selbst im kleinräumigen Neuengland gehen immer wieder Wanderer verloren, vor allem in den White Mountains.

Wer sich die Great Outdoors vornimmt, tut also gut daran, die mehrtägige Tour gründlich zu planen, sich mit Infomaterial einzudecken und sich in den Besucherzentren nach dem Zustand der Trails und der aktuellen Wetterlage zu erkundigen. Begegnungen mit Bären und Elchen sind möglich. Hier gilt: Abstand wahren und keine plötzlichen Bewegungen!

Übernachten

Wann ist die Unterkunft am teuersten in Neuengland? Im Sommer? Mitnichten! Auch in dieser Hinsicht sind diese Staaten gewohnt vielfältig. Am teuersten sind die Unterbringungsbetriebe während des

Indian Summer. Von Mitte September bis Mitte Oktober erhöhen die Hoteliers ihre Zimmerpreise um das Doppelte, ja oft sogar um das Dreifache. Sollten Sie in dieser Zeit an eine Neuengland-Visite denken, können Sie sich die Vorstellung von einem spontanen Roadtrip abschminken: Sie werden kein Zimmer finden.

Ist Ihnen die Blätterfärbung jedoch egal, sollten Sie die drei Wochen von **Ende August bis Mitte September** als Reisezeit anvisieren. Die Übernachtungspreise haben dann noch nicht die Umlaufbahn erreicht, das Klima ist nicht mehr so feucht und das Licht – Fotografen freut das besonders – nicht mehr so diesig wie oft im Hochsommer. Aber auch dann gilt: Sichergehen und so weit wie möglich im Voraus buchen!

An der **Küste** hingegen ist es in diesem Zeitraum sehr voll. Von Ende Mai (Memorial Day) bis Anfang September (Labor Day) herrscht an den Stränden Neuenglands Hochbetrieb – und im Juli und August wegen der amerikanischen Schulferien in potenzierter Form. Doch vor dem **Memorial Day** und nach dem **Labor Day** (s. S. 238) ist es schlagartig wieder preiswerter. Zwar können Sie dann noch nicht oder nicht mehr baden, doch Strandspaziergänge und Radtouren sind auch dann ein Genuss.

Mit harten Bandagen

Im Übrigen ist das amerikanische Hotelgewerbe ein knallhartes Business, ›cut-throat‹, wie man hier sagt. Kaum ein Tag vergeht, an dem nicht ein Hotel schließen muss oder Besitzer und/oder Konzept wechseln. Der Kampf um den Gast wird mit harten Bandagen geführt. Oft gibt es deshalb wochentags, unmittelbar nach Großveranstaltungen und sonntagabends, wenn die Wochenendgäste wieder abgereist sind, Ermäßigungen.

Die Zeiten, zu denen man am Straßenrand eine Bleibe für eine Handvoll Dollar fand, sind jedoch vorbei. Selbst preiswerteste Motelketten bieten ihre Zimmer kaum noch unter 80 $ an. Die besten Chancen auf eine billige Nacht haben Sie noch immer bei den unabhängigen, in Familienbesitz befindlichen Motels. Sauberkeit ist dort allerdings nicht garantiert.

Online buchen

Kein Reisebüro, keine Telefoniererei: Online-Buchen hat übernommen! Zudem sind online gebuchte Unterkünfte oft preiswerter. Benötigt wird lediglich eine Kreditkarte. Nach erfolgter Buchung sendet Ihnen der benutzte Online-Service eine Bestätigung, die Sie ausdrucken und beim Einchecken vorlegen.

Bewährte englischsprachige Hotelbuchungsseiten sind www.all-hotels.com und www.trivago.de/usa–34227/hotel. Aber: Versuchen Sie zuallererst die 800er-Nummer des Hotels. Gut möglich, dass dann die Preise der Hotelbuchungsseiten noch unterboten werden!

Keine bösen Überraschungen

Meist bekommen Sie in Neuengland mehr Hotel für Ihr Geld als in Mitteleuropa. Die Zimmer sind geräumiger, WiFi, Kabel-TV, Bad und WC sowie (meist) Frühstück sind im Preis inbegriffen.

Hotels der Ketten Super 8, Motel 6, Best Western, Journey's End oder Days Inn garantieren ein passables, erwartbares Unterbringungsniveau, das nicht unterschritten wird und zwischen 80 und 140 $ die Nacht kostet.

Am anderen Ende der Preisskala rangieren natürlich auch in Neuengland die Ketten Hilton, Marriott, Four Seasons, Intercontinental etc. Dort kostet die Nacht mindestens 160 $.

Bed & Breakfast

Die Zeiten, da sich ältere Ehepaare mit der Vermietung der Kinderzimmer ein Zubrot verdienten, sind auch vorbei. Heute steht B&B für Übernachtung mit Gourmetfrüh-

Spooky? Keinesfalls! Die alten Hotels und Pensionen bieten das passende Interieur zur Geschichte des Landes.

stück, und zwar in schönen, professionell betriebenen Häusern, in denen die Bewirtung durch den Hausherrn oder die Dame des Hauses erfolgt.

Wer hier absteigt, zieht den Kontakt zu anderen Gästen und den persönlichen Service der als anonym empfundenen Hotelatmosphäre vor und bezahlt dafür leicht zwischen 100 und 250 $.

Country Inns

Die Unterschiede zwischen B&Bs und Country Inns sind in Neuengland fließend. Country Inns pflegen jedoch überwiegend in landschaftlich reizvoller Umgebung zu liegen. In der Stadt signalisiert der Zusatz ›Inn‹ lediglich eine persönlichere Atmosphäre. Untergebracht in historischen, mit Liebe zum Detail restaurierten Häusern, verlangen Country Inns zwischen 140 und 400 $ pro Nacht und bieten dafür traditionelle Gastfreundschaft: Empfang durch den Hausherrn, Ratschläge von freundlichem Personal und vor allem die heimelige Atmosphäre in individuell gestalteten Zimmern.

Ein Restaurant kann im Haus sein, muss aber nicht. Frühstück ist dagegen stets im Preis inbegriffen. Bei der Buchung passender Country Inns hilft die New England Inns & Resorts Association, www.newenglandinnsandresorts.com.

Youth Hostels

Noch immer die billigste Unterbringungsform, nicht nur für Jugendliche. Doppelzimmer oder Schlafsäle im Youth Hostel kosten zwischen 30 und 65 $. Der Nachteil der amerikanischen Jugendherbergen: Es gibt nur 10 in ganz Neuengland, davon sieben allein im Staat Massachusetts. Infos über Hostelling International, www.hiusa.org.

Motels

Mit dem Auto bis ans Bett: Das klassische amerikanische Motel ist auch in Neuengland die günstigste Alternative zur Jugendherberge. Sie liegen regelmäßig an Interstate-Abfahrten und Ausfallstraßen. Vor allem die älteren Häuser, im Bungalow-Stil der 1950er-Jahre und mit Pool, bieten ihre Zimmer im günstigsten Fall ab 60 $ und selten teurer als 100 $ die Nacht an. Dafür stehen allerdings die Chancen gut, dass Sie in puncto Komfort und Sauberkeit Abstriche in Kauf nehmen müssen.

Camping

Die landschaftlich reizvollsten Gegenden sind meist als State Parks geschützt. Hier gibt es an Flüssen, Seen oder zu Füßen steiler Bergwände schöne Campingplätze. Die Ausstattung reicht vom Kompost-Klo bis zu Hook-ups für Wohnmobile (Anschlüsse für Strom, Wasser, Abwasser an den Stellplätzen). Entsprechend liegen die Preise pro Zelt- bzw. Stellplatz zwischen 30 und 60 $. Camping mit allem

Komfort bieten die Plätze der landesweit vertretenen KOA, www.koa.com.

Umgangsformen

Wie im übrigen Amerika wird Höflichkeit auch in Neuengland großgeschrieben. Es wird weder gehupt noch gedrängelt. Man wartet, bis man an der Reihe ist, und wenn man denn einmal Grund zu der Annahme hat, vergessen worden zu sein, genügt meist eine freundliche Erinnerung an den Kellner oder Türsteher.

Die Freundlichkeit, mit der Amerikaner einem begegnen – oft als typisch amerikanische Oberflächlichkeit abgetan –, ist wohltuend. Ein guter Ort, um sich in amerikanischer Etikette zu üben, ist der Frühstücksraum eines B&B oder Country Inn, wo die Gäste meist bunt durcheinandergewürfelt an einem Tisch sitzen. Wer sich dazusetzt, stellt sich mit Vornamen vor und sagt, woher er kommt. Gespräche ergeben sich danach von selbst.

Bei Begrüßungen gehört die Floskel »Nice to meet you« dazu, beim Abschied ein »Have a safe trip«. Ansonsten gelten auch hier ganz normales Taktgefühl und der gesunde Menschenverstand. Politische Diskussionen werden aber nur im engeren Freundeskreis geführt. Auf keinen Fall sollten Sie über das Gastgeberland und seine Politik herziehen!

Der Umwelt zuliebe

Die Umwelt schützen, die lokale Wirtschaft fördern, intensive Begegnungen ermöglichen, voneinander lernen – nachhaltiges Reisen übernimmt Verantwortung für Umwelt und Gesellschaft. Das fängt bereits im Kleinen an.

Bitten Sie im **Hotel** darum, dass Betten und Handtücher nicht täglich gewechselt werden. Schalten Sie die Klimaanlage und alle Lichtquellen aus, bevor Sie Ihr Zimmer verlassen.

Benutzen Sie öffentliche **Verkehrsmittel,** wo immer es möglich ist. Gehen Sie zu Fuß, fahren Sie mit dem Fahrrad. Wenn Sie einen Wagen mieten, wählen Sie einen Kleinwagen. Der verbraucht nicht nur weniger Sprit, sondern ist im kleinen Neuengland ohnehin viel praktischer.

Essen Sie möglichst in **Restaurants,** die regionale Küche anbieten, und kaufen Sie Obst und Gemüse auf dem Farmers' Market. Damit unterstützen Sie die kleinen Unternehmen vor Ort.

Verkehrsmittel

Bahn

Saubere, aber selten volle Waggons verdeutlichen eindrucksvoll, dass die Amerikaner am liebsten im eigenen Pkw reisen. Die Eisenbahngesellschaft **Amtrak** (T 1 800 872 7245, www.amtrak.com) unterhält in Neuengland eine Süd-Nord-Strecke: Der sogenannte »Vermonter« verbindet Washington D.C. mit dem kanadischen Montréal und führt dabei durch Connecticut, Massachusetts und Vermont.

In der **Greater Boston Area** betreibt die Massachusetts Bay Transportation Authority (MBTA) überwiegend von Pendlern genutzte Strecken, u. a. nach Providence, Worcester und nach Zielen an der Nord- und Südküste. Landschaftlich reizvoll ist der in Dover, Wells und Old Orchard Beach haltende »Downeaster« von Boston nach Portland (ME).

Bus

Mehrere Busgesellschaften halten die Verbindung zwischen den größeren Städten aufrecht. Erst in den ländlichen Gegenden, wie im Norden von Maine, dem dünn besiedelten Norden New Hampshires und Teilen Vermonts, dünnt der Busverkehr aus, sodass die Route sorgfältig geplant werden sollte. Wo der Busverkehr nicht mehr lohnt, wird er zunehmend eingestellt.

Weite Teile Neuenglands werden von der Busgesellschaft **Peter Pan Bus Lines** (Tickets: www.peterpanbus.com) bedient, die in Connecticut, Rhode Island und Cape Cod auch die **Bonanza Bus Lines** (www.bonanzabus.com) betreibt.

Taxi

Taxen bestellt man vom Restaurant, Hotel oder Theater aus oder winkt sie einfach vom Straßenrand aus heran. Jedes Taxi ist mit einem Taxameter ausgerüstet. In Boston sollte man jedoch wegen des dichten Verkehrs auf jeden Fall die Subway dem rasch teuer werdenden Taxi vorziehen.

Mietwagen

Viele Reiseveranstalter führen praktische Fly-and-Drive-Angebote: Mit dem Flugticket bucht man im Reisebüro gleich den Mietwagen dazu und steigt nach der Ankunft in den fahrbaren Untersatz. Das hat nicht nur den Vorteil, die Vertragsformalitäten auf Deutsch abwickeln zu können, sondern es ist im Allgemeinen auch günstiger.

In Boston wird der Mietwagen jedoch schnell zum teuren Klotz am Bein. Wer nach der Ankunft als Erstes diese Stadt erkunden möchte, sollte den Mietwagen erst für den Tag ordern, an dem er aus Boston abreist. Entscheiden Sie sich spontan für das Reisen per Auto, sind die Konditionen der großen Autovermietungen unter folgenden Telefonnummern zu erfragen.

Avis: T 1 800 331 1212
Budget: T 1 800 527 0700
Rent-A-Wreck: T 1 800 535 1391
Thrifty: T 1 800 367 2277

Das Mindestalter beträgt 25 Jahre, manche Vermieter akzeptieren auch 21 Jahre (mit Vollkaskoversicherung). Altersbeschränkungen für Senioren sind in den USA selten.

In Amerika geht man nicht gern. Daher fahren Busse überall hin.

Autofahren

Autofahren in Neuengland ist, von den Ballungsräumen Greater Boston und Süd-Connecticut abgesehen, eine erholsame Angelegenheit. Das Straßennetz ist effizient und hervorragend in Schuss. Hiesige Autofahrer sind keine Raser. Die auf Interstates geltenden **Geschwindigkeitsgrenzen** von 105 km/h (65 mph; in geschlossenen Ortschaften bis 45 mph, 72 km/h) werden brav eingehalten. Es besteht Anschnallpflicht.

Fahren mit **Alkohol** (›driving under the influence‹) ist strikt verboten, wird strafrechtlich verfolgt und kann teuer zu stehen kommen. Achtung: Bei Verkehrskontrollen sofort anhalten, beide Hände für die Beamten gut sichtbar aufs Lenkrad legen und allen Anweisungen genaustens folgen!

Keinen Spaß versteht die Polizei auch bei Verkehrsdelikten im Zusammenhang mit **Schulbussen.** Die knallgelben Fahrzeuge dürfen nicht überholt und, wenn sie Schüler absetzen oder aufnehmen, und auch von entgegenkommendem Verkehr nicht passiert werden.

Getankt wird mit Kreditkarte. Benzin kommt nicht in Litern in den Tank, sondern in Gallonen (1 Gallone entspricht 3,79 l).

Sprachführer Englisch

Allgemeines

Guten Morgen	good morning
Guten Tag	good afternoon
Guten Abend	good evening
Auf Wiedersehen	good bye
Entschuldigung	excuse me/sorry
Hallo/Grüß dich	hello
bitte	please
gern geschehen	you're welcome
danke	thank you
ja/nein	yes/no
Wie bitte?	Pardon?
Wann?	When?

Unterwegs

Haltestelle	stop
Bus/Überlandbus	bus/coach
Auto	car
Ausfahrt/-gang	exit
Tankstelle	gas station
Benzin	gas/gasoline
rechts	right
links	left
geradeaus	straight ahead/ straight on
Auskunft	information
Telefon	telephone
Handy	mobile
Postamt	post office
Bahnhof	station
Flughafen	airport
Stadtplan	city map
alle Richtungen	all directions
Einbahnstraße	one-way street
Eingang	entrance
geöffnet	open
geschlossen	closed
Kirche	church
Strand	beach
Brücke	bridge
Platz	place/square
Schnellstraße	freeway
Autobahn	(interstate) highway
Prachtstraße	avenue/boulevard

Zeit

3 Uhr (morgens)	3 a. m.
15 Uhr (nachmittags)	3 p. m.
Stunde	hour
Tag/Woche	day/week
Monat	month
Jahr	year
heute	today
gestern	yesterday
morgen	tomorrow
früh	early
spät	late
Montag	Monday
Dienstag	Tuesday
Mittwoch	Wednesday
Donnerstag	Thursday
Freitag	Friday
Samstag	Saturday
Sonntag	Sunday
Feiertag	public holiday

Notfall

Hilfe!	Help!
Polizei	police
Arzt	doctor
Zahnarzt	dentist
Apotheke	pharmacy
Krankenhaus	hospital
Unfall	accident
Schmerzen	pain
Panne	breakdown
Rettungswagen	ambulance
Notfall	emergency

Übernachten

Hotel	hotel
Pension	guesthouse
Einzelzimmer	single room
Doppelzimmer	double room
mit zwei Betten	with twin beds
mit/ohne Bad	with/without bathroom

mit WC	ensuite
Toilette	toilet
Dusche	shower
mit Frühstück	with breakfast
Halbpension	half board
Gepäck	luggage
Rechnung	bill

Einkaufen

Geschäft	shop
Markt	market
Kreditkarte	credit card
Geld	money
Geldautomat	automated teller machine (ATM)
Bäckerei	bakery
Metzgerei	butchery
Lebensmittel	groceries
Drogerie	drugstore
teuer	expensive

| billig | cheap |
| Größe | size |

Zahlen

1	one	17	seventeen
2	two	18	eighteen
3	three	19	nineteen
4	four	20	twenty
5	five	21	twenty-one
6	six	30	thirty
7	seven	40	fourty
8	eight	50	fifty
9	nine	60	sixty
10	ten	70	seventy
11	eleven	80	eighty
12	twelve	90	ninety
13	thirteen	100	one hundred
14	fourteen	150	one hundred and fifty
15	fifteen		
16	sixteen	1000	a thousand

WICHTIGE SÄTZE

Allgemeines

Sprechen Sie Deutsch?	Do you speak German?
Ich verstehe nicht.	I do not understand.
Ich spreche kein Englisch.	I do not speak English.
Ich heiße …	My name is …
Wie heißt du/ heißen Sie?	What's your name?
Wie geht's?	How are you?
Danke, gut.	Thanks, fine.
Bis bald (später).	See you soon (later).

Unterwegs

Wie komme ich zu/nach …?	How do I get to …?
Wo ist bitte …	Sorry, where is …?
Könnten Sie mir bitte … zeigen?	Could you please show me …?

Notfall

Können Sie mir bitte helfen?	Could you please help me?
Ich brauche einen Arzt.	I need a doctor.
Hier tut es weh.	It hurts here.

Übernachten

Haben Sie ein freies Zimmer?	Do you have any vacancies?
Wie viel kostet das Zimmer pro Nacht?	How much is the room per night?
Ich habe ein Zimmer gebucht.	I have booked a room.

Einkaufen

Wie viel kostet …?	How much is …?
Ich brauche …	I need …
Wann öffnet/ schließt …?	When does … open/close?

Im Restaurant

Ich möchte einen Tisch reservieren.	I would like to book a table.
Bitte warten Sie, bis Ihnen ein Tisch zugewiesen wird.	Please wait to be seated.
Die Speisekarte, bitte.	The menu, please.
Die Rechnung, bitte.	The bill, please.

Kulinarisches Lexikon

Allgemeines

appetizer/starter	Vorspeise
bottle	Flasche
breakfast	Frühstück
dessert	Nachspeise
dinner	Abendessen
glass	Glas
lunch	Mittagessen
main course	Hauptgericht
meal of the day	Tagesgericht
pepper	Pfeffer
salt	Salz
side order	Beilagen
soup	Suppe
sugar	Zucker
sweetener	Süßstoff
wine list	Weinkarte

Zubereitung

baked	im Ofen gebacken
broiled/grilled	gegrillt
deep fried	frittiert (meist paniert)
garnished	garniert
hot	scharf
medium well	fast durchgebraten
medium rare	rosa
well done	durchgebraten
rare	blutig
smoked	geräuchert
steamed	gedämpft
stuffed	gefüllt

Frühstück

bacon	Frühstücksspeck
bagel	ringförmiges Brötchen
boiled egg	hartgekochtes Ei
cereals	Getreideflocken
(Full) English Breakfast	englisches Frühstück
fried eggs…	Spiegeleier
…sunny side up	Eigelb nach oben
…over easy	beidseitig gebraten
jelly	Marmelade
maple sirup	Ahornsirup
marmalade	Orangen-marmelade
pancake	Pfannkuchen
poached egg	poschiertes Ei
scrambled eggs	Rührei
waffle	Waffel

Fisch und Meeresfrüchte

bass	Barsch
clam chowder	Venusmuschel-suppe
cod	Kabeljau
crab	Krebs/Krabbe
flounder	Flunder
haddock	Schellfisch
halibut	Heilbutt
gamba	Garnele
lobster	Hummer
mussel	Miesmuschel
oyster	Auster
prawn	Riesengarnele
salmon	Lachs
scallop	Jakobsmuschel
shellfish	Schalentiere
shrimp	Krabbe
sole	Seezunge
squid	Tintenfisch
swordfish	Schwertfisch
trout	Forelle
tuna	Thunfisch

Fleisch und Geflügel

beef	Rindfleisch
chicken	Hähnchen
drumstick	Hähnchenkeule
duck	Ente
ground beef	Hackfleisch vom Rind
ham	Schinken
lamb	Lammfleisch

meatloaf	Hackbraten
porc chop	Schweinekotelett
prime rib	saftige Rinder-bratenscheibe
rabbit	Kaninchen
roast goose	Gänsebraten
sausage	Würstchen
spare ribs	Rippchen
turkey	Truthahn
veal	Kalbfleisch
venison	Reh bzw. Hirsch
wild boar	Wildschwein

Gemüse und Beilagen

bean	Bohne
cabbage	Kohl
carrot	Karotte
cauliflower	Blumenkohl
cucumber	Gurke
eggplant	Aubergine
french fries	Pommes frites
garlic	Knoblauch
lentil	Linse
lettuce	Kopfsalat
mushroom	Pilz
onion	Zwiebel
peas	Erbsen
pepper	Paprikaschote
pickle	Essiggurke
potato	Kartoffel
roast potatoes	Bratkartoffeln
squash/pumpkin	Kürbis
sweet corn	Mais
sweet potato	Süßkartoffel

Obst

apple	Apfel
apricot	Aprikose
blackberry	Brombeere
blueberry	Heidelbeere
cherry	Kirsche
fig	Feige
grape	Weintraube
lemon	Zitrone
melon	Honigmelone
orange	Orange
peach	Pfirsich
pear	Birne
pineapple	Ananas

plum	Pflaume
raspberry	Himbeere
rhubarb	Rhabarber
strawberry	Erdbeere

Käse

cottage cheese	Hüttenkäse
cream cheese	Frischkäse
curd	Quark
goat's cheese	Ziegenkäse
mature cheddar	kräftiger Käse
stilton	Blauschimmelkäse

Nachspeisen und Gebäck

brownie	Schokoplätzchen
cheesecake	Käsekuchen
cinnamon roll	Zimtschnecke
cookie	Keks
cupcake	Törtchen
french toast	Toast in Ei gebacken
muffin	Rührteiggebäck
pastries	Gebäck
sundae	Eisbecher
whipped cream	Schlagsahne

Getränke

beer (on tap/draught)	Bier (vom Fass)
brandy	Kognac
coffee (decaffeinated)	Kaffee (entkoffeiniert)
lemonade	Limonade
icecube	Eiswürfel
iced tea	gekühlter Tee
juice	Saft
light beer	alkoholarmes Bier
liquor	Spirituosen
milk	Milch
mineral water	Mineralwasser
red wine	Rotwein
root beer	dunkle Limonade
soda water	Selterswasser
soy milk	Sojamilch
sparkling wine	Sekt
tea	Tee
white wine	Weißwein

Das

Magazin

Rausfahren mit dem Boot, Wale gucken! Das könnte ein Highlight werden beim Neuengland-Tripp. Mit dem Handy geht da aber wenig, man braucht schon ein Teleobjektiv. Der Skipper muss Abstand halten. Betteln hilft auch nichts.

Die letzten Hüter der Schönheit

Leben im Einklang mit der Natur. Die Shaker versuchten, die Natur menschlich und den Menschen natürlich zu sehen. Sie waren weder die Ersten noch die Letzten. Zuletzt nannten das die Hippies ›organisches Leben‹, Peace & Happiness.

Es ist die letzte ihrer Gemeinden — das Sabbathday Lake Shaker Village 40 km nördlich von Portland. Dort leben die letzten aktiven Shaker Amerikas. Beim Sonntagsgottesdienst um 10 Uhr heißen sie Besucher herzlich willkommen.

Ein spirituelles Aha-Erlebnis war ihm nicht beschieden. Arnold Hadds Bekehrung war vielmehr eine jahrelange Annäherung. »Als ich die Shaker zum ersten Mal besuchte, hatte ich nicht die Absicht, selbst einer zu werden.«

Bruder Arnold streckt sich. Seit dem Morgengrauen ist er auf den Beinen. Jetzt ist es halb elf, und er hat bereits das Vieh versorgt, Frühstück für sich und die anderen gemacht, vorgekocht, Schwester June Arbeit abgenommen und Blumenkästen aus der Stadt abgeholt. Ein ganz normaler Tag im Sabbathday Shaker Village, das von Landwirtschaft, Gartenbau und etwas Tourismus lebt.

Unbeschreibliche Freude

Jetzt sitzen wir einander im spärlich möblierten Empfangsraum des großen Wohnhauses gegenüber. »Es hat auch nichts gefehlt in meinem Leben«, sagt er. »Ich wollte einfach mehr.« Die spirituelle Lebensweise der Shaker faszinierte ihn zutiefst. Schließlich verbrachte er einen ganzen Sommer bei ihnen. »Am Ende merkte ich, dass ich nicht heimgehen wollte.«

Im Januar 1978 unterschrieb er das Glaubensbekenntnis der Shaker. Wie sich das angefühlt habe, ein Shaker zu werden? Lange mustert Bruder Arnold seine schwarzen Fingernägel. »Mir wurde sprichwörtlich warm ums Herz. Da drinnen war eine unbeschreibliche Freude auf das, was vor mir lag.« Ich schaue mich um. Nackte weiße Wände. Schlichte Möbel, massive dunkle Holzdielen, glatte, dekorlose Oberflächen überall. Alles hier strahlt friedvolle Ruhe aus. Und Bruder Arnold, heiter trotz aller Arbeit. Innere Anmut, nach außen gekehrt?

Das letzte Shaker-Dorf – ein Postkartenidyll aus 18 weißen Gebäuden, Obst- und Gemüsegärten – liegt eine halbe Autostunde nördlich von Portland an der Route 26. Hier leben und arbeiten die letzten zwei Mitglieder der United Society of Believers nach den Lehren von Mutter Ann Lee (1736–1874).

Die Fabrikarbeiterin aus dem englischen Manchester, einst die Führerin der Shaking Quakers, war wegen ihrer damals radikalen Forderungen – Pazifismus, Keuschheit, die Doppelgeschlechtlichkeit Gottes und die Gleichberechtigung von Mann und Frau – mit der Obrigkeit in Konflikt geraten und mit acht Anhängern nach Amerika ausgewandert. In Neuengland erhielt sie schnell Zulauf.

Auf dem Höhepunkt der Bewegung um 1840 zählten die Believer 4000 Mitglieder in 19 autarken Gemeinden zwischen Maine und Kentucky. Nach dem Willen von Ann Lee strebten sie dort den Himmel auf Erden an – wozu sie frei von Gewalt, Habgier und Eitelkeit zu leben suchten. Doch nach dem Sezessionskrieg begann der Niedergang. Ein Shakerdorf nach dem anderen machte zu. Manche wurden in Museumsdörfer verwandelt. Nur das Sabbathday Lake Shaker Village hält noch aus.

Grundsätze der Shaker

Richtschnur im Shaker-Alltag waren – und sind – verschiedene Leitsätze. »Hands to work, hearts to God« ist der bekannteste. Arbeit ist Gottesdienst. Leben, Arbeit und Glaube sind eins, alle Tätigkeiten folgen dieser Grundregel. Jeder Believer hat am Himmel auf Erden mitzubauen. Dies verlangt deshalb nach allerhöchster Qualität. Lee-Nachfolger Joseph Meacham: »Wir haben ein Recht darauf, die Erfindungen der Menschheit zu verbessern, solange es nicht eitlem Ruhm oder etwas Überflüssigem dient.«

Demzufolge werden Sie in den Museumsdörfern Hancock (s. S. 105) und Canterbury (s. S. 193) überall Indizien ihrer unermüdlichen Suche nach Perfektion finden. Hier eine Haustür mit beweglicher, sich beim Schließen senkender Unterkante, um kalte Zugluft zu verhindern. Dort Stühle mit kurzer Lehne, leicht unter den Tisch zu stellen, um Platz zu sparen und das Saubermachen zu erleichtern.

Nagelschere, Kreissäge, Apfelentkerner, Flachbesen: Sage und schreibe über 100 Erfindungen gehen auf das Konto

Der weißhaarige Shaker aus dem Hancock Village mag alt sein, hat aber immer noch viel Spaß, wenn er Kindern seine Hang-Trommel vorführt. Den Kindern gefällt es natürlich auch!

der Shaker. Wen wundert es da noch, dass diese praktisch denkenden Menschen 1877 sogar das metrische System (Meter statt ›feet‹) übernahmen? Gegen den Rest der USA, der es bis heute ablehnt!

Heute gelten Shakermöbel im Original, zeitlos schön und ungemein stabil, als unbezahlbar. Amerikanische Prominente, allen voran Amerikas Talkshow-Queen Oprah Winfrey, blättern dafür astronomische Summen hin.

Blick in eine ungewisse Zukunft

Die Zukunft der Shaker liegt in Gottes Hand. Oder, wie Bruder Arnold es formuliert: »Wir wollen Gottes Hände und Füße auf Erden sein.« Als solche inspirieren Bruder Arnold und Schwester June viele Außenstehende. Hoffnungsvolle

Kandidaten gab und gibt es durchaus. Einige lebten und arbeiteten eine Weile in Sabbathday Lake, doch niemand blieb.

Bruder Arnold ist dennoch hoffnungsvoll: »Ich hoffe und bete jeden Tag, dass es bald wieder mehr von uns geben wird.« Zumindest bis dahin sind die Häuser und Felder an der parallel zur Rte. 26 verlaufenden Shaker Road für die letzten Believer der Himmel auf Erden. ∎

INFO

Sabbathday Lake Shaker Village: 707 Shaker Rd., New Gloucester, T 207 926 4597, www.maine shakers.com, Ende Mai bis Mitte Okt. Mo–Sa 10–16.30 Uhr. Das kleine Museum organisiert geführte Touren.

Mit Fleiß und Köpfchen

Colleges, Prep-Schools, Elite-Unis — angesichts so vieler guter Lehranstalten musste es ja so kommen. Boston allein beherbergt die zweithöchste Konzentration kreativer Industrien in den USA. Seit 2018 ist der Großraum Boston zudem der wichtigste Standort der amerikanischen BioTech-Branche.

Weit über 8000 in kreativen Zukunftsindustrien tätige Firmen mit insgesamt über 310 000 Arbeitsplätzen listet das New England Directory. Sogar der Indian Summer ist inwischen digitalisiert. ›Leaf Peeping‹ goes Hightech! Die Online-Karte von Vermont zeigt am 15. September nur dünne gelbe Streifen, die längsten davon entlang der Green Mountains. Beim Klick auf 23. September gehen die Streifen dann mittig in die Breite, am 29. September verwandelt sich das Gelb über den Green Mountains schon in ein kräftiges Orange. Mitte Oktober schließlich wird für sämtliche höheren Lagen von Vermont Feuerrot angezeigt.

Der ›Foliage Forecaster‹ der Homepage des Vermont Department of Tourism ist eine tolle Sache. Wann und wo genau im Staat welche Laubfärbung zu erwarten ist – die Kartenanimation gibt Auskunft bis zur letzten Farbnuance. Und bietet dazu einen ständig aktualisierten ›Foliage Report‹, der die Wege zu den besten Aussichtspunkten nennt. Sollten Sie also wegen der Laubfärbung im Indian Summer nach Neuengland reisen, können Sie sich bei der Suche nach den schönsten Farben auch eine App dazu herunterladen.

Aufbruch

Cool! Allerdings auch nicht verwunderlich, schließlich nahm die industrielle Revolution der USA in Neuengland ihren Anfang – wegen, wie Historiker glauben, des puritanischen Arbeitsethos seiner Einwohner, ihres visionären Unternehmertums und ihres legendären, ›Yankee Ingenuity‹ genannten Erfinder-

Am MIT Center for Bits and Atoms wird die Technologie für morgen entwickelt. Kreatives Chaos ist da unvermeidlich.

geistes. Aber – so wurde, wenn auch verspätet, nachgewiesen – auch der Verfügbarkeit weiblicher Arbeitskräfte während der Blütezeit der Textilfabriken im 19. Jh. wegen. Neuengland brummte. Familien wie die Rockefellers, Vanderbilts und Lowells wurden märchenhaft reich.

Zugleich formierte sich in Arbeiterstädten wie Lowell (MA) die amerikanische Arbeiterbewegung. Neuengland wurde ein pulsierender Industriestandort, der schwere Krisen, etwa das Ende des Walfangs in den 1860er-Jahren und nach dem Ersten Weltkrieg die Abwanderung vieler Unternehmen in den billigeren Süden, abfedern konnte, weil er frühzeitig auf die Synergie von Bildung und Forschung mit Unternehmertum und Venture-Kapital gesetzt hatte.

Von seinem Reichtum an qualifizierten Fachkräften profitiert Neuengland einmal mehr seit den 1980er-Jahren. Neben die Textil- und Maschinenbaubranche rückten neue verarbeitende Branchen, vor allem die Soft- und Hardwareproduktion, pharmazeutische und Hightech-Firmen, Elektronik sowie Biomedizin und Biotechnik. Standorte sind die Industriegürtel um Boston und Hartford, der urbanisierte Osten von Massachusetts und der dicht bevölkerte Süden Connecticuts.

›Creative‹ ist das Buzzword

Seitdem der US-Ökonom Richard Florida Anfang der Nullerjahre die Anwesenheit einer ›kreativen Klasse‹ als wichtigste Voraussetzung ausgemacht hat, um eine Stadt für die Zukunft fit zu machen, haben sich neuenglische Ballungsräume wie die Greater Boston Area und das Pioneer Valley in Massachusetts zu den landesweit wichtigsten Standorten der neuen Industrien gemausert.

Marketing, Architektur, Design, Bildende Künste, Film & Media, Digital Games, Musik und Entertainment,

THINK-TANK BOSTON **B**

Ah, diese Bostoner! Die Menschen beiderseits des Charles River waren schon immer ein kreativer und praktisch veranlagter Menschenschlag. Rasierklingen, Mikrowelle und Chemotherapie, Tetris-Spiele, Venture-Kapital, Polaroid-Kamera und das Internet natürlich: alles aus Neuenglands heimlicher Hauptstadt! Zu den Geburtsstätten vieler solcher Erfindungen, die unser Leben veränderten, führen die mehrstündigen ›Innovation Tours‹. Höhepunkte: Besuche im MIT und in Harvard.
Info: Cambridge Historical Tours, T 617 520 4030, www.cambridge historicaltours.org, 18. April bis 30. Nov.

Verlagswesen: Der Anteil dieser zukunftsorientierten Branchen an der Gesamtwirtschaft liegt weit über dem nationalen Durchschnitt, ihr Einfluss auf die Städteplanung ist bereits in vielen Städten Neuenglands sichtbar.

Die Bildungsindustrie trägt zu dieser Entwicklung ihren Teil bei. Mehr als 800 000 Studenten büffeln an den 250 Colleges und Universitäten Neuenglands. Vier der berühmten Ivy-League-Universitäten der Ostküste – Harvard, Yale, Brown und Dartmouth – befinden sich hier. Zur Vorbereitung geht Amerikas junge Elite auf über hundert hiesige Internate: Der Besuch der sogenannten Prep Schools dauert vier Jahre und kostet die Eltern bis zu 100 000 Dollar.

Ganze Städte, etwa Providence, New Haven, Hanover und Brunswick, hängen von ihren berühmten (und teuren) Bildungsanstalten ab. Mancher Absolvent bringt sein Fachwissen auch im Fremdenverkehr unter. Seit im 19. Jh. die Berkshire Hills und White Mountains die Vanderbilts und Rockefellers anlockten, hat sich der Tourismus zu einer der wichtigsten Einnahmequellen Neuenglands entwickelt.

›Grünes‹ Neuengland?

Natürlich ist auch Umweltschutz längst kein Fremdwort in Neuengland. In Vermont gibt es eine grüne Bewegung; die EPA (US Environmental Protection Agency), traditionell die Umweltschutzbehörde des Landes und Stammgast in allen Schulen, erlebt dagegen ihre schrittweise Umwandlung zum wirtschaftsfreundlichen Sprachrohr der Bundesregierung. Junge Unternehmer in Massachusetts setzen derweil weiterhin auf Aquakultur und Biotechnologie.

In Neuengland sind die Erfolge der Umweltpolitik beachtlich. Der Connecticut River, der vor 40 Jahren wegen seines Chemikaliengehalts schon mal Feuer fing, gilt heute als weitgehend sauber. Im Bostoner Hafen, vor 15 Jahren noch einer der schmutzigsten des Landes, werden wieder Seehunde und Delfine gesichtet. Ein Problem bleibt die Eindämmung der wuchernden Vorstädte.

Die Suche nach alternativen Energiequellen läuft auf Hochtouren. Doch wie schwer vielen Bürgern das Umdenken fällt, zeigt das gescheiterte Cape Wind Project. Amerikas erste Offshore Wind Farm vor Cape Cod, geschätzte Baukosten 2,6 Mrd. Dollar, sollte bereits 2010 mit rund 140 Windturbinen ihre Arbeit aufnehmen. Eine kleine, aber einflussreiche Gruppe aus Anwohnern und Sommerhausbesitzern wehrte sich aber vehement gegen das Projekt. Ihre Argumente: Die geplante Windfarm störe das Tierleben im Nantucket Sound und … sehe hässlich aus. Gesetzliche Rückschläge und Finanzierungsprobleme kamen hinzu. 2017 wurde das Projekt wieder eingestellt. ∎

Die Indianer Neuenglands

Die Beseitigung der Ureinwohner — auch daran waren die Puritaner maßgeblich beteiligt. Schon Ende des 17. Jh. waren Neuenglands ›Native Americans‹ fast vollständig von der Bildfläche verschwunden.

Doch jetzt sind sie wieder da. Manche Stämme erfreuen sich gar zweistelliger Zuwachsraten. Wie das? 1992 beherrschte in den USA ein Thema die Schlagzeilen: der Senkrechtstart des Foxwoods Resort Casino in Ledyard, einem verschlafenen Nest in den Wäldern Connecticuts. Bauherren des Mega-Kasinos waren die Mashantucket-Pequot. Wer das war und woher sie kamen, wusste damals kein Mensch. Der Stamm antwortete sechs Jahre später mit der Eröffnung des Mashantucket Pequot Museum and Research Center (s. S. 134), das am umfassendsten in den USA über die Geschichte der Urvölker informiert.

Die ultramoderne Einrichtung kostete den Stamm 193,4 Mio. Dollar und hat nur ein Thema: die Kultur und Geschichte der nordamerikanischen Ureinwohner im Allgemeinen und der Pequots im Besonderen. Statt der üblichen Körbe und Flitzebögen präsentiert es dem Besucher Dioramen, Filme und Events. Und es vermittelt ihm eine politische Botschaft: Wir sind Pequot. Wir sind noch immer da. Dies ist unser Land.

Doch daran hegen Kritiker bis heute Zweifel. Denn schon 50 Jahre nach dem ersten Kontakt mit den Europäern spielten die Stämme Neuenglands praktisch keine Rolle mehr. Zu Beginn des 19. Jh. waren sie so gründlich von der Bildfläche verschwunden, dass schon der Amerika-Reisende Alexis de Toqueville 1831 in Neuengland feststellte, dass zwar die Ströme noch die Namen von Indianerstämmen tragen, die Gegend nun aber von »zivilisierten« Menschen bewohnt werde. Abenaki, Mohican, Massachuset, Connecticut, Nauset, Narragansett, Wampanoag, Nipmuc: Namen wie Schall und Rauch schon vor 200 Jahren.

Brutaler Völkermord

Das Schicksal zweier Stämme war besonders eng mit den Kolonisten verknüpft. Die Wampanoag halfen den hungernden Passagieren der ›Mayflower‹ über die ersten Winter. Im Gegenzug erhielt Massasoit, der ›Sachem‹ (Oberhäuptling) der Wampanoag, Unterstützung bei seinen Kriegszügen gegen feindliche Nachbarn. Doch dann kamen immer mehr ›Bleichgesichter‹. Sie drängten landeinwärts und stellten dabei das politische Gleichgewicht in der Region gründlich auf den Kopf.

Mit den Wampanoag und Narragansett zogen sie alsbald gegen die Pequots, die Rhode Island und Connecti-

ZUM WEITERLESEN

United American Indians of New England (UAINE), www.uaine.org: Website mit Links (›Tribal Contacts‹) zu den Internetpräsenzen der Stämme Neuenglands
www.pequotmuseum.org: Homepage des Mashantucket Pequot Museum and Research Center mit vielen Links und interessanten Hintergrundinformationen

cut kontrollierten und sich gegen die Landnahme wehrten. Das Ende des Pequot-Kriegs (1634–1637) war auch das Ende dieses Volkes. Wer die Massaker überlebte, wurde von anderen Stämmen assimiliert oder versklavt.

40 Jahre später tötete ein Siedler einen Wampanoag. Metacomet alias Philip, Massasoits Sohn, vereinigte daraufhin die Wampanoag, Nipmuc, Pocumtuc und Narragansett und verwüstete im King Philip's War (1675/76) mit rund 1000 Kriegern den gesamten Süden der Region. Über 90 Städte gingen in Flammen auf. Doch Philips Erfolge besiegelten zugleich sein Ende. Seine Krieger wollten ernährt werden, doch die Siedler betrieben die Kriegsführung der verbrannten Erde.

Die Niederlagen häuften sich, schließlich brach die Allianz auseinander. Am Ende versteckte sich Philip mit seinen verbliebenen Kriegern in den Sümpfen bei Narragansett Pier. Am 12. August 1676 wurde er dort verraten. Seine gevierteilte Leiche stellte man in Plymouth dort zur Schau, wo heute das Massasoit-Denkmal steht. Doch damit war der Krieg noch nicht zu Ende. Ein beispielloser Völkermord begann. Englische Milizen zogen nun gegen die Pennacook, Ossipee und Kennebec. Nur 400 Wampanoag überlebten den Krieg, noch

schlechter erging es den Nipmuc und Narragansett. Die Pocumtuc verschwanden ganz von der Bildfläche.

Wundersame Auferstehung

Heute gibt es so gut wie keine echten ›reinblütigen‹ Indianer mehr in Neuengland. Ihre Nachfahren gelten als ›integriert‹ – auch weil die meisten Stämme der Region nicht in Reservaten leben. Und das dunkelste Kapitel der Geschichte Neuenglands wird lieber verschwiegen, nur vereinzelt, zusammenhanglos erwähnt. Dennoch schwanken die Statistiken zwischen 32 000 und 400 000 hier lebenden Native Americans. Wie konnte es dazu kommen?

Lästermäuler vergleichen die neuenglischen Stämme mit privaten Klubs. Wer Mitglied wird, hat Anspruch auf Land und Geld. Viel Geld. Vor allem in Connecticut und in Maine werden regelmäßig Anträge beim Bureau of Indian Affairs gestellt, um als ›Tribe‹ anerkannt zu werden. So erwachen bis dahin als ausgestorben geglaubte Stämme wieder zum Leben, feiern Powwows und führen Regentänze auf. So auch die Mashantucket-Pequot: Nur noch aus wenig mehr als einer Familie bestehend, machten sie vor, wie man als ›Tribal Nation‹ anerkannt wird.

Zunächst wiesen sie nach, dass sie tatsächlich einmal als Volk existierten. Daraufhin erhielten sie Land bei Ledyard zugesprochen und das Recht, ein Kasino darauf zu betreiben. Im Jahr 1995, als dieses 1 Mrd. Dollar verdient hatte, verdoppelte sich ihre bereits auf 300 angeschwollene Zahl auf wundersame Weise auf 600 Mitglieder. Die letzte Phase ihrer ›Indianisierung‹: die Einstellung professioneller Tänzer und Sänger von den Präriestämmen im Westen. So kommt es, dass die Mashantucket-Pequot traditionelle Sioux-Tänze aufführen. Tatsächlich gehören die Pequots heute zu den wohlhabendsten Stämmen Amerikas – und sind, lästern Outsider, der erste Stamm in der Geschichte der USA, der des Geldes wegen gegründet wurde.

Mühevolle Rekonstruktion

So weit die Kritiker. Wahr ist, dass manche Stämme Mitglieder mit weniger als einem Fünfhundertstel indianischem Erbanteil akzeptieren. Die modernen, in den USA sehr beliebten DNA-Analysen machen das möglich.

Wahr ist aber auch, dass die Renaissance der Ureinwohner Neuenglands bemerkenswerte Erfolge mit sich führt. So wurde die seit Generationen nicht mehr gesprochene Sprache der Wampanoag mithilfe von phonetisch geschriebenem Archivmaterial – Briefe, Petitionen, Urkunden etc. – und dem Vergleich mit verwandten Algonquin-Sprachen

in mühseliger Kleinarbeit so weit wie möglich rekonstruiert. Heute wird sie sogar auf Sommercamps in den Wampanoag-Reservaten auf Cape Cod wieder unterrichtet.

Zudem gibt es bis heute eine Welle neuer Quellenstudien. Das heute von der Öffentlichkeit akzeptierte Ergebnis: Neuengland wurde auf Massengräbern errichtet. Auch deshalb erklärten die United American Indians of New England (UAINE) den höchsten amerikanischen Feiertag Thanksgiving (Ende November,) an dem die Amerikaner das erste Erntedankfest der Pilgerväter feiern, bereits 1970 zum »National Day of Mourning« (Trauertag). Abordnungen von Stämmen aus der gesamten USA gedenken dann in Plymouth zu Füßen der Statue ihres Sachems Massasoit jenes Tages, der für ihre Ahnen der Anfang vom Ende war. ∎

Die Plimoth Plantation, den Nachbau des ersten Kolonialistendorfs bei Plymouth, durchstreifen wir vielleicht gelangweilt, vielleicht schockiert. So hart begann ›Amerika‹. Auch die Native People (die den Begriff ›Indianer‹ ebenso wenig mögen wie andere das N-Wort) zeigen hier ihr Leben, bevor die Eroberer kamen.

Von der WASP-Bastion zum Multi-Kulti

Kühl, schweigsam, praktisch veranlangt — und mit einer einzigen Leidenschaft ausgestattet: Geld verdienen. So soll er sein, der Yankee. Seine Spur führt nach Neuengland, wo ihn die White Anglo Saxon Protestants hervorgebracht haben. Und die Wash-Ashores, die Zugewanderten, ihn respektieren.

Angeblich stammt der Name Yankee von den einst in New York siedelnden Holländern. Die bezeichneten ihre Englisch sprechenden Nachbarn in Connecticut als ›Jan Kaas‹ oder ›Janke‹. Von allen Eigenschaften, die ihm nachgesagt werden, ist zumindest eine nicht von der Hand zu weisen: die berühmte Yankee Ingenuity, eine uramerikanische Bezeichnung für seine ›Can do‹-Mentalität.

Diese wurde bereits von den ersten Siedlern geprägt. Anders als ihre Zeitgenossen im fruchtbaren Virginia mussten sie mit dem vorliebnehmen, was die kargen Böden ihnen boten. Fleißig und einfallsreich, waren sie so erfolgreich, dass sie bis heute als besonders praktisch veranlagte und geschäftstüchtige Mitmenschen gelten.

Wer lebt hier eigentlich?

Die Ureinwohner waren schon 50 Jahre nach der Ankunft der Pilgrim Fathers weitgehend ausgerottet (s. S. 261). Bis 1840 blieb Neuengland WASP, also weiß,

DIE BOSTON BRAHMINS   **B**

Früher oder später werden Sie von den ›Brahmanen von Boston‹ hören. Der Ausdruck meint die vornehmsten Familien der Stadt. Diese führen ihre Abstammung bis zu den Puritanern der ›Mayflower‹ zurück, ihre Kinder studieren in Harvard, sie heiraten bevorzugt unter sich und haben bis heute als Politiker und Unternehmer erheblichen Einfluss in den USA. Die beiden berühmtesten Familien, die Lowells und die Cabots, wurden sogar in einem Toast auf Boston verewigt:
»And this is good old Boston, / The home of the bean and the cod. / Where Lowells talk only to Cabots, / And Cabots talk only to God«

angelsächsisch, protestantisch. In Boston herrschte die Oberschicht der Brahmins, deren Exklusivität jener der europäischen Herrscherhäuser gleichkam.

Erst die Krisen des 19. Jh. in Europa rüttelten an der Dominanz der WASPs. Hungersnöte in Irland schwemmten bis 1850 Zehntausende irisch-katholischer Einwanderer nach Boston. Bis zum Ende des Jahrhunderts folgten osteuropäische Juden und Italiener. Erstere zogen vielfach weiter, vor allem nach Providence (Rhode Island), während es die Italiener u.a. in die Marmorbrüche von Barre (Vermont) lockte. Sizilianische Bürgermeister in Connecticut, portugiesische Fischer in Cape Cod, aus Kanada stammende Franko-Amerikaner in Maine und New Hampshire und Latinos in Boston und Hartford: Viele Regionen Neuenglands sind inzwischen überwiegend katholisch.

Einwanderer von nah und fern

Heute leben in den Neuengland-Staaten rund 15 Millionen Menschen. Mehr als 80 Prozent wohnen in den Ballungsgebieten des Südens, vor allem in Greater Boston und rund um Hartford und New Haven. Schwarze, Asiaten und Latinos konzentrieren sich in den Großstädten. Boston erlebt seit drei Jahrzehnten ein regelrechtes demografisches Makeover. Während Viertel wie South End (S. 34), Mission Hill und Jamaica Plain immer ›weißer‹ werden, wurden die Vorstädte ethnisch immer vielfältiger.

Dabei kommt den Einwanderern aus aller Welt eine zentrale wirtschaftliche Rolle zu: Insgesamt sind heute (2019) fast 30 % aller Bostonians nicht in den USA geboren, besteht der seit 1990 verzeichnete Zuwachs der erwerbstätigen Bevölkerung von Massachusetts zu rund 80 % aus Einwanderern der ersten Generation. ∎

Die Menschen Neuenglands sind ›bunt‹. »America first« steht gegen »America is better«. Was für die einen eine Chance ist, erleben die anderen als Bedrohung. Dabei braucht Neuengland beide, um seine globale Spitzenposition weiterhin aufrechtzuerhalten.

Die Wildnis ist immer nah

Ihre stärkste Erinnerung an Neuengland? — Sie haben Grün gesehen. Jeden Tag! Nicht nur das hell-sanfte Vorgartengrün, sondern vor allem das dunkle Grün der wilden Wälder. Wo Schwarzbären hausen, Elche krachend durchs Unterholz brechen und fleißige Biber Dämme bauen und weite Areale in unpassierbare Sümpfe verwandeln.

Biber leben in allen Neuengland-Staaten. Doch fast immer sieht man nur ihre aus Stöcken und Stämmen gebauten Burgen. Die Waljagd machte Neuengland einst reich, heute beschränkt man sich aufs Whale Watching. Von Ende Mai bis Anfang Oktober legen die Boote u. a. in Boston, Provincetown und Bar Harbor ab.

Neuenglands artenreiche Vogelwelt umfasst Waldsänger, Rotkehlchen, Drossel, Specht, Schleiereule, Krähe, Blauhäher, mehrere Greifvogelarten – und den wild lebenden Truthahn.

Die 100 Mile Wilderness in Maine ist das längste Stück unberührter Wildnis in Neuengland.

Allein durch Maine streifen knapp 30 000 der riesigen Elche. Aber aufgepasst, wo Schilder warnen: Die weit über 2 m hohen Könige der Wälder sind immer wieder in schwere Verkehrsunfälle verwickelt. Vorsicht auch bei Schwarzbären: Sie dürfen auf keinen Fall gefüttert werden. Sobald sie Menschen mit Nahrung assoziieren, werden sie zu ›Problembären‹ und müssen früher oder später getötet werden.

Im 19. Jh. waren 80 % der Wälder abgeholzt – Kollateral-
schäden der Erschließung durch Siedler, Holzfäller, Industrien.
Dann aber stieß Washington die Tür zum unbesiedelten Westen
auf. Dem Ruf »Go West« folgten auch viele Neuengländer.
Nach und nach kehrten die Wälder zurück. Heute ist Amerikas
Nordostecke wieder zu drei Vierteln bewaldet.

Auch Neuengland hat Umweltprobleme. Der US Fish & Wildlife Service (www. fws.gov/refuges) und Freundeskreise wie Nature of New England (www. nenature.com) bemühen sich um die Wiederherstellung zerstörter oder belasteter Naturräume.

Nadelbäume und durch subarktische Bedingungen abgehärtetes Krummholz prägen das Bild an der Baumgrenze von White und Green Mountains. Weiter unten dominieren Laubbaumarten wie Schwarzkirsche, weiße Esche, Birke, Ahornarten und Eiche.

MEHR ALS EIN WANDER-VEREIN

Organisationen wie der Appalachian Mountain Club betreiben nicht nur Hütten für Wanderer, sondern sind auch für die Instandhaltung der Trails verantwortlich – für junge Leute aus aller Welt eine gute Gelegenheit, die Wildnis der White Mountains aus erster Hand kennenzulernen. Darüber hinaus betreibt der AMC erfolgreich Lobbyarbeit gegen umweltgefährdende Regierungsprojekte in der Region, wie zuletzt den Bau von Hochspannungsleitungen quer durch die White Mountains, der Strom aus Kanada nach Boston leiten sollte.

Umweltschutz bedeutet hier oft auch ›Crowd Management‹ der Naturparks: Eintritt nur mit Anmeldung!

Säufer, Priester, Türaufstoßer

Neuenglands Literaten — dazu zählen nicht nur einige der besten Schriftsteller des Landes. Sie stehen auch für die Geburt einer eigenständigen amerikanischen Literatur.

Im Sommer 2012 feierte Lowell, die Industriestadt nördlich von Boston, seinen berühmtesten Sohn zum 25. Mal. Dabei hatten sich die Stadtväter anfangs schwer damit getan: Der Lebensweg von Jack Kerouac enthielt so gar nichts, was vorzeigbar oder werbewirksam verwertbar gewesen wäre. Alkoholiker war der Gefeierte gewesen und meist arbeits- und obdachlos, und am Ende war es auch der Alkohol gewesen, der seinem unsteten Leben ein viel zu frühes Ende bereitet hatte. Eines jedoch konnten die Stadtoberen nicht leugnen: Seine Bücher hatten nicht nur die amerikanische Literatur erneuert und Kultstatus erlangt, sondern auch die amerikanische Gegenkultur inspiriert und seinen Verfasser zu einem der meistgelesenen Autoren der Welt gemacht.

Lowell celebrates Kerouac

Und so wurde aus dem anfangs eher schlichten ›Lowell celebrates Kerouac‹-Festival im Laufe der Jahre ein volksfestartiger Event, zu dem Jack-Kerouac-Fans aus aller Welt anreisen (s. S. 65). Die letzten Überlebenden der Beat-Generation erinnern sich auf der Bühne an »unseren Jack«, Harvard-Professoren analysieren Beatnik-Texte, und Kerouac-Adepten lauschen mit glänzenden Augen Lesungen aus Jack Kerouacs Meisterwerk »On the Road«.

Vordenker

Inspirieren, provozieren, neue Wege gehen: Neuenglands Schriftsteller haben immer schon Türen aufgestoßen. Und zwar in erstaunlich kurzer Zeit, denn während der ersten 200 Jahre brachte Amerikas Nordostecke nichts zustande, was auch nur entfernt an Literatur erinnerte. So habe es, wie der Dichter und Philosoph Ralph Waldo Emerson (1803–1882) später meinte, noch zwischen 1790 und 1820 keine Bücher, Reden, intelligente Unterhaltungen oder kluge Gedanken gegeben. Warum dann im Umkreis von nicht einmal 100 km um Boston die amerikanische Literatur plötzlich Literatur und amerikanisch wurde, ist bis heute ein Phänomen.

Die USA expandierten während dieser Jahre im Eiltempo. Siedlertrecks in Oregon, die Indianerkriege, Texas wurde amerikanisch, die Sklavenfrage wurde lauter. In dieser ungestümen Zeit veröffentlichte der Ex-Geistliche Emerson sein wichtigstes Werk: Das Prosawerk »Nature«, 1836 verfasst, wurde das Manifest des Transzendentalismus.

Unzufrieden mit dem das Individuum einschränkenden Wertesystem der Kirchen, verneinte diese vom Hinduismus und deutschen Idealismus geprägte Philosophie die Existenz von Wundern und ortete als Quelle der Erkenntnis die Intuition. 1837 forderte Emerson in »The American Scholar« dann die intellektuelle Unabhängigkeit Amerikas. 1841 formulierte er in »Self-Reliance« seinen Glauben an Individualität und Originalität. Damit gab der Transzendentalismus dem Freidenkertum, das die amerikanische Literatur prägen sollte, den entscheidenden Schub nach vorn.

Hotspots
Emersons Haus in Concord wurde bald Treffpunkt des sogenannten Concord-Kreises und damit zur Wiege der amerikanischen Literatur. Die herausragenden Köpfe dieser Gruppe waren neben Emerson der radikale Non-Konformist und Steuerverweigerer Henry David Thoreau (1817–1862, s. S. 64)

und der Schriftsteller Nathaniel Hawthorne (1804–1864, s. S. 56).

Thoreau suchte Emersons Ideen in die Praxis umzusetzen und schuf dabei zwei Klassiker des politischen Denkens: 1848 »Von der Pflicht zum Ungehorsam gegen den Staat« und 1854 »Walden oder Leben in den Wäldern«. Nathaniel Hawthorne hingegen, ein Nachfahre des berüchtigten Salemer Hexenrichters Hathorne, arbeitete die Bigoterie des Puritanismus u. a. in »Der scharlachrote Buchstabe« (1851) auf.

Weitere Zentren der frühen amerikanischen Intellektuellen waren die Berkshire Hills im Westen Massachusetts', wo Herman Melville (1819–1891) den Welterfolg »Moby Dick« (1851) schrieb, und Hartford, wo Mark Twain (1835–1910) sein Meisterwerk »Die Abenteuer des Huckleberry Finn« (1884) schuf und von wo aus Harriet Beecher Stowe (1811–1896) mit dem Klassiker »Onkel Toms Hütte« (1852) gegen die Sklaverei im Süden anschrieb.

Zu Lebzeiten unbekannt blieb Emily Dickinson (1830–1886). Ihre posthum veröffentlichten »Poems« verschafften

Mark Twain (rechts) ironisierte den ›American Dream‹. Jack Kerouac (links) zerschmetterte ihn.

REISELITERATUR FÜR NEUENGLAND

R

Welches Buch kommt mit? Am besten eines, das am Zielort spielt. Wie Mark Twains satirischer Science-Fiction-Roman »Ein Yankee aus Connecticut an König Artus' Hof«. Wenn Sie auf der alten Walfängerinsel Nantucket weilen, macht Melvilles »Moby Dick« Sinn, auf Martha's Vineyard sollten Sie Robert Harris' auf der Insel spielenden Thriller »Ghost« lesen. John Irvings »Owen Meany« spielt in New Hampshire, »Gottes Werk und Teufels Beitrag« vor allem in Maine. Oder aber Sie setzen Ihren seit ewig vertagten guten Vorsatz endlich in die Tat um und nehmen »Walden oder Leben in den Wäldern« mit. Wie Thoreau darin auf vielen Seiten den Kampf zwischen zwei Ameisenarten beschreibt, wird Sie unter Garantie faszinieren!

der geistreichsten Dichterin ihrer Zeit jedoch einen Platz im Pantheon der amerikanischen Schreiber-Elite. Als Stimme des ländlichen Neuengland gilt Robert Frost (1874–1963). Selbst Farmer, beschwor der in Vermont lebende Dichter die Werte des alten Amerika.

Boston galt während dieser Zeit als ›Hub of the Universe‹. Literaten und ›Boston Brahmins‹ (s. S. 264) gaben sich Gesellschaften, Bostoner Verlage publizierten Bestseller. 1857 – die Sklavenfrage entzweite Staaten – trafen sich hier Emerson, Longfellow und der Verlagsmann James Russell Lowell, um eine Zeitschrift zur Verbreitung der ›American Idea‹ aus der Taufe zu heben. Dabei kam das »Atlantic Monthly« heraus, das bis heute renommierteste Magazin für Trends und Geistesströmungen der USA.

Um 1880 begannen die Verlage jedoch, nach New York abzuwandern. In Boston verbot die erstarkte katholische Kirche ›unmoralische‹ Bücher: Mit dem Siegel »Banned in Boston« zogen von der Stadt bestallte Zensoren vermeintlich anzügliche Literatur aus dem Verkehr und schufen ein kulturfeindliches Klima, dessen Echo bis in die 1960er-Jahre nachhallte.

Neuere und neueste Literatur

Mit Themen wie Religion, Individuum vs. Gesellschaft und Natur vs. Kultur beeinflusst Neuenglands Literatur die Welt bis heute. Herausragende neuenglische Literaten des 20. Jh. sind Robert Lowell (1917–1977), der den Vietnamkrieg in Gedichten kritisch begleitete, und der in Boston lehrende Nobelpreisträger Derek Walcott (geb. 1930). Jack Kerouac (1922–1969) legte mit »On the Road« (1952) das Manifest der Beat-Generation vor. Heute gilt der aus New Hampshire stammende John Irving (geb. 1942) als berühmtester Autor Neuenglands. Viele seiner Werke, z. B. »Gottes Werk und Teufels Beitrag« (1988), wurden verfilmt.

Stephen King (geb. 1947), der in Maine geborene ›King of Horror‹, ist mit einer Gesamtauflage von weit über 400 Mio. Amerikas Bestseller-König. Ein Titel übrigens, den ihm mittlerweile Dan Brown (geb. 1964), der in New Hampshire lebende Verfasser von »Sakrileg« (2004), streitig macht.

In viele Sprachen übersetzt werden auch die spannenden Romane von Dennis Lehane (geb. 1965). Seine Kriminalromane mit dem Ermittler-Duo Patrick Kenzie und Angela Gennaro spielen in Boston und profitieren u. a. von seinen Erfahrungen als Berater und Betreuer sexuell missbrauchter Frauen und Kinder. Sein bislang größter Erfolg ist »Mystic River«, die von Clint Eastwood verfilmte Geschichte von drei Jugendfreunden in einem Arbeiterviertel von Boston. ∎

Vom Walfang zum Whale Watching

Unterwegs auf Neuenglands Küstenstraßen — Stets versuchen riesige Schilder, Sie zum Abbiegen Richtung Atlantik zu bewegen. Auch ihr Lockmittel pflegt selten kleiner als ein Haus zu sein: Während der Sommermonate durchpflügen mehrere Tausend Wale die Gewässer.

»Thar, she blows!« Der Käpt'n, ein vierschrötiger Mann mit Bartstoppeln im roten Gesicht, benutzt den alten Ruf der Walfänger. Am Horizont, dicht über der grauen, kabbeligen See vor Bar Harbor (Maine), schießt eine Fontäne empor. Ein paar Sekunden bleibt sie in der Luft hängen, während ein gewaltiger dunkler Rücken unter ihr auf- und wieder abtaucht. Ein Raunen geht durch die Schar der Passagiere, die sich jetzt steuerbord versammeln und Smartphones und Ferngläser zücken.

»Three o'clock«, ruft der Kapitän durch den Lautsprecher. Ein Buckelwal! Und da, noch einer! Und noch einer! Früher hätte er seine Mannschaft mitsamt Harpunieren in die Beiboote gescheucht und geradewegs Kurs auf die Wale nehmen lassen. Heute dagegen stellt er die Motoren ab und lässt sein Ausflugsschiffchen in der Dünung treiben. Er überlässt es den Walen, wie nahe sie ihn kommen lassen wollen. Zu empfindlich, hat sich inzwischen erwiesen, sind diese Motorgeräuschen gegenüber, zu leicht gestresst, sobald allzu eifrige Schiffer ihnen zu dicht auf den Pelz rückten, nur um ihren Gästen den besten ›Shot‹ zu ermöglichen.

Walfang auf allen Meeren

Neuengland und die See – eine Liebesbeziehung, die weit über Clam Chowder und Lobster Rolls hinausreicht. Es war der Fischreichtum, der Neuengland einst voranbrachte, nicht Ackerbau und Viehzucht. Und Walfang war eine Weile das dritte Standbein. New Bedford, Nantucket, Provincetown und Mystic waren die Heimathäfen der ›Whaler‹, der Walfangschiffe, deren Kapitäne sich auf allen Weltmeeren auskannten. Das winzige Nantucket allein unterhielt eine Flotte von 150 Walfängern. In New Bedford waren gar 400 registriert.

In »Moby Dick« berichtet Augenzeuge Herman Melville aus der Stadt an der Buzzard's Bay: »New Bedford … lässt die Hafenviertel Neuyorks und Londons … weit hinter sich. In

Die Chance, einen Buckelwal so nah zu erleben, ist nicht groß. Die Riesen der Meere scheuen Motorgeräusche. Aber manchmal hat man Glück.

den letztgenannten Stammesquartieren trifft man … nur Matrosen; in New Bedford dagegen stehen wirkliche Kannibalen plaudernd an den Straßenecken herum, regelrechte Menschenfresser, von denen manche ihrer angestammten Kost noch nicht allzu lange entwöhnt sind. Der Ortsfremde traut zuerst seinen Augen kaum.«

Alles drehte sich um die meterdicke Fettschicht des Wals. Das ausgekochte Öl diente den damals gebräuchlichen Öllampen als Energiequelle. Zunächst wurde das Fett noch an Land verarbeitet, dann verlagerte sich die Produktion auf die hohe See: Der fern der Küsten schwimmende Pottwal produzierte allein 7000 Liter der öligen Substanz – den Walrat – in seinem Kopf. Die Walfänger wurden schwimmende Verarbeitungsfabriken und waren so lange unterwegs, bis alle Fässer an Bord gefüllt waren. Das konnte mitunter Jahre dauern, vor allem gegen Ende des Walfangs, als eine einzige Tour leicht um die ganze Welt führen konnte.

Bedrohte Riesen

All dies ist Vergangenheit. Die Dezimierung des Walbestands leitete um 1850 den Niedergang dieser Industrie ein. Die Erfindung des Petroleums 1858 versetzte ihr den Todesstoß, doch der Walfang in internationalen Gewässern und mit immer modernerer Technik ging noch ein Jahrhundert weiter. Heute kreuzen noch vielleicht 900 Buckelwale von April bis Oktober vor Neuenglands Küste, dazu mehrere Tausend Minke- und Finnwale sowie noch knapp 400 Pottwale. Die Gefahren für die sanften Riesen sind längst andere.

Jedes Jahr ziehen sie vom Nordatlantik nach den Gewässern vor Georgia und Florida, um dort ihre Kälber zur Welt zu bringen. Im Frühjahr kehren sie mit dem Nachwuchs zurück. Der Weg ist ein lebensgefährlicher Hindernisparcours über dicht befahrene Schiffsrouten, an den größten Häfen der Ostküste vorbei und durch einen Irrgarten aus herumtreibenden Fischernetzen und Teppichen aus Dreck und Plastikmüll – besonders für die noch unerfahrenen Kälber.

Dabei trifft es die vom Aussterben bedrohten Pottwale am härtesten. Die größte Gefahr für die langsamen Schwimmer sind Kollisionen mit Frachtern und Tankern. Maßnahmen wie die Umleitung stark befahrener Routen, Geschwindigkeitsbegrenzungen und Mindestentfernungen sind nur ein Tropfen auf den heißen Stein. Umso begeisterter begrüßen Umweltschützer selbst die kleinsten Hoffnungsschimmer: Als im Frühjahr 2019 vor Cape Cod zwei Pottwal-Kälber gesichtet wurden, sprach man in den sozialen Medien sogleich von einem Mini-Baby-Boom.

Whale Watching, reguliert

Zwischen Cape Cod und Bar Harbor bieten mehrere Dutzend professionelle Veranstalter Waltouren an: In Schlauchbooten, modifizierten Fischkuttern und modernen Ausflugsdampfern schippern sie Gäste aufs Meer hinaus, Experten überbrücken die ›walfreie‹ Zeit mit fachkundigen Exkursen zum Thema.

Allerdings, wie nahe man dem größten lebenden Säugetier kommen wird, ob man ihn nur als schwarzen Flecken am Horizont sieht oder aber so nahe, dass man seinen nach Fisch und Krill stinkenden Atem riechen kann, entscheidet der Wal, nicht der Skipper. Der ist an strenge Verhaltensmaßregeln gebunden. Die Gäste sind trotzdem zufrieden. Denn einen oder gar mehrere dieser Giganten der Meere erleben zu dürfen, gehört zu den Sternstunden im Leben – selbst wenn sich diese nur mit ihrer Fontäne zu erkennen geben. ∎

Wo die Menschen Moxie haben

Abstecher zu alten Werten — Im hintersten Winkel von Maine erinnert sich Amerika alljährlich beim Moxie Festival seiner ersten Nationallimonade, weit vor Cola & Co.

Der sportliche Millennial ist nicht von hier. »I'm from the City«, sagt er selbstbewusst – und überhaupt filme er das Ganze nur für seinen alten Onkel. Der werde bei diesem Thema immer so rührselig. Und dennoch: Er ist gekommen. Genau wie die Großfamilie aus Arkansas, das Bikerpärchen aus Michigan und da drüben, da parken sogar Autos aus Florida und Kalifornien. Dabei ist Lisbon ist ein Kaff, wo sich Hund und Katze gute Nacht sagen und Neuengland mit am weißesten und ärmsten ist. Trucks kosten hier mehr als Häuser, Arbeitsplätze sind rar. Touristen kommen selten.

Doch einmal im Jahr findet Mitte Juli das Moxie Festival statt. Um eine braune Brause zu konsumieren und Amerikas Nationallimo zu feiern. Wer jetzt an Coca-Cola denkt, ist auf dem Holzweg. Die Limo aus Atlanta ist viel zu unpersönlich, sagen die Leute hier. Und sei außerdem zwei Jahre jünger. Denn am Anfang war nicht Coca-Cola. Am Anfang war … Moxie!

Mystische Limo

Der Großstädter arbeitet jetzt mit der Demut des Dokumentarfilmers. »Mann, das ist historisch«, zischt er. An einem Stand filmt er ein Spalier alter, brauner Moxie-Flaschen aus den dreißiger Jahren. Der Besitzer, ein Mensch aus Kentucky, verlangt 40 Dollar pro Flasche. Und nebenbei bietet er stapelweise ein Buch an, »The Moxie Mystique« aus 1981 von einem gewissen Frank N. Potter. Es wird hier zum Bestseller …

Wer das Moxie Festival besucht, liebt alles, was irgendwie mit Moxie zu tun hat. Den Namen, der in den amerikanischen Sprachgebrauch einging und so etwas wie Courage bedeutet. Oder in Texas eben Cojones. Das alte weiße Amerika klebt an den mit Moxie verbundenen Bildern aus einer Zeit, als das Land jünger, wilder, unschuldiger war. Und daher auch die Geschichte dieser Limo, die sich in den zwanziger Jahren besser verkaufte als Coca-Cola. Usw., usf. … Der Millennial flucht plötzlich, sein Digitalspeicher ist voll.

MOXIE FESTIVAL M

Zweites Wochenende im Juli, in Lisbon (Maine), www.moxiefestival.com. Über die Website gibt's auch ein ›Moxie Radio‹ mit Classic Hits aus den guten 70ern und 80ern. Jedoch: 2018 wurde Moxie von Coca-Cola gekauft. Um, wie es hieß, der Traditionsmarke die Anpassung an einen zeitgemäßen Geschmack zu ermöglichen. Ob das klappt? …

Dabei schmeckt Moxie, ehrlich gesagt, nach Hustensaft mit Meerrettichgeschmack. Nur die Kohlensäure treibt es runter. Das Zeug wurde 1884 in Lowell, Massachusetts, erfunden – von einem gewissen Dr. Augustin Thomas. Als Mittel gegen alles, vor allem aber gegen Impotenz, Gehirnerweichung und allgemeine Hilflosigkeit.

America only

Die Verkäufe überließ Dr. Thomas PR-Strategen. Die erklärten das alkoholfreie Getränk zum Autofahrerdrink – Alkohol am Steuer war damals ein ganz neues Problem. Mit Slogans wie »Distinctly Different« sprach Moxie den Mann von Welt an. Das traf das damals ungestört sprießende amerikanische Draufgängertum – ebenso wie der Slogan »What this Country needs is plenty of Moxie«. Der lief gut zwischen den beiden Weltkriegen, als auch der Isolationismus hoch im Kurs stand. Die Depression überstand allerdings nur Coca-Cola. Doch irgendwie überlebte auch Moxie, vor allem in Maine.

In Lisbon nähert sich das Moxie-Festival seinem Höhepunkt. Nach Blaskapellen, klapprigen Veteranen, durchtrainierten Marines in Tarnanzügen, jeder Menge »God bless America« und einer bildhübschen Miss Maine reitet ein gewisser Will Markey auf einem der letzten Moxie Mobiles vorbei. Über ein Dutzend dieser schwarzen, ein weißes Holzpferd mit Lenkrad tragenden Karossen trommelten damals landesweit für die Brause.

Den Alten schießt Wasser in die Augen. Ein Senator, der wiedergewählt werden will, nutzt die Gunst der Stunde und schwört, in der nächsten Amtszeit noch mehr ›Moxie‹, sprich: Courage, zu zeigen. Gerade heute brauche Amerika wieder mehr davon. Die Menge jubelt. ∎

Auf dem Moxie Festival feiert das weiße Amerika die gute alte Zeit, natürlich mit alten, motorisierten Werbeikonen.

Neuengland zu Fuß

Hart an der Grenze — Die White Mountains sind ein Hiker-Dorado, berüchtigt für ihre Wetterstürze, als Bootcamp für Himalaya-Expeditionen, Härtetests im Sturmwind. Und Neuenglands übrige Wanderreviere stehen dem kaum nach.

Mit den schönsten Wanderwegen in Neuengland verhält es sich ein wenig so wie mit den Menschen hier: Sie machen nicht viel Aufhebens um sich. Als ob sie sagen wollten, wir wollen kein großes Trara. Kommt einfach her, wandert uns. Die auf den ersten Blick unspektakuläre Topografie in der Mitte der Region kommt dem entgegen: Kein Berg ist über 2000 Meter hoch, Gletscher und ewiger Schnee sind Fehlanzeige. Doch nichts wäre falscher, daraus auf leichtes Spiel zu schließen …

Verdammt steil

Schon nach dem ersten Tag auf dem **Appalachian Trail,** dem berühmten Fernwanderweg von Georgia nach Maine, steckt mir jeder Kilometer wie ein Bremsklotz in den Knochen. Dabei habe ich doch so brav trainiert: Stufen statt Rolltreppen, Fahrrad statt U-Bahn, Kniebeugen, Liegestütze. Alles umsonst. Die White Mountains sind steil. Verdammt steil. Und steinig, steinig, steinig.

Die Zeitangaben auf den Schildern sind ein Thema für sich. Viereinhalb Stunden, steht auf dem Schild am Pinkham Notch Visitor Center (s. S. 184), brauche man für die 12 km hinauf zum **Mount Madison**. Doch viereinhalb Stunden später konstatiere ich verdrossen: Wer das geschrieben hat, hat glatt gelogen. Oder war, wahrscheinlicher, einfach besser in Form als ich.

Wettersturz inklusive!

Wie es mir danach erging? Irgendwann bog der über die Ostflanke des Mount Washington verlaufende Pfad bergwärts ab. Nicht in Serpentinen, ach was, schnurgeradeaus strebte er die zwischen 60 und 70 Grad steile und zerklüftete Osgood Ridge den Mount Madison hinauf. Kurz unterhalb des Gipfels zeigten mir dann die Whites, was sie wettermäßig draufhaben: Das Quecksilber fiel um 15 °C, schwarze Wolken zogen den Himmel zu. Ein scharfer Wind zerrte an der feuchten Kleidung, ich schwitzte und fror zugleich.

Sieben Stunden nach dem Aufbruch krabbelte ich dann auf schwarzen Geröllbrocken über den Gipfel. Auf der anderen Seite, 300 m tiefer auf einem Sattel, lag schließlich das Tagesziel. Die Madison Spring Hut war erreicht – nicht viereinhalb, sondern acht Stunden später …

Der Berg der Berge steht nicht im Himalaya

Der **Mount Washington** (s. S. 184) ist der höchste Gipfel der White Mountains – was erst vor Ort beeindruckt, wenn man in den engen Tälern den Kopf in den Nacken legen muss, um zu seinen Gipfeln hinaufzublicken. Oder wenn man feststellt, dass die eiskalten Winde aus Kanada die kahlen Gipfelplateaus der Presidential Range in Mondlandschaften verwandeln und die Baumgrenze auf 1300 m gedrückt haben.

DURCH DIE GREEN MOUNTAINS

Wer die 438 km des Long Trail an einem Stück wandern will, sollte einen Monat veranschlagen und die Hilfe des Green Mountain Club in Anspruch nehmen, da ›Food Drops‹ – das Deponieren von Nahrungsmitteln an vereinbarten Stellen – erforderlich sind. Übernachtet wird im Zelt und/oder in einfachen Unterständen.
Beste Zeit: Mitte Juli bis Mitte Sept.
Info: Green Mountain Club, 4711 Waterbury-Stowe Rd., Waterbury, T 802 244 7037, www.greenmountainclub.org

Nicht von ungefähr kommen bis heute Wanderer, Touristen und manchmal selbst Einheimische in ihnen um. Diesbezüglich am eindrucksvollsten ist die Gedenktafel auf dem Mt. Washington. Im Eingang des wegen der hier oben gemessenen Windgeschwindigkeiten um 300 km/h festungsartig ausgebauten Besucherzentrums erinnert eine Tafel mit langen Namenreihen an die seit den 1820ern hier ums Leben gekommenen Wanderer. Seit den 1960ern reicht der Platz nicht mehr. Seitdem werden die Namen auf Schildchen direkt an der Wand angebracht.

Hart über der Baumgrenze

In dem 438 km langen **Long Trail** haben die Green Mountains – durch den Mount Mansfield (s. S. 167) mit 1339 m nur gerade eben über die Baumgrenze reichend – einen weiteren berühmten Fernwanderweg. Vermonts ›Langer Pfad‹ beginnt bei Williamstown (MA) und überquert auf seiner Reise nach North Troy (VT) im Norden die höchsten Gipfel der Green Mountains. Einen Monat braucht, wer alle Etappen abwandert.

Damit steht er in puncto Härte auch den anspruchsvollsten Trails der White Mountains nicht nach. Die berühmtesten Vier-Jahreszeiten-Spielplätze des Ostens befinden sich ebenfalls hier: Stowe und Killington, Skiresorts im Winter und Hiking- und Mountainbiking-Paradiese im Sommer.

Nur noch Tunnelblick

Nur für erfahrene Hiker: die **100 Mile Wilderness** (s. S. 229) im Norden von Maine. Sümpfe, Seen und Berge, vor allem aber die atemlose Stille machen den Reiz zwischen Monson und Abol Bridge kurz vor dem Baxter State Park aus. So mancher hat sich hier bereits verlaufen, so auch der Reiseschriftsteller Bill Bryson (s. S. 240). Profi-Hiker empfehlen, erst jedes Wochenende zwei- bis dreitägige Wanderungen mit 20-Kilo-Gepäck auf dem Rücken zu unternehmen, um sich fit zu machen. Denn man muss jeden Tag acht bis zwölf Stunden mit schwerem Rucksack über die mit Geröll und fiesen Baumwurzeln übersäten Trails bergauf und -ab kraxeln. Der einzige Weg hindurch ist der Appalachian Trail, der weiter nördlich auf dem Mount Katahdin seine Reise durch die USA beendet.

Zehn Tage dauert der Trek, einmal drin, bleibt man drin. Ausstiegsmöglichkeiten unterwegs gibt es nicht. Veteranen beschreiben ihn als tunnelähnliches Erlebnis – und die Konfrontation mit der Einsamkeit (neben den physischen Strapazen) als größte Herausforderung. Zelt und Proviant sind mitzuführen, gezeltet wird meist in einfachen Unterständen, die ›lean-to's‹ genannt werden.

Horizonte sehen

Last but not least: die Wanderwege im **Acadia National Park** (s. S. 221) an der Nordküste Maines. Der einzige Nationalpark Neuenglands, mit 142 km² ein rechter Winzling, umfasst Mount Desert Island, die Schoodic-Halbinsel gegenüber und die Isle au Haut. Dort sind immerhin 200 Trailkilometer ausgeschildert: ein Netz höchst attraktiver Wanderwege durch ein erstaunlich artenreiches Biotop.

Die Palette reicht vom Spaziergang zum Biberdamm bis zu atemberaubenden Kletterpartien über riesige, übereinandergetürmte Felsbrocken. Dabei liegt der besondere Reiz in der Nähe zum Meer: Der Atlantik bleibt stets in Sicht-, Hör- oder Reichweite. ∎

HÄRTETEST IN DER 100 MILE WILDERNESS

10 bis 14 Tage sind für die Durchquerung der 100 Mile Wilderness zu veranschlagen. Nahrungsmittel und Zeltausrüstung müssen mitgeführt werden. Viele Hiker parken den Wagen in Monson und trampen nach Abol Bridge, von wo aus sie zurück nach Monson wandern. Veteranen vom Appalachian Trail beschreiben die 100 Mile Wilderness als den strapaziösesten Hike in Nordamerika.
Beste Zeit: August bis Anfang Sept. Info: www.sectionhiker.com oder www.outdoors.org und in der Suche 100 Mile Wilderness eingeben.

Auf dem Appalachian Trail begegnet man seltsamen Gestalten: Thru-Hiker, die in einer Lebenskrise für drei Monate in der Wildnis verschwinden. Der Blick zur Sonne gibt neue Kraft.

Von Salzkisten und Glashäusern

Angefangen hat es in Erdlöchern — mit Strohmatten abgedeckt, in denen die ersten Siedler hausten. Und heute? Hochhäuser aus Glas und Stahl prägen Neuenglands moderne Architektur.

Das Museumsdorf Plimoth Plantation bei Plymouth (www.plimoth.org) ist der beste Ort, um die Anfänge Neuenglands zu erleben. Wie klein, ja winzig die ersten Behausungen waren! Alle Dächer aus Stroh, Hütten mit nur einem Zimmer, ein 4 m hoher Palisadenwall schützt Dorf, Gärten und Viehweiden. Denn draußen war Wildnis und Krieg. Die stilecht verkleideten ›Bewohner‹ können das Bild gut faken, nicht aber die Bedrohung, in der die Siedler lebten.

Ein Heim ohne Grenzen, das muss man erst mal aushalten. Die Glasshouses spiegeln die Moderne.

Vom Colonial zum Georgian Style

Erst gegen Ende des 17. Jh. – die Gefahr war gebannt – wurde größer gebaut. Das Old Hoxie House von 1665 in Sandwich (Cape Cod) mit seinem asymmetrischen Dach und das 1667 errichtete Paul Revere House in Boston mit seinem vorkragenden Obergeschoss sind für den Colonial Style exemplarisch. Um 1700 war die **Saltbox**‹ – von dreistöckig für den Wohntrakt bis zum einstöckigen Stall abfallend – die übliche Hausform als Fachwerkbau aus Holz. Zudem besaß die zutiefst religiöse Kolonialgesellschaft als größte öffentliche Gebäude noch keine Kirchen, sondern traf sich in schlichten ›Meeting Houses‹ zu Gottesdiensten und Bürgerversammlungen.

Mit wachsendem Wohlstand gab es zwischen 1720 und 1775 einen neuen Bauboom. Reiche Kaufleute kopierten den in England modischen Georgian Style mit seinen Portiken und streng symmetrisch über die Fassaden verteilten Fenstern und Türen – aber immer noch in Holz. Fast jede Stadt besaß nun wenigstens eine oder mehrere Kirchen dieses Stils. Mit ihren Türmen und strahlend weißen Fassaden wurden sie zur Visitenkarte der Stadt. In Portsmouth (NH) und Litchfield (CT) werden Sie besonders viele solcher Häuser sehen.

Federal Style und Greek Revival
Nach der Unabhängigkeit dokumentierte die nächste Generation amerikanischer Architekten die neu gewonnene Distanz zu Europa mit dem Federal Style (1780–1820). Ein balustradengesäumtes Flachdach ersetzte nun das Walmdach, eine detailverliebtere, oft aus rotem Backstein gemauerte Fassade mit verlängerten Fenstern vermittelte Dynamik. Runde und ovale Räume kamen in Mode, ebenso elegant geschwungene Wendeltreppen. Der Bostoner Charles Bulfinch (1763–1844) war der einflussreichste Architekt seiner Zeit, er baute u. a. das Massachusetts State House in Boston, das treffend Optimismus und Aufbruchstimmung der jungen USA formulierte. Besonders viele Federal-Style-Häuser finden Sie überall dort, wo lukrativer Handel einst astronomische Gewinne in die Kassen spülte: in Salem, Portsmouth und Providence. Während der 1830er-Jahre wurden die Häuser monumentaler. Ein wuchtiger Portikus verzierte nun die Frontseite, vor allem bei öffentlichen Gebäuden wie dem Quincy Market in Boston. Ein wahres Schaufenster für diesen Stil ist das Städtchen Grafton, wo weitsichtige Bürger schon in den 1960er-Jahren die alten, säulenverzierten Häuser unter Schutz stellten.

Dann ebbte auch die Griechenland-Begeisterung ab. An den Flüssen schossen riesige Textilfabriken aus dem Boden, im Stil an den Federal Style erinnernd – groß, rotziegelig, symmetrisch. Ihre Besitzer wollten jedoch mehr, schließlich hatten sie genug Geld für repräsentative Extratouren. Und so bauten die Architekten, was den Auftraggebern gefiel: Sommerhäuser in französischer Gotik, ganze Viertel wie Bostons Back Bay im Second Empire, ländliche Refugien in den Berkshires im verspielten Queen Anne Style. Alle Grenzen sprengten schließlich die ›Mansions‹ von Newport (RI): Schlösser für Milliardäre wie den Rockefeller- und Vanderbilt-Clan.

Gebaute Visionen
Zu Beginn des 20. Jh. wies das Stahlskelett den Weg nach oben. Das erste Hochhaus in Boston war 1916 das 16-stöckige Customs House. Aber erst als Innovatoren mit dem Postmodernismus die Ornamentik zurückbrachten, griffen auch Neuenglands Großstädte Boston, Hartford und New Haven begeistert zu. Die Attribute dieses Stils sind ungewöhnliche Farbkombinationen und Baustoffe sowie klassische Elemente.

Ihr ästhetisches Rüstzeug erhielten diese Architekten auch auf der Harvard Graduate School of Design in Cambridge. Ende der 1940er-Jahre brachte die berühmte Architektenschule eine Reihe visionärer Reißbrett-Rebellen hervor, die sich um den Gropius-Schüler Philip Johnson scharten und in dem Dorf New Canaan (CT) als ›Harvard Five‹ Häuser im minimalistischen Stil bauten. Vor allem Johnson, der 1987 dem Sony Building in Manhattan ein neogeorgianisches Dach aufsetzte und damit die Postmoderne auf den Weg brachte, war in New Canaan aktiv: Mit dem Glasshouse Compound aus 14 von der deutschen Bauhausarchitektur der 1920er-Jahre beeinflussten Strukturen setzte er sich ein spektakuläres Denkmal (www.theglasshouse.org).

Welche Formen und Materialien die Zukunft bereithält, demonstriert das Institute of Contemporary Art in Boston. Die Postmoderne ist out: Glas, Transparenz und so gut wie kein Dekor bilden die Formensprache der Zukunft der Städte Neuenglands. ■

Das zählt

Zahlen sind schnell überlesen — aber sie können die Augen öffnen. Nehmen Sie sich Zeit für ein paar überraschende Einblicke. Und lesen Sie, was in Neuengland zählt.

694.583

Einwohner zählt Boston, etwas weniger als Frankfurt/M. Jeder vierte ist schwarz oder Afroamerikaner, jeder zehnte hat asiatische Wurzeln.

6

ist nicht nur die Zahl der Neuengland-Staaten. Alle sechs sind auch immer in den Rankings der 10 oder 15 umweltfreundlichsten Bundesstaaten vertreten. Vermont pflegt dabei wegen seiner Luftqualität ganz vorne zu liegen, gefolgt von Massachusetts wegen seiner strengen, ökologisch orientierte Firmen begünstigenden Umweltpolitik und New Hampshire wegen seiner landesweit erfolgreichsten Recyclingwirtschaft.

376

Stundenkilometer betrug die 1934 auf dem Gipfel des Mount Washington höchste gemessene Windgeschwindigkeit. Bis 1996 war dies weltweiter Rekord. An über 100 Tagen im Jahr sind es über 120 km/h – also Hurrikanstärke!

70.000

Elche hausen in den Wäldern von Maine, rund 3500 in New Hampshire, über 2000 in Vermont und knapp 1000 in Massachusetts. In Connecticut wurden zuletzt gut 100 gezählt. Die Schwarzbären erleben dieser Tage eine Renaissance: 6000 in Vermont, 4500 in Massachusetts, 5700 in New Hampshire und sage und schreibe knapp 30 000 in Maine.

760.000

Tonnen Kohlendioxid filtern Neuenglands Bäume jährlich aus der Luft. Kluge Köpfe haben auch errechnet, dass dies 550 Mio. Dollar an Gesundheitsausgaben einspart.

5.597

Kilometer lang ist die Küstenlinie von Maine. Länger als die von 46 anderen Bundesstaaten. Noch länger sind nur die von Louisiana, Florida und Alaska.

86,4

Prozent aller Haushalte haben in New Hampshire einen Internetanschluss. Schlusslicht der Neuengland-Staaten ist Maine mit 80,7 %. In Deutschland haben 94 % aller Haushalte Internet.

164

Menschen sind seit 1849 in der Presidential Range rund um den Mount Washington verunglückt, eingeschlossen drei Personen im Jahr 2019. Häufigste Todesursachen: Unfälle, Unterkühlung, Lawinen.

23,36

Kilogramm betrug das Gewicht des größten je in Neuengland – und in Nordamerika – gefangenen Hummers. 1926 ging er einem Fischer in Maine ins Netz. Mit 83,82 cm Länge und 128,27 cm langen Scheren war er ein wahres Monster der Tiefe.

11,5

Mikrobrauereien auf 100.000 Einwohner – damit ist Vermont offiziell ein Craftbier-Hotspot in den USA. Souverän führt es das nationale Gerstensaft-Ranking an. Zweiter ist das mit Colorado gleichauf liegende Maine mit 9,5 Brauereien. Craftbier-Liebhaber sind in Neuengland gut aufgehoben!

1.

Platz: Trotz Konkurrenz aus New York und Silicon Valley sieht der renommierte Bloomberg Index in Massachusetts den innovativsten Bundesstaat der USA. Wegen der enormen Konzentration visionärer Startups und Softwareentwickler und eines scheinbar unerschöpflichen Pools hier geschulter Spezialisten.

14

Weingüter im Südosten Neuenglands profitieren von den sandigen Böden und dem milden Klima. Neben Klassikern wie Rieslings und Pinots werden hier vor allem dem Klima angepasste Sorten wie Seyval und Marquette angebaut. Inzwischen können sich die Resultate durchaus sehen lassen. Besuchen kann man die Güter mit dem Coastal Wine Trail von Truro auf Cape Cod durch Rhode Island bis nach Preston in Connecticut (www.coastalwinetrail.com).

74.167

Dollar beträgt das Haushaltseinkommen in Massachusetts. Den Neuengländern geht es, gemessen am nationalen Durchschnitt von 59.039 $, recht gut. Nur Vermont (57.808 $) und Maine (53.024 $) liegen darunter.

2,5

Millionen Dollar soll der Immobilien-Mogul Charles Kushner der Harvard-Universität geschenkt haben. Sein eher mittelmäßig begabter Sohn Jared Kushner, inzwischen Schwiegersohn von Präsident Trump, erhielt kurz darauf einen Studienplatz.

39

Titel haben die Profiteams der Boston Red Sox (Baseball), Boston Bruins (Eishockey), Boston Celtics (Basketball) und Boston Patriots (Football) bisher gewonnen. Mehr haben nur die Teams aus New York City eingesammelt.

Wo jeder deinen Namen kennt

Der gute alte General Store — Einen solchen Allround-Laden sollten Sie auf Ihrer Reise wenigstens einmal betreten. Schon oft totgesagt, erlebt er in Neuengland ein bemerkenswertes Comeback.

1840 begann er als Vorratslager für frisch geerntete Johannisbeeren. Wenig später wurde er ein Schuhgeschäft und 1856 schließlich ein General Store. Und das ist der »1856 Country Store« an der 555 Main Street in Centerville auf Cape Cod bis heute.

Stellen Sie sich das vor: Ein winziger Tante-Emma-Laden, der über 170 Jahre lang allen Trends und Großhandelsmonopolen getrotzt hat! In dem knallroten, bis unter die Decken mit Handelsware vollgestopften Holzhäuschen mit den beiden amerikanischen Flaggen davor gibt es Süßigkeiten für ein paar Cents, Ansichtskarten, hausgemachte Seifen, Marmeladen und Gelees, Eiskreme, Souvenirs und auch aufblasbare Wasserbälle. Weiter hinten warten auch Windeln mit sinnigen Sprüchen wie »Does this diaper make my butt look big?« sowie Haushaltsgegenstände auf Käufer.

Das Besitzerehepaar und seine Angestellten sind freundlich und aufmerksam, die Kunden lächeln und bleiben länger. Die schönste Visitenkarte des Ladens sind jedoch die beiden Bänke beiderseits der Eingangstüre. Die linke ist laut Schild an der Rücklehne für ›Democrats‹, die rechte für ›Republicans‹. In einer sich zusehends polarisierenden Gesellschaft ist dies ein schöner Hinweis auf Inklusivität: Hier sind alle willkommen, egal welcher Partei sie anhängen. Der 1856 Country Store ist, was man in Nordamerika als ›happy place‹ bezeichnet – ein Ort zum Wohlfühlen.

Ein sozialer Brennpunkt

Im 20. Jh. haben die riesigen Shopping Malls, Factory Outlets und Großhandelszentren ihnen arg zugesetzt. Gänzlich von der Landkarte gewischt haben sie sie jedoch nicht, im Gegenteil: Vor allem im Nordosten erleben die General Stores seit zwanzig Jahren ein bemerkenswertes Comeback. Während dieser Zeit machten mehr auf als zu.

Der amerikanische Journalist Ted Reinstein hat darüber ein Buch geschrieben und erklärt diese Renaissance

Irgendwie gemütlich, menschlich, oldschool und liebenswert. Die General Stores sorgen für (fast) alles, bewahren die alte Zeit und trotzen so den Supermärkten der seelenlosen Vorstädte. Am besten: Hier kann man reden, sich treffen, ergo: zu Hause sein.

in einem Interview so: »Menschen verbringen ihr Leben an drei Orten: daheim, auf Arbeit und an einem sozialen Ort außerhalb dieser beiden. Im ländlichen Neuengland pflegten das die Kirche oder der Friseur zu sein. Oder aber der General Store.« Tatsächlich ist Neuengland eine der Regionen in den USA mit der größten Dichte dieser Tante-Emma-Läden. »Wer dort einkauft, trifft Nachbarn. Unterhält sich, erfährt Neuigkeiten. Und genau darum setzen sich Einheimische und selbst die Gemeinde-Oberen für ihren Erhalt ein.«

Großhandelsketten, wo man das eingesparte Geld mit Anonymität bezahlt, schaffen das nicht. Denn lange vor Costco & Co. gab es den General Store. Er war – und ist vielerorts noch immer – das Herz der Gemeinde. Man kennt sich, erkundigt sich nach dem Wohlbefinden der Familie und wie sich die Kids auf dem College machen. Auch deshalb kursieren im Netz zahlreiche Rankings der schönsten Country und General Stores Neuenglands. Manche reichen bis in die Kolonialzeit zurück, andere sind »nur« sechzig, siebzig Jahre alt und überleben vor allem als Souvenirshops.

Nostalgie-Shopping

Sie alle bieten jedoch ein nostalgisches, typisch neuenglisches Shoppingerlebnis. Wie z. B. der Williamsburg General Store in 12 Main St., Williamsburg (www.wgstore.com) mit seinen Fußböden aus 150 Jahre alter Eiche und seinen bis zum letzten Zentimeter mit frischem Brot, Süßwaren, Schmuck, Seifen, Gewürzen und Spielzeug vollgestellten Auslagen und Regalen. Oder der Village Store in 660 Main St., Weston (www.westonvillagestore.com, s. S. 154), der genug Vermonter Käse im Angebot hat und dazu eine kleine Snackbar, um problemlos eine Stunde oder mehr in uriger Nachbarschaftsatmosphäre zu verbringen. ■

Lang lebe das Hummerbrötchen!

Ich esse Hummerbrötchen — Verzeihung: Lobster Rolls, für mein Leben gern, und dabei pflege ich keine ethischen Bedenken zu haben. Versuchen wir ein Plädoyer für die gute alte neuenglische Küche.

Die Frage, ob das Krustentier beim Eintauchen in kochendes Wasser leidet oder ob man es besser mit einem gezielten Stich ins Gehirn erdolchen sollte, stellt sich mir nicht. Eher schon, ob, Proteine hin und her, das viele Cholesterin gut ist fürs Herz oder nicht. Aber wie alles im Leben, so ist es auch mit ›all things lobster‹: Zu viel des Guten ist nie gut und in Maßen genießen Trumpf.

Lobster Rolls gibt es in den Lobster Shacks entlang der Küste, und zwar in den verschiedensten Variationen. Die einfachste Variante ist der Klassiker. Er besteht einfach nur aus gebutterten, fangfrischen Hummerstückchen zwischen zwei frischen oder gedämpften Brötchenhälften. Das Fleisch ist meistens kalt und stammt aus Schere, Schwanz und Gelenk. Zitronenscheiben für den Spritzer sind dabei, Majo meistens auch, und alles kommt in Pappschachteln mit Papierserviette.

Häufiger jedoch begegnet man inzwischen den Lobster Salad Rolls. Dabei wird das Hummerfleisch mit grünem Salat, Sellerie, Zitronensaft, Salz, Pfeffer und Majo gemischt. Mal wird dies,

Ist Hummer lecker? So appetitlich frisch präsentiert doch auf jeden Fall. Kein Wunder, dass er zum Nationalgericht wurde.

will man modern sein, zwischen zwei Baguettehälften serviert, mal zwischen Toastscheiben oder Burgerbrötchen.

Egal wie die Lobster Roll daher- kommt, eines ist sicher: Hummerbröt- chen schmecken immer! Wie eigentlich so gut wie alles aus der neuenglischen Küche, von den mit Molasses gesüßten Boston Baked Beans über das Johnny- cake genannte Fladenbrot aus Maismehl bis zur allgegenwärtigen, mit Kartoffeln und Sahne angereicherten Muschelsuppe namens Clam Chowder. Fragt sich an- gesichts des Rummels um das Konzept der Regional Cuisine in den USA nur, warum diese – und viele andere für den Nordosten typische Gerichte – es bis jetzt nicht geschafft haben, eine neue neueng- lische Küche anzuschieben.

Zauberwort: regionale Küche

Es gibt doch eine Low Country Cuisine aus Carolina und eine Kalifornien und Oregon gewidmete Northwest Coast Cuisine! Und zwischen Cape Cod und Vermont zahllose, nur saisonale Pro- dukte aus der Region verarbeitende Restaurants! Traditionelle Rezepte aus Neuengland dagegen, wie Yankee Pot Roast (Rinderbraten) und New Eng- land Boiled Dinner (Schmortopf mit Rindfleisch und Gemüse) werden von den durchaus kreativen Chefs weitge- hend ignoriert. Und Restaurants, die mit traditionellen Rezepten spielen wie in Boston etwa, machen entweder schnell wieder zu oder entfernen allzu Neueng- lisches wie den Schmortopf wieder von ihren Speisenkarten.

An Erklärungen mangelt es nicht. Die permanente Verwendung regionaler Produkte in gehobenen Restaurants sei einfach zu teuer, sagen einige. Andere verweisen auf die bereits stattfindende Annäherung von lange unvereinbar ge- glaubten Kochtraditionen und kritisie- ren die eurozentrische Interpretation der neuenglischen Küche. In einem sind sich alle einig: Die traditionelle neuenglische Küche hat seit den genussfernen Puri- tanern einen Ruf als schwer verdaulich und schlichtweg langweilig. Jeder denke sofort – und nur – an Muschelsuppe und Baked Beans.

Aber zurück zur Lobster Roll. Die Fleischstücke – am besten kommt der Lobster gerade aus dem Atlantik – sind fleischig, fast schwammig und schme- cken etwas süßer als Krabben, haben aber nicht den Fischgeruch. Der Wohl- fühl-Faktor beim Essen ist unbestreitbar: Es schmeckt, der Stress daheim im Büro löst sich endgültig in Luft auf, jetzt ist Genuss ohne Gewissensbisse angesagt, wozu hat man sonst Urlaub. Politisch un- korrektes Futter für die Seele? Comfort Food, wie man hier so schön sagt!

Lobster Roll ließe sich beliebig mit Clam Chowder und Yankee Pot Roast austauschen. Sie alle haben zwei Dinge gemeinsam: Sie klingen nicht sexy. Und sie schmecken einfach fantastisch. Viel- leicht finden die kreativen Chefs in Bos- ton auch deshalb keinen rechten Weg, sie weiterzuentwickeln. Dazu schmecken Lobster Roll & Co. ganz traditionell ein- fach viel zu gut. ∎

SORRY, MAINE!

Auch wenn die meisten Lobs- ter Shacks in Maine stehen: Die Lobster Roll wurde in Connecticut erfunden. Wer diesen Reiseführer gelesen hat, wird sich nicht wun- dern: Connecticut ist die Heimat der erfinderischen Yankees, und sie haben dort auch den Hamburger und die New Haven ›Apizza‹ kreiert (s. S. 138). Dem Vernehmen nach erblickte die Lobster Roll das Licht der Welt im Jahre 1929, als Restau- rantbesitzer Harry Perry den Lobster Roll auf die Schnelle für einen hung- rigen Gast als Take-away fabrizierte. Perry's existiert zwar nicht mehr, aber sein Erbe lebt fort!

So soll sich die ›Mayflower‹ im Herbst 1620 durch raue See gequält haben (Bild: Marshall Johnson, geb. 1850 in Boston). Sie brachte die Pilgrim People erst in eine Katastrophe; später wurde es ein Kriegsgebiet. Zum Schluss wurde daraus der Global Leader of the World.

Reise durch Zeit & Raum

Alles begann schon viel früher — aber erst mit den Pilgrim Fathers ging es richtig los. Die Puritaner prägten die amerikanischen Wertvorstellungen. Warum Neuengland dann ein Zentrum progressiver Intellektueller wurde?

Neues Land als Paradies
11. Jh. bis 1614

Vermutlich waren die Wikinger um 1000 während der Warmzeit des europäischen Mittelalters die ersten ›Entdecker‹ des seit 13 000 Jahren von indigenen Völkern aus Sibirien besiedelten Kontinents. Von Grönland her erreichten sie über die Küsten Neufundlands auch Neuengland. Aber erst die Fahrt von John Cabot, einem Venezianer im Dienst des englischen Königs Heinrich VII., brachte Kunde über den Fischreichtum der dortigen Gewässer. Im 16. Jh. segelten Fischer aus halb Europa vor Neuenglands Küsten. Anfang des 17. Jh. benannte Kapitän Gosnold das Cape Cod und die Insel Martha's Vineyard; die erste englische Kolonie (Virginia) und eine französische im Norden wurden gegründet; Samuel de Champlain sah die grünen Berge *(verts monts)* von Vermont. 1614 benannte der für die Virginia Colony segelnde Kapitän John Smith die gesamte Küste ›New England‹.

Ein Anfang als Ende
1620

Ende 1620 gingen dann die Pilgrim Fathers der ›Mayflower‹ am Cape Cod bei Plymouth an Land. Die neue Kolonie fundamentalistischer Calvinisten, Puritaner genannt, war nicht die erste, wurde aber doch schnell die erfolgreichste Stadt der Neuen Welt. Zu der Zeit hatten von europäischen Fischern eingeschleppte Krankheiten die ›Indianer‹ bereits um die Hälfte reduziert. Weitere 50 Jahre später spielten Neuenglands ›Native Americans‹ praktisch keine Rolle mehr. Und Anfang des 19. Jh. waren sie so gründlich von der Bildfläche getilgt, dass der Amerika-Reisende Alexis de Toqueville in Neuengland feststellte, dass nur noch die Flüsse die Namen der alten Völker tragen. Abenaki, Mohican, Massachusett, Connecticut, Nauset, Narragansett, Nipmuc: vernichtet in einem beipiellosen Völkermord.

Zum Anschauen:
Plymouth und Plimoth Plantation, S. 72

Puritaner und Abweichler
1630–1763

Unterdessen ging die Kolonisierung der Region zügig voran. 1630 gründete John Winthrop, Gouverneur der Massachusetts Bay Colony, Boston und errichtete dort eine fundamentalistische Theokratie. Freidenker verließen die Siedlung – das begründete die rastlose, typisch amerikanische Suche nach Freiheit und Fortschritt – und errichteten eigene Gemeinden, wie z. B. Roger Williams 1638 Providence. Bis 1691 kamen die neuen Kolonien New Haven, Connecticut, New Hampshire und 1691 auch Massachusetts unter die Kontrolle der englischen Krone. Der French and Indian War (ab 1754) destabilisierte zwar die englischen Kolonien, doch 1759 fiel Neufrankreich und 1763 trennte sich Frankreich im Frieden von Paris von seinen Besitzungen in Nordamerika.

Zum Anschauen: Museum im Massachusetts State House, S. 28

Kolonisten werden Minutemen
1765–1775

England beutete seine Kolonien aus und gab wenig zurück. Mit restriktiven Steuergesetzen brachte London die Kolonisten noch weiter gegen sich auf. 1770 wurden beim Boston Massacre fünf Kolonisten getötet. 1773 warfen als Indianer verkleidete Bostoner Bürger aus Protest gegen die Steuer die Teeladung englischer

Mit der Boston Tea Party setzten die Kolonialisten ein Zeichen für die Unabhängigkeit – verkleidet als ›Indianer‹.

Schiffe ins Meer. Diese ›Boston Tea Party‹ und die folgenden ›Intolerable Acts‹ des Mutterlands 1774 (u. a. Schließung des Bostoner Hafens) führten noch im selben Jahr zum ersten Kontinentalkongress in Philadelphia.

Dort erklärten die 13 englischen Kolonien die Steuergesetze für null und nichtig und forderten die Siedler auf, sich zu bewaffnen und als ›Minutemen‹ innerhalb von Minuten kampfbereit zu sein. 1775 fielen in Lexington bei Boston die ersten Schüsse des Unabhängigkeitskrieges – am 17. Juni gewannen die Briten die Schlacht von Bunker Hill nur unter großen Verlusten.

Zum Anschauen:
Bunker Hill Museum in Boston, S. 28

Blutig erkämpfte Unabhängigkeit
1775–1783

Am 4. Juli 1775 erklärten sich die 13 Kolonien in Philadelphia für unabhängig. Der angesehene Bostoner John Hancock unterschrieb die Erklärung als Erster – in großen Buchstaben, damit, wie er sagte, »der König von England sie ohne Brille lesen« könne. Nach einer Reihe von Siegen wurden die englischen ›Rotröcke‹ 1777 bei Bennington erstmals schwer geschlagen. Danach verlagerten sich die Kämpfe nach Süden.

1780 trafen französische Truppen zur Unterstützung der Amerikaner in Newport ein. 1781 trugen sie zum kriegsentscheidenden Sieg der Amerikaner über den englischen General Cornwallis in Yorktown (Virginia) bei. 1783 musste Großbritannien im Frieden von Versailles die Unabhängigkeit der Vereinigten Staaten von Amerika anerkennen.

Zum Anschauen:
Lexington Battle Green, S. 61

Aufbruch ins Industriezeitalter
1790–1900

Bereits im 18. Jh. waren die Kolonien durch den globalen Handel enorm

Heute ist Boston das Zentrum des liberalen Amerika, hier beim Prostest gegen eine Anti-Gay-Demonstration.

engländer gewesen – sagen Historiker. Und ergänzen neuerdings: auch die Verfügbarkeit weiblicher Arbeitskräfte! Im 19. Jh. strömten junge Frauen, nachdem ihre Farmen den Wettbewerb mit der boomenden Landwirtschaft im Westen verloren hatten, zu Zehntausenden in die neuen Textilfabriken an den Flüssen. Familien wie die Rockefellers und Vanderbilts wurden märchenhaft reich. Zugleich formierte sich in Industriestädten wie Lowell die amerikanische Arbeiterbewegung.

Zum Anschauen: Concord, S. 61; Lowell National Historic Site, S. 65; Newport Mansions, S. 121

reich geworden. Walfang, Chinahandel und der Atlantische Dreieckshandel (Pelze und Waltran nach England, Waffen und Glasperlen nach Westafrika, Sklaven nach Amerika) finanzierten wenig später die Industrialisierung Amerikas von Neuengland aus. 1790 wurde in Pawtucket die erste mechanische Baumwollspinnerei in Betrieb genommen. Zugleich wurde Concord bei Boston als Treffpunkt von Philosophen und Querdenkern das Weimar Amerikas.

Während der nächsten 100 Jahre erlebte die Region einen beispiellosen Boom praktischer Erfindungen: Samuel Morse erfand den Telegraf und das Morse-Alphabet, Eli Whitney setzte Gewehre aus vorgefertigten, austauschbaren Teilen zusammen, Francis Pratt und Amos Whitney stellten Maschinenteile in Massenproduktion her. Im Sezessionskrieg (1861–1865) verhalfen die Waffenfabriken Neuenglands dem Norden und dem Abolitionismus, der Aufhebung der Sklaverei, zum Sieg.

Motor dieser enormen Dynamik sei der puritanische Arbeitsethos der Neu-

Progressiv und demokratisch
20./21. Jahrhundert

Schon seit Ende des 19. Jh. präsentierte sich Neuengland als vielgliedriger industrieller Standort, der Wirtschaftskrisen abfedern konnte, weil er schon früh auf die Synergie von Bildung und Forschung mit Unternehmertum und Venture-Kapital gesetzt hatte. Dabei profitierte die Region stets von ihrem großen Reservoir qualifizierter Fachkräfte.

Die Neuengländer, seit der Wahl ihres berühmtesten Sohnes John F. Kennedy zum Präsidenten (1960) traditionell im demokratischen Lager, sind bis heute dem unabhängigen Denken treu geblieben. Das bewiesen sie im Jahr 2000, als sie dem parteilosen Kandidaten John McCain während der Vorwahlen mehr Stimmen gaben als Demokraten und Republikanern zusammen, und zwischen 2004 und 2010, als alle Neuengland-Staaten – als erste im Land – die ›Homo-Ehe‹ legalisierten. Und zuletzt 2019 in Boston, als sie zu Tausenden gegen die ›Straight Pride‹, eine Demonstration homophober Bürger, protestierten.

Zum Anschauen: Faneuil Hall in Boston, S. 24; John F. Kennedy Presidential Library, S. 39

Kunst in vielen Dimensionen

Neuengländer sind kunstsinnig — für sie ist Kunst alles, was Sehgewohnheiten aufbricht. Das kann ein Erzeugnis aus Sperrholz sein oder ein Stück Mixed Media Pop Art mit umweltkritischer Botschaft. Und auch mal eine aufwendige Installation, deren Sinn keiner versteht.

Building 5, eine der größten Ausstellungshallen der USA, hat schon viel gesehen. Eine Kette aus neun von der Decke baumelnden Ford Taurus etwa. Für eine 15 Tonnen schwere Skulptur von Louise Bourgeois wurde sogar der Betonfußboden verstärkt. Bei den Installationsplänen des Schweizer Künstlers Christoph Büchel musste das **Massachusetts Museum of Contemporary Arts** (MassMoCA, s. S. 106) jedoch kapitulieren – allerdings nicht aus Platzgründen.

Büchel hatte 2007 einen Öltanker, ein zertrümmertes Polizeiauto, neun Container, ein Wohnmobil, neun (entschärfte) Bomben und ein in vier Teile zerschnittenes Haus nach North Adams geschafft. Ein Streit ums Budget ließ das Mega-Projekt jedoch sterben. Zurück blieb eine der größten Recycling-Aktionen Neuenglands.

Dynamisch & quicklebendig

Wer wissen will, wie Amerikas und vor allem Neuenglands Kreative die Welt sehen, muss ins MassMoCA. Das 1999 in den 26 Fabrikhallen der Pleitefirma Sprague Electronics eröffnete Museum für zeitgenössische Kunst ist das größte seiner Art im Land. Staatsgelder, vor allem aber Spenden privater Geber machten aus der rotziegeligen Stadt in der Stadt einen Erfolg, der nicht nur die wirtschaftliche Renaissance des 18 000-Einwohner-Städtchens, sondern der gesamten Region initiierte.

Zum Konzept dieses Kunstmuseums gehört, dass es keine permanenten Ausstellungen gibt. Alle zehn, elf Monate zieht ›frische‹ Kunst in die riesigen Hallen ein und sorgt damit für eine Dynamik, die Betrieb im permanenten Startup-Modus signalisiert.

Neuengland inspiriert

Kaum verwunderlich also, dass North Adams als Paradebeispiel einer neuen Philosophie gilt, die Städte eher als kreative denn als kommerzielle Zentren sieht. Amerikas Nordosten, wo man es nie weit

Sieht nicht sooo großartig aus? Die kleinen Dinge zählen oft auch. Das Museum of Everyday Life von Claire Dolan versammelt Kurioses und Abseitiges aus dem bedrohten Alltag früherer Zeiten.

bis zur nächsten Kunstgalerie, Uni oder zum nächsten Museum hat, ist da das beste Testlabor. Neuengländer geben pro Jahr weitaus mehr für den Besuch von Museen und Galerien aus als für Sportveranstaltungen. Obgleich in der Region weniger als 5 % der Gesamtbevölkerung der USA leben, sind hier 10 % der Kunst- und Kulturorganisationen zu Hause. Weit über 40 000 Menschen arbeiten in Neuenglands Kultursektor.

Ach, diese Landschaften
Neuengland kann Kunst schon lange. Die Palette der einheimischen Künstler reicht von den ersten Porträtmalern John Smibert (1688–1751) und John Singleton Copley (1738–1815) über die Landschaftsmaler der Hudson River School in den 1820er-Jahren, die das Coastal Maine malenden Fitz Hugh Lane (1804–1865) und Winslow Homer (1836–1910) bis zu den amerikanischen Impressionisten der Ten American Painters um Childe Hassam (1859–1935).

Avantgarde-Stile wie Surrealismus und Minimalismus wurden indes weitgehend ignoriert: Viele aus Neuengland stammende oder hier arbeitende Künstler gaben lieber dem Realismus eigene Prägung. Von dem in Maine geborenen Marsden Hartley (1873–1944), der persönliche Erfahrungen mit der Schönheit der Natur verschmolz, über drei Generationen der Malerfamilie Wyeth bis zu dem in Neuengland arbeitenden Neil Welliver (1929–2005), der als bester Landschaftsmaler der Gegenwart galt – wie sie fanden viele Große der amerikanischen Kunst in Neuenglands Natur Inspiration, besonders an der Küste.

Zeitgenössische Künstler
Vor allem Provincetown, die Künstlerkolonie auf Cape Cod – die u. a. schon Jackson Pollock, George Grosz und Mark Rothko mit Inspiration versorgte –, ist noch immer ein Künstlermagnet. Die 35-jährige Zehra Khan (www.zehrakhan. com) arbeitet hier an Werken, die Unsi-

cherheit thematisieren und dabei jeglichen Naturalismus vermeiden. Weitere neuenglische Talente mit Zukunft leben ebenfalls an der Küste oder in Vermont. Die Bilder der 29-jährigen, in ihrem Wohnzimmer in Portsmouth arbeitenden Allison Kiphuth (www.allisonmaykiphuth.com) sind fein wiedergegebene Landschaften und Mini-Dioramen.

In Portland erkundet der 24-jährige Isaac Jaegerman (www.isaacjaegerman.com) auf Papier die Abstraktionen von Mutter Natur, die er auf seinen Wanderungen rund um Portland findet, und in New Haven lässt sich Zoe Matthiessen (www.zoematthiessen.com) von den Tagesnachrichten zu pointierten, oft witzigen und immer kritischen Zeichnungen inspirieren. Jody Payne (www.jodypayne.space) in Cushing wiederum, Gärtnerin von Beruf und bis dahin nur Gelegenheitsmalerin, baute sich erst mit 60 ein eigenes Studio und kreiert seither Bilder von der Küste Maines, deren neue Perspektiven hohes Kritikerlob einheimsen.

Und Claire Dolan, 39-jährige Allround-Künstlerin, Puppenspielerin und scharfäugige Beobachterin in Glover, hat sich in einer Scheune sogar ihr eigenes Museum of Everyday Life gebaut (www.museumofeverydaylife.org). Dort stellt sie gemeinsam mit Künstlerfreunden und Philosophen alles aus, was sie auf ihrer Reise durch ein Neuengland abseits des künstlerischen Mainstreams erlebt und erfindet.

Scrimshaws, Quilts und Wetterwale

Was das ist? Ganz einfach: Neuenglands Volkskunst! Unter Umständen werden Sie tief dafür in die Tasche greifen müssen. Schon 1990 zahlte ein Bostoner Händler 770 000 US-$ für eine kupferne, Pferd und Reiter darstellende Wetterfahne aus dem Jahr 1860, die Arbeit eines populären Volkskünstlers aus Massachusetts. Solche Windanzeiger gibt es in allen möglichen Formen, aus Holz oder Metall fertigt man Wetterseeschlangen und Wetterlokomotiven. An der Küste gesellt sich der Wetterwal hinzu, ein dickbäuchiges Geschöpf, das sich vor allem auf den grauen Schindelhäusern von Cape Cod fotogen ausnimmt.

Andere populäre Mitbringsel sind Quilts, Steppdecken mit bunten Applikationen. Traditionell aus drei Schichten bestehend, wurden sie im 18. und 19. Jh. von den Frauen des Hauses aus Woll- und Stoffresten hergestellt. Oder Stencils – so heißen die bis zum frühen 20. Jh. mithilfe von Schablonen auf die nackten Wände gemalten Dekomuster. Die Motive waren von einer ländlichen Lebenswelt inspiriert, darunter der Freiheit symbolisierende Adler, Blumen sowie Herzen und Glocken, die für Freude standen.

Eine Sonderstellung nehmen die Scrimshaws, die Schnitzereien der Walfänger ein. Aus Walkieferknochen stellten sie kunstvolle Skulpturen und Plastiken her. In den Haushalten der früheren Zeit fanden sich ihre Arbeiten als Korsettstangen, Nähkästchen, Messergriffe, Vogelkäfige oder Wäscheklammern wieder. Heute sind Scrimshaws entweder unbezahlbar oder nur noch in Museen zu sehen. ∎

ZUM WEITERKLICKEN

www.nefa.org: die New England Foundation for the Arts bietet Links zur Kunstszene der Region
www.artnewengland.com/get away-guide-archive: das Magazin Art New England listet aktuelle Ausstellungen im jährlichen ›Summer Getaway Guide‹
www.neuenglandusa.de/things-do/kunstmuseen: die wichtigsten Museen der Neuengland-Staaten

Vom Gottesstaat zur liberalen Hochburg

Andersdenkende — wurden hier früher als Ketzer verfolgt und gehängt, doch schließlich legalisierte Massachusetts als erster Bundesstaat die gleichgeschlechtliche Ehe. Was für ein Weg für Neuenglands Puritanerstaat!

Sie kam zeit ihres Lebens nicht aus ihrem Dorf Amherst in Massachusetts heraus, doch wie der Neuengländer die Welt sieht, brachte sie auf den Punkt wie niemand sonst: Man solle die ganze Wahrheit sagen, dies aber nicht unverblümt tun, so Emily Dickinson im 19. Jh. Damit formulierte die Lyrikerin ein Ideal, dem man in Neuengland bis heute in vielerlei Gestalt begegnet. Beispielsweise werden Sie es hier weniger mit der schulterklopfenden, sonst so typisch amerikanischen Call-me-Jack-Mentalität zu tun bekommen.

Der Neuengländer benutzt lieber das freundlich-distanzierte ›Good Afternoon‹ als das joviale ›Hi‹. Er fragt auch nicht sofort nach Beruf und Gehalt. Bildungsthemen findet er ungleich interessanter. Und dass er ein College im Rücken hat oder gar Harvard oder Yale, wird er, wenn überhaupt, nur beiläufig einflechten. Lieber redet er übers Reisen und fremde Kulturen, und der Gast wird feststellen, dass er sich nicht nur auf der Landkarte auskennt. Die Chancen stehen gut, dass er auch eine Fremdsprache beherrscht und den Unterschied zwischen Heine und Heineken kennt.

Emily Dickinson sah die Welt mit neuenglischen Augen. »New Englandly«, wie sie schrieb. Ihr Neuengland war das alte, das kultivierte Amerika. Jenes, wo alles angefangen hatte. Ein politisches System, von dem man im damaligen Europa nur träumen konnte. Jenes Wertesystem, das Amerika groß gemacht hat und heute immer noch das Anspruchsdenken der USA bestimmt.

Bereits die Pilgrim Fathers, daheim als protestantische Fundamentalisten verfolgt, hatten dem Start in der neuen Heimat, der sich als viel schwerer herausstellte als erwartet, mit nur religiös erklärbarem Entzücken entgegengesehen. Sie hatten keine Zweifel, dass Gott mit ihnen sein würde, und wer wollte sich schon gegen sie stellen, wenn Gott mit ihnen war?

Vorreiter Neuengland

Von Gott zu Höherem berufen zu sein war für die Puritaner auch äußerlich erkennbar: Wer wohlhabend war, lebte, sichtbar für jedermann, ganz offenbar ein gottgefälliges Leben. Der Weg zum Platz an der Sonne führte, und das war unabdingbar, über harte Arbeit und das tägliche Gebet. Die Gewissheit, dass jeder seines Glückes Schmied ist, prägt die amerikanische Weltsicht bis heute. Das Bild vom nicht fluchenden, nicht trinkenden Puritaner-Pionier hingegen haben Historiker längst als Mythos entlarvt. Denn während diese in ihren

Am Memorial Day steht nicht nur Bostons Common Park unter Flaggen – jede zählt für einen Gefallenen in Amerikas Kriegen: Blood & Honour. Das zukunftsgewandte Amerika vertritt dagegen Al Gore, Absolvent der Harvard University und der engagierteste Schützer unseres Planeten.

Gemeinden alles verboten, was Freude machte, notierten Besucher bei ihnen durchaus farbenfrohes Gepränge und lose, höchst unmoralische Sitten.

Auch dieser zuweilen bigotte Konformismus ist bis heute im amerikanischen Alltag erkennbar. Andersdenkende verfolgten die Puritaner mit der gleichen Verve, mit der die Church of England einst sie selbst verfolgt hatte. Damit halfen sie jedoch indirekt noch einen anderen amerikanischen Charakterzug zu prägen: die rastlose Suche nach Freiheit und Fortschritt. Den unbeirrbaren Glauben daran, dass das Paradies nur um die Ecke liegt.

Denn anders als im alten Europa konnten in Neuengland Unzufriedene ihre Siedlung einfach verlassen und anderswo ein neues Gemeinwesen ganz nach ihren Vorstellungen gründen. Neuengland versank also keineswegs in dumpfem Konservatismus. Es brachte die Anti-Sklaverei-Bewegung, John F. Kennedy und die ersten Umweltgesetze des Landes hervor. Im Jahr 2000 stellte Vermont, erstmals in den USA, gleichgeschlechtliche Partnerschaften mit einer Ehe gleich und legte damit den Grundstein für die von Neuengland ausgehende Same-Sex-Marriage-Bewegung.

Kritische Bürger

Zwar segnete die puritanische Theokratie um 1700 das Zeitliche, doch der Bildungshunger und das innere Feuer, das der moralische Rigorismus der Puritaner entzündet hatte, blieben. Im 19. Jh. löste die mit der Gründung des Harvard College begonnene intellektuelle Tradition die Fesseln der Vergangenheit endgültig: Mit einer eigenständigen amerikanischen Literatur (s. S. 272) reichte sie der politischen die geistige Unabhängigkeitserklärung nach. Seitdem sind die Neuengländer, traditionell selbstbewust und seit 60 Jahren überwiegend im de-

mokratischen Lager, dem kritischen Denken treu geblieben.

Dies bewiesen sie im Jahr 2000, als sie während der Vorwahlen dem unabhängigen Kandidaten McCain mehr Stimmen gaben als Demokraten und Republikanern zusammen. Der Senator aus Arizona hatte versprochen, mit den undurchsichtigen Wahlkampfspenden aufzuräumen. Und nirgends sind die Säle voller, wenn Ex-Vize-Präsident und Friedensnobelpreisträger Al Gore Vorträge über unseren bedrohten Planeten hält.

Greens gleich Commons

Ein Denkmal, ein paar Bänke im Schatten alter Bäume und vielleicht ein Bandstand, ein Musikpavillon für die örtliche Kapelle: ›Greens‹, also Parks, werden hier gern auch ›Commons‹ genannt, weil sie allen zugängliche Treffpunkte sind, und zwar nicht nur ein Ort für Tratsch und Freizeit, sondern auch für Rebellion und Widerstand. Sie bilden die optische Umsetzung des eigenständigen neuenglischen Bürgersinns.

Allerdings waren diese heute so penibel gestutzten Rasenflächen nicht immer grün und schön. Bis zum frühen 19. Jh. waren die Greens öffentliches Land, auf dem Kühe grasten und das sich bei Regen in eine unpassierbare Schlammpfütze verwandelte.

Das Konzept, ein Mitbringsel aus der alten Heimat, sah ursprünglich vor, dass die Stadt um ein zentral liegendes Versammlungshaus gebaut wurde. Der Garten des ›Meeting House‹ wurde später zum Green, respektive Common. Den typisch neuenglischen Look erhielt das Green jedoch erst zu Beginn des 19. Jh., als grüne Rasenflächen modern wurden. General Store, Town Hall, repräsentative Bürgerhäuser und das obligatorische Country Inn kamen alsbald hinzu – und schufen so das heute berühmte neuenglische Postkartenidyll. ∎

DAS KLIMA IM BLICK **A**

Reisen bereichert und verbindet Menschen und Kulturen. Wer reist, erzeugt auch CO_2. Der Flugverkehr trägt mit einem Anteil von bis zu 10 % zur globalen Erwärmung bei. Wer das Klima schützen will, sollte sich für eine schonendere Reiseform (z. B. die Bahn) entscheiden – oder die Projekte von atmosfair unterstützen. Atmosfair ist eine gemeinnützige Klimaschutzorganisation. Die Idee: Flugpassagiere spenden einen kilometerabhängigen Beitrag für die von ihnen verursachten Emissionen und finanzieren damit Projekte in Entwicklungsländern, die dort den Ausstoß von Klimagasen verringern helfen. Dazu berechnet man mit dem Emissionsrechner auf www.atmosfair. de, wie viel CO_2 der Flug produziert und was es kostet, eine vergleichbare Menge Klimagase einzusparen (z. B. Berlin – London – Berlin 13 €). Atmosfair garantiert die sorgfältige Verwendung Ihres Beitrags.

Abbildungsnachweis
AWL-Images, Whitchurch (GB): S. 137 (Walter Bibikow) **Courtesy The Glass House**, New Canaan (USA): S. 284 **Getty Images**, München: S. 110 re. (360cities. net/Thomas K Sharpless); 55, 295 (AFP/Joseph Prezioso); 155 (Alan Majchrowicz); 232 (Albuquerque); 294 (API/Gamma-Rapho); 141 (Aurora Open/Steve Glass); 125 (Bryan Bzdula); 69 u. re. (C Squared Studios); 269 o. (Cappi Thompson); 283 (Cavan Images); 195 (Chicago Tribune/ Josh Noel); 266/267 (Chris Bennett); 151 (Christian Science Monitor); 99 (DenisTangneyJr); 271 re. (EcoPhotography/Jerry and Marcy Monkman/); 218 (Education Images/Universal Images Group); 2/3, 177 (franckreporter); 300 u. (Francois Durand); 175 o. re., 199 (Jake Wyman); 231 (Jill Brady/Portland Press Herald); 149 u. re. (JMichl); 265 u. (John Moore); 187 (Jose Azel); 289 u. (Jumping Rocks/Universal Images

Ole Helmhausen lebt im kanadischen Montréal. Auf dem Zaun, wie er gern sagt, wo sich am besten beobachten lässt, was sich beim großen Nachbarn so tut. Zwei Neuengland-Staaten, Vermont und New Hampshire, liegen gleich vor seiner Haustür, und Boston ist auch nicht weit. Grund genug für den Reisejournalisten zu häufigen Nachbarschaftsbesuchen, bei denen er nicht nur Neuenglands gute Stube, sondern auch die Hinterzimmer dieser schönen Region kennengelernt hat.

Group); 289 o. (LightRocket/John Greim); 133 (Lisa Wiltse); 130 re. (Mario Tama); 268 re. (Michael Eudenbach); 201 M., 227 (National Geographic Image Collection RF/Heather Perry); 67 (NBCU Photo Bank/NBCUniversal/Chris Haston); 105 (Paul Marotta); 200 re. (Portland Press Herald/Ben McCanna/); 110 li. (Portland Portland Press Herald/Gregory Rec); 215, 279 (Portland Press Herald/Carl D. Walsh); 201 o. re. (Portland Press Herald/Jill Brady); 207, 247 (Portland Press Herald/John Ewing); 254/255 (Portland Press Herald/Shawn Patrick Ouellette); 68 re., 88 (Radius Images/Michael Eudenbach); 159 (Robert Nickelsberg); 201 u. re. (S.J. Krasemann); 252/253 (Shaul Schwarz); 175 M. (The Boston Globe/Dina Rudick); 191 (The Boston Globe/Jessica Rinaldi); 60 (The Boston Globe/Joanne Rathe); 7 re., 26, 69 o. re., 109, 265 o., 271 li., 300 o. (The Boston Globe/John Tlumacki); 39 (The Boston Globe/Lane Turner); 97 (The Boston Globe/Wendy Maeda); 258 (The Christian Science Monitor/Ann Hermes); 24 (Tim Laman); 273 (Underwood Archives); 269 u. (Universal Images Group); 268 u. li. (Vicki Jauron/Babylon and Beyond Photography) **Huber-Images,** Garmisch-Partenkirchen: S. 203 (Franco Cogoli); 79, 91 (Guido Cozzi); 149 o. re., 173 (Susanne Kremer) **Laif,** Köln: S. 148 li., 153 (Aurora/Alexander Nesbitt); 139 (Aurora/Carl D. Walsh); 111 o. re., 129 (Aurora/Cate Brown); 220 (Aurora/Jerry Monkman); 12/13, 63 (Berthold Steinhilber); 144 (Christian Heeb); 272 (Contrasto/RCS/Affer); 59 (hemis.fr/Walter Bibikow); 35 (Jörg Modrow); 47 (Le Figaro Magazine/Fautre); 122 (Le Figaro Magazine/Stephan Gladieu); Titelbild (Susanne Multhaupt); 8, 17, 19, 43, 85 (Thomas Linkel) **MATO,** Hamburg: S. 68 li., 80 (Guido Cozzi) **Mauritius Images,** Mittenwald: S. 53 (age fotostock); 117 (Alamy/Jose Vilchez); 93 (Alamy/Mauro Toccaceli); 127 (Alamy/Scott Indermaur); 113 (Alamy/Sean Pavone); 270 (Danita Delimont); 131 u. re. (foodcollection); 111 u. re. (Harald Wenzel-Orf); 189 (John Warburton-Lee); 15 re., 66, 71, 107, 222 (Walter Bibikow) **Mount Holyoke College Art Museum,** South Hadley (USA): S. 95 (Laura Shea) **Museum of Every Day Life:** S. 297 (Gabriel Levine) **Ole Helmhausen,** Montréal (CA): S. 307 **picture-alliance,** Frankfurt a. M.: S. 292 (AKG Images); 131 o. re., 147 (Everett Collection);

130 li. (KPA); 14 re., 33 (Prisma Archivo); 257 (The Berkshire Eagle/AP Images/Stephanie Zollshan) **Shutterstock.com,** Amsterdam (NL): S. 123 (Adwo); 263 (Andreas Jürgensmeier); 162 (BHamms); 245 (Christian Delbert); 50 (CO Leong); 200 li. (Eric Broder Van Dyke); 268 o. li. (Ethan Daniels); 23 (f11photo); 213 (Felix Lipov); 74 (Gestalt Imagery); 7 o. li., 101 (haveseen); 276 (Headley 8488); 149 M., 169 (Isabella Montana); 111 M. (Jay Yuan); 236 (Jayson Photography); 131 M. (Jeff Holcombe); 15 M. (Jejim); 6 li. (Jorge Moro); 290 (Joshua Resnick); 175 u. re. (Katherine Welles); Umschlagklappe vorn, 45, 49 (Marcio Jose Bastos Silva); 174 re. (Mihai_Andritoiu); 181, 235 (N. Smyth); 234 (Northallertonman); 14 li. (Panparinda); 157 (Phil Spitze); 183 (Pisaphotography); 7 u. li. (Pranom Panyacharoen); 241 (RG-vc); 205 (Richard Cavalleri); 165 (Sean Pavone); 148 re. (Stephanie Frey); 31 (Sunny Chanruangvanich); 103 (T photography); 174 li., 179 (Von Pierre Leclerc)

© VG Bild-Kunst, Bonn 2020: Wandgemälde, Sol Le Witt

Umschlagfotos
Titelbild: Leuchtturm am Cape Neddick; Umschlagklappe vorn: Hafen in Boston

Kartografie
DuMont Reisekartografie, Fürstenfeldbruck
© DuMont Reiseverlag, Ostfildern

Autor: Ole Helmhausen **Redaktion/Lektorat:** Hans E. Latzke **Bildredaktion:** Sylvia Pollex, Titelbild: Carmen Brunner **Grafisches Konzept und Umschlaggestaltung:** zmyk, Oliver Griep und Jan Spading, Hamburg

Hinweis: Autor und Verlag haben alle Informationen mit größtmöglicher Sorgfalt geprüft. Gleichwohl erfolgen alle Angaben ohne Gewähr. Bitte schreiben Sie uns! Über Ihre Rückmeldung und Ihre Verbesserungsvorschläge freuen wir uns: DuMont Reiseverlag, Postfach 3151, 73751 Ostfildern, info@dumontreise.de, www.dumontreise.de

1. Auflage 2020
© DuMont Reiseverlag, Ostfildern
Alle Rechte vorbehalten
Printed in China

Offene Fragen*

Hummer oder Steak? Dosenbier oder Craftbeer?

Hatte Mark Zuckerberg die Idee zu Facebook in Harvard?

Ist die Happy Hour in Boston tatsächlich noch immer illegal?

Wie und wo kam der erste Hamburger zustande?
Seite 140

Eine Staatshauptstadt der USA ohne McDonald's? Wirklich?
Seite 164

Ist Neuengland für Roadtrips wirklich zu klein?

Wo ist der Indian Summer am schönsten?
Seite 7, 259

Den Mount Washington hinaufwandern oder -fahren?

Sind die Berge von Vermont überall grün?
Seite 167

Wurde bei der Boston Tea Party hauptsächlich Tee serviert?
Seite 23

Wer waren die Rotröcke?
Seite 294

Ist der Atlantik in Massachusetts tatsächlich zu kalt zum Baden?
Seite 78

* Fragen über Fragen – aber Ihre ist nicht dabei? Dann schreiben Sie an info@dumontreise.de. Über Anregungen für die nächste Ausgabe freuen wir uns.